Direito societário e regulação econômica

Direito societário e regulação econômica

Ruy Pereira Camilo Junior

Manole

CAPA Rubens Lima
EDITORAÇÃO ELETRÔNICA Estúdio Asterisco
PROJETO GRÁFICO Estúdio Asterisco
EDITORA GESTORA Sônia Midori Fujiyoshi

Dados Internacionais de Catalogação na Publicação (CIP)
(Câmara Brasileira do Livro, SP, Brasil)

Camilo Junior, Ruy Pereira
Direito societário e regulação econômica / Ruy Pereira Camilo Junior. – Barueri, SP: Manole, 2018.

Bibliografia

ISBN: 978-85-204-5697-2

1. Agências reguladoras 2. Direito econômico 3. Direito público 4. Direito privado 5. Direito societário 6. Políticas pública (Direito) I. Título

18-12657 CDU-34:33:338.93

Índices para catálogo sistemático:
1. Direito societário e regulação econômica 34:33:338.93

Durante o processo de edição desta obra, foram tomados todos os cuidados para assegurar a publicação de informações precisas e de práticas geralmente aceitas. Caso algum autor sinta-se prejudicado, favor entrar em contato com a editora. Os autores e os editores eximem-se da responsabilidade por quaisquer erros ou omissões ou por quaisquer consequências decorrentes da aplicação das informações presentes nesta obra. É responsabilidade do profissional, com base em sua experiência e conhecimento, determinar a aplicabilidade das informações em cada situação.

A Editora Manole é filiada à ABDR – Associação Brasileira de Direitos Reprográficos.

Edição – 2018

Editora Manole Ltda.
Av. Ceci, 672 – Tamboré
06460-120 – Barueri – SP – Brasil
Fone: (11) 4196-6000
www.manole.com.br
info@manole.com.br

Impresso no Brasil
Printed in Brazil

La contrapposizione a volte fatta tra
iniziativa privata e pubblico intervento
rimane meramente astratta, quando non
prenda in considerazione la funzione
e la portata dell'una e dell'altra,
in epoche i paesi determinati.

Tullio Ascarelli

A função do direito privado ata-se, assim,
à implementação de políticas públicas.

Paula Andrea Forgioni

The insights of the reflexive capacity of
private law combined with the collective
policy orientation of public regulation
can provide the springboard for more
productive regulation.

Hugh Collins

(A) requirement for breaking out of the
sterile contest between deregulation
and stronger regulation is innovation
in regulatory design.

Ian Ayres e John Braithwaite

Para Flávia e Lucas,

yours is the light by which my spirit's born:
yours is the darkness of my soul's return
— you are my sun, my moon, and all my stars

e. e. Cummings

SOBRE O AUTOR

Ruy Pereira Camilo Junior é mestre e doutor em direito comercial pela Faculdade de Direito da Universidade de São Paulo e pós-graduado em análise econômica pela Fundação Instituto de Pesquisas Econômicas - Fipe, com extensão na Universidade de Grenoble. Integra o Conselho Diretor da Associação dos Advogados de São Paulo - AASP. Foi diretor da *Revista de Direito Bancário e do Mercado de Capitais.*

SUMÁRIO

APRESENTAÇÃO

Este livro tem um título que trai o leitor. Não porque ele deixe de oferecer o que promete. Nele são, sim, abordadas, com profusão, as principais questões de direito societário e de regulação e a relação existente entre elas. Mas o título engana ao omitir que, na verdade, estamos diante de um tratado de direito regulatório.

Raras vezes vi, no Direito brasileiro, uma obra que trate com tamanha abrangência e profundidade o tema da regulação estatal. O livro cuida de analisar como o direito societário oferece instrumentos para regular – de forma reflexa, mas "por dentro" – os agentes econômicos. Antes disso, porém, Ruy Camilo usa de sua erudição e capacidade de síntese para sumarizar (se é que podemos dar caráter de sumário às quase cento e cinquenta páginas) os principais conceitos, itinerários e instrumentos do direito regulatório. Só esse primeiro capítulo já vale o livro. Fosse o editor mais mercantilista, sugeriria ao autor, em vez de publicar uma obra tão completa, que fatiasse o livro em monografias menores. Fizesse isso e concorreria a um Prêmio Jabuti por ano, nos próximos seis ou sete anos.

O livro passa por praticamente todos os temas do direito regulatório e do direito societário. E se apresenta organizado e dividido com rigor, na melhor tradição sorbonista. Com quatro partes, cada qual com três capítulos, segmentadas com precisão. O primeiro capítulo praticamente esgota, com clareza e agudeza conceitual, as bases do direito regulatório. No segundo, demonstra como o direito privado se relaciona com o direito público e serve de vetor da regulação e das políticas públicas. É o preâmbulo para o terceiro capítulo, que fecha a primeira parte, demonstrando o papel do direito societário nessa articulação. Após apresentar, no Capítulo IV, o conceito de regulação por instrumentos societários (RIS), o livro aponta de forma lúcida sua dinâmica (Capítulo V) e os seus limites (no VI). Já na terceira parte, adentra em três aspectos das RIS: a personalidade jurídica (imposição de um modelo societário, tipo de companhia, imposição de criação de sociedade, amplitude da responsabilidade) no Capítulo VII; os aspectos do patrimônio e as limitações à livre circulação dos ativos societários (VIII) e, por fim, o tema da administração e do controle societário e de suas condicionantes (IX). A derradeira parte, a quarta, enfrenta os temas do direito da concorrência (Capítulo X) e o aspecto mais atual da governança (XI). Criativo que é, o autor, no capítulo final (XII), inova também nas conclusões pois, em vez de resumir seus achados, ele apresenta um esforço de resposta sintética às indagações de pesquisa que, com rigor e método, apresentou ao início do trabalho. Uma jornada intelectual que por vezes tira o fôlego do leitor.

A bibliografia é, sem trocadilhos, um capítulo à parte. Ali o leitor encontrará simplesmente um catálogo de tudo de relevante que se escreveu sobre o tema da regulação, de direito societário e do direito econômico. Em todas as línguas ocidentais. Não conhecesse bem o autor, diria que ele copiou o catálogo de Harvard, La Sapienza, Heidelberg, Coimbra, Oxford ou de Paris. Mas, conhecendo-o, estou certo que leu tudo e, arrisco-me a dizer, incorporou obra por obra à sua oceânica biblioteca.

Em trabalho tão abrangente é difícil apontar um ou outro aspecto como mais destacável. Mas tenho comigo que o grande mérito do livro é questionar, elegantemente, é verdade, a *summa divisio* entre direito público e direito privado. Ainda que possa ser útil metodologicamente (acho um tanto controverso, mas deixemos essa polêmica de lado), a separação acaba por impedir a observação de como os institutos e instrumentos, de uma área e de outra, se influenciam e são complementares. Como tenho afirmado, o Direito não é um jardim botânico em que os ramos jurídicos se apresentam harmoniosamente em canteiros estanques e separados eugenicamente. É, sim, uma imensa floresta tropical, na qual as espécies todas se misturam e interagem, umas criando as condições, o *ethos*, para o vicejo das outras. Ruy bem demonstra isso.

O livro repõe entre nós a dimensão pública da empresa, mormente da sociedade anônima. Faz, com percuciência, a demonstração de que a sociedade comercial não é socialmente neutra ou, como diz, não é mera "*coisa de sócios*". A empresa não só há de cumprir sua função social, como pode ser um instrumento bastante efetivo para a implementação de políticas públicas e pautas regulatórias. Esse é o cerne da tese que deu a Ruy Camilo o título de doutor pela USP e que ele demonstra plenamente neste livro.

A obra reflete a personalidade e o perfil do autor. Ruy é daqueles eruditos oitocentistas, só que com cabeça aberta para os temas hodiernos. Leitor voraz desde os tempos de escola, o autor tem uma das bibliotecas mais completas que conheço. E tudo lê. Mas nada tem de alienista, pois apesar do rigor epistemológico e de método, seu universo não é Itaguaí. Ruy passeia pela literatura nacional e estrangeira com cosmopolitismo intelectual invejável. Faz teoria com viés prático, aborda os temas com rigor e escrutínio, aponta caminhos. A recuperação do exemplo da Companhia das Índias Holandesas bem o demonstra: conhecimento histórico, concisão, rigor metodológico e senso de comparação prática em meia dúzia de páginas saborosíssimas.

Ao apresentar mais um livro de Ruy, devo ao leitor um pequeno *disclaimer*. Tudo que disse acima, ver-se-á da leitura, é pura verdade. Mas não sou um narrador neutro. Sou amigo do autor há mais de trinta anos. Conhecemo-nos desde o primeiro ano da Faculdade de Direito do Largo de São Francisco. E Ruy foi, pelos cinco anos do curso, o primeiro aluno da turma. E não de qualquer turma. Daquela de 1990, que deu dois ministros da Suprema Corte e uma dúzia de professores das melhores Universidades brasileiras. Mais que amigo, fui sempre seu admirador. Com uma ponta de inveja pela sua cultura, bagagem bibliográfica e senso de criatividade intelectual. Com o tempo esta saudável inveja foi arrefecendo, pois Ruy trilhou o direito comercial e societário nos seus estudos, em que foi brilhantemente orientado pela Professora Paula Forgioni, craque do direito comercial e minha colega de magistério nas Arcadas. E eu segui o caminho do direito administrativo, tendo entre minhas linhas de pesquisa o direito regulatório. E eis que, no doutorado, o danado resolve enveredar pelo tema da regulação econômica. E, como sói, o fez com maestria, no livro que agora me cabe apresentar. Mas resigno-me, compensando a frustração por não ter escrito obra tão impressionante, com a fortuna de ter minha tarefa de professor facilitada por dispor agora de mais um belo livro de curso a indicar aos meus alunos. Sorte minha que não terei de disputar algum concurso com o meu amigo Ruy. Seria covardia. A leitura deste *Direito societário e regulação econômica* não me deixa mentir. Boa leitura!

FLORIANO PEIXOTO DE AZEVEDO MARQUES NETO
Professor Titular de Direito Administrativo.
Diretor da Faculdade de Direito da Universidade de São Paulo.

PREFÁCIO

Algumas escolhas trazem consigo o poder de mudar nossa existência. O lugar onde vamos morar, com quem iremos nos casar, se teremos filhos ou não. Entrar no Largo de São Francisco é um desses acontecimentos *lifechanging*. Podemos rodar o mundo, estudar e trabalhar em todos os cantos, distanciarmo-nos das Arcadas, mas a rede de amizades que construímos naqueles anos e nossa formação inicial são a base a partir da qual toda a nossa existência profissional e muito da pessoal crescerão.

Alguns de nós retornam. O Dr. Ruy Camilo é um deles. Sua tese de doutoramento, transformada no livro que ora tenho a honra de prefaciar, apesar de refletir um espírito de cidadão do mundo, está ligada ao Largo, especialmente ao direito comercial, que ali se ensina desde 1827.

É bem verdade que a pós-graduação em Direito está repleta de jovens atrás de um título que os auxilie na ascensão profissional. Viramos uma linha de produção, graças aos padrões impostos pela CAPES e pelos ventos políticos, soprados pela burocracia. Querem-se números e estatísticas. Textos mal redigidos, pesquisas superficiais e teses "fatiadas" que servem para pontuar mais, "congressos internacionais" com 99% de brasileiros e temas absolutamente batidos assombram-nos por todos os cantos e formam um mar de teses e de dissertações apressadas. Mas há exceções, que nos empurram adiante. O leitor está diante de uma delas.

De forma absolutamente original, o Dr. Ruy Camilo propõe-se a sistematizar os instrumentos jurídicos de que o Estado lança mão para organizar sua atuação no e sobre o domínio econômico [*i.e.*, sobre o mercado], através das sociedades empresariais, "com a finalidade de induzir, condicionar e direcionar indiretamente sua atividade empresarial, mirando objetivos regulatórios setoriais, ou seja, a conformação de determinados mercados e a implementação de políticas públicas". O emprego do advérbio "através", aqui, é proposital, pois é o Estado que usa a sociedade para, por seu intermédio, alcançar a regulação do mercado.

A leitura desta obra realmente vale a pena.

De início porque tem a virtude de *superar o viés excessivamente privatista* que sempre inspirou o estudo do direito comercial e contra o qual alguns estudiosos brasileiros têm lutado arduamente. O direito comercial nada tem a ver com um direito exclusivo feito pelo e para os comerciantes, como se não houvesse Estado ou sociedade. Em qualquer país do mundo que se diz civilizado, o Estado formata a atuação dos agentes econômicos, em maior ou menor grau. Podemos discutir qual o grau adequado dessa intervenção; jamais negar sua existência. A autonomia da vontade, os contratos, as sociedades, as atividades econômicas são admitidos nos limites fincados pelas regras cogentes, postas pelo Estado. Por essa razão, o direito comercial liga-se ao estudo da *implementação de políticas públicas*. Pela primeira vez na literatura nacional, Ruy Camilo analisa quais as ferramentas típicas de direito societário empregadas pelo Estado nessa tarefa, de implementar políticas públicas.

A partir daí desdobra-se a segunda característica deste livro, que o torna obrigatório para comercialistas, administrativistas e cultores do direito econômico: a *interdisciplinaridade*. O leitor não tem diante de si uma obra de direito comercial; na verdade, sua abordagem é interdisciplinar, permeando vários campos. É direito comercial porque, afinal, é de institutos de direito societário que trata. É direito administrativo porque se conecta à atuação da Administração Pública. É direito econômico porque se desdobra a partir da análise da atuação do Estado sobre e no mercado.

Retomando o que afirmei acima, os professores e profissionais sérios, especialmente aqueles já com certa experiência e espírito crítico, não mais suportam ver "mais do mesmo", corporificado em uma massa insossa de páginas, que acaba defendida perante bancas em que convivem homens cordiais e publicada com capas coloridas. Neste livro, tenha-se a certeza de que isso não acontece. Ruy Camilo debruçou-se sobre uma realidade que conhece a fundo para dela pinçar, uma a uma, ferramentas de implementação de políticas públicas, sistematizando-as. O mérito vai além, pois esse *enfileiramento dogmático* permite o estudo organizado e crítico dos institutos, indicando a funcionalidade de cada qual, seus problemas e vantagens. Não há certo ou errado, mas uma caixa de ferramentas à disposição do Poder Público. Trabalhos de sistematização desse porte são conseguidos após muita pesquisa e observação prática. Somente podem ser feitos por autores que, como Ruy, possuem larga vivência no assunto que se propõem a tratar. Os burocratas que nos perdoem, mas um comercialista de laboratório não é um comercialista.

O leitor também notará que, como ocorre nos bons textos jurídicos produzidos após nossa aproximação com a Nova Economia Institucional, há o entrelaçamento dos ensinamentos clássicos, que fincam os pilares da análise da matéria, com as lições dos economistas. Não se trata de adotar a economia como uma ciência normativa, mas de empregá-la na compreensão da realidade, até mesmo para crítica e planejamento da intervenção.

Ruy Camilo comprova, neste livro, o que já sabem todos que com ele convivem. Primeiro, que sua cultura jurídica é uma das mais admiráveis do país – para não mencionar sua biblioteca. O Professor Hans Christoph Grigoleit, Catedrático da Universidade de Munique, trazido por Ruy para uma palestra em nosso curso de graduação, confessou-me que seu amigo impressionava-o porque, tão logo era publicado algum livro novo de autor relevante ou de tema interessante, antes que dele tomássemos conhecimento, Ruy já o tinha lido. É exatamente isso.

Ao longo desses anos de convivência, pude sempre me valer de sua amizade, de seus conhecimentos e também de seus livros. Muitas ideias que desenvolvi em cursos e textos decorreram de conversas que tivemos. Fica, aqui, meu agradecimento de público, também pelo auxílio no curso de graduação.

Volto, assim, ao Largo de São Francisco e ao Departamento de Direito Comercial. Com todos os seus defeitos – e temos muitos – ainda é um incrível polo de atração de acadêmicos e profissionais interessados em trocar ideias, em contribuir, em ouvir, em ler, em estudar, em debater e, na maioria dos casos, em bons vinhos. Esta obra de Ruy é a prova de tudo isso.

A vida acadêmica traz coisas boas, como é lançar ao público este trabalho.

Arcadas, novembro de 2017.

PAULA A. FORGIONI

Professora Titular do Departamento de Direito Comercial da Faculdade de Direito da Universidade de São Paulo (USP).

NOTA INTRODUTÓRIA

Les livres ne se font pas comme les enfants, mais comme les pyramides, avec un dessin prémédité, et en apportant des grands blocs l'un par-dessus l'autre, à force de reins, de temps et de sueur...

Gustave Flaubert

Fruto de quase duas décadas de reflexão, este livro busca trazer a você, leitora ou leitor, uma visão panorâmica da teoria da regulação econômica, apresentada como um dos eixos do Direito contemporâneo. Em lugar de um discurso unívoco e tecnocrático, mostro como se entrechocam, nessa seara, os mais diversos valores e objetivos econômico-sociais. A regulação é um instrumento e, como tal, presta-se à implementação dos mais variados matizes de políticas públicas, que naturalmente variarão conforme os desafios específicos de cada Estado nacional. Busco dar particular destaque à recolocação dos temas distributivos nos debates regulatórios e à importância crescente da regulação de risco.

Deve-se igualmente transcender uma concepção simplista da norma regulatória, como algo impositivo e cogente. Hoje ganham espaço mecanismos como o quase-mercado, *soft law* e autorregulação.

Busco dirigir-me especialmente àqueles que cultivam o direito comercial, para mostrar que este não é antípoda da regulação, tendo, pelo contrário, uma inafastável função regulatória. De fato, enquanto no Estado liberal nega-se função regulatória ao Direito privado, e no Estado intervencionista nega-se a ele autonomia – afirmando-se a sua publicização –, o Estado regulatório contemporâneo se serve dos instrumentos juscomerciais de modo concertado e complementar aos de Direito público.

Assentada tal premissa, o livro busca inovar os estudos regulatórios, ao identificar na práxis do Estado regulador uma nova técnica, que conceitua e trata de modo unitário: a regulação econômica setorial por instrumentos societários, à qual se refere pelo acrônimo RIS.

Em lugar de atuar sobre os atos praticados pelos entes regulados, tem o regulador mirado a configuração e a organização interna da sociedade, para, de modo indireto e mediato, direcionar sua atividade no mercado. Faz-se uma tipologia das várias manifestações desse fenômeno, que abrange exemplificativamente a imposição cogente de determinado tipo societário para certas atividades, o regramento específico do nome social, exigências quantitativas e qualitativas para a formação do capital social, a conformação dos órgãos societários e a flexibilização do próprio conceito de controle. Ao agir sobre o *design* societário – em sua estrutura de poder ou em sua estrutura patrimonial –, moldam-se procedimentos, que direcionam as atividades empresariais e formatam os mercados. Sendo um dos objetos da regulação a disciplina do poder econômico e o aumento da transparência no mercado, não pode o regulador ignorar a intimidade das empresas, em que se organiza o poder e se encontram informações relevantes.

Defendo que o conceito criado permite tratar todas essas manifestações de modo conjunto e coerente, ligando a disseminação dessa técnica às tendências atuais da regulação econômica, descritas em significativo detalhe no capítulo introdutório.

O uso do direito societário para a implementação de políticas públicas exige que se tome a empresa como um sistema aberto, inserido no mercado, além de trazer para as teorias da firma a preocupação com o ambiente institucional em que ela atua. Exige que se renuncie à visão introspectiva e neutra da sociedade comercial, entendida como mera "coisa dos sócios".

Após descrever o *modus operandi* dessa técnica regulatória, o livro discute os seus limites jurídicos, refletindo sobre o alcance da autonomia privada no direito societário, bem como sobre suas eficiências e ineficiências econômicas.

Sob o prisma do antitruste, considero que a RIS pode adotar contornos pró ou anticompetitivos, conforme as medidas organizativas exigidas tragam maior transparência para cada mercado ou constituam barreiras de entrada para novos agentes. Concluo a obra afirmando que a regulação econômica setorial por instrumentos societários pode ser veículo para a propagação de princípios de governança corporativa que tomem em conta não apenas os interesses dos sócios da empresa regulada, mas também de seus *stakeholders*.

O presente livro corresponde, com alguns ajustes, ao texto da tese de doutorado apresentada ao Departamento de Direito Comercial da Faculdade de Direito da Universidade de São Paulo e defendida em 29 de abril de 2016 perante banca examinadora presidida pela Professora Titular Paula Andrea Forgioni e integrada pelos Professores Titulares Floriano Peixoto de Azevedo Marques e Calixto Salomão Filho, da Faculdade do Largo de São Francisco, e pelos Professores Doutores Mariana Souza Pargendler e Bruno Meyerhof Salama, da Escola de Direito de São Paulo da Fundação Getulio Vargas.

Jorge Luis Borges dizia que todo livro é um diálogo. Minha tese já dialogava no plano atemporal e silencioso da leitura e da reflexão com a obra de todos os mestres componentes da banca. Ter o privilégio de com eles discutir *viva voce* as ideias aqui postas, durante minha arguição, foi um privilégio e uma honra.

Floriano Azevedo Marques não é um mero pensador abstrato da regulação, mas um criador experiente de construções institucionais e de sofisticadas arquiteturas regulatórias. Foi um interlocutor permanente das reflexões postas neste livro. Acompanhando de perto seus passos, desde os bancos escolares até a eleição para a Diretoria da Faculdade de Direito da USP, sou testemunha de sua incansável curiosidade intelectual, de seu rigor acadêmico e de sua generosidade para com os alunos e colegas. Com a obra de Calixto Salomão Filho aprendi que os institutos de direito comercial devem ser compreendidos de modo crítico e que sua aplicação não é unívoca: atender à função econômica dos institutos juscomerciais não implica submissão invariável a ditames de eficiência alocativa, podendo servir a propósitos redistributivos e à superação de estruturas econômicas arcaicas. Mariana Pargendler e Bruno Salama, por sua vez, constituem modelos paradigmáticos de pesquisadores e docentes, conciliando uma sólida formação nas melhores academias norte-americanas com a profunda investigação histórica e econômica do direito comercial brasileiro.

A todos, meus efusivos agradecimentos pela acuidade de seus comentários e pelas críticas à tese.

A elaboração de uma tese de doutorado constitui um ritual de passagem. Ao mesmo tempo em que se cristalizam reflexões há tempos nutridas e se busca dar prova, em uma obra, de dado grau de maturidade intelectual, o doutorando é tomado de entusiasmo juvenil. O estudo prolongado e profundo do tema que livremente escolheu abre-lhe novas perspectivas críticas. O que lhe parecia sólido e simples fragmenta-se e ganha complexidade. Esse instante de transformação assemelha-se às descobertas da graduação. O pós-graduando maduro reencontra-se com o jovem que foi no bacharelado. E o convívio com os mestres e pares propicia-lhe novas amizades, germinadas dos mesmos valores e curiosidades, tal como lhe ocorrera ao se sentar pela primeira vez nos bancos acadêmicos. É um privilégio fazer, em tão pouco tempo, tantos novos amigos, já "*nel mezzo del cammin di nostra vita*".

Os prazeres da criação e da descoberta, no entanto, não apagam os sacrifícios de toda ordem exigidos pelo doutorado. A conciliação das demandas do estudo e das aulas com os imperativos da vida profissional – pois, ao contrário do jovem da graduação, o doutorando é um *pater familias* (e a doutoranda, uma mãe trabalhadora) – impõe uma taxa de desgaste físico, com a supressão de momentos de relaxamento e sono. Mais dolorosa e amarga é a restrição do convívio com a família, maior externalidade negativa das nossas veleidades acadêmicas. Por isso, nas primeiras páginas deste livro, é à minha esposa Flávia e ao meu filho Lucas que devo me dirigir, pedindo desculpas pelas ausências e omissões e agradecendo com todo o coração o amor, o apoio e a paciência. Se na epígrafe de Flaubert a elaboração de uma obra é comparada à árdua construção de uma pirâmide, as pedras mais pesadas que carreguei foram minhas ausências do dia a dia da família, momentos preciosos que escoaram e não mais voltarão. "*Perduto* è *tutto il tempo/che in amar non si spende*", poetava Torquato Tasso.

Agradeço também o permanente encorajamento e a atenção de minha orientadora, Professora Titular Paula Andrea Forgioni. Foi ela a autoridade regulatória de minha atividade intelectual nos últimos anos, e para tanto se serviu das mais modernas e democráticas técnicas. Em lugar da regulação de comando, fez a regulação *soft*, centrada no diálogo e no respeito à autonomia, corrigindo rumos mais do que os impondo, focando não nas formalidades, mas no objetivo de produção de teses que efetivamente possam contribuir com a cultura jurídica nacional. Desnecessário dizer que as eventuais falhas deste livro são atribuíveis exclusivamente à ineficiência do orientando regulado, e não à diligência e eficácia da mestra reguladora.

Os colegas de *Camilo Advogados*, companheiros de tantos anos nos embates forenses e na complexa atividade consultiva, foram também essenciais para que se viabilizasse a presente tese. A necessária redução de minha jornada durante os anos de estudo fez-se sem temor ou preocupação dada minha convicção da responsabilidade e do empenho desses profissionais na defesa dos interesses de nossos representados. A advocacia – "ofício mais árduo que ilustre", conforme o *motto* latino do brasão do Instituto dos Advogados de São Paulo – lança sobre os ombros dos que a ela se dedicam o peso da defesa da honra, liberdade e patrimônio dos seus clientes. Disso nunca se esquecem Michel Braz de

Oliveira, Helena Hissako Adaniya, Denise Ribas Ferreira Innocêncio, Tatiana Martins Gonçalves, Jefferson Kanashiro, André Luis Iera Leonardo da Silva, Flávio Karam Aceituno, Cristiano Roger Francelino, Soraia Vieira Rebello, Anselmo Nogueira e Patrícia Ghattas. Tampouco seria possível que desenvolvêssemos nosso mister sem o labor incansável dos funcionários da área administrativa do escritório. A todos, meu abraço fraterno e meus profundos agradecimentos.

Das novas amizades que do doutorado levarei para a vida menciono apenas os que de mais perto acompanharam as dores de parto da presente tese. Foi um privilégio conviver e tanto aprender com colegas como André Okumura, Maria do Céu Marques Rosado, Leonardo Toledo da Silva, Leandro Saito, Amanda Athayde, Rafael Drews, André Estevez, Renata Steiner, Pedro Marcos Nunes Barbosa e Lucas Marsili da Cunha.

Na brevíssima mas profícua estada em Munique, para pesquisa informal na biblioteca da Ludwig-Maximilians-Universität, tive o acolhimento do Professor Hans Christoph Grigoleit, que hoje honra a cátedra outrora ocupada sucessivamente por Karl Larenz e Claus-Wilhelm Canaris. As longas conversas, ricas em *insights* sobre os mais variados temas do Direito e da vida, muito me ensinaram sobre a necessária abertura para a totalidade do fenômeno jurídico, sem uma especialização excessiva e estéril. Seu rigor acadêmico, dedicação integral e disciplina germânica são fontes de inspiração e incentivo. A amizade e a afinidade intelectual aproximam-no como um modelo acadêmico, que, sem o convívio pessoal, pareceria inalcançável e longínquo.

Concluo esta já extensa lista de agradecimentos com a invocação de minha *Alma Mater*, a Faculdade de Direito da Universidade de São Paulo. Nessa instituição, custeada com o suor do trabalho do povo paulista, cursei a graduação, o mestrado e o doutorado. A ela tudo devo. Ali ingressei um menino, que se emocionava em repetir o passo dos antepassados que lá estudaram e que sonhava com um futuro de contornos felizes, mas indefinidos. Ali constituí minha *Weltanschaaung* e meus valores. Ali criei e continuo a criar tantos laços fraternos. Ali ainda me emociono ao ouvir as "Trovas Acadêmicas": "Em cada canto do largo/eu largo meu coração".

PRÓLOGO

Direito societário e regulação econômica: uma reflexão necessária

(P)ara o estudioso do Direito, escrever sobre regulação de um desafio transforma-se em um dever.

Calixto Salomão Filho

What business lawyer today dare profess ignorance about the law and practice of regulation?

Michael Smythe

The urge to regulate is stronger than the sex drive.

Alan Schwartz

A regulação é a governança dos mercados. A coletividade soberana, manifestando sua autonomia, formata e ordena a atividade econômica. Mas isso não se faz de modo vertical e hierárquico. Os agentes econômicos não são meros joguetes ou fantoches: também eles têm seu espaço de autonomia, que se expressa externamente nas relações contratuais de que participem e internamente, pela sua capacidade de auto-organização.[1]

Estas autonomias – a pública da coletividade e a privada dos agentes econômicos – limitam-se e condicionam-se reciprocamente. Mais do que se entrechocar, devem convergir e se influenciar mutuamente,[2] mirando os objetivos constitucionais. As fronteiras entre a regulação e a sociedade empresarial não são estanques, mas permeáveis: as empresas privadas, por si ou pelas associações

---

1. Todos os grifos constantes de citações foram feitos pelo autor, caso não se indique expressamente seu caráter original. São de sua responsabilidade igualmente todas as traduções para o português de obras que sejam referidas por suas edições em idioma estrangeiro. Optou-se por manter em idioma estrangeiro algumas citações, em especial em epígrafes, para preservar sua expressividade.
2. "[A] autonomia privada e a pública pressupõem-se mutuamente, sem que os direitos humanos possam reivindicar um primado sobre a soberania popular, nem essa sobre aquela" (HABERMAS, Jürgen. *A inclusão do outro*: estudos de teoria política, 2002, p. 293).

que as congreguem, participam da organização e institucionalização de determinados mercados. O Estado, por sua vez, interessa-se pela estrutura e pelos procedimentos internos das empresas, para propósitos especificamente regulatórios.

Assim, a governança dos mercados e a governança das sociedades sobrepõem-se e apontam para o mesmo norte. Isso não implica desvirtuamento ou captura. O processo pode gerar legitimação crescente tanto das empresas como da atividade regulatória, em um processo de retroalimentação. A participação das empresas na criação da regra regulatória é o primeiro passo para seu acatamento e cumprimento. E quando a regra criada objetiva reformar a governança das próprias firmas, dá-se mais transparência e legitimidade à própria influência que elas exercerão no processo regulatório.

O objetivo do presente livro é refletir sobre a utilização de instrumentos de direito societário para propósitos de regulação econômica setorial. Isso pode-se fazer pela configuração compulsória interna da sociedade, com o propósito de levá-la a se comportar de determinada maneira em um mercado setorial, ou pelo estabelecimento de determinados objetivos de interesse regulatório que devam ser considerados pelo próprio empresário na montagem da organização societária e na fixação de seus procedimentos.

Em outras palavras, o Estado regulador se serve de institutos, instrumentos e conceitos de direito societário com o propósito de, indiretamente, regrar atividades específicas ou conformar determinados mercados setoriais. Entre uma miríade de exemplos e situações, apontem-se de imediato, para melhor compreensão do fenômeno, algumas exigências regulatórias presentes em vários países: a) a imposição de determinado tipo societário para o exercício de atividade regulada, ou até a criação de tipos especiais apenas para a persecução de certos objetos sociais; b) exigências qualitativas sobre a constituição do capital para sociedades com determinados objetos sociais; e o regramento diferenciado e complexo para a escrituração contábil; c) imposição de determinada estrutura de gestão, com exigência de funcionamento de certos órgãos, e previsão de participação de *stakeholders*; d) regras especiais para investidura, responsabilidade e remuneração de administradores; e) restrições ao exercício de direitos patrimoniais e políticos de sócios.

Os dois diplomas chave do direito comercial brasileiro – o Código Civil e a Lei das Sociedades Anônimas – apresentam normas que reconhecem o fenômeno estudado, em algumas de suas dimensões, e que buscam compatibilizá-lo e acoplá-lo às exigências sistêmicas do regime societário. Atente-se aos arts.

983, parágrafo único, 1.033, V, 1.069, 1.081 e 1.123 do Código Civil e aos arts. 21, 80, parágrafo único, 147, 177, § 2º, e 206 da Lei das Sociedades Anônimas, todos eles prevendo a possibilidade de exigências adicionais para as estruturas e processos das sociedades, por normas específicas. Os artigos citados não têm sido abordados com a devida profundidade pelos hermeneutas e doutrinadores, que em geral limitam-se a referir e listar algumas das leis especiais que imponham condições ou exigências extravagantes para a organização da sociedade que atue em determinados setores, mas sem maiores indagações ou reflexões.

Esse fenômeno não pode ser tido por raro, inusitado ou atípico. Manifesta-se historicamente: sempre foi componente chave da regulação bancária, que tende a ser a mais complexa e antiga de todas as regulações. Estava também presente nos esforços de se conferir mais transparência e uniformidade à operação contábil de empresas reguladas, em um momento em que o foco da regulação era a fixação de tarifas no bojo de concessões administrativas, bem como a mais fácil identificação de seu controlador, em setores militarmente estratégicos. O uso dos institutos societários reforça-se à medida que a regulação vem colonizando novas "esferas públicas" e variando os seus objetivos, instrumentos e estratégias. Presentemente, o foco na regulação do risco e a busca de estabelecimentos de quase-mercados (com fixação de mecanismos competitivos nos setores regulados) demandam o amplo uso dessa técnica e fazem com que ela se reflita sobre todos os capítulos da vida societária.

A título exemplificativo, note-se que, na estrutura da Agência Nacional de Telecomunicações (Anatel) figura um órgão sintomaticamente denominado "Gerência de Acompanhamento Societário e da Ordem Econômica", respondendo pela análise do ambiente competitivo do setor de telecomunicações e pelo monitoramento do controle societário das prestadoras de serviços de telecomunicações.[3] É relevante que uma importante agência reguladora entenda necessário monitorar as alterações societárias das empresas reguladas e vincule tal tema diretamente à ordem econômica.

O interesse do regulador econômico setorial pela estrutura e dinâmica interna da empresa não deve surpreender: sendo propósitos da regulação, entre outros, a *limitação do poder econômico* e a maior disseminação de *informação* em determinados mercados, deve o regulador ingressar no âmago da sociedade, onde se organiza e se estrutura o poder e se concentram dados relevantes,

3. Art. 214 do Regimento Interno da Anatel.

para sobre eles atuar. Se ignorar a intimidade das empresas, o regulador se conformará com sua irrelevância.[4] E, se o regulador atendeu a essa necessidade, o estudioso deve seguir seus passos e devassar as portas da vida societária para, em seu interior, flagrar a atuação da norma econômica setorial.

As reflexões destas páginas pretendem se inserir nos debates da *teoria geral da regulação*, perfilhando as preocupações, métodos e bibliografia que lhe são próprias.

Os estudos da regulação e as reflexões dos comercialistas, ressalvadas as exceções que confirmam a regra,[5] têm se mantido apartados e sem diálogo. São dois navios que, com ignorância mútua, cruzam-se sobre o mar escuro da noite sem lua.

Mas a práxis regulatória avança muito mais rapidamente que as teorias de um campo ou de outro.

Curiosamente, em que pese a presente efervescência dos estudos regulatórios - em especial nos mundos anglo-saxão, germânico e ibérico -, não se produziu ainda um recorte teórico e uma sistematização genérica do disseminado uso de instrumentos societários para finalidades de regulação econômica setorial. Os estudiosos da regulação preferem centrar sua atenção ou na produção da regra regulatória - discutindo meios de evitar a captura e garantir a eficácia da solução normativa para a superação do problema a exigir a intervenção do Estado - ou no regramento direto e imediato da atividade do ente regulado - fixando exigências qualitativas e quantitativas para os serviços e regrando a determinação e a revisão das tarifas e preços. Tão vastos são tais problemas, que descuidam eles das técnicas de regramento mediato e indireto da atividade, por meio do *design* de estruturas e processos internos da sociedade atuante em determi-

4. "*Administrative law, a field motivated by the need to legitimize the exercise of governmental authority, must now reckon with private power, or risk irrelevance as a discipline* [...]. Private actors are also regulatory resources capable of contributing to the efficacy and legitimacy of administration. This realization suggests the possibility of harnessing private capacity to serve public goals [...]. Private actors do exercise decision-making power in regulatory contexts, whether informally or through more formally structured stakeholder processes" (FREEMAN, Jody. "The Private Role in Public Governance". *New York University Law Review*, 75, p. 545, 549, 637, jun. 2000).

5. Por todas as exceções, pode-se citar a preciosa monografia de Calixto Salomão Filho, *Regulação da atividade econômica*: princípios e fundamentos jurídicos, a qual principia com a afirmação de que "no sistema brasileiro jamais houve tentativa de formulação de uma teoria geral da regulação" (SALOMÃO FILHO, Calixto. *Regulação da atividade econômica*: princípios e fundamentos jurídicos, 2001, p. 13).

nado setor. As referências doutrinárias identificadas em nossa pesquisa são sempre limitadas ou miram apenas determinados aspectos do fenômeno, sem apreendê-lo em sua unidade e sua abrangência e sem dar-lhe desenvolvimento.[6]

Tampouco estudam os comercialistas o uso de instrumentos e institutos do direito das sociedades para propósitos específicos de moldagem ou conformação de determinados mercados. Isso se dá por três características da doutrina societária tradicional, que a levam a afastar-se do tema da regulação econômica, tratando-a como estrangeira em seus domínios:

(i) *caráter introspectivo*: a doutrina societária foca em demasia os aspectos internos da organização – a relação entre os sócios e a dos sócios com a sociedade e seus administradores –, relegando ao Direito público o regramento impositivo da atividade social e olvidando-se de refletir sobre a forma como a estrutura interna impacta a conduta da empresa no mercado;

---

6. A doutrina juscomercialista tradicional registrava exemplos do fenômeno, sem maiores desenvolvimentos. Assim, por exemplo, Francesco Ferrara Jr., tratando da lei italiana de 1938 que regrava o setor bancário, observa que a autoridade tinha o poder de "dare direttive ed istruzioni sul modo dell'esercizio e per la ingerenza che le spetta persino sull'organizzazione interna delle società esercenti banche di chiarate di interesse nazionale" (FERRARA JR., Francesco. *Gli imprenditori e le società*, 1971). Em seu texto seminal sobre o direito econômico, Claude Champaud, com o mesmo olhar visionário com que identificou pioneiramente o contrato de concessão comercial, divide as normas do direito econômico em três setores: o primeiro dizia respeito às *estruturas e ao funcionamento interno da empresa*, o segundo, às relações de colaboração e competição entre empresas, e o terceiro, às relações entre as empresas e o Estado. Evidentemente ainda não se identificara na Europa com clareza o fenômeno da regulação econômica, e a referência aos aspectos internos da sociedade advinha da percepção do interesse público na organização das grandes unidades de produção e distribuição (CHAMPAUD, Claude. "Contribution a la definition du droit économique". *Riv. Dir. Econ.*, p. 141 e segs., 1967). Os discípulos do mestre da Escola de Rennes, no entanto, não deram desenvolvimento a essa ideia no campo específico da regulação. Registre-se ainda a breve menção, por Eduardo Paz Ferreira e Luis Silva Morais, ao uso da técnica regulatória da "imposição da estrutura jurídica da empresa e estrutura de ativos" (FERREIRA, Eduardo Paes; MORAIS, Luis Silva; ANASTÁCIO, Gonçalo (coords.). *Regulação em Portugal*: novos tempos, novo modelo?, 2009, p. 34) e a afirmação de Robert Baldwin e Martin Cave no sentido de que o exame do sistema regulatório deve considerar "the configurations of regulated firms" (BALDWIN, Robert; CAVE, Martin. *Understanding regulation*: Theory, strategy and practice, 1999, p. 336). Em ambas as obras não houve quaisquer aprofundamentos desses *insights*. Na doutrina anglo-americana, encontram-se algumas teorias que se aproximam mais do tema de nosso trabalho, em especial o conceito de *management-based regulation*, embora sem a mesma abrangência. Delas tratamos no tópico sobre a autorregulação supervisionada (5.2.2).

(ii) *valorização da autonomia da vontade dos sócios na auto-organização societária*: o arraigado contratualismo faz com que se veja a sociedade como "coisa dos sócios",[7] a eles competindo a escolha do tipo societário e parte relevante da conformação da sociedade, limitando-se e restringindo-se o espaço da ordem pública societária aos temas de direto interesse dos terceiros (quase sempre os credores). Assim, exemplificativamente, admite-se que o poder público regule o horário de funcionamento do estabelecimento – tema afeto à atividade –, mas choca-se o societarista com a exigência regulatória do funcionamento de determinado órgão administrativo extravagante, por se cuidar de questão *interna corporis*;

(iii) *crença na neutralidade do direito societário*: as regras societárias são tidas como repertório de variadas soluções para o regramento dos interesses dos sócios, não sendo pensadas como instrumentos de políticas públicas. A propósito, pode-se questionar a ideologia da neutralidade do direito privado opondo-lhe o chiste de Mark Twain: "contra quem você é neutro?" ("*whom are you neutral against?*").

A falta de um estudo sistemático do uso de instrumentos societários nos esforços regulatórios talvez se deva a pertencer o tema a uma "terra de ninguém teórica", uma fronteira entre duas disciplinas: o direito da regulação e o direito das sociedades. Cuida-se de um território cuja exploração exige abandonar uma zona de conforto, com paradigmas consolidados e um senso comum teórico sedimentado, e lançar-se aos riscos dos empreendimentos interdisciplinares,[8] mas sem sacrificar as especificidades e valores próprios do raciocínio jurídico.

A isso nos propomos na presente obra. Limitamo-nos a puxar um fio que está à vista de todos,[9] e constatamos que ele se liga aos principais tópicos, temas e questões ora versados na teoria da regulação, permitindo examiná-los sob novo ângulo.

---

7. SALOMÃO FILHO, Calixto. "Sociedade anônima: interesse público e privado. *Interesse Público*, ano 5, n. 20, p. 75, jul./ago. 2003.
8. O desafio é apontado por Baldwin, Cave e Lodge: "The cross-disciplinary scenario encourages regulation research to move outside the 'comfort zones' of established areas of investigation". Sobre os riscos da exploração interdisciplinar, adverte Thomas McCraw: "Falling between chairs sometimes cannot be avoided when scholars work at the borders of various disciplines" (McCRAW, Thomas. *Prophets of regulation*: Charles Francis Adams, Louis D. Brandeis, James M. Landis, Alfred E. Kahn, 1984, p. 232).
9. A metáfora é de Confúcio, que afirmava haver um único fio a correr por todas as suas doutrinas.

Em primeiro lugar, cumpria dar denominação ao fenômeno estudado. Propomos a expressão "regulação econômica setorial por instrumentos societários", que pode ser referida com simplicidade pelo acrônimo RIS, construído a partir da inicial de algumas das palavras nela incluídas, segundo uma secular praxe acadêmica. Definimos a regulação econômica setorial por instrumentos societários (RIS) como sendo *a técnica pela qual o regulador, incorporando ou se referindo em norma legal, infralegal ou contratual ou em orientações não vinculantes, a institutos societários, com ou sem mudança de seu respectivo regime jurídico, impõe ou recomenda a adoção de determinada forma, estrutura ou procedimento administrativo ou deliberativo (ou define parâmetros e objetivos gerais para que sejam eles estabelecidos), cerceia ou modifica direitos e poderes de sócios e administradores ou regra de modo específico a composição patrimonial ou qualquer outro elemento interno da sociedade, com a finalidade de induzir, condicionar e direcionar indiretamente sua atividade empresarial, mirando objetivos regulatórios setoriais, ou seja, a conformação de determinados mercados e a implementação de políticas públicas.*

O objetivo deste livro é não apenas *identificar* e *conceituar* esse fenômeno, mas – transcendendo as meras descrição e exemplificação[10] – buscar compreender as razões e *causas* de sua crescente importância e apontar os vários *problemas e questões teóricas e práticas* que ele suscita. Isso exige dialogar com o estado da arte dos estudos regulatórios, ventilando ideias pouco abordadas no Brasil.

De modo específico: 1) elaboraremos uma *tipologia* – necessariamente provisória e não exaustiva – das manifestações dessa técnica regulatória em todas as dimensões do regime societário; 2) investigaremos a *mecânica* de seu funcionamento (com semelhança a técnicas de autorregulação ou de regulação por *design*); 3) discutiremos seus *limites* jurídicos e econômicos (as questões da legalidade, eficácia, adequação e alcance dos instrumentos são uma constante na reflexão regulatória); e 4) apontaremos como se dá a *interface* da regulação econômica setorial por instrumentos societários como o direito antitruste e a governança corporativa.

---

10. Invoca-se aqui o célebre provérbio iídiche: "Por exemplo não é prova". Apontar situações esparsas de normas regulatórias sobre estrutura societária não basta para evidenciar ser uma técnica regulatória autônoma. Isso exige o enquadramento do tema no cenário mais amplo das tendências regulatórias contemporâneas.

Não se pretende discutir detalhes de nenhum regime regulatório setorial específico, mas apenas compreender o uso dessa técnica, que se manifesta transversalmente em todos eles. Para tanto, utilizaremos primordialmente exemplos tirados de normas regulatórias brasileiras, recorrendo a estrangeiras apenas quando veicularem modalidade aqui desconhecida ou não empregada. Os exemplos são inúmeros, o que revela o descompasso entre a vasta produção normativa das agências reguladoras brasileiras (e do Banco Central do Brasil, que cumula funções regulatórias no setor financeiro) e a reflexão doutrinária nacional.

Tenciona-se dar ao menos um princípio de resposta a algumas das relevantíssimas questões suscitadas pela RIS, sabendo-se de antemão inexistirem respostas certas para perguntas erradas:[11]

> Como surgiu o RIS e por que vem se disseminando? Como enquadrar o tema nas discussões atuais da doutrina, focadas nas experiências de descentralização, transnacionalização e desestatização da atividade regulatória e na constituição de redes regulatórias? O que ela nos ensina sobre a função regulatória do direito privado? Como pode o direito societário servir à implantação de políticas públicas? Como funciona a RIS? De que modo se espera que o *design* da organização societária impacte sua atividade? De que modo a RIS se apresenta em todos os capítulos do direito societário, da imposição do tipo e da constituição da sociedade à sua liquidação? Quais são os objetivos específicos imprimidos pelo regulador a tais institutos e no que se diferenciam da função econômica típica a eles atribuída pela doutrina societária? Quais são os limites jurídicos, sistêmicos e econômicos ao uso da RIS? Como ela se compatibiliza com a liberdade de auto-organização dos sócios? Quando o uso de tal técnica exige necessariamente lei em sentido formal, no Direito brasileiro? O uso de um instrumento societário para um propósito regulatório permite aos eventuais prejudicados o recurso aos princípios, garantias e remédios do direito público? Sendo competência exclusiva da União legislar sobre direito privado, pode a lei regulatória estadual ou municipal se utilizar da RIS para moldar a sociedade exercente da atividade regulada? Assim como se admite há tempos um regime específico do contrato administrativo, haverá no futuro um direito societário regulatório? O que pode tornar a RIS eficiente ou ineficiente? É mais adequada a regulação direta da atividade da empresa face aos

---

11. RAGAZZO, Carlos Emmanuel Joppert. *Regulação jurídica, racionalidade econômica e saneamento* básico, 2011, p. 1.

stakeholders que a intromissão na estrutura formal, política e patrimonial da sociedade? Como se dá sua interação com o direito antitruste? A RIS tende a ser pró ou anticoncorrencial, comparativamente às medidas regulatórias tradicionais? Quais são as potenciais contribuições da RIS para a difusão de boas práticas de governança administrativa?

Acreditamos que essas e outras complexas questões só poderão ser respondidas de modo coerente a partir de um recorte teórico inovador, que tome o uso da técnica da regulação econômica setorial por instrumentos societários como um fenômeno unitário e o sistematize,[12] sem resvalar nos detalhes de cada uso da técnica ou nas peculiaridades do regime jurídico de determinado setor regulado. Isso é desnecessário, pois queremos discutir princípios, problemas e conceitos gerais, e não regras técnicas específicas.[13] No entanto, a partir dessa base conceitual comum, poderão ser desenvolvidos novos estudos que detalhem o uso da técnica em um setor específico.

É certo que, dada sua carga teórica, sobre nosso trabalho paira, como uma nuvem ameaçadora, o risco da simplificação excessiva. "Todas as teorias superabrangentes e as generalizações heroicas sobre a Regulação (com R maiúsculo) correm um risco extremamente alto de estarem erradas."[14]

Tentaremos fugir da ameaça do simplismo mantendo aderência às preocupações do dia a dia da regulação. Embora se adote uma abordagem ampla e geral, não se perderá de vista a práxis, pois nosso propósito é contribuir para o enfrentamento de problemas reais e relevantes, à vista de todos, e que decorrem da utilização da RIS em vários mercados. A regulação não se constrói na academia, abstratamente, mas nos embates em torno de desafios institucionais concretos e urgentes,[15] relacionados com direitos e obrigações concretos dos entes regulados. Temos presente a advertência de Franz Bydlinski:

12. O recorte teórico é importante porque, na lição de Neil MacCormick, "the scholarly and doctrinal representation of legal material proceeds by way of a kind of rational reconstruction of them" (MACCORMICK, Neil. *Institutions of law*: An essay in legal theory, 2009, p. 74).
13. Esta tem sido também a opção teórica de Calixto Salomão Neto, em seus vários estudos e textos sobre a regulação.
14. O alerta é de Thomas McCraw, (McCRAW, op. cit., 1984, p. 301).
15. Cantava Camões, no canto X d'*Os lusíadas*: "Não se aprende, Senhor, na fantasia,/Sonhando, imaginando ou estudando,/Senão vendo, tratando e pelejando".

> (O) conhecimento jurídico interessa, geralmente, devido à sua empregabilidade: a jurisprudência é uma "ciência prática". Por isso a "obtenção do direito" (*Rechtsgewinnung*) figura com tanto destaque no primeiro plano. Todas as outras atividades da dogmática jurídica, especialmente a construção de conceitos e sistemas, as mais remotas análises linguísticas, de interesses, estruturas ou de desenvolvimento e a construção teórica delas dependentes, para as finalidades de esclarecimento teórico das normas por valorações especiais e gerais (*rationes legis* e princípios jurídicos) das quais elas dependam, têm significado secundário e servil: elas solucionam sobretudo questões prévias. [...] A jurisprudência não tem de modo algum a ver com normas gerais ou princípios ainda mais abstratos. Essas grandezas normativas são muitas vezes apenas o ponto de partida. [...] Com a ajuda dessas premissas deve-se investigar antes de tudo o conteúdo jurídico e obrigacional das relações jurídicas individualizadas.[16]

Uma visão panorâmica da obra

> *On ne peut pas séparer l'histoire du droit privé*
> *de celle des transformations de l'esprit public.*
> Georges Ripert

O livro divide-se em quatro partes, agrupando um total de doze capítulos.

O objetivo da primeira parte – "Regulação e direito privado na contemporaneidade" – é *pôr em xeque uma visão mecânica, verticalizada, estadocêntrica e publicística da regulação*. Sendo a regulação a governança do mercado, o direito privado necessariamente dela participa, interagindo e complementando os instrumentos de direito público. Esta é a nossa premissa: fosse o direito societário (como parte do direito privado) alheio à regulação econômica setorial – uma mera alternativa a ela, mutuamente excludentes –, o próprio título da obra seria uma contradição em termos.

O primeiro capítulo tenta refletir a efervescência e a riqueza das práticas e teorias regulatórias atuais. Se o campo regulatório contemporâneo fosse uma floresta, não seria uma tediosa e repetitiva planície coberta com coníferas, mas a própria hileia amazônica, tal a variedade de suas técnicas, institutos e ideias.

16. BYDLINSKI, Franz. *Juristische Methodenlehre und Rechtsbegriff*, 2011, p. 11-3.

A metáfora da floresta equatorial também simboliza a conflituosidade e luta permanente por espaço e luz nos embates regulatórios.

Trata-se do capítulo mais extenso do livro – correspondendo a um quarto da obra –, mas que é fundamental para: a) delinear o *panorama* e o *contexto* dos debates aos quais pretendemos contribuir com o livro; b) apresentar determinados *problemas* aos quais a RIS buscará aportar soluções; c) estabelecer uma *matriz teórica*, tecida pelos *conceitos* e *premissas* sobre os quais se desenvolverão nossas reflexões.

O título desse capítulo inicial já reflete a importância que atribuímos à regulação: colocamo-la como um dos eixos do Direito contemporâneo. Mais que um mero *instrumento* a serviço do Estado, a regulação deve ser vista como uma *característica sistêmica* do próprio mercado, ligada ao seu movimento em determinada direção (a etimologia já reflete a ideia da regulação como o movimento de algo em linha reta). Essa direção é construída politicamente, podendo-se focar objetivos de eficiência alocativa ou viabilizar esforços redistributivos. Parte da doutrina vê na regulação um mecanismo para correção de falhas de mercado, de emprego temporário e intermitente; para outros, é esteio permanente e constante da construção do mercado (essa visão dicotômica se reflete nos papéis distintos atribuídos à regulação dos dois lados do Atlântico). Na realidade, a maior ou menor intensidade regulatória variará conforme o mercado setorial em foco. Ademais, nós, os latino-americanos, buscamos importar o que nos convenha dessas práticas e ideias para a construção institucional dos caminhos do desenvolvimento econômico.

Existe um rol de problemas regulatórios tradicionais (poder econômico e monopólio natural, bens públicos e ação coletiva, assimetria informacional), mas brilha hoje com maior fulgor a *regulação dos riscos*. O ataque a todas essas questões levou à substituição de uma *regulação de comando e controle* por outra *suave* (*soft*), que valoriza a edição de recomendações – atribuindo relevância jurídica a conselhos não obrigatórios –, autorregulação (em geral, segundo parâmetros predispostos pelo Estado), incentivos não compulsórios como *rankings* e criação de quase-mercados em setores antes tidos como monopólios naturais. O Estado articula redes e cede a agentes privados espaços regulatórios, embora permaneça como garante em última instância dos interesses regulados, tendo uma responsabilidade inafastável (*Gewährleistungsstaat*). No plano teórico, a doutrina que se constrói sobre essa realidade caracteriza-se por sua interdisciplinaridade, pragmatismo e preocupação com a eficiência e a legitimidade da regulação. Do ponto de vista do método, defenderemos a adoção de uma abordagem institucionalista - aberta à reflexão histórica e ao exame dos contextos sociais -, em um enfoque *não antipositivista*, mas *pós-positivista*.

No segundo capítulo, busca-se superar os chavões e esmiuçar o que efetivamente significa a *função regulatória do direito privado*. A resposta exige considerar os diferentes modelos de Estado que se sucederam.

No *Estado liberal* clássico, a diferenciação entre direito público e privado é bem marcada, e não se concebe uma função regulatória das normas privadas pois não lhes compete dirigir ou dar determinada conformação à sociedade: são como as leis de trânsito, que viabilizam a interação entre motoristas, mas sem lhes determinar um dado rumo.

No *Estado dirigista*, a pergunta sobre a função regulatória do direito privado não faz sentido, pois as duas esferas do universo jurídico são confundidas, e a fronteira entre elas, quase apagada, generalizando-se a ideia de "publicização do direito privado". Isso se expressa principalmente no *dirigismo contratual*, primeiramente voltado ao reequilíbrio de forças entre as partes contratantes - em uma acepção individualizada e atomística -, e depois, para a organização de um setor econômico: o contrato passa de objeto da regulação a instrumento da regulação. Paralelamente, opera-se um fenômeno inverso: a privatização dos meios de atuação estatal. A sociedade empresária foi adotada pelo Estado como instrumento de sua intervenção econômica direta. Colocou-se uma mesma roupa societária nas empresas estatais, sem alterar-lhe os institutos ou radicalizar seu regime jurídico, gerando contradições e conflitos de interesses, que se buscaram remediar recentemente com a edição da Lei n. 13.303/2016.

No *Estado regulatório*, retoma-se a *dicotomia público-privado* e reconhece-se, ao mesmo tempo, a função regulatória do direito privado. No entanto, deve-se distinguir entre um papel fraco e um papel forte para a privatística nos esforços regulatórios. No *papel fraco*, a regulação privada é tomada como uma alternativa preferencial ao emprego de instrumentos de direito público: o Estado regulador intervém quando existentes falhas de mercado, insuscetíveis de superação pelos mecanismos de direito privado (celebração de contratos ou ações fundadas em responsabilidade aquiliana). Tal enfoque exige analisar os prós e contras da regulação privada, comparando-os com as chamadas "falhas de governo". Já no *papel forte*, a regulação de direito privado opera de modo concertado e complementar aos instrumentos de direito público. Nesse contexto, a funcionalidade regulatória dos direitos civil e comercial deve ser analisada à luz de cada um dos critérios adotados para a *summa divisio* entre o direito privado e o direito público: a) no *critério da autonomia* (direito privado caracterizando-se como relação entre partes iguais e autônomas), os mecanismos de autorregulação disseminam-se, utilizando mecanismos associativos e contratuais, em geral por delegação explícita e com objetivos e parâmetros claros postos pelo regulador estatal; b) no *critério do interesse* (direito privado como veículo para interesses particulares), supera-se a ojeriza à consideração dos interesses privados na prática regulatória (que subjaz a teorias críticas como as da captura e da *public choice*), mostrando-se as possibilidades de convergência e compromisso com o interesse público e enfatizando o diálogo entre regulado e regulador; c) no *critério da forma de efetividade da regra* (tutelando-se o direito privado por ações judiciais das partes prejudicadas, em contraste com a autoexecutoriedade da atividade administrativa), vê-se uma crescente importância das ações judiciais - sobretudo de natureza coletiva - para se assegurar o respeito a determinados regimes regulatórios; d) no *critério do objetivo de conformação da sociedade* (em que se contrapõe uma visão atomística e fluida do direito privado a um intuito de engenharia social do direito público), constata-se a sujeição de todo o fenômeno jurídico aos imperativos da ordem econômica constitucional, sendo o direito privado também um instrumento de políticas públicas que a efetivem.

No terceiro capítulo, em um contínuo aprofundamento do objeto da obra, será introduzido o tema do relacionamento entre o direito societário e a regulação. Principia-se apontando a tradicional dicotomia a apartar os dois campos jurídicos, na doutrina dominante: o direito societário se centraria em *aspectos internos* à sociedade, tidos como questões afetas à autonomia e liberdade de auto-organização dos sócios - ressalvado o pequeno espaço dado à ordem pública societária -, e suas normas seriam neutras; já a regulação se preocuparia com a atividade empresarial no mercado (regrada segundo regime publicístico e externa ao direito societário), tomando a sociedade comercial como um agente econômico como qualquer outro, sendo-lhe indiferente o seu *design* interno. A diferença entre o regime societário e o regulatório reflete-se na própria distinção sobre a lei aplicável, no direito internacional privado, regendo-se a sociedade, internamente, pela lei de sua sede ou local de constituição, e a atividade, pela lei do local onde os atos que a compõem são praticados.

No entanto, nas últimas décadas do século XX, o Estado dirigista cedeu lugar ao Estado regulatório. Novos atores exigem novos instrumentos. Passa-se a investir na função regulatória do direito societário, usando-o para formatar a estrutura patrimonial e orgânica da sociedade empresária e de seus processos para, por via indireta e mediata, conformar um dado setor econômico. Em situação assemelhada à da autorregulação, fixam-se normas estatutárias e procedimentais para extrair um vetor da convergência, no seio social, de interesses vários - dos sócios, *stakeholders* e do próprio Estado regulador. Com isso não se abolem a autonomia e a capacidade de auto-organização dos sócios, mas elas são instrumentalizadas para mirar objetivos regulatórios, ao lado da finalidade maior de obtenção e rateio de lucros.

O direito societário renuncia à sua *neutralidade* e *introspecção* e abre-se, passando o societarista a refletir sobre a relação entre o ambiente interno e o externo da sociedade e sobre os mecanismos pelos quais dados processos e estruturas induzem ou condicionam a atividade - a essência do que denominamos RIS.

Na doutrina societária, a RIS permite novos ângulos sobre pontos que vêm sendo debatidos à exaustão, mas de modo circular e repetitivo.

A teoria da empresa - que a toma como fenômeno unitário e poliédrico, com a repetição acrítica dos perfis identificados por Asquini - abandona uma visão autocentrada e de excessiva ênfase no empresário (perfil subjetivo) e seus empregados (perfil corporativo) e passa a refletir sobre os impactos e efeitos externos da atividade (perfil funcional) e os riscos a terceiros derivados de uma inadequada estrutura de ativos (perfil patrimonial). Deve-se substituir a visão aristotélico-tomista de Asquini (derivada do conceito de instituição de Hauriou), que toma a empresa como uma essência, única e indivisível, passando a concebê-la como um *sistema aberto*. Isso implica refletir sobre as relações entre os vários elementos desse sistema e abri-lo ao ambiente externo do mercado. A empresa não pode mais ser vista de modo isolado, mas imersa no mercado regulado e estruturada para operar nesse mercado.

Sobre o tema da *função social da empresa e do interesse social* - que abarca as reflexões sobre a responsabilidade social da empresa e os quase centenários embates entre *contratualismo* e *institucionalismo* -, a RIS dá exemplos de mecanismos de procedimentalização do direito societário que atraiam os vários interesses que convergem sobre a empresa, deles extraindo um vetor que dê sentido à sua atividade, no que Calixto Salomão Filho chama de "institucionalismo integracionista e organizativo". No entanto, tanto *stockholders* como *stakeholders* devem se curvar a dois imperativos: o respeito ao objeto social e a preservação da lucratividade e das condições competitivas da empresa.

Serão apresentadas as várias vertentes da teoria da firma, para revelar que nelas o Estado tem sido o grande ausente: a RIS demonstra que o interesse estatal no regramento da organização interna da sociedade vai além de um esforço para se reduzirem os custos de transação dos que querem se associar ou daqueles terceiros que tencionam negociar com a sociedade. Na RIS, o Estado tem um interesse e uma agenda próprios, ligados à conformação de dado mercado setorial pela moldagem da firma. O apontamento de tal fenômeno contribui também para enlaçar dois campos da *nova economia institucional* que, embora compartilhem das mesmas premissas teóricas, têm se mantido apartadas e sem interagir, segundo Oliver Williamson: a teoria da firma e o estudo da influência do ambiente institucional no desenvolvimento econômico. Na RIS, os dois campos teóricos convergem: a organização interna da empresa é marcada pelo seu ambiente institucional e, ao mesmo tempo, impacta esse ambiente institucional, pois ela é também fonte de planejamento e de regulação setorial.

A segunda parte - intitulada "Regulação econômica setorial por instrumentos societários (RIS): conceito, funcionamento e limites" - apresenta essa técnica, explicando-a em um plano conceitual, construindo uma definição abrangente do fenômeno e efetuando o recorte teórico pretendido pelo livro. A conceituação não é essencialista ou estática, mas reflete a forma como a técnica se apresenta hoje e propõe uma definição lexical para fins de uso convencional entre os estudiosos da área. É importante também compreender os motivos pelos quais a RIS tem se disseminado contemporaneamente, ligando-a aos vetores de evolução dos direitos regulatório e societário apresentados na primeira parte da obra. Como o conceito que se apresentará é funcional - explica-se para que serve a RIS -, devem ser discutidos também seu mecanismo, seu *modus operandi* e seus limites

No quarto capítulo, serão desdobrados e mais bem explicados os elementos do conceito de RIS apresentado *infra*: a) no núcleo, a noção de *técnica regulatória*; b) a *variedade da forma* de veiculação, podendo constar de norma legal, infralegal ou contratual ou de mecanismos de *soft law*; c) a especificidade da referência na norma regulatória a *institutos societários*, com ou sem alteração de seu regime jurídico, para seus fins típicos ou para propósitos diversos, exigidos pelo esforço regulatório; d) o *modo de sua operação*, impondo regras formais, estruturais ou procedimentais para o funcionamento social; e) o *objetivo imediato* de induzir ou condicionar, de modo indireto, a *atividade social* e o propósito *mediato* de, por essa via, moldar determinado *mercado setorial*.

A prova dogmática da existência do uso regulatório de institutos societários não precisa começar pela miríade de resoluções diariamente produzidas pelas agências regulatórias. A RIS já está à vista de todos que examinem os dois diplomas mais importantes do direito societário brasileiro: o Código Civil e a Lei das Sociedades Anônimas. Focaremos as normas legais que já preveem o acoplamento, no regime societário, de exigências regulatórias setoriais, apontando sua desconsideração pelos comentadores.

Exposta a manifestação dogmática da RIS, invocamos três cenas históricas distintas que exemplificam a antiguidade da preocupação estatal com a estruturação interna da sociedade empresarial: a) a estruturação da Companhia das Índias Orientais fez-se em um processo gradual de articulação entre os interesses dos capitalistas e os da nascente República Holandesa, relativos ao comércio asiático, em um contexto de intensa criatividade institucional, fazendo emergir institutos chaves como a livre circulação de ações e a limitação de responsabilidade dos acionistas, em contrapartida à estabilização do capital social pelo impedimento das retiradas; b) o surgimento do conceito jurídico de controle – uma das pedras de toque do direito societário de nossa época – desenvolve-se para atender a uma exigência do direito público, ao ensejo das guerras mundiais: a identificação do titular efetivo da empresa, para a aplicação do regime dos bens dos súditos inimigos; c) o *Public Utility Holding Company Act*, de 1935, regrava atividades reguladas, atuando de modo específico sobre a estrutura dos grupos que a elas se dedicavam, além de legitimar a atuação regulatória sobre aspectos internos das sociedades, padronizar a contabilidade, proibir operações em conflito de interesses e autorizar restrições administrativas à distribuição de dividendos, entre outras medidas de impacto interno aos entes regulados.

Mais importante é compreender os determinantes contemporâneos da ampla disseminação da RIS: tal reflexão permite ligar os temas da primeira parte – as tendências atuais do direito da regulação e das sociedades – aos demais capítulos do livro, que desenvolvem aspectos da regulação econômica setorial por instrumentos societários. A nosso sentir, a ampliação do uso da RIS faz-se pela abertura das reflexões regulatórias para os temas redistributivos e pela percepção da função permanente e estruturante da regulação; pela necessidade de se dar voz aos *stakeholders* no que toca às ações societárias atinentes a problemas regulatórios. Liga-se de modo íntimo à ascensão da regulação de risco, ao espraiar a atividade regulatória para novos setores e dar centralidade à importância de medidas organizacionais e procedimentais de prevenção de contingências. É requisito importante para que funcione a regulação por competição, ao focar a atenção no interior das empresas incumbentes e ingressantes, obstando colusões. Implementa-se por mecanismos de autorregulação (embora com supervisão estatal), com utilização de *soft law*. Exige a abertura da empresa para seu ambiente e a procedimentalização do direito societário para dar voz aos *stakeholders* e aumentar o nível de transparência das questões atinentes aos objetivos regulatórios.

No quinto capítulo será explicado o *funcionamento da técnica*. O regramento de atividades é um desafio, muito mais complexo que o dos atos, por seu caráter contínuo. A RIS é importante para tal finalidade, pois regrar atividades é regrar processos. Há duas formas pelas quais a RIS pode se manifestar: a) como exemplo de regulação por *design*: a estrutura orgânica e de capitais e os processos internos da empresa são fixados de modo rígido, com a conformação completa da organização; b) como modalidade específica de autorregulação: quando a norma regulatória apenas fixa determinados *standards* e objetivos de organização interna, deixando aos sócios ou administradores a tarefa de implementá-los completamente. Conclui-se este capítulo discutindo as *variáveis econômicas* que podem conduzir a uma ou outra forma, justificando a opção por maior rigidez ou flexibilidade estruturais: para tanto, utiliza-se das razões apontadas pela doutrina para defender o emprego alternativo de regras que imponham condutas ou de regras que apenas fixem determinados objetivos, deixando-se ao destinatário escolher os meios para seu atingimento. De outra parte, postula-se que, quanto maior for a competitividade no setor regulado, mais flexíveis devem ser as formas de auto-organização, para permitir mais fácil adaptação e incentivar soluções institucionais criativas.

O uso de uma técnica tem suas restrições e inadequações. No capítulo sexto, reflete-se sobre as balizas jurídicas que devem conter a RIS e sobre as anomalias ou distorções que podem advir de seu emprego. A *autonomia privada* e a correlata *liberdade de auto-organização empresarial* não constituem direitos absolutos, mas sim funções, subordinadas aos imperativos da ordem econômica. Com isso, a questão da legalidade das medidas veiculadas da RIS deve ser examinada à luz do princípio da proporcionalidade, sem que, no entanto, haja nenhuma restrição *ex ante* a medidas regulatórias que atuem no interior da organização societária: desde que devidamente motivadas e justificadas por sua eficiência própria, podem elas ser empregadas alternativamente a qualquer regulação direta da atividade.

Outro tema de grande importância prática é a exigência ou não de lei em sentido formal para que a autoridade administrativa veicule exigência regulatória que cerceie a liberdade de auto-organização: não há reserva de lei estrita, incluindo-se tais medidas na competência legal da autoridade administrativa para regular o acesso a determinado mercado regulado e fixar os requisitos de licença para a continuidade do exercício da atividade. Discutem-se também os problemas da *compatilidade* e *coerência* do sistema jurídico que possam ser causados pelo uso do instituto societário para a regulação setorial: se pode a autoridade administrativa alterar conceitos e institutos societários, moldando-os a seu propósito, como isso afeta a própria lógica interna e a semântica do sistema jurídico, para além das antinomias formais? Finaliza-se esse tópico com a defesa de que a infringência direta à regra regulatória veiculadora de exigência societária só pode ser atacada por remédios próprios do direito público, não cabendo a *stakeholders* ou terceiros afetados se servirem das ações judiciais próprias dos sócios ou da sociedade.

Prossegue-se no assunto com a discussão dos limites econômicos da RIS. Ela tende a ser eficiente, pois a moldagem interna da empresa permite uma atuação permanente da norma, conquanto indiretamente, sobre a atividade, mas pode também implicar rigidez em relação a medidas que incidam diretamente sobre a atividade e que podem ser rapidamente ajustadas e calibradas. O monitoramento da implementação dos mecanismos internos é relativamente fácil e barato, pois se assenta no exame de documentos e relatórios, mas pode redundar em um controle meramente formal e burocrático – uma mera verificação de carimbos. Outros riscos flagrantes à eficiência da RIS relacionam-se com o cerceamento da liberdade plena dos sócios na estruturação da empresa, o desincentivo para inovações organizacionais, o risco de uma uniformidade que não atenda às diferenciações entre as empresas reguladas e que possa, ademais, ampliar o risco sistêmico (fenômeno estudado recentemente por Ian Ayres sob o nome de regulação contra o efeito manada – *anti-herd regulation*), a complexidade da mensuração do custo-benefício do emprego da RIS e, finalmente, sua sujeição à competição regulatória, levando as empresas a se constituírem em jurisdições mais lenientes para exercerem atividades em outros territórios, contornando-se as exigências da RIS.

Na terceira parte – "Manifestações e tipologia da regulação econômica setorial por instrumentos societários (RIS)" –, o objetivo é catalogar, de modo sistemático, usos concretos da técnica, em várias dimensões do direito societário, com uma casuística tirada de normas nacionais e estrangeiras. Essa seção, dividida em três capítulos, constitui o cerne da obra, pois pretende exemplificar as várias formas que ela pode assumir e os propósitos regulatórios específicos que inspiram cada uma delas. Com essa lista de usos, a partir de exemplos brasileiros (e estrangeiros, quando ausente norma nacional), pretende-se dar contribuição prática aos esforços regulatórios, chamando a atenção para toda uma gama de instrumentos à disposição do legislador e das agências. Dada a amplitude do tema e o propósito meramente exemplificativo, optamos por nos aprofundar em alguns casos mais paradigmáticos.[17]

Por outro lado, não devemos nos limitar a constatar o emprego regulatório de cada instituto societário, mas, principalmente, apontar a mudança funcional e o câmbio de objetivos quando um dado instituto societário é utilizado na seara regulatória. Em outras palavras, cada vez que nos referirmos a um emprego típico de elemento societário no esforço da regulação, buscaremos comparar a função tradicional atribuída pela doutrina àquele elemento e os objetivos distintos e peculiares de que se reveste quando invocado pelo regulador.

Como o regulador se serve de institutos e instrumentos pinçados de todas as dimensões da vida societária, uma primeira dificuldade que surgiu foi como separar ou agrupar, em capítulos, os exemplos de uso da RIS. Com uma certa dose de arbítrio, optou-se por uma divisão em três capítulos, inspirados na ideia de que: a) a sociedade, na persecução de seu objeto, tende à *personalização* (com as exigências de registro e publicidade a ela inerente) e que a pessoa jurídica societária, em nosso sistema, reveste-se de determinado *tipo*, entre aqueles predispostos pelo legislador; b) a sociedade implica, para fins de afetação a uma atividade, uma separação – mais ou menos estanque – de determinado *patrimônio* – coincidente, em seu instante inicial, com o capital social, e cujas oscilações devem ser escrituradas e apuradas, para permitir a distribuição de dividendos, segundo a participação fracionária de cada sócio nesse capital; c) a sociedade implica uma *organização permanente e estável de pessoas* (em grau mais intenso do que organizações que possam eventualmente surgir de contratos de colaboração), sendo necessárias regras e órgãos para se construir e se documentar a vontade comum, já que a deliberação da pessoa coletiva é um pro-

17. Refira-se à advertência de Jevons: "A few specimens probed thoroughly teach more than thousands glanced at through a glass case", apud PIGOU, Arthur Cecil. *The economics of welfare*, 2000, p. 205.

cedimento jurídico, e não psicológico. O realismo do direito comercial denunciou a existência de uma voz preponderante nessas deliberações – a do controlador –, atribuindo-lhe poderes, direitos e deveres específicos.

Analisando ponto a ponto como a RIS se manifesta em cada uma dessas dimensões da realidade societária, principia-se, no sétimo capítulo, por apontar a exigência de que aquele incumbido de dadas atividades regulatórias adote *personalidade jurídica societária*, pois à pessoa física faltam a perpetuidade, o claro registro de deliberações e uma mais nítida e intensa separação patrimonial. De outra parte, os entes regulatórios são pródigos na adoção de técnicas de *desconsideração da personalidade jurídica*, buscando identificar *a priori* ou presumir simulações, ou deixando de sancionar pessoas jurídicas por atos anteriores à transferência de controle, para assegurar a pessoalidade da responsabilidade administrativa. Quanto à veste da personalidade societária, a tradicional liberdade de escolha é abandonada pela *imposição* de determinados tipos societários como requisito ao exercício de atividades reguladas, ou mesmo de abertura de capital, e, na experiência estrangeira, pela *criação* de tipos societários *sui generis* para determinados objetos sociais. O objetivo é se utilizar do maior nível de sofisticação institucional de determinados tipos (em especial a sociedade anônima). No entanto, como em geral esses tipos preveem a limitação da responsabilidade dos sócios, sua imposição vem muitas vezes acompanhada da um regime excepcional de responsabilidade de controladores e administradores. Dê-se como exemplo os bancos comerciais, no Brasil: é mandatória a adoção do anonimato, mas a ela se junta um regime de responsabilidade civil rigoroso.

Ainda entre os institutos essenciais ligados à personalidade societária, será analisado o *regime regulatório de aprovação administrativa e de publicidade especial de atos societários*, cujo grau de rigor varia significativamente conforme a atividade exercida. No que toca ao instituto do *nome empresarial*, são comuns também regras especiais, com o objetivo de transcender o mero papel de identificação da sociedade empresária, de seu objeto social e de seu tipo societário, para destacar sua sujeição a determinado regime regulatório. Já o *objeto social* é peça chave de qualquer esforço regulatório, pois é sua descrição que subordina a sociedade a um dado regime, e não a outro, valendo aqui a lição de Ascarelli: enquanto o efetivo exercício da atividade qualifica o empresário individual, na sociedade é a potencialidade do exercício, expressa no objeto, que lhe atribui a condição empresarial. Por outro lado, em vários setores o regulador veda a cumulação de atividades no objeto social, exigindo que sejam desagregadas e distribuídas entre pessoas jurídicas distintas, para impedir subsídios cruzados entre atividades reguladas e não reguladas, ou para reduzir riscos sistêmicos.

O oitavo capítulo foca os aspectos *patrimoniais* da sociedade. Sobre o regime jurídico do capital social, são comuns exigências de *capital mínimo*, fixadas não apenas no interesse dos credores, mas segundo as exigências de investimento e de continuidade da atividade regulada. Há também uma preocupação regulatória com os riscos de uma *supercapitalização* que possa se refletir em tarifas elevadas. A RIS também foca os *aspectos qualitativos do capital social*, impondo exigências de *composição patrimonial* - como a estipulação de bens determinados para a formação do capital, imposição de índices financeiros ou de liquidez ou atendimento de regras prudenciais.

Historicamente, uma das primeiras manifestações da RIS foram exigências especiais de escrituração e separação de contas. No direito societário, a escrituração social é uma exigência lógica do objetivo de repartição dos resultados e uma condição para se viabilizar a limitação das responsabilidades de sócios. A regulação setorial, no entanto, costuma impor toda uma superestrutura contábil específica, com os objetivos mais variados, por exemplo, a *uniformidade* de critérios contábeis entre os entes regulados, a obtenção de *transparência* no processo de cálculo tarifário e o impedimento de que tarifas de serviços regulados subsidiem outras atividades não reguladas, submetidas a competição no mercado, impedindo distorções (subsídios cruzados).

No que toca ao *status socii*, a hipótese que abraçamos é que, quanto aos direitos patrimoniais do sócio, a atuação da RIS é bastante limitada, para evitar desincentivos à alocação de investimentos. As restrições mais relevantes, nesse ponto, são: 1) condicionamentos a transferências de participações societárias, para assegurar a capacitação ou a inexistência de impedimentos regulatórios ao ingresso - em situações que Camerlinck, nos anos 1920, identificava como de *intuitu personae* legal -, ou para obstar ganhos de curto prazo na cessão de autorizações ou contratos administrativos; 2) imposição pela autoridade regulatória de transferência compulsória de participações societárias; sendo que, na experiência estrangeira, tal transferência pode também ter caráter sancionador e ressarcitório; 3) a tradicional proibição da existência de ações ao portador em determinados setores regulados, muito antes da proibição geral desse título no Direito brasileiro, para permitir a identificação do quadro acionário; 4) regras especiais sobre a apuração de lucros e a distribuição de dividendos. Quanto aos *direitos políticos dos sócios*, os interesses da regulação podem ser assegurados pela permissão ou imposição de *golden shares*, com prerrogativas especiais.

O nono capítulo fecha a tipologia dos usos da RIS tratando de regras regulatórias incidentes sobre a estrutura orgânica, procedimentos e controle da sociedade regulada. Entre outros temas administrativos, serão abordadas exigências de funcionamento permanente de órgãos, criação de cargos com atribuições específicas e determinação de que certas decisões de relevância sejam tomadas colegiadamente pela diretoria, regras sobre composição de conselhos, requisitos adicionais para a investidura de gestores e o regramento de suas modalidades remuneratórias e mandatos. O controle e os grupos – temas campeões de polêmica no direito societário – ganham contornos distintos na práxis regulatória, por razões que serão discutidas.

A quarta e última parte do livro intitula-se "Interfaces da regulação econômica setorial por instrumentos societários (RIS)".

No décimo capítulo, serão analisadas as interações entre a RIS e o antitruste. A doutrina enfatiza em excesso as distinções entre regulação e antitruste: enquanto a autoridade concorrencial interviria de modo reativo, pontual e localizado, em procedimentos adversariais, para implementar *ex post* os valores da competição,[18] o regulador agiria *ex ante*, de forma ampla e contínua, por regulamentações gerais, inspiradas por um complexo de valores e objetivos definidos politicamente e com o objetivo de estabilizar e formatar determinados mercados. Postula-se que a regulação e o antitruste devem atuar complementarmente, pois não são antagonísticos. A regulação pode ser um instrumento pró-concorrencial, com a vantagem de poder mirar objetivos estruturais do mercado. A RIS, como instrumento regulatório, conforme sua modalidade, pode ter poucos efeitos anticompetitivos, pois afeta a atividade do agente regulado de modo indireto, não causando uniformidade de conduta com riscos colusivos, além de aumentar o nível de informação no mercado. Algumas de suas formas, no entanto, podem constituir barreiras de entrada. De outra parte, o regulador muito tem a aprender com a autoridade concorrencial no que diz respeito à compreensão da dinâmica política interna da sociedade, identificando as influências dominantes e abandonando uma visão formalista. Ainda mais relevante apresenta-se o papel do antitruste ao fornecer unidade conceitual e princípios ge-

18. Exceto pelo controle prévio dos atos de concentração.

rais para o tratamento da concorrência nos mercados regulados, dada a crescente e contínua fragmentação e setorialização da regulação econômica.

O décimo primeiro capítulo abordará a relação entre a RIS e a governança corporativa. Tradicionalmente, o direito dos mercados de capitais – que tem o propósito regulatório de formatar um ambiente para a interação entre investidores e destes com a companhia – opera portas afora da sociedade, não alterando seu interior, à exceção do regime reforçado de *disclosure*. A grande inovação da governança corporativa foi adentrar o espaço societário, buscando moldar e estruturar processos com vistas à tutela do investidor para além das regras societárias – o que tem grande similitude com a proteção dos *stakeholders* na regulação econômica setorial por instrumentos societários (embora a RIS tenha um sentido mais amplo, pois envolve também outras dimensões societárias além da gestão). No entanto, deve-se verificar como se relacionam e se influenciam reciprocamente a RIS e a governança. Em primeiro lugar, há uma dependência de caminho (*path dependence*) a condicionar o emprego da RIS a um ambiente institucional e cultural de governança preexistente. Por outro lado, a RIS pode contribuir para disseminar seletivamente algumas práticas de governança (sem implicar a primazia absoluta dos interesses dos acionistas) – remediando a falta de pressão competitiva nos mercados regulados – e para facilitar a sua difusão e seu transplante, dadas as funções simbólica e pedagógica do Direito.

No décimo segundo capítulo, à guisa de conclusão, serão respondidas as perguntas que se fizeram na introdução do presente trabalho, com ênfase no papel que a RIS desempenhará na evolução futura da atividade regulatória.

Consta ainda da obra a extensa bibliografia consultada, em seis idiomas. Sua amplitude deriva da transversalidade e interdisciplinaridade do tema estudado, que toca a todos os capítulos do direito societário e que busca se enquadrar nas múltiplas vertentes da teoria da regulação. Além disso, era necessário investigar o ineditismo do recorte teórico realizado neste trabalho. Dado o escasso desenvolvimento dos estudos regulatórios no país, espera-se que o levantamento da literatura que fizemos possa representar, por si, uma contribuição às novas pesquisas que se seguirem nessa seara.

James Tobin, prêmio Nobel de Economia, ressaltou que “as mais importantes decisões que um acadêmico toma são sobre os problemas com os quais trabalhará".[19] Acreditamos que a regulação tem um papel decisivo a desempenhar na construção do Brasil. A uma geração que reconquistou a democracia seguiu-se outra que venceu a hiperinflação. À nossa cabe o desafio de retomar o desenvolvimento a partir de instituições impessoais e estáveis que despertem a energia de todos os setores da sociedade para a construção de uma sociedade próspera e justa.

Que o esforço regulatório faça-se com criatividade e leveza, em um exercício constante de "imaginação institucional", para usar a expressão de Mangabeira Unger. E sem dogmatismos, pois

Certezas o vento leva,
Só dúvidas continuam.
Paulo Leminski

19. *Essays in economics.*

PRIMEIRA PARTE
Regulação e direito privado na contemporaneidade

CAPÍTULO I

A regulação como um dos eixos do Direito contemporâneo

Para entender as formas e os limites
da regulação temos de entender
nossa própria cultura jurídica.
Lawrence Friedman

Uma palavra e dois conceitos

Não tem margens, a palavra.
Manoel de Barros

Partindo da etimologia da palavra *regulação*[1] – mover algo em linha reta –, podem ser construídos dois distintos conceitos: um estrito – de regulação como mero instrumento que exerce ação externa a um sistema (nesse sentido, usa-se no vulgo a palavra regulador como aparelho mecânico e até como remédio) – e um amplo, de regulação como característica sistêmica, denotando a sua estabilidade (diz-se que uma máquina está bem regulada). Esses sentidos foram originalmente utilizados, no século XVIII, nas ciências mecânicas, sendo adotadas, como metáforas, pela biologia e medicina do século XIX. "Conceito nômade",[2] a palavra regulação passou a ser utilizada no Direito e na economia no século XX, primeiramente na prática norte-americana e, mais recentemente, na Europa continental e na América Latina, mantendo, no entanto, a duplicidade de sentido. A novidade do conceito – ainda em sua infância, quando comparado a institutos jurídicos milenares – contribui para sua imprecisão e para as divergências doutrinárias sobre seu emprego.

---

1. *V.* "Etimologia e acepções originárias: regulação nos sistemas mecânicos e biológicos", neste Capítulo.
2. *V.* "Regulação econômica como metáfora: regulação como instrumento e como característica sistêmica", neste Capítulo.

Etimologia e acepções originárias: regulação nos sistemas mecânicos e biológicos

A palavra regulação deriva da raiz indo-europeia *reg*, denotando a ação de "mover algo adiante em linha reta". A palavra latina *regula* tem sentido originário de régua e, posteriormente, de regra.[3] O verbo *regulare* surge no baixo-latim. A mesma origem é compartilhada pelas palavras *regulamentação* e *regularização*.[4]

No dicionário Littré, regulação aparece como termo de tecnologia mecânica, em uso já no século XVIII, designando "um sistema de comando destinado a manter constante o valor de uma grandeza". Era empregado para relógios,[5] e, depois, para máquinas a vapor e na metalurgia.

Como metáfora, passa a ser utilizado pela fisiologia, no sentido da homeostasia orgânica, denotando os mecanismos que permitem a constância das características físicas e químicas do corpo. Com essa acepção, foi empregado pelo célebre médico francês Claude Bernard, no século XIX.

O vocábulo "regulação" caracteriza-se por sua polissemia e ambiguidade desde seus primórdios. Possui um sentido dúplice: pode referir-se a uma característica de uma máquina ou um sistema – denotando a ideia de estabilidade, de funcionar "em linha reta" – ou a própria ação externa para induzir ou preservar tal estabilidade. Conforme o autor, a regulação pode significar o que move ou o que é movido, um elemento exógeno ou endógeno a um sistema, a causa ou o efeito, o instrumento ou o seu produto.

Em um primeiro sentido – estrito –, fala-se em regulação como sendo o uso de um instrumento – o regulador – que intervém e estabiliza algo: por exemplo, o regulador de uma bomba ou de uma máquina, na mecânica. Na medicina, o

---

3. A referência é de Robert Shiller, amparado no *American heritage dictionary of the English language*. Para aquele autor, "por analogia, a regulação financeira tem por desígnio manter os sistemas financeiros se movendo tão aproximadamente quanto possível segundo uma linha reta, ou seja, estabilizando-os para que funcionem bem" (SHILLER, Robert. "Democratizing and humanizing finance", 2011, p. 8). A mesma explicação etimológica, mas já partindo da palavra latina *regula*, é dada por Antonio Houaiss, que aponta seu uso panromânico (HOUAISS, Antonio et al. *Dicionário Houaiss da língua portuguesa*, 2001, p. 24, verbete *regul-*).
4. CALANDRI, Laurence. *Recherche sur la notion de régulation em droit administratif français*, 2009, p. 1-3.
5. Em 1758, regulador era definido como um relógio pelo qual outros são ajustados (BALDWIN, Robert; CAVE, Martin; LODGE, Martin. "Regulation: The field and the developing agenda", 2012, p. 5).

regulador é sinônimo tradicional de remédio: na curiosa linguagem da farmacologia brasileira da *Belle Époque*, as propagandas de bondes alardeavam as maravilhas dos reguladores digestivos.

Em um segundo sentido – amplo –, regulação é sinônimo de equilíbrio e constância de um sistema. A máquina está bem regulada, pois se mantém inalterada em seu funcionamento, e a saúde do corpo humano confunde-se com sua homeostase. Aqui o foco não é em um elemento externo, mas em uma qualidade: a concatenação de elementos e a capacidade de autoajustes de uma dada organização.

Regulação econômica como metáfora: regulação como instrumento e como característica sistêmica

> *Regulation means different things in different contexts.*
> Lawrence Friedman

"Conceito nômade",[6] a noção de regulação migra para as ciências humanas. Passa a ser usada na economia e no Direito, principalmente nos Estados Unidos, ainda no século XIX. O emprego do termo é quase alegórico. Em lugar de um objeto físico, o regulador passa a ser um ente personalizado: a autoridade pública.

De fato, apresentar o Estado como regulador

> é uma metáfora emprestada da regulação nos sistemas físicos. Em um sistema físico – como um motor a vapor ou um aquecedor central doméstico –, o regulador é um balanceador, mantendo o sistema em algum equilíbrio predeterminado. Aplicado à regulação econômica, ela sugere que o Estado é um gestor do sistema de mercado, mas um gestor que intervém apenas para fazê-lo retornar ao ponto de equilíbrio.[7]

---

6. AUTIN, Jean-Louis. "Contribution à une définition juridique de la régulation", 2011, p. 101.
7. MORAN, Michael. "The rise of the regulatory State", 2011, p. 384. Em outro trecho da obra, Moran reduz à essência sua definição, tão calcada sobre o conceito mecânico aqui descrito: "The most straight forward meaning of regulation is to govern in the sense of balancing a system" (p. 5).

Nesse sentido, a palavra é de uso recente no Direito europeu continental,[8] substituindo a expressão "intervenção pública na economia", que se assenta sobre uma separação radical entre Estado e sociedade.[9]

A doutrina ainda se esforça na construção de um conceito jurídico da regulação, para normalizar seu emprego. Tal construção não é a-histórica - não se pretendendo o retorno à Jurisprudência dos Conceitos oitocentista - nem se buscam essências. Não há de interessar a palavra descontextualizada, "em estado de dicionário", como no poema de Drummond.[10]

No campo jurídico, o vocábulo permanece com a ambiguidade e o duplo sentido que lhe marcam a história, agravados por uma imprecisão no seu emprego pelos juristas, já que ainda não plenamente consolidado.

Por isso, devem ser construídos dois conceitos diversos de regulação, para abarcar duas vertentes do uso doutrinário da palavra.[11] Novamente, ou se usa a palavra como ação externa de um instrumento ou como sinônimo da própria estabilidade do sistema. E é curioso como toda a visão de um autor sobre o fenômeno regulatório é marcada, desde o início, por sua adesão a um ou outro sentido do vocábulo.

Em primeiro lugar, por todos, como representativo da visão estrita - a regulação como instrumento do Estado, cujo uso representa uma ação externa ao sistema econômico -, cumpre citar a clássica definição de Selznick, para quem

---

8. MACHADO, Santiago Muñoz. "Fundamentos e instrumentos jurídicos de la regulación económica", 2009, p. 16. No Direito francês, Calandri registra o emprego do vocábulo "regulação" no direito administrativo francês do século XIX, mas em sentido diverso. A palavra "regulador", por sua vez, surge em meados no século XX, mas para se referir ao papel do Conselho de Estado em relação à Administração pública (CALANDRI, op. cit., 2009, p. 1). Nos anos 2000, ainda se considerava inovador o título da obra de Bertrand de Marais, professor e membro do Conselho de Estado, *Droit public de la* régulation *économique*. Na Alemanha, também é relativamente recente o uso da expressão *Regulierungsrecht*.
9. O próprio uso da palavra "intervencionista" já faz entrever a adesão a uma visão dicotômica entre Direito e mercado. A palavra, em si, pouco significa. Nas palavras de M. Giannini, "todo ordenamento jurídico é intervencionista" (citado por BETANCOR, Andrés. *Regulación*: mito y Derecho. Desmontando el mito para controlar la intervención de los reguladores económicos, 2010, p. 127).
10. "Procura da poesia", em *A rosa do povo* (DRUMMOND DE ANDRADE, Carlos. *Reunião*: 10 livros de poesia, 1969, p. 76).
11. Baldwin e Cave optam por uma tríplice conceituação de regulação: a) conjunto de comandos; b) influência deliberada do Estado sobre comportamento econômico ou social; c) todas as formas de controle ou influência sobre comportamento, seja pelo Estado, seja pelo mercado, deliberado ou não (BALDWIN, Robert; CAVE, Martin. *Understanding regulation*: Theory, strategy and practice, 1999, p. 2).

a regulação é o "controle contínuo e focado exercido por uma agência pública sobre atividades que são valorizadas por uma comunidade".[12]

Os traços fundamentais dessa definição tão citada são os seguintes: a) a *natureza contínua*, o que "implica que a regulação não é alcançada apenas pela aprovação de uma lei, mas requer conhecimento detalhado e envolvimento íntimo com a atividade regulada";[13] abrangendo *atos heterogêneos*;[14] b) a relatividade do foco – qualquer atividade valorizada pela comunidade, o que dá à regulação um *caráter político*;[15] c) sua *natureza estatal*, marcada pela referência a

12. "Sustained and focused control exercised by a public agency over activities that are valued by a community" (SELZNICK, Philipp. "Focusing organizational research on regulation", 1985, p. 363). A citação é reproduzida por Morgan e Yeung, Ogus, Balwin e Cave, José Esteve Pardo, Giandomenico Majone e vários outros autores. Na doutrina brasileira, a mesma concepção fundamenta a definição construída por Marçal Justen Filho: "A regulação econômico-social consiste na atividade estatal de intervenção indireta sobre a conduta dos sujeitos públicos e privados, de modo permanente e sistemático, para implementar as políticas de governo e a realização dos direitos fundamentais" (JUSTEN FILHO, Marçal. *Curso de direito administrativo*, 2005, p. 447).

13. MAJONE, Giandomenico. *Regulating Europe*, 1996, p. 9. No mesmo sentido, Santiago Muñoz Machado observa que "regular não é o poder de ditar normas, senão de utilizar todos os instrumentos normativos e executivos necessários para orientar o mercado em direção à competição e impor obrigações de serviço público aos operadores" (MACHADO, op. cit., 2009, p. 16).

14. Stelio Valentini, após definir a regulação como "a colocação de regras atinentes ao funcionamento de determinados mercados e ao controle de sua aplicação" (p. 5), aponta serem tais regras atos heterogêneos, compreendendo "leis, regulamentos, atos administrativos gerais e atos de conteúdo individual e eficácia limitada a uma intervenção invalidante ou modificadora de uma relação jurídica" (p. 8). Essa disciplina do mercado deve-se fazer "em virtude de uma prerrogativa durável no tempo" e por ente dotado de poderes autônomos, instrumentais a tal fim (p. 22) (VALENTINI, Stelio. *Diritto e istituzioni della regolazione*, 2005). Para Eduardo Paz Ferreira e Luis Silva Morais, regulação é "o desenvolvimento de processos jurídicos de intervenção indireta na atividade econômica produtiva [...], incorporando algum tipo de condicionamento ou coordenação daquela atividade e das condições de seu exercício, visando garantir o funcionamento equilibrado da mesma atividade em função de determinados objetivos públicos" (FERREIRA, Eduardo Paz; MORAIS, Luis Silva. "A regulação sectorial da economia. Introdução e perspectiva geral", 2009, p. 22).

15. Algumas definições doutrinárias fecham-se ao já tentar incluir os objetivos específicos da regulação ou elencar seus instrumentos. Citem-se, por exemplo, as seguintes definições: a) "A regulação abrange aquela ação soberana, mediante a qual a Administração atua sobre um setor econômico ou sobre a dimensão econômica de um dos domínios da vida, para criar ou manter as condições de concorrência bem como para garantir a efetivação do bem-estar social nos referidos setor e dimensão" (RUFFERT, Matthias. "Begriff", 2010, p. 359); b) "Regulação econômica é um processo burocrático especializado que combina aspectos tanto dos tribunais quanto dos órgãos legislativos para controlar preços, produção e/ou entrada e saída de firmas em uma indústria" (SALAMON, Lester

agência pública. Nesse ponto, mesmo que a atividade regulatória seja exercida por agente privado, será sempre por delegação e autorização do Poder Público.[16]

Pode-se formular críticas específicas a essa definição e que são relevantes por se aplicarem ao *mainstream* da teoria da regulação: a) não se faz uma distinção entre a regulação *estrutural*, de organização da atividade, e a *conjuntural*, de regramentos temporários e contínuos, ajustados conforme as vicissitudes da supervisão e os desafios de se obter a conformidade (*compliance*) dos controlados; b) despreza os *efeitos indiretos* – não focados – da atividade do Estado, como a taxação e o estabelecimento de regras de responsabilidade civil;[17] c) omite *o papel do parlamento e dos tribunais*; d) do ponto de vista da construção conceitual, recai em uma *circularidade*, pois pode ser sintetizada nos seguintes termos: "regulação é aquilo que reguladores fazem".[18]

M. (ed.). *The tools of government*: A guide to the New Governance, 2002, p. 118). Outros limitam-se a mencionar o "interesse público": "regulation occurs when the state constrains private activity in order to promote the public interest" (FRANCIS, John. *The politics of regulation*: A comparative perspective, 1993, p. 2).

16. Trata-se de um fenômeno que a doutrina alemã denomina *regulierte Selbstregulierung*.

17. STIGLITZ, Joseph. "Regulation and failure", 2009, p. 24. No mesmo sentido, apontam Robert Baldwin et al. que, "pela regra de direito, um sistema pode manter suas características designadas", como um regulador (instrumento). No entanto, impera hoje uma visão mais flexível, não mais de comando, mas que considera também os efeitos indiretos de sistemas de controle estabelecidos com outros objetivos, por exemplo, os mecanismos de taxação (BALDWIN; CAVE, op. cit., 2012, p. 4). M. Mercé Darnaculleta I Gardella apresenta um sentido estrito para regulação: "Qualquer manifestação da intervenção estatal que compreenda a ordenação de um setor mediante a utilização de instrumentos jurídicos vinculantes – regulamentos, ordens ou atos administrativos" (p. 350). Mais adiante, constrói a autora espanhola um conceito mais largo, que abarque os efeitos indiretos da atuação jurídica estatal. Nesse sentido amplo, regulação é a "influência estatal nos processos sociais, mediante instrumentos jurídicos, programados para a consecução de uma finalidade específica de ordenação" (p. 374) (DARNACULLETA I GARDELLA, M. Mercé. "La recepción y desarollo de los conceptos y fórmulas de la regulación. El debate en la República Federal Alemana", 2009). Para Santos, Gonçalves e Marques, "a regulação pública da economia em sentido amplo consiste no conjunto de medidas legislativas, administrativas e convencionadas por meio das quais o Estado (ou de forma mais ampla, os poderes públicos), por si ou por delegação, determina, controla ou influencia o comportamento de agentes econômicos, tendo em vista evitar efeitos desses comportamentos que sejam lesivos de interesses socialmente legítimos e orientá-los em direções socialmente desejáveis. O termo regulação difundiu-se, porém, correntemente, numa acepção mais restrita, que o associa à institucionalização de entidades independentes aptas para estabelecer os esquemas regulativos das regras do jogo econômico e para dirimir os conflitos em domínios setoriais política e economicamente sensíveis" (*Direito econômico*, p. 181).

18. SCHREIBER, Kristina. „Zusammenspiel der Regulierungsinstrumente", 2009, p. 5.

Porém a crítica mais importante a se lançar contra um conceito instrumental da regulação é o seu enfoque limitado. Tomar o Direito como instrumento implica a perspectiva do elaborador, e não a dos destinatários da norma.[19] Além disso, quando se considera o regulador um fator exógeno e externo da economia, cria-se um paradigma estadocêntrico, reducionista, hierárquico e unilateral para a regulação. Isso fecha as portas para fenômenos como o do diálogo regulatório – em que o agente regulado participa da construção das soluções regulatórias – e torna incompreensível a figura da autorregulação, que pode existir e gerar efeitos independentemente da delegação estatal.[20]

Por isso, a visão completa da regulação exige que se considere também um segundo sentido, mais amplo, para o termo: a regulação como característica *sistêmica*, destacando-a como uma capacidade de autoajuste, equilíbrio e constância de qualquer sistema social.[21] Nesse sentido, todos os mecanismos sociais, mesmo que não jurídicos e não estatais, que permitam controlar e direcionar o comportamento dos agentes estariam abrangidos na ideia de regulação.[22] Somente nesse contexto teórico é plenamente compreensível que o agente se autorregule. Apenas à luz desse conceito amplo tem sentido e significado a expressão "regulação do mercado pela concorrência" (*regulation by competition*). Só essa acepção permite afirmar que a própria atividade regulatória pode ser objeto de regulação, pois teria de ser estruturada e mantida de modo coerente e constante, com alinhamento com as demais instituições sociais: o regulador confunde-se com o regulado em vários sentidos, e não mais é peça externa do sistema, mas seu integrante inseparável, fator endógeno e elemento interno.

Nessa mesma linha, Hancher e Moran, em *Organizing regulatory space*, afirmam que a regulação é característica de todo sistema de organização social. Nesse campo amplo se encontra a atividade da regulação econômica, que, no capitalismo avançado, seria caracterizada pela interdependência, barganha e

---

19. NINO, Carlos Santiago. *Introducción al análisis del Derecho*, 1984, p. 6.
20. Feintuck admite o conceito de Selznick, mas esclarece que a agência pública pode ser um ente privado exercendo função regulatória, devendo também ser acrescido como um dos objetivos da atividade regulatória o controle do poder privado (FEINTUCK, Mike. *The public interest in regulation*, 2004, p. 6).
21. "La finalidad esencial de la regulación es mantener la actividad en marcha dentro de unos parámetros prefijados" (ARIÑO ORTIZ, Gaspar; CUÉTARA, Juan Miguel de la; CASTIELLA, Íñigo del Guayo. *Regulación económica*. Lecturas escogidas, 2012, p. 152).
22. Ortega y Gasset ressaltava que a ordem não era uma pressão que se exerce de fora sobre a sociedade, mas um equilíbrio que se cria em seu interior (GRAU, Eros Roberto. *O Direito posto e o Direito pressuposto*, 2008, p. 19).

cooperação entre agências estatais, sindicatos, grupos de interesses e grandes empresas multinacionais.[23] Para Hugh Collins, a regulação seria "qualquer sistema de regras destinado a governar o comportamento dos sujeitos". O Direito seria apenas um entre vários sistemas de regulação social.[24] Ogus, após apontar que a palavra adquiriu uma "impressionante variedade de significados", conclui que ela é por vezes usada para indicar "qualquer forma de controle de comportamento".[25]

Esse segundo conceito amplia significativamente o campo dos estudos da regulação. "O escopo da regulação conceitual e praticamente vai muito além de uma visão estreita de controle jurídico de agentes privados."[26] O risco, no entanto, é o da total diluição do conceito no amplo mar da sociologia, da economia e do Direito. Selznick alertava para a tentação de se identificar a regulação com todo o reino do Direito, governança e controle social.

No presente livro, usaremos ambos os conceitos, conforme o problema que estivermos enfrentando.

Um enfoque *instrumental* e *funcionalista*: a) está implícito no título da segunda parte da obra, que faz referência ao uso, pelo regulador, de instrumentos societários; b) subjaz à apresentação da tipologia da RIS – a listagem exemplificativa de vários de seus usos – e que se apresenta como uma caixa de ferramentas à disposição do regulador setorial (*toolbox approach*); c) coloca alguns dos principais problemas que pretendemos atacar, como o funcionamento da RIS, sua eficácia e seus limites.

No entanto, um conceito *mais amplo* e *aberto* – que tome a regulação como característica inafastável de qualquer mercado, representada por mecanismos jurídicos, sociais e econômicos que o institucionalizem – é essencial para se compreender como as ferramentas da RIS são manejadas pelas próprias empresas cujo comportamento se pretende influenciar, o que induz a ideia de um autoajuste pelos agentes econômicos. De igual modo, o uso do instrumento não se dá sobre uma matéria inerte e amorfa, mas há de ser coerente com as próprias instituições do mercado, sob pena de sua ineficácia.

---

23. De igual modo, Laura e Claire Nader afirmam que "a regulação é um aspecto da vida social de todas as sociedades humanas", abrangendo as regras formais e informais (NADER, Laura; NADER, Claire. "A wide angle on regulation: An anthropological perspective", 1985, p. 142).
24. COLLINS, Hugh. *Regulating contracts*, 2003, p. 7.
25. OGUS, Anthony. *Regulation.* Legal: Legal form and Economic Theory, 2004, p. 1.
26. MORGAN, Bronwen; YEUNG, Karen. *Introduction to law and regulation.* Text and materials, 2007, p. 221.

Objetivos e propósitos da regulação

Los objetivos de la regulación son
múltiples y a veces contrarios uno a otro.
Gaspar Ariño Ortiz

Public regulation, for all its enormous momentum,
lives by its goals and not by its achievements.
George Stigler

A epígrafe de Stigler – um dos fundadores da Escola de Chicago – é excessivamente descrente quanto às realizações dos reguladores, mas acerta ao enfatizar o peso dos objetivos da regulação para a sua legitimidade.

Inútil elencar um objetivo ou um valor único a ser perseguido na regulação,[27] ou um único critério para se definir o bem comum a ser buscado. Se o pensamento econômico moderno é filho do utilitarismo, com a preocupação benthamiana com "o maior bem para o maior número", essa perspectiva hoje cede a uma ética de valores, pós-consequencialista, destacando-se a obra de Amartya Sen.

Os objetivos são, portanto, múltiplos, e não fixos nem incontroversos.

> Qualquer tentativa de formular uma lista compreensiva dos objetivos de interesse público que possam ser usados para justificar a regulação seria fútil, pois o que constitui o "interesse público" variará de acordo com o tempo, o lugar e os valores específicos detidos por uma sociedade específica.[28]

Por outro lado, de nada adianta serem eles elencados sem uma ordenação de relevância: listas de coisas boas e positivas raramente criam controvérsias se não se exige que as pessoas definam as relações de prioridade.[29]

Apesar dessas dificuldades, a clareza quanto aos objetivos regulatórios e das políticas públicas é essencial para que possa ser controlada sua eficiência e monitorados seus resultados.[30]

---

27. "We should be highly sceptical of regulatory solutions or designs that are couched in terms of single values" (BALDWIN; CAVE; LODGE, op. cit., 2012, p. 335).
28. OGUS, op. cit., 2004, p. 29.
29. STIGLER, George. *The citizen and the State*: Essays on regulation, 1975, p. 168.
30. MUNHOZ, Eduardo Secchi. *A aquisição de controle na sociedade anônima*, 2013, p. 163.

Do ponto de vista econômico, podem existir vários meios ou instrumentos à disposição do regulador, e a ineficiência da regulação decorrerá da falta de adequação entre tais instrumentos e os objetivos postos (*regulatory mismatch*).[31] A fixação do objetivo regulatório é questão política, mas a adequação do instrumento para seu atingimento é de índole técnico-jurídica, não podendo resvalar para o voluntarismo.

O tema dos objetivos regulatórios suscita algumas divergências significativas na doutrina. A maior parte dos autores prioriza o objetivo regulatório de incremento da eficiência alocativa do mercado em prejuízo das políticas redistributivas, apontando para o maior impacto de subsídios diretos para minorar desigualdades. Contra tal entendimento, autores como Cass Sunstein invocam argumentos de ordem ética, valores materiais como o resguardo do pluralismo e dos interesses das gerações futuras, além de questionarem os fundamentos do próprio conceito de eficiência alocativa. A existência no Brasil da ordem econômica constitucional supera essa dicotomia tão marcante nos debates regulatórios estrangeiros.[32] Outro nó górdio é o debate entre os que afirmam que a regulação deve se voltar à correção de falhas do mercado, em intervenções pontuais e temporárias, e os que afirmam que o mercado é construído pelo regulador, sendo sua atuação um elemento constante e estruturante. Nosso entendimento é que a maior ou menor intensidade e permanência da atuação regulatória dependem das características institucionais de cada mercado setorial.[33] A promoção do desenvolvimento econômico constitui um desafio regulatório específico, sendo imprescindível que o Estado regulador construa instituições jurídicas estáveis, transparentes e indutoras de segurança jurídica, para fomentar os investimentos em capital físico e humano necessários.[34]

Eficiência vs. *distribuição*

> *Justice is the first virtue of social institutions, as truth is of systems of thought. A theory however elegant and economical must be rejected if it*

31. BREYER, Stephen. *Regulation and its reform*, 1982, p. 191-6.
32. *V.* "Eficiência *vs.* distribuição", neste Capítulo.
33. *V.* "Construção de mercados *vs.* correção de falhas de mercado", neste Capítulo.
34. *V.* "O desenvolvimento econômico como desafio regulatório", neste Capítulo.

> *is untrue; likewise laws and institutions no matter how efficient and well-arranged must be reformed or abolished if they are injust.*
> John Rawls

> *A cynic is a man who knows the price of everything and the value of nothing.*
> Oscar Wilde

Nos embates doutrinários, entrechocam-se duas visões sobre os objetivos da regulação. Para a primeira, o regulador deve se circunscrever a medidas voltadas a ampliar a eficiência alocativa dos mercados. Para a segunda, as políticas distributivas são irrenunciáveis, pois todo arranjo alocativo implica uma distribuição voluntária, politicamente definida, inexistindo neutralidade.[35]

A primeira visão postula que a regulação deva assegurar que o mercado opere com plena *eficiência alocativa*. Tal conceito – que não se confunde com o de eficiência produtiva[36] – significa uma situação ótima em que os bens e utilidades produzidos circulem com fluidez para as mãos dos que mais os valorizem, entendendo-se por valorização a disposição de por eles se pagar. Em outras palavras, uma solução é eficiente quando os bens são alocados aos usos mais valiosos.

O conceito de eficiência alocativa assenta-se sobre duas premissas: a) o indivíduo é o melhor juiz de seu próprio bem-estar, buscando racionalmente os cursos de ação que maximizem sua utilidade; b) o bem-estar da sociedade é compreendido apenas como o agregado do bem-estar de todos os indivíduos que a compõem, sendo esse o único significado da ideia de algo ser "valioso para a

---

35. É curioso como os adeptos da eficiência e da justiça distributiva lançam sobre seus opositores os mesmos dardos da parcialidade. George Stigler, com a expressividade que lhe é própria, denuncia os defensores da *fairness* como portadores de "uma mala cheia de éticas engarrafadas da qual cada um pode escolher livremente para misturar a seu próprio conceito de justiça". Contra-ataca Warren Samuels: "Alegar que a maximização de riqueza (ou qualquer outro critério de eficiência) pode determinar direitos serve apenas para mascarar uma escolha de quais interesses devem ser protegidos como direitos" (apud MERCURO, Nicholas; MEDEMA, Steven G. *Economics and the law*. From Posner to Post-Modernism and beyond, 2006, p. 106 e 227).
36. A eficiência produtiva foca na quantidade de trabalho realizado em relação ao esforço dispendido (McCRAW, Thomas. *Prophets of regulation*. Charles Francis Adams, Louis D. Brandeis, James M. Landis, Alfred E. Kahn, 1984, p. 69), implicando que se atinja a máxima produção a partir de determinada combinação de insumos.

sociedade".[37] Isso implica autonomizar o mercado e a ele vincular o bem-estar, de modo que a ampliação do mercado gere aumento do *welfare* e vice-versa.

Há, no entanto, dois critérios possíveis para a fixação do ponto ótimo da alocação no mercado. Segundo o critério de Pareto, nenhum rearranjo de preços, produção ou distribuição poderia ser feito para melhorar a posição de um agente se isso implicasse piora da posição de outro. Na situação ótima, preços convergiriam para seus custos marginais de produção, garantindo máximo bem-estar para o consumidor. No entanto, o critério de Pareto, ao dar o direito de veto a qualquer prejudicado, trava políticas públicas, pois elas sempre trazem perdedores e vencedores. Diferente é o critério de eficiência de Kaldor-Hicks (ou de compensação potencial), segundo o qual a realocação de bens e utilidades deve prosseguir mesmo que piore a utilidade de algum agente, buscando-se a maximização de riquezas, enquanto os ganhos do agente beneficiado puderem compensar o prejuízo do outro, ainda que de modo meramente potencial.[38] Esse critério, defendido pela Escola de Chicago, é o fundamento teórico das análises de custo-benefício regulatório.[39] Os adeptos do critério de Pareto reconhecem a maior flexibilidade daquele de Kaldor-Hicks, mas nele criticam o caráter coercitivo e não consensual.[40]

O *mainstream* da doutrina vislumbra na busca da eficiência alocativa a razão de ser da regulação econômica.[41] Para os neoclássicos, a distribuição flui naturalmente do processo eficiente de produção, pois cada fator será remunerado segundo sua produtividade marginal, inexistindo excedentes a serem partilha-

---

37. OGUS, op. cit., 2004, p. 23.
38. VELJANOVSKI, Cento. "Economic approaches to regulation", 2012, p. 20 e segs.
39. *V.* "Dificuldades de mensuração dos impactos regulatórios da RIS", no Capítulo VI.
40. A principal referência biográfica é a obra *Efficiency in law and economics*, coletânea de artigos clássicos sobre o tema da eficiência editada por Richard O. Zerbe. Os textos de Posner nela incorporados buscam legitimar eticamente e dar profundidade filosófica ao critério de maximização de riqueza, que tenta apartar do utilitarismo.
41. As linhas mais radicais da Escola de Chicago levam a extremos a adoção desse único objetivo. O exemplo paradigmático – que chega a ser anedótico – é a defesa feita por Richard Posner e Elizabeth Landes de um verdadeiro mercado de bebês para resolver o problema das adoções (*v.* LANDES, Elizabeth; POSNER, Richard. *The economics of the baby shortage*). O discurso do exclusivismo da eficiência levou a Escola de Chicago à vitória no que Eleanor Fox chamou de "a batalha pela alma do antitruste". Cite-se ainda Kaplow e Shavell – "legal rules should be selected entirely with respect to their effects on the well-being of individuals in society" (KAPLOW, Louis; SHAVELL, Steven. *Fairness versus Welfare*, 2002, p. 3-4) – e Russell Hardin: "The moral heart of normative law and economics is efficiency" (HARDIN, Russell. "The morality of law and economics", 2014, p. 411).

dos.[42] Veem eles nas falhas de mercado um obstáculo à maior eficiência; combatem os custos de transação com o mesmo objetivo. Por todos, invoque-se o exemplo de Anthony Ogus, que dedica apenas oito páginas de sua influente obra *Regulation: legal form and Economic Theory* a objetivos não econômicos da regulação e lança sobre eles a pecha de paternalismo. "Há um déficit no desenvolvimento de um pensamento relativo à regulação que vá além do mercado."[43]

A segunda visão dos objetivos da regulação dá peso relevante à persecução da *justiça distributiva*, embora sem negar o papel do mercado como indutor de eficiência.

Os argumentos em prol da consideração de questões distributivas nos esforços regulatórios colocam-se em vários níveis: podem ser invocados argumentos de ordem ética e podem ser atacados teoricamente os fundamentos do próprio conceito de eficiência alocativa.

Em primeiro lugar, afirma-se a inafastabilidade do tema da desigualdade na produção da norma jurídica, pois ela sempre implica uma dada alocação de bens e direitos em favor de alguém, inexistindo neutralidade. "De certa forma, ele (sistema jurídico) é um gigantesco sistema de racionamento, um dos meios da sociedade de alocar bens e recursos. Todos os aspectos do direito são uma alocação."[44]

No plano jurídico, não se pode afastar uma apreciação ética do tema da desigualdade, pois "enquanto os mercados não fazem julgamentos morais, instituições regulatórias devem fazê-lo e o fazem".[45] Tampouco se pode tomar como moralmente justificável uma dada distribuição, sem maiores indagações sobre os fatores que a geraram, pois eles podem ser arbitrários e aleatórios.[46]

---

42. FURTADO, Celso. *Teoria e política do desenvolvimento econômico*, 2000, p. 48.
43. FEINTUCK, Mike. "Regulatory rationales beyond the economic", 2012, p. 41.
44. FRIEDMAN, Lawrence. "On regulation and legal process", 1985, p. 113. No mesmo sentido, "a constituição jurídica e a regulação dos mercados ensejam decisões relativas a questões de justiça distributiva" (COLLINS, op. cit., 2003, p. 19). "What is basically at stake in regulatory processes is a transfer of wealth" (PELTZMAN, Sam. *Political participation and government regulation*, 1998, p. 158).
45. BRAITHWAITE, John. *Regulatory capitalism*, p. 195.
46. "Soluções de mercado – inclusive preços e salários em conformidade com um sistema de liberdade de contrato – são afetados por uma ampla série de fatos que são moralmente arbitrários", como oportunidades desiguais, gostos existentes, número de vendedores e compradores etc." (SUNSTEIN, Carl. *After the rights revolution*. Reconceiving the regulatory State, 1990, p. 39).

A maximização da riqueza, por si só, não constitui um valor ético[47] - não se podendo extrair uma mandamento moral (um dever-ser) de uma situação de fato (um ser). Tampouco pode tal critério justificar o *status quo* - obstando uma redistribuição -, pois, "para cada particular distribuição de riqueza dada existe uma alocação específica de direitos que irá maximizar a riqueza".[48] Melhor explicando: em uma determinada divisão bastante desigual de riquezas, "os ricos e poderosos podem 'explorar' outros de modo eficiente",[49] pois é possível melhorar a alocação, de modo a se obter determinada maximização. Uma distribuição em que uma pessoa tem tudo, e a outra, nada, pode ser um Ótimo de Pareto. Mas isso não é argumento para se impedir um rearranjo de riquezas no sentido de maior igualdade e que apontará para outro ponto ótimo de maximização de riqueza, dado esse novo ponto de partida.[50] Não há antagonismo necessário entre a eficiência alocativa e a redistribuição, pois a solução eficiente do mercado é determinada pela distribuição *ex ante* de renda e riqueza.[51] Tal realidade não era ignorada por Tulio Ascarelli: "a norma jurídica deve ser dinamicamente considerada uma estruturação para maior produção e distribuição da riqueza, *fenômenos não opostos, mas reciprocamente condicionados*".[52]

---

47. E mesmo que o fosse, não faria sentido elencá-lo, monisticamente, como único critério da regulação, pois os "valores humanos são diversos e plurais" (SUNSTEIN, Carl. *Free markets and social justice*, 1997, p. 70).
48. BALDWIN; CAVE, op. cit., 1999, p. 76.
49. STIGLITZ, op. cit., 2009, p. 14.
50. A afirmação do texto contraria o enunciado do Teorema de Coase na expressão de Mercuro e Medema: "Se os direitos estiverem plenamente especificados e os custos de transação forem zero, as partes de uma disputa barganharão até um resultado eficiente e invariável, independentemente da especificação inicial de direitos". Discordamos da polêmica proposição da invariância - a ideia de que o resultado alocativo final será sempre o mesmo -, pois "é geralmente aceito que a presença de efeitos de renda é suficiente para invalidar a postulação da invariância, ou seja, um resultado eficiente será atingido independentemente da alocação dos direitos, mas esses resultados eficientes não corresponderão a idênticas alocações de recursos" (MERCURO; MEDEMA, op. cit., 2006, p. 110). De qualquer modo, vivemos no mundo real, em que existem custos de transação, sendo, portanto, relevante a atribuição inicial de direitos.
51. VELJANOVSKI, op. cit., 2012, p. 23. Para Chester Barnard, "a eficiência depende em parte do processo distributivo no sistema de cooperação" (citado por Oliver Williamson, em *The economic institutions of capitalism*, 1985, p. 6). Em uma visão institucionalista, Schmid e Samuels afirmam que "o conceito de eficiência separado do de distribuição é falso" (apud MERCURO; MEDEMA, op. cit., 2006, p. 229).
52. ASCARELLI, Tulio. *Problemi giuridici*, 1959, p. 702, grifo no original.

Neste ponto, é inafastável a reflexão ética de Rawls sobre a desigualdade, conquanto seja ela marcada por acentuado individualismo: os princípios a serem adotados na ordenação social devem ser aqueles que escolheriam pessoas livres e racionais em uma metafórica "posição originária", em que existisse um véu de ignorância sobre a posição social e o *status* daqueles que postulam certa regra. Nesse contexto, os direitos a serem definidos devem ser os mais amplos possíveis enquanto forem consistentes com o sistema, e a desigualdade só pode se justificar se for para o benefício comum e houver igualdade de oportunidades.[53]

Em segundo lugar, atacam-se os fundamentos do próprio conceito de eficiência alocativa, com o objetivo de justificar a adoção pelo regulador também de objetivos redistributivos, de acordo com as seguintes linhas: a) a afirmação da possibilidade de comparações intersubjetivas de utilidade,[54] pois uma unidade monetária pode não ter o mesmo valor para quem transfere e para quem recebe determinado benefício;[55] b) as preferências não são inatas, fixas e exógenas, mas estão em permanente fluxo: são parcialmente função das oportunidades disponíveis, que, por sua vez, são função das regras jurídicas. Em outras palavras, a disposição para pagar é função da capacidade de pagar, que, por sua vez, é função dos recursos juridicamente alocados ao indivíduo.[56] Isso significa

53. As principais críticas a Rawls focam seu enfoque individualista (em contraponto à prevalência dos valores sociais defendida pelos comunitaristas) e a primazia que confere aos direitos em relação ao bem (principal ponto invocado por Michael Sandel em sua alentada crítica a Rawls, em *Liberalism and the limits of justice*).

54. Amartya Sen fala na "disseminada alergia a comparações intersubjetivas entre os economistas profissionais", mas essa crítica remonta aos debates sobre o utilitarismo inglês. Pigou, na esteira de Stuart Mill, afirma que "é evidente que qualquer transferência de renda de um homem relativamente rico para um homem relativamente pobre de temperamento similar, por permitir necessidades mais intensas serem satisfeitas às custas de necessidades menos intensas, deve aumentar a soma agregada de satisfação. [...] Qualquer causa que aumente a participação absoluta de renda real nas mãos dos pobres, desde que não conduza a uma contração no tamanho do dividendo nacional por qualquer ponto de vista, irá, em geral, aumentar o bem-estar econômico" (PIGOU, Arthur Cecil. *The economics of welfare*, 2000, p. 89).

55. Ogus observa que, à luz do critério de Kaldor-Hicks, uma política que eleve a riqueza da sociedade em dois milhões de libras, mas beneficiando apenas os ricos, seria superior a uma que a elevasse em apenas um milhão de libras, mas em favor dos pobres (OGUS, op. cit., 2004, p. 25).

56. "Quando preferências são função de regras jurídicas, as regras não podem, sem circularidade, ser justificadas por referência às preferências" (SUNSTEIN, op. cit., 1990, p. 41).

que a regulação não precisa refletir as preferências atuais, pois pode ela própria moldar e alterar as preferências futuras; c) os valores são incomensuráveis, não fazendo sentido a ideia de uma curva de indiferença (por exemplo, não há um ponto em que me seja indiferente renunciar a uma amizade em troca de determinado valor em dinheiro);[57] d) não é necessária a unanimidade para se alterar a distribuição de renda presente, pois não foi exigida unanimidade para a distribuição inicial, que é tomada como referência; e) o bem-estar social não é a mera soma de desejos individuais. Pode haver uma dissonância entre o que o indivíduo deseja para si e sua visão para a sociedade. Ações governamentais expressam preferências coletivas, diferentes das individuais, pois os indivíduos tendem a ser mais altruístas quando sabem que terceiros estarão obrigados a agir assim e dado o caráter deliberativo da política, trazendo perspectivas diversas;[58] f) as pessoas não agem só por seu interesse egoístico, mas também para se ajustarem a normas e papéis sociais;[59] g) os valores da liberdade e da autonominação podem ser reduzidos à mera satisfação de preferências privadas, mas devem se manifestar também na formação dessas preferências;[60] h) valores sociais como o pluralismo e diversidade - para promover experiências diversas[61] -, a redução da subordinação social, das desigualdades regionais e da discriminação[62] devem ser perseguidos ativamente, pois são a condição para a formação livre e sem vieses das preferências sociais; i) a ideia de eficiência alo-

57. Outro exemplo é de Ackerman e Heinzerling: se o valor econômico da atividade de visualização de baleias (*whale watching*) fosse de $ 18 bilhões, isso não justificaria a aceitação da proposta de um bilionário de $ 36 bilhões pelo direito de caçar todas as baleias existentes, pois tal solução seria imoral (ZERBE, Richard O. "The legal foundations of cost-benefit analysis", 2014, p. 366). De certa forma, a mais expressiva crítica à ilusão utilitarista de se poder mensurar quantitativamente questões éticas consta do romance *Hard times*, de Charles Dickens. O personagem Thomas Gradgrind é apresentado como estando "with a rule and a pair of scales, and the multiplication table always in his pocket, sir, ready to weigh and measure any parcel of human nature". De igual forma, Marçal Justen Filho bem sintetiza: "Não há como fundamentar o conceito de interesse público numa concepção aritmética" (JUSTEN FILHO, op. cit., 2005, p. 41).
58. SUNSTEIN, op. cit., 1997, p. 23-4.
59. Ibidem, 39-42.
60. Ibidem, p. 19-20.
61. O exemplo mais citado na doutrina é o da regulação da mídia no Reino Unido, com o propósito de tutela da diversidade de pontos de vista.
62. Em importante texto, "Why markets don't stop discrimination?", Sunstein demonstra que discriminar pode ser uma resposta racional para o agente econômico, pois atende a desejos de terceiros (como os consumidores que podem não aceitar empregados negros

cativa não leva em conta as questões intergeracionais, privilegiando os consumidores presentes em detrimento dos futuros; j) por todas as razões até aqui elencadas, o critério de eficiência alocativa guarda pouca operacionalidade para nortear as decisões dos tribunais.

Afirmada a legitimidade da função redistributiva da regulação, ela pode ser implementada de variadas formas:

i) **Criação e atribuição de direitos (*entitlement*) e autonomias (*empowerment*)**: políticas distributivas tendem a ser veiculadas por regras secundárias, no sentido de Herbert Hart, ou seja, por normas conferindo poderes ou privilégios,[63] de que são exemplos as garantias de inclusão social pela universalização de serviços públicos[64] e continuidade.[65]
ii) **Medidas diretas de distribuição**, como controles de preços, transferência e redistribuição de lucros extraordinários (*windfall profits*),[66] implantação de

---

na empresa, boicotando-a), além de desestimular investimentos em capital humano das minorias discriminadas, gerando ciclo vicioso. Somente a intervenção regulatória pode romper esse equilíbrio, não se podendo confiar nas meras forças do mercado para superá-lo (SUNSTEIN, op. cit., 1997, p. 151 e segs.). A atuação regulatória deve garantir que "uma diferença não se transforme em uma desvantagem sistêmica" (SUNSTEIN, op. cit., 1990, p. 64).

63. LOUIS, Theodore J. "The state of politics", 1985, p. 74.

64. Em uma visão institucionalista, o serviço universal é instrumento para a eficiência da economia como um todo. Um objetivo regulatório deve ser evitar o *cherry picking* ou *cream-skimming*: o foco da firma apenas nas áreas do mercado que, por razões sociais ou geográficas, apresentam os menores custos de fornecimento e/ou a maior lucratividade (LOUBE, Robert. "Public interest regulation, common costs, and universal service", 2002, p. 242). Como destaca Calixto Salomão Filho, "a universalização é, via de regra, não lucrativa, pois implica estender a rede até consumidores longínquos e sem poder aquisitivo" (SALOMÃO FILHO, Calixto (coord). *Regulação e desenvolvimento*, 2002, p. 42).

65. O acesso a serviços essenciais configura direito social de qualquer cidadão, ligado à dignidade da pessoa humana. Mas a manutenção financeira do serviço é uma condição de que ele seja assegurado e ampliado crescentemente. A compatibilização faz-se pela outorga de subsídios e pelo estabelecimento de regras pontuais. No Reino Unido, por exemplo, o corte de energia elétrica por inadimplemento não pode ser feito no inverno e deve ser oferecida ao cliente a possibilidade de se servir de um sistema pré-pago após o corte (GRAHAM, Cosmo. "Socio-economic rights and essential services", 2010, p. 160-4).

66. A regulação pode visar a redistribuir fluxos de riqueza excessivos que gerem recompensas desproporcionais aos riscos ou esforços do agente. Baldwin e Cave dão os exemplos da descoberta de rico veio mineral de fácil extração ou de saltos de eficiência produtiva em decorrência de novos métodos ou da súbita valorização de determinado ativo por força de contingências (como o aumento do preço de um bote em uma cidade inundada) (BALDWIN; CAVE, op. cit., 1999, p. 11).

racionamentos para crises de escassez[67] e subsídios cruzados em políticas tarifárias (com a oneração de uma atividade para reduzir o preço a ser cobrado de outra).

iii) **Redistribuição como efeito indireto de medidas regulatórias**, voltadas a problemas de ação coletiva ou coordenação.[68]

O manejo das medidas regulatórias redistributivas não é, porém, trivial. Seus nobres propósitos podem se frustrar por ajustes *ex ante* do comportamento dos agentes regulados, por vezes resultando em efeitos opostos aos pretendidos (por exemplo, um aumento significativo do salário mínimo gerando desemprego), além de relevantes alterações em preços e incentivos:[69] no limite, pode-se incorrer em paternalismo, suprimindo em demasia o espaço para as decisões individuais.[70]

A polêmica sobre os fins admissíveis para a regulação econômica (o dilema eficiência alocativa *vs.* distribuição), tão presente na doutrina norte-americana, parece deslocada no Direito brasileiro, que deve perseguir a concretização dos valores substantivos da ordem econômica constitucional,[71] para além do exclusivismo de qualquer fim econômico. Além disso, a ascensão da regulação de riscos – tão ligada à disseminação da RIS – traz um novo paradigma para os esforços regulatórios, mesclando aspectos de eficiência alocativa e de equidade.

A propósito da RIS, as sociedades empresariais prestam-se ao incremento da eficiência alocativa da economia, por serem veículos para mobilização e concentração de capitais – dirigindo-os a finalidades produtivas – e fonte permanente de informações para o funcionamento dos mercados. Mas o tema distributivo é central na dinâmica societária,[72] do que são exemplos os conflitos entre agentes econômicos internos ou externos à empresa pela partilha dos excedentes econômicos por ela produzidos. Assim, o regulador poderá se servir de instrumentos societários tanto para objetivos de eficiência como com propósitos

67. Ibidem, p. 14.
68. *V.* "Disfunções da ação coletiva", neste Capítulo.
69. VELJANOVSKI, op. cit., 2012, p. 24.
70. OGUS, op. cit., 2004, p. 51.
71. O conceito e a imperatividade da ordem econômica serão analisados no Capítulo II, tópico "Critério do objetivo de conformação da sociedade".
72. A questão da justiça distributiva está no âmago do direito comercial. Alfredo de Assis Gonçalves Neto refere-se exemplificativamente à avaria grossa e ao tema da partilha dos prejuízos comuns (*Direito de empresa*, 2008, p. 43).

redistributivos, dadas a amplitude e a versatilidade dessa técnica regulatória. Aliás, uma mesma medida pode prestar-se a ambos os propósitos. Por exemplo, uma regra que exija que o ente regulado faça uma contabilidade de custos por atividades - para evitar subsídios cruzados, focando eficiência alocativa - pode dar maior transparência a uma situação de lucros excessivos na prestação de algumas delas, levando a revisões tarifárias favoráveis ao consumidor.

Construção de mercados vs. *correção de falhas de mercado*

> *Organiser le marché ce n'est pas se substituer à lui, mais seulement essayer de faire en sorte que ses mécanismes naturels de fonctionnement puissent jouer, utilement. On pense à Bacon: on ne commande à la nature qu'en lui obéissant.*
>
> Claude Lucas de Leyssac e Gilbert Parleani

Nos debates sobre os propósitos da regulação econômica, coloca-se ainda uma segunda dicotomia: para alguns - que denominaremos metaforicamente "criacionistas" -, o Direito cria o mercado, por um ato de voluntarismo e intencionalidade, exercendo uma papel constitutivo e permanente; para outros - a que nos referiremos como "espontaneístas" -, o mercado nasce e cresce da própria interação entre os agentes econômicos, sendo fruto da divisão de trabalho, reservando-se ao Direito um papel secundário, com uma atuação eventual e passageira. Para os primeiros, o Direito precede o mercado, para os segundos, o mercado precede o Direito; para os primeiros, o mercado é artefato, é *locus artificialis*, para os segundos, uma ordem natural; para os primeiros, o regulador molda a seu talante cada mercado setorial a que volte seu olhar; para os segundos, o regulador deve intervir para a mera retificação de eventuais falhas de mercado, retirando-se rapidamente do palco, como um contrarregra que não pode ambicionar qualquer protagonismo.

A visão criacionista dos mercados expressa-se nas belas páginas de Natalino Irti: quando um jurista lança seus olhos sobre as pitorescas imagens de uma feira de uma vila na Itália, estas "se povoam de regras e institutos de direito público e privado". Enxerga-se em cada banca e cada gesto um ato jurídico. O mercado é um "*locus artificialis*", e não um "*locus naturalis*": "il mercato è la legge, chelo governa e costituisce; e prende forma dalla decisione politica e dalle scelte normative".[73] Há ênfase no *artificialismo das regras econômicas*.[74] O Direito cria os agentes econômicos concedendo-lhes capacidade jurídica e demarca os próprios limites do mercado, ao definir o que pode ser objeto de propriedade e o que é *res extra commercium*.[75] Inexiste qualquer relação de troca preexistente ao Direito. Essa concepção demiúrgica do Estado coloca-o como criador da própria liberdade, que é por ele concebida e moldada,[76] chegando-se ao paradoxo de afirmar que mercados mais livres exigem mais regras.[77] O regulador é visto como o engenheiro, responsável pela estrutura do edifício econômico.

Já o olhar espontaneísta desponta na obra dos fisiocratas, afirmando Quesnay que o mercado constitui uma *ordem natural*, e defendendo Adam Smith "*the obvious and simple system of natural liberty*". Na escola austríaca, Hayek utiliza-se do termo "catalaxia" para descrever essa ordem que nasce espontaneamente – como resultado da ação humana, mas não de um desígnio humano –, em uma resposta dos indivíduos à incerteza,[78] e Ludwig Von Mises considera o

---

73. IRTI, Natalino. *L'ordine giuridica del mercato*, 1998, p. 11-2.
74. Ao tempo do *New Deal*, Franklin Roosevelt afirmou que "as leis da economia não são feitas pela natureza. Elas são feitas pelo ser humano" (apud SUNSTEIN, op. cit., 1990, p. 21). A visão criacionista dos mercados estava presente nos movimentos populistas americanos de fins do século XIX e influenciou o institucionalismo da Escola de Wisconsin. Outros exemplos mais recentes da afirmação do artificialismo dos mercados: "I mercati sono creati dai governi, ordinati dalle istituzioni e mantenuti attraverso la regolazione, la creazione dei mercati è un processo conflitualle [...] pertanti mercati e governanti sono inseparabili. Senza governo e senza regole non c'è mercato" (DI PORTO, Fabiana. "Concorrenza e intervento pubblico nell'economia", apud VALENTINI, Stelio. *Diritto e istituzioni della regolazione*, 2005, p. 67). "La regolazione è piuttosto essa stessa constitutiva del mercato, in quanto stabilisce le condizione che consentono a questo di esistere e di operare" (CATTANEO, Salvatore. "Appunti per una ricercasul sistema europeo della regulazione", 2011, p. 8). "Markets should be understood as legal constructs, to be evaluated in the basis of whether they promote human interests, rather than as part of nature or the natural order, or as a simple way of promoting voluntary interactions" (Carl Sustein citado por FEINTUCK, op. cit., 2012, p. 42). "Vibrant capitalism is dependent upon, and even constituted by, sensible regulation" (BALLEISEN, Edward J.; MOSS, David A. (eds.). *Governments and markets*: Towards a new theory of regulation, 2010, p. 7).
75. "O sistema jurídico cria e define a zona do livre mercado e estabelece limitações àquele mercado. Ele explica o que pode e o que não pode ser objeto de contrato e propriedade privada. Ele define os direitos de propriedade e estende garantias ao contrato e à propriedade tal como assim definidas" (FRIEDMAN, op. cit., 1985, p. 114).
76. No monumental *The rise and fall of the freedom of contract*, P. S. Atiyah busca evidenciar como a liberdade de contratar é construída e moldada ao longo da história do Reino Unido.
77. *Free markets, more rules* é o expressivo título de estudo de Steven Vogel sobre a mudança regulatória no Japão, publicado em 1998.
78. A Escola Austríaca compara a espontaneidade do mercado ao surgimento dos idiomas.

mercado "um processo, impulsionado pela interação das ações dos vários indivíduos que cooperam sob o regime da divisão do trabalho".[79]

Certo é que há divergências relevantes sobre o grau de harmonia dessa ordem espontânea: os neoclássicos, partindo da ideia de informação perfeita e de funções de utilidade claramente perceptível, adotam o modelo do mercado competitivo,[80] vendo um sistema em equilíbrio;[81] já os austríacos veem o reino da incerteza, pois trabalham com a premissa da informação inexoravelmente incompleta, insuficiente e descentralizada e percebem que as preferências são endógenas e maleáveis (daí a importância que dão à figura do empresário, seja como fator de equilíbrio e arbitragem no mercado – como defende Israel Kirzner[82] – ou de desequilíbrio, mediante a célebre destruição criativa enxergada por Schumpeter[83]).

Para ambas as escolas – neoclássica e austríaca –, o mercado é um corpo natural (daí classificarmos ambas como espontaneístas), e o Direito não deve contrariar suas vontades e alterar suas características. Mas divergem sobre a eficá-

---

79. Em sua visão atomística, Von Mises faz surgir o mercado das ações individuais: "As forças que determinam a – sempre variável – situação do Mercado são os julgamentos dos indivíduos e suas ações [...]. Todo fenômeno de Mercado pode ser rastreado até as escolhas específicas feitas pelos membros da sociedade de Mercado" (VON MISES, Ludwig. *Ação humana*: um tratado de economia, 2010, p. 315-6).

80. O modelo do mercado perfeitamente competitivo assenta-se nas seguintes presunções: a) os produtos ofertados são homogêneos, havendo perfeita fungibilidade entre eles, permitindo que para o comprador seja indiferente a pessoa com quem vá contratar; b) grande número de compradores e vendedores, não podendo nenhum deles, sozinho, manipular oferta ou demanda e nem influenciar a formação dos preços (são todos "tomadores de preços", e não "fazedores de preços"); c) todos os agentes do mercado têm conhecimento perfeito de todas as suas condições e operações, em uma situação de transparência perfeita, não havendo vantagens informacionais em favor de nenhum deles; d) todos os agentes têm liberdade e independência; e) não há obstáculos à plena mobilidade de fatores de produção, tanto para ingresso como para saída de qualquer setor; f) agentes detêm individualmente a propriedade sobre todos os recursos econômicos, com absoluta clareza sobre os direitos abrangidos no domínio; g) há respeito pleno aos contratos e à propriedade, tutelados por um Estado neutro.

81. Para Celso Furtado, a análise neoclássica apresenta os mercados como "mecanismos cibernéticos, isto é, com capacidade não somente de recolher, elaborar e transmitir informações, mas também aptos a reagir em face de uma situação dada – produzida pelas mesmas informações –, levando à realização de um determinado programa" (FURTADO, op. cit., 2000, p. 116).

82. KIRZNER, Israel M. *Competition & entrepreunership*, 1973.

83. SCHUMPETER, Joseph A. *Capitalism, socialism and democracy*, 2008, capítulos V a X. Sobre o papel dos empresários na economia de mercado, *v.* ainda HAX, Herbert. *Unternehmen und Unternehmer in der Marktswirtschaft*, 2005.

cia de qualquer esforço regulatório. Os neoclássicos não têm dificuldades em aceitar uma intervenção limitada e temporária do regulador para a correção pontual de falhas de mercado (quando insuscetíveis de autocorreção), com o propósito de restabelecer sua harmonia, reconduzindo-o ao equilíbrio (aqui, sinônimo do Ótimo de Pareto). A crença neoclássica na premissa da informação perfeita torna crível tal enredo. Já a centralidade da incerteza na doutrina dos austríacos levam-nos ao rechaço de qualquer regulação estatal. Para os neoclássicos, o regulador é um médico (embora não intensivista), e para os austríacos, um curandeiro.[84]

As visões criacionista e espontaneísta implicam simplificação e abstração excessivas de uma realidade complexa.

Os criacionistas claramente pecam por superestimar a capacidade do regulador, podendo incorrer em delírios de prepotência em seus sonhos (ou pesadelos) de engenharia social. As leis econômicas e as instituições sociais de mercado existem independentemente da opinião de qualquer autoridade. Por outro lado, embora o mercado não se confunda com o Direito (no que acertam os espontaneístas), é ele peça-chave de seu funcionamento:[85] o Direito cria o espaço para a interação criativa dos agentes econômicos e fortalece, por seus instrumentos, a confiança entre os agentes que surge de sua interação social, por vezes pela disseminação dos valores e raciocínios jurídicos a outros sistemas sociais.[86] O Direito não se limita a estabelecer as regras do jogo: sua atuação é contínua, pois lhe incumbe enfrentar as disfunções da própria dinâmica do mercado, neutralizando suas tendências autodestrutivas.

Com maior aderência à realidade e à história, deve-se superar a polêmica entre "criacionistas" e "espontaneístas".[87] Defendemos uma visão do mercado que – para continuarmos com a metáfora da querela entre as ideias científicas

84. Usamos a metáfora para refletir a crença austríaca não apenas na eficácia da intervenção regulatória, mas também no risco de ter ela efeitos deletérios.

85. "El mercado necesita del Derecho y el Derecho necesita del mercado" (BETANCOR, op. cit., 2010, p. 73).

86. Segundo Hugh Collins, o efeito mais relevante do sistema jurídico no mercado não é a sanção, mas a disseminação do raciocínio jurídico em outros sistemas de comunicação (COLLINS, op. cit., 2003, p. 123).

87. "Si può dire che trai giuristi la posizione prevalente è quella tendente ad attenuare gli effetti della giustapposizione tra artificialis e naturalis" (BUONOCORE, Vincenzo. *L'impresa*, 2002, p. 167).

e pré-científicas sobre a vida – poderíamos apelidar "evolucionista" (*rectius*: institucionalista[88]) e que se alicerça nos seguintes pontos:

i) **A natureza institucional dos mercados**: os mercados não são abstrações, mas instituições que "os homens utilizam com sua generosidade e sua cupidez".[89] Não são tampouco conjuntos de relações atomizadas, mas formam uma "constelação de padrões repetitivos de transações entre partes que têm familiaridade".[90] São as instituições formais e informais[91] do mercado que moldam as relações de troca entre agentes e coletividades, nas quais se dá um "processo contínuo de formação de sentido e valor",[92] ou seja, a construção de preços,[93] seguida de acordos.[94] O mercado implica um processo contínuo de descoberta e disseminação de informação, seja sobre os produtos e preços, seja sobre o modo de funcionamento do próprio mercado.[95] A impessoalidade das instituições não implica sua neutralidade, pois elas refletem relações de poder.

88. Os traços de uma abordagem institucionalista – à qual pretendemos filiar este livro – serão esboçados ao término deste primeiro capítulo.
89. FONTAINE, Laurence. *Le marché.* Histoire et usages d'une conquête sociale, 2014, p. 244.
90. COLLINS, op. cit., 2003, p. 100.
91. O conceito de instituição será apresentado no tópico "*Accountability* e preocupação com a legitimidade", neste Capítulo. Por ora, limitemo-nos à referência da definição de Douglass North, presente em vários de seus textos: instituições são as regras do jogo de uma sociedade. A visão institucional traz um componente de objetivação das relações sociais, que é particularmente relevante no estudo dos fenômenos econômicos. O filosofo marxista francês Louis Althusser define mercado como um "processo sem sujeito" (apud FONTAINE, op. cit., 2014, p. 7).
92. A expressão é de Robin Paul Malloy, que desenvolve um conceito semiótico de mercado: um sistema de signos, que permite compreender os relacionamentos econômicos entre os agentes, cuja escolha e ação implicam uma atividade interpretativa (MALLOY, Robin Paul. *Law and market economy.* Reinterpreting the values of law and economics, 2000, p. 1-2).
93. Para Commons, preço é uma "etiqueta de escassez" (*scarcity-tag*) de um produto (COMMONS, John. *Institutional economics.* Its place in political reason, 2009, p. 515).
94. Mercado é "uma modalidade de trocas caracterizada pelo fato de que os bens trocados são objeto de uma discussão sobre a estimativa de seu valor seguida de um acordo" (FONTAINE, op. cit., 2014, p. 8).
95. "Estruturas de mercado envolvem entendimentos cognitivos e relações sociais concretas. Os entendimentos cognitivos podem ser de dois tipos: entendimentos gerais societários sobre como organizar firmas e mercados e encontrar meios estáveis para competir e entendimentos específicos sobre como um mercado particular funciona" (FLIGSTEIN, Neil. *The architecture of markets.* An economic sociology of twenty-first-century capitalist societies, 2001, p. 32).

ii) **A moralidade dos mercados**: o mercado não é uma selva, e o comportamento que se espera de seus agentes não é a predação e o logro, mas a probidade comercial. Esses valores permitem que se logre um mínimo de confiança entre os agentes, sem o que o funcionamento do mercado é inviável. "(M)ost economic exchange, whether with strangers or known individuals, relies on character values such as honesty, trust, reliability, and fairness. Reliance on these values [...] arise in the normal course of human interactions, without overt enforcement".[96]

iii) **A historicidade dos mercados**: as instituições e relações do mercado não são fixas, mas estão em constantes reconstrução e evolução; são possíveis várias narrativas conflitantes desse processo. Por todos, refira-se o influente trabalho de Karl Polanyi, *A grande transformação*, escrita durante a Segunda Guerra Mundial, com o objetivo de "traçar o mecanismo institucional da queda de uma civilização". O autor busca apontar o papel dos Estados na construção dos mercados nacionais, que se autonomizam, fundem-se em um "grande mercado" mundial imperfeitamente autorregulável, cujo colapso leva à crise e ao conflito bélico.[97]

iv) **A multiplicidade dos mercados**: há infinitos mercados, variando seus aspectos organizacionais, e que compõem, com maior ou menor interdepen-

---

96. ZAK, Paul J. (ed.). *Moral markets*: The critical role of values in the economy, 2008, Introduction, p. XVII.

97. Em *A grande transformação*, Polanyi nega que os mercados locais – das cidades e vilas – tenham sido os pontos de partida para o comércio. "Na Europa Ocidental, o comércio interno foi criado por intervenção do Estado", como *deus ex machina* (p. 84) e contra a resistência das corporações que controlavam o comércio local. "O mercantilismo destruiu o particularismo desgastado do comércio local e intermunicipal" (p. 88). No século XIX, os mercados são interligados em um "grande mercado" autorregulável, que ganha autonomia em relação à esfera política. A fé cega no progresso leva ao abandono da preocupação do Estado com o povo comum que padecia as consequências da Revolução Industrial – o trabalho era apenas mais uma mercadoria. Esse mercado autorregulável expandiu-se por todo o globo até 1914, fundado no padrão ouro, no prestígio do liberalismo econômico, na disponibilidade de terras no novo mundo e no fluxo de trabalhadores. Foram cem anos de paz entre as grandes potências, com um equilíbrio de poder patrocinado pela *Haute Finance*. Mas começa uma reação ao *laissez-faire*, pois "a liberdade de comércio [...], longe de excluir a intervenção", exige-a (p. 183), havendo também clamor por proteção social. A tentativa liberal e conservadora de restaurar nos anos 1920 o mercado autorregulável global, em um contexto totalmente distinto ao do anterior à Primeira Guerra, teria levado à crise e ao colapso político – com a ascensão do nazifascismo e do comunismo – e à Segunda Guerra (POLANYI, Karl. *A grande transformação*: as origens de nossa época, 2000).

dência, um "grande mercado". Sua inter-relação deriva do fato de constituírem os produtos de um mercado insumos de outros e de disputarem entre si, com permeabilidade variável, fatores de produção como capitais e mão de obra, como vasos comunicantes. A amplitude geográfica de cada mercado também marca suas instituições, havendo desde aqueles de natureza essencialmente local – que recordam as origens do termo, tido então como sinônimo de feira, ocorrendo no espaço público da cidade[98] –, até mercados mundiais, integrantes da economia mundo de que fala Braudel.

v) **A pluralidade de funções dos mercados, que devem alcançar**: a) a *alocação* de recursos produtivos para os usos mais valiosos; b) a *distribuição* dos resultados do sistema econômico entre os titulares dos meios de produção (capital e trabalho em suas variadas formas); c) o *fluxo de informações* para permitir a formação de preços, que servirão de sinalização aos agentes de mercado para seus julgamentos econômicos, previamente para incentivá-los ou desincentivá-los a determinadas ações; e *a posteriori* para lhes permitir avaliar em retrospecto essas ações, continuando com elas ou ajustando-as.

vi) **A força expansiva da ideologia dos mercados**, cujos valores e princípios passam a colonizar outras esferas da vida social. Isso se reflete tanto na prática como na teoria. No "mundo da vida" (Lebenswelt), os incentivos econômicos passam a ser admitidos social e culturalmente em inúmeras relações sociais, o que chocaria as gerações anteriores: times esportivos alienam os *naming rights* de seus estádios, e o Walmart contrata em seu favor seguros de vida de funcionários seus para se ressarcir dos gastos que teve com seu treinamento, caso eles venham a falecer subitamente.[99] No campo teórico, a referência maior é Gary Becker, que utilizou modelos de preços para explicar comportamentos nas esferas criminal e familiar (referindo-se a eles como "*shadow prices*"). Uma obra paradigmática é *Scroogenomics*, de Joel Waldvogel, que denuncia a ineficiência da tradição de as pessoas se darem

98. No século XVIII, mercado é lugar, como se infere da Enciclopédia de D'Alembert e Diderot e do Dicionário Universal do Comércio de Savary. Mercado era sinônimo de feira, que igualmente tinha a conotação de lugar público, derivando de *fora* (plural de *forum*) (FONTAINE, op. cit., 2014, p. 49). Paula Forgioni, em *A evolução do direito comercial brasileiro*, liga a noção à de praça, que igualmente vai perdendo seu sentido físico.

99. Ambos os exemplos são da obra *What money can't buy*, de Michael Sandel, um severo crítico do avanço do mercado sobre as demais esferas da vida (SANDEL, Michael J. *What money can't buy*. The moral limits of markets, 2012).

presentes de natal, calculando que o recipiente do presente desvaloriza-o em 20% em relação à estimativa daquele que o comprou, o que resulta em uma ineficiência de US$ 13 bilhões por ano nos natais dos Estados Unidos.

vii) **A variação do peso do Direito e da política consoante o mercado específico**: a ponderação entre as instituições formais e informais oscila significativamente de mercado para mercado, em parte em decorrência da maior preponderância que possa ser dada a alguma das funções do mercado, em detrimento de outras. Alguns têm tão elevado nível de formalização que se pode dizer que são efetivamente constituídos pelo Direito: tome-se o exemplo dos mercados de títulos de dívida pública, em que o próprio objeto é um construto jurídico, e todas as suas transações se fazem em ambiente de grande formalização e impessoalidade, visando à máxima eficiência alocativa. Mesmo quando as relações econômicas forem altamente formalizadas, o Direito não pode se substituir ao mercado, mas deve auxiliar seu funcionamento e respeitar seus princípios. No outro extremo, alguns mercados são totalmente informais e por vezes funcionam não apenas à margem do Direito, mas contra o Direito, como se dá com o tráfico de entorpecentes.

Com essas premissas, percebe-se que o regulador poderá, em determinados mercados, ocupar maior *espaço de criação e inovação*, moldando-os mediante a alteração dos termos e características das transações,[100] e usando a competição como um instrumento, e não como o maior objetivo. Em outros, a fluência autônoma das relações econômicas, movidas por instituições informais, desaconselhará uma intervenção mais incisiva, devendo focar apenas a correção dos defeitos do mercado ou a adoção de medidas pontuais de redistribuição.[101] Há ainda uma terceira possibilidade: em certos setores econômicos, o mercado pode ser o problema e não a solução. Nesta última hipótese, o regulador poderá optar pela total supressão do mercado, dado seu grau específico de disfuncionalidade, implantando uma solução administrativa de alocação e distribuição, como única forma de viabilizar a coordenação entre os agentes.[102]

100. SPULBER, Daniel F. *Regulation and markets*, 1989, p. XV.

101. Tony Prosser defende que a regulação possa ser instituída não apenas para corrigir falhas de mercado, mas para criar e manter mercados e atingir objetivos sociais (PROSSER, Tony. "Regulation and social solidarity". *Journal of Law and Society*, v. 33, p. 364-87, 2006).

102. Em especial no tocante a serviços essenciais, a criação de mercados e a prestação por empresas não constituem panaceias. No Reino Unido, questiona-se se o modelo de com-

Seja na construção de um mercado, seja em uma intervenção pontual, sempre que o regulador estiver focando a sua função alocativa, deverá enfrentar e equacionar as chamadas falhas de mercado, que são entendidas pela doutrina dominante como afastamentos do Ótimo de Pareto das alocações.[103] Classificam-se como falhas de: a) competição (poder econômico, monopólio natural e concorrência predatória); b) informação (risco moral, seleção adversa e assimetria ineficiente); c) externalidades.[104] Preferimos, no entanto, tratar o assunto com o uso da expressão "problemas regulatórios", para não vincular o tema necessariamente ao critério de eficiência de Pareto, e também para não dar a ideia de que, superadas tais falhas, volta-se de pronto a um mítico mercado competitivo.

A discussão das "falhas de mercado" como *ratio* da regulação ocupou as décadas de 1950 a 1970. Nos anos 1970, desvia-se o foco para as falhas da própria regulação, com o tema da captura.[105] Contemporaneamente, autores como Stiglitz transcendem a temática das "falhas de mercado", invocando a irracionalidade do mercado como principal justificativa dos esforços regulatórios.

Conclua-se com a advertência de que não se deve idealizar o processo regulatório. Parte-se da premissa de que há um mercado imperfeito, sobre o qual um Estado neutro agirá por instrumentos adequados, atingindo-se solução que equivalha aos benefícios da concorrência perfeita. Nesse "paraíso econômico",[106] o regulador onisciente e ultrapotente, por suas medidas e disposições, determinaria às empresas que praticassem preços que permitissem a maximização da riqueza. No entanto, esse mito do regulador benevolente e essa crença na possibilidade de se criar um equivalente (*Ersatz*) do mercado perfeito têm por consequência a deferência em face do regulador e a preterição do controle sobre a

---

panhia aberta é adequado para os serviços de abastecimento de água, dados o volume exigido de investimentos e o regime de preços, que podem inviabilizar que o acionista extraia valor da atividade (MORAN, Michael. *The British regulatory State*: High Modernism and hyper-innovation, 2003, p. 118). A recente seca intensa que acometeu o Brasil levou empresas de saneamento a promoverem descontos para quem gastasse menos e patrocinarem caríssimas campanhas de redução de consumo – duas medidas que, voltadas ao interesse público, são irracionais sob o prisma dos interesses dos acionistas dessas companhias.

103. SPULBER, op. cit., 1989, p. 3.

104. Cada uma dessas falhas será tratada no tópico "Problemas regulatórios", neste Capítulo.

105. BALLEISEN; MOSS, op. cit., 2010, p. 2.

106. A expressão é de Armstrong e Sappington.

autoridade regulatória, ainda mais acentuadas quando a matéria é de complexidade técnica.[107]

O desenvolvimento econômico como desafio regulatório

Os objetivos a serem buscados pelo regulador de um país em desenvolvimento não são os mesmos daqueles dos países desenvolvidos. Tampouco coincidem as dificuldades e obstáculos com que se defronta em sua missão.

O desenvolvimento deve ser uma preocupação constante de nossa reflexão e de nosso debate regulatório. A construção de uma identidade nacional marcou o pensamento social e histórico brasileiro no século XX, desde *Os sertões*, de Euclides da Cunha, até *Os donos do poder*, de Raymundo Faoro, passando por toda a obra de Sérgio Buarque de Holanda, Gilberto Freyre e Darcy Ribeiro. No pós-guerra, no contexto dos processos de descolonização, a luta pelo desenvolvimento passa a marcar nossas reflexões, com a obra de Celso Furtado e Fernando Henrique Cardoso, mas ainda sob um viés autárquico e por vezes estatizante. No século XXI, o objetivo desenvolvimentista deve ser conjugado com a integração internacional do país.

A definição de desenvolvimento liga-se à indagação das finalidades do Estado e da sociedade. Desenvolver-se significa aproximar-se do bem comum a ser perseguido pelos membros da *polis*.

Existem visões estritamente econômicas do desenvolvimento, que o limitam a um aumento da produção econômica, graças ao incremento da produtividade dos fatores de produção, por força da tecnologia (Schumpeter, Solow), como função da taxa de poupança (Domar, Harrod) ou graças ao capital humano (Romer).[108] Tais fatores de incremento de produtividade são por vezes tidos como endógenos, outras vezes como exógenos, conforme o modelo, e conduzem a uma eficiência dinâmica, ou seja, a uma capacidade do mercado de se autotransformar. Para os neoclássicos, a disseminação do conhecimento e da técnica levaria os vários países a naturalmente convergirem para determinados níveis de crescimento. Já para os estruturalistas, as travas ao desenvolvimento colocam-se em gargalos estruturais da economia e na desigualdade das trocas

107. BETANCOR, op. cit., 2010, p. 30, 60 e 112.
108. Sobre a aplicação desses modelos ao Brasil, LEVY, Paulo Mansur; GIAMBIAGI, Fabio. "Poupança e investimento: o caso brasileiro", 2014.

internacionais, o que exige um papel ativo do Estado, integrando o sistema econômico e superando as "economias de enclave" geradas pela atividade exportadora, concentrando capitais e direcionando-os para investimentos em infraestrutura e para a industrialização substitutivas de importações.[109] Sem isso, persistirá a desigualdade marcante entre as nações. Cada nação deve construir seu próprio caminho: "não é lícito supor [...] que nos países em desenvolvimento se esteja repetindo a história dos países desenvolvidos".[110]

Outras visões do desenvolvimento transcendem os aspectos meramente econômicos e utilitaristas, englobando exigências não materiais da vida humana. O desenvolvimento não se revela no crescimento dos agregados econômicos, mas na melhoria da vida das pessoas. Qual sociedade é a mais desenvolvida: uma de maior renda *per capita* ou outra de renda menor, mas distribuída com maior igualdade? Uma sociedade mais rica ou outra mais pobre, mas com maior longevidade e melhor educação? Uma com ampla base industrial, mas condições ambientais hostis à própria vida humana, ou outra com economia menos sofisticada, mas ecologicamente sustentável?

Tais reflexões levaram à criação, pelo Programa de Desenvolvimento das Nações Unidas, do Índice de Desenvolvimento Humano (IDH), e são bem sumarizadas na obra de Amartya Sen, com o expressivo título *O desenvolvimento como liberdade*, que preconiza como objetivo do desenvolvimento a *promoção da liberdade individual*, entendida como aumento da capacidade dos indivíduos de escolher a vida que queiram viver, segundo seus valores e com atendimento a suas necessidades como autodesenvolvimento, educação e saúde. Por outro lado, cada uma dessas liberdades é igualmente instrumental em relação à ampliação das outras, reforçando-se reciprocamente: por exemplo, a participação política conduz a demandas por mais educação, saúde e melhores condições de vida – Sen destaca que nunca houve uma grande fome em uma democracia –, e esses direitos sociais redundam em maior produtividade individual e, consequentemente, maior riqueza. A democracia é um valor em si e não pode ser sacrificada na busca de um crescimento acelerado do PIB, pois o desenvolvimento é ao mesmo tempo superação da pobreza e da tirania. Para Sen, a riqueza nacional é um instrumento e um meio para o alcance dessas liberdades.

---

109. SOUZA, Nali de Jesus. *Desenvolvimento econômico*, 2005, p. 24-5.
110. CARDOSO, Fernando Henrique; FALETTO, Enzo. *Dependência e desenvolvimento na América Latina*. Ensaio de interpretação sociológica, 2004, p. 48.

Do ponto de vista constitucional, dados os fins da República Federativa do Brasil, é essa a concepção de desenvolvimento que nos deve nortear.

Quaisquer que sejam os objetivos que concretizem a missão do desenvolvimento, eles jamais poderão desconsiderar um pré-requisito essencial: a existência de instituições adequadas e eficientes que direcionem e induzam os agentes nessa direção. A preexistência dessas instituições está implícita em todas as teorias de desenvolvimento referidas.[111] Por exemplo, quando os estruturalistas defendem investimentos públicos, pressupõem um Estado com capacidade financeira – fruto de um sistema tributário racional e de um mercado de títulos públicos –, com agentes públicos idôneos e independentes, que não sejam cooptados pelo poder econômico privado.

A construção institucional do desenvolvimento é nosso grande desafio regulatório, implicando:

i) **A limitação do poder estatal e do poder econômico privado**, que muitas vezes se alimentam reciprocamente pela corrupção e pela captura,[112] impedindo que os demais agentes econômicos consigam participar dos mercados e colher os resultados de seus investimentos e apropriando-se ilicitamente de parte dos ganhos de eficiência decorrentes dos processos de privatização.[113] Instrumentos para essa limitação devem ser: a) a referida *integração internacional* do país, ao estabelecer *benchmarks* para a gestão pública e

111. As teorias não institucionais "têm fortes presunções institucionais implícitas em suas análises. A maioria dessas teorias simplesmente presume a capacidade institucional relevante para implementar as políticas (altamente divergentes) que cada um preconize" (TREBILCOCK, Michael J.; PRADO, Mariana Mota. *Law and development*, 2014, p. 27).

112. No que Sérgio Lazzarini chama "capitalismo de laços", usam-se "relações para explorar oportunidades de mercado ou para influenciar determinadas decisões de interesse. Essas relações podem ocorrer somente entre atores privados, muito embora grande parte da movimentação corporativa envolva também governos e demais atores na esfera pública" (LAZZARINI, Sérgio G. *Capitalismo de laços*. Os donos do Brasil e suas conexões, 2011, p. 4). Ironicamente desafia o autor: "Diga-me de qual empresa você é dono, que te direi quem é seu amigo", apontando a desigualdade do poder de influência política dos vários "mundos pequenos corporativos". Após estudar como se tecem esses "laços", no capitalismo brasileiro – com aglomeração de proprietários em consórcios, ligados aos governos –, aponta como traço positivo a capacidade de juntar capitais de longo prazo e como negativos, os conflitos societários e a redução da competição. Defende o autor uma redução nos custos de transação, para que esses grupos possam ser mais facilmente contestados e desafiados.

113. LAFFONT, Jean-Jacques. *Regulation and development*, 2005, p. XX.

concorrência potencial para os grandes grupos econômicos nacionais;[114] b) mecanismos de participação e transparência, bem como foros para o diálogo entre regulador e representantes de todos os interesses afetados, com plena prestação de contas (*accountability*).

ii) **A previsibilidade da conduta dos agentes econômicos, favorecendo seu planejamento econômico**, reduzindo custos de transação, dando incentivo e segurança a seus investimentos e criando confiança e condições de cooperação entre eles.[115] Weber ligou o progresso econômico ao Direito racional, por estabilizar as expectativas dos agentes econômicos. Especificamente no campo regulatório, há nos países em desenvolvimento o hábito da imposição pelos governos de renegociação de contratos de concessão fora das hipóteses pactuadas.

iii) **O relevante papel redistributivo da regulação econômica nos países em desenvolvimento**, dada a limitação de outorga de subsídios diretos aos hipossuficientes, por causa da ineficiência administrativa e das restrições fiscais e orçamentárias do Estado.[116]

iv) **A adequação do marco regulatório** de cada setor econômico às exigências específicas de cada um, pois o desenvolvimento, enquanto aumento de produtividade e de renda *per capita*, "é determinado por fenômenos de crescimento que têm lugar em subconjuntos, ou setores, particulares".[117]

No campo do Direito e finanças, a partir de uma perspectiva histórica, a doutrina preocupa-se em como a organização das atividades empresariais pode in-

---

114. "Since development is a dynamic process of entry and competition is central to productivity increases and innovation, competition policies should be as important as other major development policies [...] (They) have to permeate all policies of the government and be part of a culture practiced by the executive, legislative, and judicial branches" (SOKOL, Daniel; CHENG, Thomas; LIANOS, Ioannis (eds.). *Competition law and development*, 2013, p. 49). É certo, porém, que essa pressão competitiva via mercado externo não é muito eficaz no setor de infraestrutura, que é territorial, exigindo significativos investimentos locais.

115. "In the design of legal regulation of markets more generally the more important objective must be to establish conditions, facilities and legal institutions that permit the making of credible commitments and the construction of trust between parties" (COLLINS, op. cit., 2003, p. 122). Para Luhmann, o Direito tem a função de generalização congruente das expectativas normativas" (BOBBIO, Norberto. *Da estrutura à função*, 2007, p. 112).

116. ESTACHE, Antonio; WREN LEWIS, Liam. "On the theory and evidence on regulation of network industries in developing countries", 2012, p. 372-81.

117. FURTADO, op. cit., 2000, p. 103.

fluenciar o desenvolvimento.[118] Postulamos que a RIS, ao incrementar a transparência das sociedades reguladas e permitir mecanismos de participação de *stakeholders*, contribui para que possam ser alcançados os objetivos de limitação do poder e permitir melhor avaliação da viabilidade de medidas redistributivas no seio do processo regulatório. A adoção de medidas de natureza societária para a prevenção de riscos é particularmente relevante em países mais pobres, em que danos poderão não ser ressarcidos *ex post*, em razão das deficiências jurisdicionais e da alta taxa de mortalidade das empresas. Mas todos esses objetivos desenvolvimentistas da RIS não podem justificar que se torne tal técnica um fator de irrazoável custo ou uma oportunidade de corrupção pelos incumbidos de sua fiscalização, nem tampouco pode aportar imprevistos fatores de perturbação do equilíbrio político e patrimonial do ente regulado.

Fecha-se este tópico com a citação do autor que mais tem contribuído para chamar a atenção às condições institucionais do desenvolvimento econômico. Adverte Douglass North:

> O desenvolvimento econômico, então, é desenvolvimento institucional. O tema central da história econômica e do desenvolvimento econômico é considerar a evolução das instituições políticas e econômicas que criem um ambiente econômico que induza produtividade crescente.[119]

Problemas regulatórios

O estudo da regulação resiste a sistemas, abstrações e construções conceituais. Seu enfoque é pragmático: buscam-se soluções para problemas concretos, que delimitam as fronteiras regulatórias. Esses problemas não são dados da natureza, nem autoevidentes: a percepção de uma questão como problema implica conhecimento econômico e uma decisão política.

118. Prefácio de Henry Hansmann a PARGENDLER, Mariana. *Evolução do direito societário*. Lições do Brasil, 2013, p. 12. O livro da professora Pargendler situa-se nesse campo de estudos, mas, entre outros aspectos, prioriza o estudo de como a figura do Estado gestor – titular de empresas – impacta o direito societário brasileiro: "Os estudos existentes deixaram de avaliar plenamente a influência do Estado-acionista no desenvolvimento dos regimes jurídicos societários" (ibidem, p. 234). Já o foco do presente livro situa-se na atuação do Estado regulador setorial sobre o direito societário.

119. Apud MERCURO; MEDEMA, op. cit., 2006, p. 256.

Do ponto de vista histórico, a regulação surge para remediar e neutralizar o poder econômico, quando inadequadas as soluções do antitruste, como se dá em situações de monopólio natural, marcadas pela inviabilidade da competição.[120] Outra *ratio* da regulação consiste no enfrentamento das disfuncionalidades da ação coletiva - como situações de dilema do prisioneiro, "a tragédia dos comuns" e o controvertido tema da competição destrutiva.[121] Impedem a maximização do bem-estar a incompletude e a desigual disseminação da informação[122] e o extravasamento a terceiros dos benefícios ou malefícios de uma dada transação - externalidades.[123] A reflexão regulatória centrada no conceito de "falhas de mercado" cede espaço presentemente ao paradigma da prevenção e gestão dos riscos.[124]

Poder econômico e monopólio natural

> *One of the most unfortunate phrases ever introduced into law or economics was the phrase "natural monopoly". Every monopoly is a product of public policy.*
>
> James R. Nelson

Idealmente, o mercado é um diluidor do poder: as firmas dele dependem, sendo levadas pelos preços nele formados e sucumbindo se resistem. Mas o poder econômico é real: a macroempresa pode ditar as condições não apenas em mercados locais, mas até em âmbito mundial. Conseguem, pelo *marketing* e publicidade, formatar mercados e criar demanda. Seus gestores são a *visible hand* de que fala Alfred Chandler. Problema adicional é que o poder econômico pode facilmente se traduzir em poder político e reforçar o processo de concentração de renda.[125]

As instituições informais do mercado não se prestam a combater tal poder. O problema é enfrentado pela regulação e pelo antitruste, cujas interfaces e re-

120. *V.* "Poder econômico e monopólio natural", neste Capítulo.
121. *V.* "Disfunções da ação coletiva", neste Capítulo.
122. *V.* "Imperfeições da informação", neste Capítulo.
123. *V.* "Externalidades e bens públicos", neste Capítulo.
124. *V.* "A ascensão da regulação de risco", neste Capítulo.
125. SALOMÃO FILHO, Calixto. *Teoria crítico-estruturalista do direito comercial*, 2015, p. 23.

lações recíprocas serão abordadas em capítulo próprio.[126] Será particularmente relevante, como se verá, modular a regulação para coibir preventivamente o excesso de poder, fixando-se *ex ante* a estrutura de mercado do setor regulado de modo a evitar concentrações e regular diretamente a atividade e a prática negocial das empresas de modo a impedir que abusem de sua posição no setor, tendo sempre presente a máxima do Abade Lacordaire: "Entre o forte e o fraco, [...] é a lei que liberta, e a liberdade que oprime".

Por ora, destaca-se como um problema próprio da regulação o chamado monopólio natural, insuscetível de enfrentamento pelos remédios concorrenciais, dada a inviabilidade de competição.

O combate ao monopólio[127] e ao oligopólio,[128] no antitruste, assenta-se sobre a ineficiência e a perda de bem-estar social a eles associado.[129] O remédio que se busca aplicar é o incremento da competição.

Tudo se inverte em uma situação de monopólio natural: um único produtor pode produzir com maior eficiência do que uma pluralidade, e a competição não é uma alternativa viável, mas um problema.[130] Em outras palavras, o monopólio

---

126. *V.* Capítulo X.
127. Um monopólio – situação caracterizada pela presença de um único fornecedor de determinado produto ou serviço para um dado mercado – exige, para seu surgimento e continuidade, a presença cumulativa de três fatores: a) a capacidade do fornecedor de ocupar aquele mercado; b) a inexistência de produtos substitutos próximos; c) a existência de barreiras de entrada substanciais (BALDWIN; CAVE, op. cit., 1999, p. 10). O monopolista, para maximizar lucros, precisa restringir produção, o que gera subutilização de recursos escassos. Como o monopolista cobra mais do que o custo marginal de produção, a demanda é menor do que seria se fosse um mercado competitivo, gerando um "peso morto" (*dead weight loss*). Além disso, o monopólio dificulta a inovação, causa piora na qualidade de produtos e serviços, leva a custos de produção excessivos (ineficiência X); possibilita a discriminação de preços, fixando-se os preços no limite da tolerância de cada consumidor individual, conforme a elasticidade da demanda. A competição leva à eficiência produtiva, que maximiza a produção em relação aos custos de insumos (OGUS, op. cit., 2004, p. 2).
128. Entre os oligopólios, estabelecem-se várias possibilidades de equilíbrio, mediante uma competição por preço (Bertrand) ou por volume de produção (Cournot) (BORRMAN, Jörg; FINSINGER, Jörg. *Markt und Regulierung*, 1999, p. 60 e segs.). No modelo SCP, de Joe Bain, estabelece-se uma relação de causa unilateral entre estrutura, conduta e desempenho, gerando ineficiência.
129. A Escola de Chicago, além de pôr foco excessivo na instabilidade dos cartéis e no caráter efêmero dos monopólios, aponta a possibilidade de eficiências derivadas dos ganhos de escala.
130. A impossibilidade da competição direta não obsta que a oferta de substitutos relativize o problema. Por exemplo, no século XX, as ferrovias passaram a enfrentar concorrência de transporte rodoviário.

natural refere-se a uma propriedade da tecnologia produtiva, com retornos crescentes de escala, a obstarem que a competição permita eficiência alocativa.[131] Caracteriza-se por elevado investimento de capital, voltando-se em geral à disponibilização de bens essenciais e que não podem ser armazenados em momentos de redução de demandas, existindo uma conexão física com os usuários.[132]

Nesses casos, os custos marginais e médios da firma continuam a cair no longo prazo, pois os custos fixos são elevados comparativamente à demanda. Assim, realizado o investimento inicial, ocorrerá um declínio do custo médio de cada unidade adicional produzida, com relevantes economias de escala, em lugar da situação clássica de custos marginais crescentes. As economias de escala podem ser físicas (por exemplo, um duto que tenha o raio dobrado quadruplica o volume transportado) ou organizacionais (ligadas à maior divisão e especialização de trabalho, segundo a lição smithiana).[133] Com isso, uma única empresa consegue suprir todo o mercado com maior eficiência produtiva, ou seja, a um custo menor do que aquele que seria obtido por duas ou mais firmas concorrentes, caso viessem a estabelecer infraestruturas paralelas à da firma incumbente.

A eficiência do monopólio natural pode persistir mesmo a partir de um nível de produção em que os custos marginais passem a subir, nas seguintes situações: a) possibilidade de oscilações bruscas de demanda ou variações sazonais de demanda, como ocorre no setor elétrico, pois nesse caso é necessário manter-se uma reserva técnica ociosa; b) interdependência de demanda ou economias de rede, como ocorre no setor de comunicações (quanto mais pessoas estão ligadas à rede, maior a demanda gerada no âmbito da rede).[134]

O adjetivo "natural", conquanto de uso tradicional, merece críticas, pois nada tem a ver com a natureza, mas constitui função direta de variáveis tecnológicas,[135] regulatórias e até culturais (por uma absurda inércia teórica, o transporte aéreo

131. Isso não significa uma tendência de redução de longo prazo dos custos gerais, como se pode ver no caso do serviço de abastecimento de água, em que há tendência a aumentar o custo (KAHN, Alfred A. *The economics of regulation*, 1991, p. 12-I).
132. MACHADO, op. cit., 2009, p. 113.
133. McCRAW, op. cit., 1984, p. 70.
134. OGUS, op. cit., 2004, p. 31.
135. Por exemplo, a impossibilidade de a competição produzir resultados eficientes pode se dever a limitações tecnológicas (PHILLIPS, Jr., Charles F. *The regulation of public utilities*: Theory and practice, 1985, p. 38).

era tido como monopólio natural por alguns doutrinadores norte-americanos antes da desregulação dos anos 1970).

Os monopólios naturais constituem a mais tradicional e mais unanimamente aceita justificativa para a regulação econômica. Há quase um século e meio tenta-se domar as empresas monopolistas pelo regramento de tarifas. Mais recentemente, tem-se buscado segregar os monopólios naturais dos setores competitivos a ele acoplados, para permitir que a concorrência se estabeleça ao menos nas suas franjas e vizinhanças. Para todas essas soluções, a RIS mostra-se relevante: ao exigir procedimentos contábeis e escriturais específicos, impede que se falseiem os procedimentos de fixação ou revisão tarifária e obsta que os lucros do setor monopolístico favoreçam a firma na disputa dos mercados competitivos a montante e a jusante.

Disfunções da ação coletiva

O mercado não é apenas a arena em que se chocam os interesses individuais dos agentes atomizados: suas instituições igualmente constroem soluções cooperativas, que coordenam os esforços de todos, direcionando a ação coletiva a objetivos de maior bem-estar social, buscando superar ou neutralizar suas disfuncionalidades e reduzir os custos de transação, dando agilidade ao sistema econômico.[136] Sendo o direito societário, em essência, um direito da cooperação, os instrumentos da RIS são relevantes no enfrentamento de mais esse problema regulatório.

A regulação da ação coletiva pode se voltar à:

i) **Superação de situações de "dilema do prisioneiro"**, evitando que a persecução isolada pelos agentes dos seus respectivos interesses individuais leve a alocações subótimas do ponto de vista coletivo. Tornam-se necessárias "instituições e valores que induzam e permitam a cooperação",[137] o que impli-

---

136. BERRINGER, Christian. *Regulierung als Erscheinungsform der Wirtschaftsaufsicht*, 2004, p. 36.

137. SALOMÃO FILHO, op. cit., 2002, p. 38. No dilema do prisioneiro, constrói-se um modelo em que a dois prisioneiros se oferecem as opções de ficarem calados ou confessarem, denunciando também o crime do outro; se um confessar e o outro ficar calado, o que confessar é liberado, e o outro pega pena máxima. Se ambos ficarem calados, pegam penas mínimas. Se ambos confessarem, pegam os dois penas médias. Como não há coor-

ca inclusive tornarem-se determinados direitos irrenunciáveis[138] e fixarem-se proibições de ordem pública em determinadas transações. Por exemplo, a disputa dos agentes econômicos pela obtenção de créditos bancários – concedidos por um reduzido número de bancos – poderia levá-los a aceitar condições contratuais tão onerosas que os financiamentos seriam fatores não de crescimento das firmas, mas de sua destruição.

ii) **Prevenção da "tragédia dos bens comuns"** (*Tragedy of the commons*),[139] impedindo a superexploração de recursos coletivos pela fixação de cotas em regime de racionamento,[140] pela atribuição de direitos individuais de propriedade ou pela estatização.[141] Esse é um dos problemas invocados por Floriano Azevedo Marques para preconizar "uma maior e melhor disciplina dos usos dos bens públicos, objetivando tanto evitar sua subutilização quanto ordenar as situações de sobrecarga de usos", substituindo-se um "regime estático, voltado à conservação e à ociosidade", por um "regime dinâmico, voltado à funcionalidade e a que os bens públicos cumpram sua função social".[142]

---

denação entre eles, a melhor estratégia é confessar, para não correr o risco da pena máxima. Se houvesse coordenação, poderiam ambos cooperar, permanecendo calados.

138. Cass Sunstein dá o exemplo da fixação de salários mínimos e da limitação da jornada no mercado de trabalho, ambos direitos inalienáveis (SUNSTEIN, op. cit., 1990, p. 55).

139. Esse é o título do clássico artigo do ecologista Garrett Hardin, publicado em 1968, que demonstra que a exploração dos recursos naturais comuns segundo os ditames dos interesses individuais leva ao seu esgotamento, demonstrando que o problema não é de ordem técnica, mas ética. O conceito de bens comuns é diverso daquele de bens públicos, tratado no tópico "Externalidades e bens públicos", neste Capítulo. Calixto Salomão Filho afirma que o bem comum constitui um terceiro tipo de bem, caracterizado pela alta subtração de uso e alta dificuldade de exclusão. Já os bens privados teriam baixa dificuldade de exclusão e alta subtração de uso (por exemplo, os bens de consumo), e os bens públicos teriam baixa subtração de uso e alta dificuldade de exclusão (SALOMÃO FILHO, op. cit., 2015, Capítulo 2).

140. Para dar maior flexibilidade, pode-se estabelecer o direito de realocação de quotas, mediante transações entre seus titulares (*cap and trade*), de que é exemplo a cessão de créditos de carbono segundo o Protocolo de Quioto, voltado ao combate ao aquecimento global. O tema das quotas é amplamente discutido por Gerd Winter (WINTER, Gerd. "Rationing the use of common resources", 2010).

141. O exemplo é a distribuição entre firmas do espectro radiomagnético, que, em outros países, foi substituída pela nacionalização das ondas de rádio, atribuindo-as a usos governamentais e militares ineficientes (VELJANOVSKI, op. cit., 2012, p. 22.)

142. MARQUES NETO, Floriano Peixoto de Azevedo. *Bens públicos*. Função social e exploração econômica. O regime jurídico das utilidades públicas, 2014, p. 448. O autor aproxima o conceito de bem comum daquele de bem público de uso comum.

iii) **Imposição de padrões, pesos e medidas**, uma vez que é difícil articular isso sem um mínimo de centralização, a exigir a atuação regulatória.[143]

iv) **Garantia da continuidade e disponibilidade de um serviço**,[144] como o caso de linhas de transporte – que devem ser contínuas – e a fixação de um regime de plantão para as farmácias das cidades.

v) **Neutralização de comportamentos coletivos irracionais**, estudados sob vários moldes teóricos, desde a psicologia de massas até a nova economia comportamental. O exemplo tradicional é o estabelecimento de uma série de mecanismos regulatórios para evitar que movimentos de manada acarretem uma corrida bancária.

Por vezes, os esforços de coordenação são inviáveis e devem ser abandonados e substituídos pela atuação estatal direta. É o caso, por exemplo, do monitoramento da situação financeira dos bancos: dada sua complexidade e impacto sistêmico, não faz nenhum sentido imaginar que tal supervisão deva caber aos depositantes: a fiscalização pelo regulador é inevitável. Algumas jurisdições, romanticamente, mantêm a obrigatoriedade de que a agência bancária tenha um mural com o balancete do banco, para verificação pelos seus correntistas.

Um último problema de ação coletiva era tradicionalmente invocado, nas primeiras décadas do século XX, como justificativa relevante para a regulação: a competição destrutiva. Brandeis, o advogado antitruste que chegou à *Justice* da Suprema Corte dos EUA, culpava a concorrência exacerbada pelos destrutivos ciclos de negócios. A competição excessiva seria tão deletéria quanto a sua falta.

> Na maior parte dos casos, a razão original para a regulação não foi o monopólio natural, mas a concepção de que a concorrência desregulada seria destru-

143. Citem-se, a título de exemplos: a) o art. 19 da Lei Geral de Telecomunicações (Lei n. 9.472/97) determina à Anatel "expedir normas e padrões a serem cumpridos pelas prestadoras de serviços de telecomunicações quanto aos equipamentos que utilizarem", bem como certificá-los ou reconhecer sua certificação; b) o art. 27, XIX, da Lei n. 10.233/2001 atribui à Antaq a competência para "estabelecer padrões e normas técnicas relativos às operações de transporte aquaviário de cargas especiais e perigosas"; c) o art. 8º, XXX, da Lei n. 11.182/2005, que estipula competir à Anac "expedir normas e estabelecer padrões mínimos de segurança de voo, de desempenho e eficiência, a serem cumpridos pelas prestadoras de serviços aéreos e de infraestrutura aeronáutica e aeroportuária, inclusive quanto a equipamentos, materiais, produtos e processos que utilizarem e serviços que prestarem".

144. BALDWIN; CAVE, op. cit., 1999, p. 12.

tiva para a qualidade, continuidade, confiabilidade e segurança do serviço e inaceitavelmente discriminatória entre vários grupos de consumidores.[145]

Em poucas décadas, a ascensão da visão neoclássica e da Escola de Chicago sepultou essa ideia outrora tão poderosa. Nos anos 1970,

> (algo) como um consenso estava emergindo entre estudantes desinteressados no sentido de que a regulação tinha suprimido a inovação, protegido ineficiência, encorajado uma espiral de salários e preços, promovido uma severa má alocação de recursos ao desalinhar preços em relação aos custos marginais, encorajado competição por meios que geravam desperdício e inflação e negado ao público a variedade de escolhas de preços e qualidade que lhe teria sido propiciada por um mercado competitivo.[146]

O autor dessas palavras é Alfred Kahn, que além de autor do mais importante livro de teoria econômica da regulação dessa escola doutrinária, foi o paladino da desregulação, abrindo o setor aéreo norte-americano.

A desregulação causou sensível redução de preços nos EUA, sobretudo nos setores de aviação civil, transporte rodoviário e serviços de corretagem de valores mobiliários, além de ampliar a gama de serviços disponíveis, oferecendo uma "profusão caleidoscópica" de diferentes tarifas aéreas, ampliando os descontos em comissões e preços nos setores liberalizados e soltando as amarras que prendiam a criatividade do mercado de capitais, com a germinação de novos instrumentos financeiros.[147] Além disso, como os custos e receitas variam o tempo todo, só o mercado permite o ajuste rápido, evitando que as empresas sejam lançadas em crises pela inércia do regulador em rever os preços tabelados.

A desregulação levou à falência várias das companhias outrora tão bem protegidas pelo regulador - a mais renomada foi a PanAm -, mas permitiu um significativo incremento do tráfego aéreo - embora com a supressão de algumas rotas antieconômicas - e o advento das empresas *low-fare*.

---

145. KAHN, op. cit., 1991, p. XVI. Como exemplo, atente-se a excerto de obra publicada em 1950: "Regardless of any tendency towards monopoly, excessive competition brings its own evils with it. Resources are wasted, rivals and labor will be exploited" (CLEMENS, Eli Winston. *Economics and public utilities*, 1950, p. 29).
146. KAHN, op. cit., 1991, p. XVI.
147. Ibidem, p. XVIII.

Imperfeições da informação

O modelo ideal de mercado competitivo pressupõe que seus agentes tenham um atributo divino: a *onisciência*.

De fato, presume-se uma informação plena, correta, instantânea, gratuita e distribuída de modo igualitário entre todos os *players* do mercado. Tal premissa mostra-se tão inverossímil e irrealista que pode comprometer de modo irreparável as previsões derivadas dos modelos econométricos que a partir dela se construam.

No entanto, a informação é:

i) **Insuficiente**: os agentes econômicos tomam suas decisões sem dispor de todos os dados necessários, o que limita sua racionalidade (Herbert Simon). Essa é uma limitação antropológica: o homem nunca terá a informação plena e completa por suas limitações cognitivas.
ii) **Excessiva, por vezes**: pode ser ineficiente a informação em demasia, por exemplo, a divulgação de riscos de eventos de baixa probabilidade.[148]
iii) **Imperfeita**: a informação pode ser errada ou falsa, causando distorções no comportamento dos agentes ainda mais sérias do que a mera falta de informações.
iv) **Extemporânea**: mesmo a informação correta não é imediata, mas tem uma velocidade de produção e difusão – o que gera a possibilidade de arbitragem entre os agentes do mercado. Esse ritmo de dispersão, quando lento, pode torná-la irrelevante, ou de serventia apenas para que o agente, *a posteriori*, confira se acertou ou errou em suas apostas. Assim como a explosão de uma estrela pode levar séculos ou milênios para chegar a nossos olhos, determinadas situações atuais de mercado somente serão conhecidas em data futura: por exemplo, a insolvência presente de uma determinada empresa só se explicitará quando houver a divulgação de seu balanço ou a decretação de sua falência.
v) **Cara**: isso ocorre porque há um custo para geração, difusão, organização e guarda da informação, embora esses custos possam variar conforme o objeto da informação (assim, por exemplo, informações sobre qualidade são mais custosas de se obter e avaliar do que dados referentes a preços). A in-

148. SUNSTEIN, op. cit., 1990, p. 53.

formação perfeita e completa pode ser cara em demasia. Só faz sentido para alguém tentar obter informações até o nível em que o custo marginal da aquisição dessa informação seja inferior ao benefício marginal daquele que a receba. Além disso, há um paradoxo a dificultar esse cálculo, pois "o valor da informação frequentemente não pode ser conhecido com certeza até que ela tenha sido adquirida".[149]

vi) **Assimétrica**: o nível e a qualidade das informações diferem bastante entre os agentes que estão interagindo, gerando duas situações ineficientes: 1) **seleção adversa**, quando não se consegue distinguir entre a qualidade, os custos ou os riscos dos bens disponíveis no mercado para se avaliar seu preço, opta-se por ofertas calcadas no preço médio estimado. Isso afasta bons produtores do mercado, levando-o ao colapso, situação descrita no célebre artigo *Market for lemons*, de Akerloff, sobre o mercado de carros usados; 2) **risco moral** (*moral hazard*): um indivíduo não se submete a todas as consequências negativas de suas ações, lançando-as no todo ou em parte sobre um terceiro, o qual, por sua vez, não consegue monitorar plenamente, *ex ante*, o aumento do risco alheio que lhe trará prejuízos. É o caso do segurado que, diante da perspectiva de indenização, caso ocorra o sinistro coberto pela apólice, adota comportamento perigoso. Há incentivos para os participantes do mercado explorarem e até aumentarem essas assimetrias informacionais.[150]

vii) **Dinâmica**: a situação informacional não é estática, pois há um processo contínuo de aprendizado pelos agentes econômicos. No modelo de aprendizagem bayesiano, indivíduos adquirem novos conhecimentos e informações e ajustam seu comportamento consistentemente.

viii) **Um bem público**:[151] a informação sobre um setor regulado não é relevante apenas para o agente econômico que nele atue. Há um *interesse transversal* de todos os cidadãos pelo acesso à informação sobre o desempenho e economia das atividades socialmente relevantes. São justificativas não econômicas, mas político-democráticas, da regulação da informação.[152] Informa-

---

149. OGUS, op. cit., 2004, p. 39.
150. STIGLITZ, op. cit., 2009, p. 13.
151. O conceito de bem público será abordado no tópico "Externalidades e bens públicos", neste Capítulo.
152. OGUS, op. cit., 2004, p. 124.

ção é um bem público, e por isso pode ser gerada e fornecida em volumes insuficientes e deve ser fiscalizada quanto à sua qualidade.

A informação é essencial ao funcionamento dos mercados, sendo componente indispensável para que se construa a *confiança* entre os agentes.[153] Percebe-se que, dadas a centralidade da informação para o funcionamento dos mercados e a sua natureza instável e imperfeita, seu regramento sempre foi um dos maiores desafios da regulação econômica. Tal tema se liga diretamente ao poder: quem detém a informação goza de uma vantagem quase incontrastável no jogo econômico.[154] Calixto Salomão Filho coloca o tema da informação como uma das pedras fundamentais do edifício regulatório, sendo a "proteção institucional da difusão do conhecimento econômico" - uma manifestação da "força cognitiva do Direito" - fundamental para a implementação de uma concorrência efetiva, que leve "à descoberta da verdadeira utilidade dos produtos e das melhores opções para o consumidor".[155]

No entanto, um dos paradoxos da regulação da informação é que os problemas apontados - em especial a assimetria e a discrepância temporal (*lag*) na obtenção de dados - gravam a própria relação entre regulador e regulado. De fato, pode-se aplicar a teoria da agência nos dois sentidos dessa relação: a empresa regulada pode omitir ou falsear dados à fiscalização de uma agência regulatória, mas o desempenho desta última no exercício de suas funções públicas também é difícil de ser monitorado, e o fluxo de informações tende igualmente a ser precário.[156]

---

153. Em *Development as freedom*, Amartya Sen liga a questão da transparência à da confiança essencial ao funcionamento dos mercados (SEN, Amartya. *Development as freedom*, 1999).

154. Sobre a ideia de mercado como jogo, oportuno recordar Schumpeter: "The game is not roulette; it is more like poker" (SCHUMPETER, op. cit., 2008, p. 73).

155. SALOMÃO FILHO, Calixto. *Regulação da atividade econômica*: princípios e fundamentos jurídicos, 2001, p. 29-33.

156. As exigências de prestação de contas (*accountability*) impõem o monitoramento da autoridade regulatória, mas com um desafio adicional: os principais não constituem um grupo homogêneo, mas uma constelação de interesses diversos, que vão dos políticos aos consumidores, passando pelos regulados (OGUS, op. cit., 2004, p. 112). Levy e Spiller (1994) vislumbram na regulação um contrato relacional implícito entre regulador e regulado, assombrado pelo risco de oportunismo, uma vez que há investimentos insuscetíveis de realocação (*sunk investments*) e que terminam por constituir barreiras de saída. O regulador pode até exagerar nas acusações contra um ente regulado para enfraquecê-lo, por razões estratégicas (VELJANOVSKI, Cento. "Strategic use of regulation", 2012, p. 99).

De qualquer modo, mecanismos regulatórios voltados especificamente à transparência e ao fornecimento de informação de qualidade permitiram, nas últimas décadas, um relevante avanço civilizatório. As quebras de bancos reduziram-se; o próprio setor público abre-se, assegurando o acesso às informações públicas, aplicando a lição de Louis Brandeis, tão repetida: "*Sunlight is the best desinfectant*".[157]

Um bom exemplo do impacto benéfico da regulação nos é dado por Hugh Collins: em uma breve visita a um supermercado contemporâneo – "arena super-regulada" –, estamos cercados por preços claros e rótulos informativos.

Externalidades e bens públicos

Pigou identificou o fenômeno das externalidades (sem dar-lhe tal denominação), apontando para situações em que "os produtos líquidos marginais privados e marginais sociais não coincidem" e, "portanto, o autointeresse não tenderá a maximizar o dividendo nacional", levando-o à defesa do estabelecimento de subsídios ou impostos, para aproximar esses valores e permitir o máximo bem-estar social.[158]

Em outras palavras, a externalidade ocorre quando o processo de decisão do agente econômico prescinde da consideração da totalidade dos seus custos e benefícios sociais: as consequências deletérias ou benéficas de uma determinada ação extravasam e espalham-se (*spillover*) para terceiros.[159] O exemplo mais citado de externalidade negativa é a poluição; entre as positivas, a polinização da agricultura pelas abelhas na produção comercial de mel ou a redução coletiva do risco de epidemias quando pais vacinam uma criança. No caso dos serviços regulados, a própria disponibilidade imediata do serviço quando requisitado (*on demand*) constitui uma externalidade positiva para os não usuários.[160] Por outro lado, no setor bancário, uma das principais justificativas para o rigoroso acompanhamento da liquidez das instituições financeiras é o fato de que

157. A famosa citação consta do artigo "What publicity can do", publicado na Harper's Weekly em 1913.
158. PIGOU, op. cit., 2000, p. 143 e 172. A defesa dos subsídios e impostos é feita nas p. 224 e segs.
159. As externalidades negativas e positivas são muitas vezes tecnológicas, ou seja, decorrem diretamente das características da tecnologia empregada pelo agente em sua atividade (CREMER, Hans-Joachim. „Regulierung und Freiheit", 2010, p. 251).
160. KAHN, op. cit., 1991, p. 236-II.

a insolvência de uma tende a prejudicar a credibilidade das demais: o risco sistêmico pode ser tratado conceitualmente como uma externalidade negativa da atividade bancária.[161]

Tal ideia choca-se com um milenar brocardo jurídico: *res inter alios acta, aliis nec nocet nec prodest*, que é a melhor expressão do princípio da relatividade das convenções, as quais só devem produzir efeitos entre aqueles que delas participem, sendo alheias à esfera jurídica de terceiros.

O conceito de externalidade tem sido também aplicado para estudar os chamados "efeitos de rede":[162]

i) Nas **externalidades positivas de rede**, a adesão de um usuário a uma rede amplia o valor da rede para todos os demais. Exemplo clássico é um idioma: quanto mais falantes houver, mais vantagem haverá em se investir no seu aprendizado. O Estado pode incentivar a criação de uma rede até o atingimento de massa crítica que lhe confira dinamismo próprio. A chamada "Lei de Metcalfe" constrói um modelo formal para o conceito de externalidade positiva de rede, relacionando o incremento do valor da rede ao quadrado do aumento do número de seus usuários. Em outra dimensão, a ampliação da rede pelo ingresso de novos usuários reduz para os já integrantes o chamado custo de densidade (o custo cai quanto mais densa for a população).[163]
ii) Nas **externalidades negativas de rede**, o uso intenso da infraestrutura leva-a ao limite de sua capacidade, gerando o congestionamento: cada carro novo que sai na rua diminui para os demais motoristas o valor do uso desse meio de transporte. De igual forma, a desconsideração das externalidades de rede (o risco de quebra da contraparte de uma instituição financeira, em cadeia) foi a principal falha dos modelos de avaliação do risco de crédito, impedindo que se previsse a crise financeira de 2008.

Há outras situações que não se confundem em absoluto com a externalidade e que devem ser diferenciadas conceitualmente. São elas:

---

161. MOLONEY, Niamh. "Financial services and markets", 2012, p. 437.
162. LESCHKE, Martin. „Regulierungstheorie aus ökonomischer Sicht", 2010, p. 305 e segs.
163. BEL, Germà; CALZADE, Joan; MANJON, Alejandro Estruch. "Economía y regulación de los servicios de red", 2009, p. 711.

i) **Transferências de riquezas entre setores econômicos por conta da inovação tecnológica.** No processo de "destruição criativa" descrito por Schumpeter na sua *Teoria do desenvolvimento econômico*, mudanças tecnológicas levam à obsolescência de setores inteiros da economia. Assim, por exemplo, os serviços de *pay-per-view* da TV a cabo abalaram a atividade de locação de DVDs, que recebeu seu golpe fatal com o advento dos serviços de *streaming* e de *download* da internet. Alguns autores chamam a tais transferências externalidades "pecuniárias", mas com elas nada têm a ver, porque não geram má alocação dos recursos, mas, pelo contrário, ampliam a eficiência alocativa do sistema econômico.

ii) **"Internalidades"**, definidas como sendo os custos e benefícios de uma transação experimentados pelas partes e que não foram considerados durante a negociação dos termos de troca, por causa dos custos de transação ou da informação incompleta do agente. Como exemplo de *internalidade negativa* podem ser citados os defeitos ocultos no produto negociado; como caso de *internalidade positiva*, o treinamento no emprego, cujo benefício para o empregado vai além da estrita remuneração ajustada no seu contrato de trabalho.[164] O fato de a discrepância entre custos e benefícios impactar a relação das partes, sem extravasar para terceiros, exige que as internalidades sejam enfrentadas com remédios regulatórios distintos daqueles destinados às externalidades.

A regulação obsta a "atomização das relações contratuais", levando em conta não apenas as expectativas das partes, mas também as da coletividade, ao *proibir*, *restringir* ou *internalizar* os custos de externalidades.[165] A proibição por completo da atividade tolhe a produção de bens ou serviços a que se destine, podendo reduzir o bem-estar social. Mais eficiente pode ser a alternativa de restringi-las, seja quanto ao tempo (por exemplo: a proibição do funcionamento de bares após determinado horário para preservar o sossego), quanto à localização (é essa a *ratio* do zoneamento das cidades, no direito urbanístico) ou à intensidade da perturbação (por exemplo, a fixação de tetos para a poluição causada por uma indústria). Para internalizar custos, Pigou preconizava subsídios ou tributos (a famosa "taxação" pigouviana). Tais medidas, baseadas em incen-

164. SPULBER, op. cit., 1989, p. 54.
165. COLLINS, op. cit., 2003, p. 23.

tivos, deixam aos agentes econômicos a decisão racional de desenvolver ou não a atividade, além de estimulá-los a uma crescente melhoria, para além dos padrões mínimos exigidos por normas mandatórias.

A "taxação" pigouviana não é, porém, isenta de críticas: a) pode ser difícil prever e estimar as consequências concretas da ação, para o cálculo da taxa ou do subsídio; b) as taxas não estigmatizam os atos nocivos e indesejáveis, mas até os legitimam; c) os subsídios afetam as finanças públicas.[166]

Delineado o conceito de externalidade em suas várias dimensões, apartando-o de outros fenômenos e discutindo-se como remediá-la, deve ser enfatizado que Ronald Coase, em *The problem of social cost*, fez uma revolução copernicana no tema, afirmando a natureza bilateral e recíproca das externalidades – ou seja, a ideia de que todos os envolvidos na situação são igualmente dela causadores[167] –, em lugar do enfoque unidirecional presente na obra de Pigou. Esse texto é tido como o marco inicial da análise econômica do Direito.

Para Coase, as externalidades não levam necessariamente a uma falha de mercado, pois é possível que as partes se componham e cheguem a uma transação, dada a natureza bilateral da questão. Isso só se torna um problema se não houver um acordo *ex ante* ou uma compensação *ex post* pelo prejuízo a terceiros.[168] Inexistindo custos de transação, isso ocorrerá inevitavelmente, e em lugar de taxas ou tributos pigouvianos,[169] deve-se buscar facilitar a transação entre as partes, para que construam eles mesmos uma solução de eficiência alocativa.

Para Anthony Ogus, a natureza básica do problema da externalidade é a fricção entre as reivindicações conflitantes de dois indivíduos pelo uso de um único recurso (por exemplo, a atmosfera, no caso da poluição). No entanto, "o problema da dispersão dos efeitos perante terceiros pode ser exacerbado quando se considera o tempo e a incerteza".[170]

Tais incerteza e demora, somadas à inafastabilidade dos custos de transação, à indeterminação dos terceiros afetados (que podem mesmo ser de gerações futuras) e à falta de plena e completa compreensão dos danos presentes e

---

166. BALDWIN; CAVE, op. cit., 1999, p. 42-4.
167. CREMER, op. cit., 2010, p. 294.
168. Ogus dá o exemplo de alguém que compra uma casa ao lado de uma fábrica preexistente: esse fato já se reflete no preço pago, já depreciado na compra.
169. O tema das taxas pigouvianas será analisado no tópico "Externalidades e bens públicos" neste Capítulo.
170. OGUS, op. cit., 2004, p. 19 e 37.

futuros derivados das atividades dos agentes do mercado, levam à imperativa adoção de uma vasta gama de remédios regulatórios, além da vedação, restrição ou taxação pigouviana aqui referidas. A RIS servirá de mecanismo de eficácia para esses remédios, impondo que a sociedade empresarial institua mecanismos internos para acompanhamento dos riscos a terceiros e internalizando tais interesses em seus procedimentos e em alguns de seus órgãos.

Ligado umbilicalmente às externalidades está o conceito de bem público, desenvolvido por Ugo Mazzola, Knut Wicksell e Eric Lindahl e sistematizado por Paul Samuelson em "The pure theory of public expenditure", artigo de 1954.

Bens públicos caracterizam-se por serem *não rivais* (o consumo por uma pessoa não impede ou reduz o consumo por outra) e *não excludentes* (é impossível ou custoso excluir os caronistas – *free-riders* –, que não querem pagar pelo benefício que auferam).[171] Com isso, o mercado não conduz a um volume eficiente de sua oferta. Nesses casos, a demanda não se reflete nos preços de mercado, pois a utilidade de cada agente não corresponde à sua disposição de pagar pelo bem. A única solução é definir o volume e a alocação do bem público por decisões políticas e custear o fornecimento por tributos. Os exemplos clássicos são os dos faróis de navegação e dos gastos com a defesa nacional.

Dessa ideia deriva outro conceito: o de bens públicos impuros, que são aqueles que, embora fornecidos pelo mercado, geram tal nível de externalidades positivas que, sem uma intervenção regulatória, podem vir a ser disponibilizados em volumes inferiores ao nível ótimo que reflita seu valor social. Assim, para obstar a subprodução, aplicam-se subsídios, e para se assegurar que se realizem os seus valores sociais, estabelecem-se controles e padrões mínimos de qualidade. É o caso da educação, que além de constituir uma utilidade ao educando, eleva o padrão civilizatório, estimula comportamentos responsáveis no âmbito social e até contribui para a estabilidade política dos Estados.[172]

---

171. Floriano Azevedo Marques destaca que "o conceito econômico para o bem público não se confunde com o jurídico". Na acepção econômica, "o adjetivo 'público' dado aos bens não tem o sentido de pertencimento a um ente submetido ao regime público, mas sim ao emprego da utilidade que a torna serviente a todos em geral e a ninguém em particular". Observa ainda o autor que, da combinação das características de rivalidade e excludência, constroem-se quatro espécies de bens: a) os bens privados, cujo emprego é excludente e rival; b) os recursos comuns, cujo consumo é rival, mas não excludente; c) os monopólios naturais, de uso excludente e não rival, "haja vista que disponível o bem, o ingresso de um novo usuário não afeta a fruição pelos demais"; d) os bens públicos, não excludentes e não rivais (MARQUES NETO, op. cit., 2014, p. 45-6).

172. OGUS, op. cit., 2004, p. 34.

A ascensão da regulação de risco

Risk society is a regulatory society.
Ericson e Haggerty

Em obra clássica de matriz institucionalista, Frank Knight distingue entre *risco* e *incerteza*: o primeiro pode ser medido, considerando-se sua probabilidade e impacto; já a incerteza não é passível de quantificação e foge a modelos estatísticos.[173]

Ambos os males afligem nossa sociedade. Identificam-se crescentemente novos riscos; a incerteza igualmente permeia a complexidade dos sistemas econômicos atuais, podendo subitamente emergir um "cisne negro", metáfora para evento raro, usada por Nassim Taleb em livro com o mesmo nome.

Risco é a "possibilidade de que algo indesejável ocorra, seja como resultado de eventos naturais, ou de atividades humanas, ou uma combinação de ambos".[174] Devem ser distinguidos: a) riscos probabilisticamente calculáveis e riscos imprevisíveis (que Knight chama de incertezas); b) riscos voluntariamente assumidos (como fumar) e riscos impostos socialmente (como os dos habitantes que vivem perto de usina nuclear); c) riscos discretos (eventos perfeitamente delimitados, precisos e isolados, como um terremoto); e d) riscos pervasivos, situações constantes derivadas do funcionamento da sociedade, como a poluição.[175] A percepção do risco tem uma dimensão subjetiva e uma cultural: varia significativamente conforme contextos e culturas e pode ser amplificado socialmente pela mídia. "O risco é emocional e culturalmente construído e culturalmente contestado."[176]

---

173. "To preserve the distinction [...] between the measurable uncertainty and an unmeasurable one we may use the term 'risk' to designate the former and the term 'uncertainty' for the latter [...] The practical difference between the two categories, risk and uncertainty, it that in the former the distribution of the outcome in a group is known (either through calculation *a priori* or from statistics of past experience), while in the case of uncertainty this is not true, the reason being in general that it is impossible to form a group of instances, because the situation dealt with is in a high degree unique" (KNIGHT, Frank H. *Risk, uncertainty and profit*, 2006, p. 233).
174. BLACK, Julia. "The role of risk in regulatory processes", 2012, p. 309.
175. BALDWIN; CAVE, op. cit., 1999, p. 138-9.
176. BLACK, op. cit., 2012, p. 339. A autora ressalta que no Reino Unido passou a existir até uma Autoridade Administrativa de Licenciamento de Aventuras Alternativas, depois que quatro crianças morreram em um acidente de canoa.

Ulrich Beck vê na contemporaneidade a "sociedade de risco", na qual "o progresso tecnológico-econômico é cada vez mais ofuscado pela produção de riscos", os quais não podem ser desconsiderados como "efeitos colaterais latentes". "Aos problemas e conflitos distributivos da sociedade de escassez sobrepõem-se os problemas e conflitos surgidos a partir da produção, definição e distribuição de riscos científico-tecnologicamente produzidos". Embora a poluição seja um problema antigo – havendo notícias de marinheiros que, caindo no Rio Tâmisa no século XIX, morreram intoxicados e não afogados –, os riscos e ameaças hoje são globais, irreversíveis e por vezes invisíveis, e acabam por vezes alcançando os que lucram com eles, por força do "efeito bumerangue".[177] O risco coloca um desafio ao homem, pois ele exige antecipação (já que tem componente futuro), sendo, assim, "simultaneamente reais e irreais".[178]

Essa realidade social e cultural impõe novas responsabilidades não apenas aos agentes econômicos, mas principalmente ao Poder Público. O Estado é apontado por David Moss como o "gestor de risco em última instância", impondo-se como função governamental a tomada de providências de realocação e prevenção de riscos,[179] pois é ilusório pensar que possa tal questão ser amplamente equacionada pela via de contratações individuais atomizadas. Julia Black chega a afirmar que estamos na fase do "Estado do risco", após as eras do Estado vigia noturno (Nozick), do Estado de bem-estar social (Marshall) e do Estado regulatório (Majone).

Com isso ascende a regulação de risco, que, mais do que se colocar como um novo âmbito regulatório, ao lado da regulação econômica tradicional,[180] configura um novo paradigma, que substitui aquele centrado na ideia de falhas de mercado. Nessa nova matriz teórica, a intervenção regulatória não é minimalista e transitória, mas *contínua* e *estrutural*, pois os riscos, ao contrário de even-

---

177. BECK, Ulrich. *A sociedade de risco*: rumo a uma outra modernidade, 2011, p. 15-27.
178. Ibidem, p. 40.
179. MOSS, David. *When all else fails*: Government as the ultimate risk manager, 2002.
180. Essa é a posição de José Esteve Pardo, que afirma existirem "duas frentes" da regulação: a regulação econômica e a regulação de riscos (PARDO, José Esteve. "El encuadre de la regulación de la economía en el derecho publico", 2009, p. 392). De outra parte, "enquanto a regulação dos mercados, incluindo a regulação dos mercados financeiros, obedece antes de mais nada a uma lógica econômica, de proteção das atividades econômicas e da concorrência, a regulação do risco tenderá a privilegiar a defesa de valores sociais suscetíveis de entrar em conflito com a proteção do mercado" (SANTOS, Antonio Carlos dos; GONÇALVES, Maria Eduarda; MARQUES, Maria Manuel Leitão. *Direito económico*, 2011, p. 67).

tuais falhas de mercado, são imanentes a cada atividade, e só fazem crescer à medida que se tornam mais complexas as interações dos agentes. De outra parte, o paradigma do risco transcende o debate entre os objetivos de alocação e redistribuição. Evitar riscos é ao mesmo tempo eficiente - pois aumenta o bem-estar geral - e tem impacto distributivo, pois protege os mais pobres e desamparados, que são os que mais hão de sofrer se uma dada contingência se materializar.

O risco tem se tornado um princípio de organização da governança regulatória, impactando várias de suas dimensões:

i) **Objeto e campo regulatório**: por exemplo, o desenvolvimento tecnológico traz novos riscos, expandindo as fronteiras da regulação.
ii) **Justificativas**: passa a ser vista como legítima a atuação regulatória em uma série de setores econômicos antes alheios às preocupações do regulador.
iii) **Ampliação de perspectivas**: a regulação de riscos não se cinge a um raciocínio econômico (como o cálculo da desutilidade individual, a ser comparada com os benefícios de medidas preventivas). São relevantíssimos os *aspectos técnicos* (por exemplo, o cálculo de probabilidade de cada evento e o estudo das medidas de prevenção adequadas) e *psicológicos* (devem ser avaliadas as diferenças entre as percepções cognitivas e as preferências dos agentes).[181] As heurísticas ou vieses cognitivos (Kahnemann) geram distorções a exigirem a intervenção regulatória. No campo dos riscos, destacam-se o viés de disponibilidade (subestimação de causas comuns de morte e superestimação de incomuns) e o excesso de confiança em avaliações pessoais. Nesse ponto, liga-se a nova economia comportamental aos estudos regulatórios. A questão em debate, a esse respeito, é a seguinte: "Should policy respond to public fears that experts see as unjustified?".[182]

A regulação de risco, por sua amplitude e pela multiplicidade de suas perspectivas, pode facilmente extravasar os limites do razoável. Ela refoge às análises de custo-benefício, pois não há resposta fácil para a pergunta "quão seguro é seguro bastante?".[183] De outra parte, as soluções jurídicas devem ser diferentes conforme se trate de um risco para a própria pessoa que pratica o ato (*first-party*

181. BALDWIN; CAVE, op. cit., 1999, p. 140-1.
182. SLOVIC, Paul et al. "Regulation of risk", 1985, p. 277.
183. BLACK, op. cit., 2012, p. 319.

risk), de um risco decorrente da conduta de uma pessoa, mas conscientemente aceito pela outra parte, que sofrerá prejuízo se verificado o sinistro (*second-party risk*), ou do risco que recaia sobre terceiros absolutamente alheios ao ato ou às relações contratuais do agente (*third-party effects*).[184]

A regulação deve ser conservadora e abrangente ou contida? Sempre poderá haver erro no exame da existência de correlação entre um evento tecnológico e um risco (por exemplo: se um novo produto é cancerígeno). Esse erro pode ser de dois tipos, ensina-nos a estatística: erro tipo I - afirmar como perigosa uma tecnologia que é segura - ou erro tipo II - afirmar a inexistência da correlação (ou seja, do risco), quando ele está, sim, presente. A defesa de que é melhor para o regulador incorrer no erro tipo I (ou seja, pecar pelo excesso de cautela) privilegia os interesses de segurança da comunidade em detrimento da liberdade do produtor de comercializar seus produtos, até porque o produtor pode não ter recursos para indenizar *a posteriori* os prejudicados. Isso implica exigir que o produtor comprove a segurança de seu produto previamente, em casos em que há riscos relevantes (como saúde e meio ambiente).[185] Essa é a *ratio* do chamado princípio da prevenção ou precaução, um dos fundamentos do direito ambiental, proclamado na Declaração do Rio.

As técnicas e remédios empregados pela regulação de risco são também inovadores em relação aos tradicionais. As principais providências adotadas pelo regulador são as seguintes: 1) *mecanismos focados de prevenção*, modulando as providências de fiscalização e punição ao risco específico de cada entidade regulada, em vez de uma escalada global;[186] 2) *transferência do risco*, atribuindo-se a responsabilidade pela perda para outrem. Isso pode ser feito por regras de responsabilidade objetiva ou por regras de limitação de responsabilidade e falência; 3) *dispersão do risco*, por exemplo, por mecanismos de seguro e *pool*, às vezes obrigatórios. A imposição de seguros resolve o problema de coordenação coletiva, mas "há uma tensão entre as funções básicas do seguro (dispersar o risco) e a discriminação do risco";[187] 4) *mitigação de perdas* e remediação *ex post*, quando o sinistro ocorre.[188]

---

184. FRANCIS, op. cit., 1993, p. 12-3.
185. BALDWIN; CAVE, op. cit., 1999, p. 106.
186. GUNNINGHAM, Neil. "Enforcement and compliance strategies", 2012, p. 130.
187. BALDWIN; CAVE, op. cit., 1999, p. 55
188. BAKER, Tom; MOSS, David. "Government as risk manager", 2009, p. 92-3.

Postula-se na presente obra que a disseminação atual dos mecanismos de regulação econômica setorial por instrumentos societários (RIS) vincula-se diretamente a essa concomitante ascensão da regulação de risco.[189] Por exemplo, o regulador exige que a sociedade regulada implemente sistemas internos de gestão de risco, com a criação de órgãos para isso vocacionados – como comitês –, fixação de procedimentos e políticas de *disclosure*.

Remédios regulatórios

Julia Black afirma que "a regulação tem sido vista como uma questão de diagnóstico do problema – prescrição do medicamento, devendo o remédio proposto ser adequado à doença".[190] A metáfora é curiosa por retomar uma tradição, já que o conceito de regulação migrou das ciências mecânicas para as médicas, antes de ter uso jurídico, e o termo "regulador" era usado como sinônimo de remédio no Brasil dos princípios do século XX.

No entanto, a comparação com remédios ofusca o fato de que muitos dos métodos regulatórios de enfrentamento dos problemas econômicos são polivalentes, não havendo uma aplicabilidade única e podendo ser empregados em vários setores.[191] A transparência tem uma eficácia universal para todo e qualquer problema regulatório. Igual transversalidade possui a fixação de padrões de qualidade. Mesmo o controle de preços, tradicionalmente ligado à tormentosa questão da fixação de tarifas de monopólios naturais, pode eventualmente vir a ser implementado para determinados bens essenciais, por razões de justiça distributiva. Evitaremos, assim, a tendência simplista de estabelecer uma relação biunívoca entre os principais problemas regulatórios aqui descritos e

189. Essa questão será desenvolvida no Capítulo IV.

190. BLACK, op. cit., 2012, p. 307. Propõe a autora a seguinte correspondência: para o problema do monopólio, o remédio da competição, ou, na falta, contrato administrativo com controle de preços, qualidade e obrigação de prestação de serviço; para a assimetria informacional, a obrigação de transparência; para a relação entre principal e agente, transparência e monitoramento; para as externalidades negativas, a internalização de custos e a minimização de impactos.

191. "Die Komplexität der Regulierungsziele und -aufgaben spiegelt sich in einer Vielzahl von Steuerungsinstrumenten wider, die im Regulierungsrecht anzutreffen sind. Die Mischung variiert von Sektor zu Sektor. Es gibt kaum einzelne Instrumente, die exklusiv in Regulierungssektoren Verwendung finden" (FEHLING, Michael. „Instrumente und Verfahren", 2010, p. 1.090).

cada um dos métodos de seu enfrentamento expostos neste Capítulo. O que releva é sempre perquirir da adequação do remédio a um dado problema contextualmente situado.

Aponta ainda Julia Black que pode haver dificuldades no *design* ou aplicação de cada remédio ou na definição do ator mais bem situado para tal aplicação.[192] A RIS coloca-se como possível padrão de *design* ou como modo de implementação para cada um dos remédios a serem apresentados: em cada um deles poderá o regulador se servir de ou levar em conta institutos preexistentes do direito societário.

Nos próximos tópicos, analisaremos a "Regulação de acesso", expondo suas justificativas e variantes e destacando que pode ela retrair-se a ponto de permitir entrada livre a quaisquer agentes, em regime plenamente competitivo. Quando se cuidar de serviços prestados em rede, a questão do acesso exigirá o regramento das formas e termos da interconexão. O tema da "Regulação de preços" é tradicionalíssimo na história da regulação, e, de modo objetivo, elencaremos seus principais métodos e problemas. Segue-se o enfrentamento da regulação qualitativa de atividades[193] - a outra face da regulação de preços, pois de nada serviria fixar uma tarifa e, ao mesmo tempo, permitir o relaxamento de determinados padrões mínimos. Conclui-se o tópico com o exame da "Regulação de transparência (*disclosure*)".[194]

Trataremos em outros pontos deste livro de um remédio relevante: a *regulação de participação*, mecanismo pelo qual interesses dos *stakeholders* são representados nos órgãos do ente regulado ou tomam parte em seus procedimentos internos. Por constituir essencialmente técnica regulatória por instrumento societário - a criação de órgãos ou o regramento de sua composição -, o tema será desenvolvido em maior profundidade quando tratarmos da estrutura orgânica da sociedade regulada. Ao abordar as tendências contemporâneas, tra-

---

192. BLACK, op. cit., 2012, p. 308.

193. *V.* "Regulação de qualidade", neste Capítulo.

194. Lista Santiago Muñoz Machado, como instrumentos regulatórios: abertura de setor econômico (o que exige segregação de atividades); prestação de informações pelas empresas; imposição de obrigações de serviço público, em especial, de serviço universal; regulação de qualidade e segurança, acesso ao mercado mediante autorizações e licenças (com revogação, se não cumpridas suas condições); acesso a infraestrutura, redes e instalações (doutrinas americanas da *essencial facilities* e do *common carrier*); e interconexão (MACHADO, Santiago Muñoz. "Técnicas e instrumentos jurídicos de la regulación", 2009, p. 170 e segs.).

taremos da *regulação pela competição*, a qual implica o abandono do controle de preços e a abertura do setor regulado à concorrência, de forma plena ou mimetizada. De outra parte, já fizemos referência, ao tratarmos dos bens comuns, dos remédios específicos para aquela situação - em especial do mecanismo de *racionamento*, com o estabelecimento de determinadas quotas e a eventual possibilidade de sua realocação por transações entre agentes superavitários e deficitários (*cap-and-trade*). A breve explicação sobre os subsídios e taxas pigouvianas já foi incluída no tópico atinente às externalidades.

Regulação de acesso

Poucos instrumentos regulatórios são tão poderosos quanto aqueles relativos ao acesso a determinados mercados. Em alguns setores - tais como o de serviços públicos e determinadas atividades econômicas especificadas na Constituição - permite-se ao regulador moldar a seu talante a estrutura de mercado, proibindo a iniciativa privada, ou optando pela manutenção de um monopólio natural, ou pelo estabelecimento de oligopólios, ou, no limite, pela tentativa de construção de um mercado competitivo, com plena liberdade de ingresso, assegurada por outras medidas regulatórias que obstem que se falseie a efetiva concorrência.

Em outros setores, nos quais vige o princípio geral da livre-iniciativa, o regulador pode condicionar o ingresso de um agente econômico em um dado mercado a uma série de exigências prévias,[195] objetivando: a) proteger o consumidor contra produtos ou serviços inseguros ou de baixa qualidade; ou b) obter as vantagens de uma situação de monopólio natural.[196] Nessas hipóteses, o acesso ao mercado é precedido de um ato administrativo - sejam autorizações, permissões, licenças ou concessões,[197] suscetíveis de revogação motivada, se desaparecerem as aptidões previamente verificadas ou se descumpridas as regras do serviço.

---

195. "O que está em causa não é, nesta circunstância, a liberdade da empresa em abstrato, mas sim o direito de exercer uma atividade econômica em concreto, num dado local e em determinadas condições" (SANTOS; GONÇALVES; MARQUES, op. cit., 2011, p. 212).
196. RAGAZZO, Carlos Emmanuel Joppert. *Regulação jurídica, racionalidade econômica e saneamento* básico, 2011, p. 150-1.
197. Sobre a diferença entre esses atos administrativos, por exemplo, o art. 13 da Lei sobre Transportes Aquaviários e Terrestres (Lei n. 10.233/2001). No âmbito da União Europeia, *v.* Diretiva 2002/20/CE do Parlamento Europeu e do Conselho, de 7 de março de 2002, relativa à autorização de redes e serviços de comunicações eletrônicas (diretiva autorização), e a Diretiva 2002/19 sobre acesso.

Outra dimensão da regulação de acesso diz respeito ao uso de determinadas infraestruturas. No *Common law*, antes mesmo do desenvolvimento do direito regulatório, as doutrinas das *Essential facilities*[198] e *Common carrier* franqueavam o uso de instalações indispensáveis, impondo a seus titulares uma prestação forçada de atividades. Os serviços públicos têm obrigação de integração.[199]

Assim como nas artes marciais o lutador, em determinados golpes, utiliza-se da força do adversário contra ele mesmo, o acesso compulsório a uma rede permite que ingressantes dela se sirvam para competirem com o próprio titular da rede. Os efeitos negativos são a redução do retorno de capital do titular da rede e o consequente desestímulo aos investimentos pelo incumbente para modernizar essa infraestrutura. O preço de acesso pode ser baseado no custo, facultando-se ao desafiante construir sua própria rede se tiver custo menor. Tal critério de precificação, no entanto, desconsidera o custo de oportunidade do incumbente (não se prevê uma taxa de lucros), não havendo tampouco incentivo à redução de custos. Além da garantia de acesso e do controle de preços, fixam-se obrigações de não discriminação e a obrigação de se manter contabilidade de custos[200] – um instrumento que consideramos pertencer à RIS e que será estudado em capítulo próprio.

Uma derivação desse problema, mas agora de natureza bilateral, coloca-se no regramento das *interconexões*, ou seja, do procedimento pelo qual a prestação de serviço por uma rede liga-se e completa-se com a necessária utilização de outra rede (como ocorre quando o dono de uma linha de celular de uma empresa liga para um número vinculado a uma empresa concorrente). As tarifas de interconexão podem ser negociadas sem regulação, até isentando-se reciprocamente de cobrança, pois não há necessariamente a mesma assimetria que se verifica quando há apenas uma rede e o agente precisa de acesso, sem que isso também ocorra em sentido inverso. No entanto, nesse caso de equivalên-

---

198. Na lição de Calixto Salomão Filho, "uma *essential facility* existe, portanto, diante de situações de dependência de um agente econômico com relação a outro, no qual a oferta de outros produtos ou serviços não se viabilizaria sem o acesso ou o fornecimento do essencial. A existência de bens cuja utilização é condição essencial para a produção de outros justifica a necessidade de impor o acesso ou o fornecimento dos primeiros" (SALOMÃO FILHO, op. cit., 2002, p. 37).

199. SMITHE, Edithe; SAMUELS, Warren (eds.). *An institutionalist approach to public utilities regulation*, 2002, p. 14.

200. ALEXIADIS, Peter; CAVE, Martin. "Regulation and competition law in telecommunications and other network industries", 2012, p. 510.

cia de poder das redes interconectadas, há estudos que apontam para o risco de sua colusão em detrimento de seus usuários.[201] Se as tarifas de interconexão forem reguladas, podem se basear em custos – a exigirem também regras contábeis especiais –, embora por vezes seja difícil apurar-se o custo de origem e destino. Essas tarifas devem ser regidas pelo regulador porque, se deixadas para os tribunais, farão com que "os tribunais se coloquem nos pés dos empresários e tomem decisões de negócios".[202]

Regulação de preços

> *It is extraordinarily difficult to convert economic principles into actual rates.*
> Alfred Kahn

A fixação de uma *justa taxa de retorno* para as atividades desenvolvidas segundo monopólios naturais constituiu o núcleo da regulação dos serviços públicos nos Estados Unidos, levando à preocupação com métodos de avaliação de ativos e à uniformização de sistemas contábeis. Algumas leis estaduais norte-americanas do século XIX fixavam limites para taxa de retorno, mas isso incentivava o aumento artificial da base de capital, redundando não em mais investimento em trilhos e equipamentos, mas na mera elevação do capital pela emissão de mais ações (*stock watering*).[203]

A Suprema Corte Americana, no caso Smyth *vs.* Ames (1898), decidiu que as ferrovias tinham direito a um retorno razoável sobre o "*fair value of the property being used for the convenience of the public*". A partir desse princípio, passaram a ser desenvolvidos sucessivos sistemas para a fixação das tarifas dos serviços públicos, cada um deles buscando superar os problemas do anterior e suscitando novas questões. Os principais são os seguintes:

---

201. ARMSTRONG, Mark. "Network interconnection in telecommunications". *Economic Journal*, v. 108, n. 448, p. 545-64, 1998.
202. BALDWIN; CAVE, op. cit., 1999, p. 46. Sobre o regulamento da interconexão na União Europeia, ver a Diretiva 2002/21/CE do Parlamento Europeu e do Conselho, de 7 de março de 2002, relativa a um quadro regulamentar comum para as redes e serviços de comunicações eletrônicas (diretiva-quadro).
203. McCRAW, op. cit., 1984, p. 12-3.

i) **Regulação da taxa de retorno (*rate of return regulation* - ROR)**: os preços geram rendas que suportam custos operacionais, atraindo capitais e viabilizando o financiamento da atividade. Busca-se assegurar um retorno equilibrado para o capital (o que exige o cálculo da taxa de retorno adequada segundo uma análise de cada país). É, na essência, uma fórmula *cost-plus*.[204] Suas desvantagens são a limitação aos incentivos do regulado para reduzir custos, a possibilidade de se manipular a base de capital para influenciar na tarifa, a utilização de "contabilidade criativa", os incentivos para o uso de bens de capital em lugar de trabalho, a dificuldade de fixação dos custos quando há exercício conjunto de atividades reguladas e não reguladas; o descompasso entre a eventual mudança legal e o passado já escriturado.

ii) **Preço teto** (*price cap*) é um método ordenado de ajustes marginais nas tarifas.[205] Na expressão de Simon Cowan,[206] esse método "fixa a trajetória temporal (*time path*) do preço", dando incentivos mais fortes para a redução de custos pelo regulado. Os preços são revistos segundo a taxa de inflação subtraída de índice denominado "fator X", que representaria uma taxa pretendida de produtividade, segundo proposta de Stephen Littlechild para a regulação dos serviços públicos no Reino Unido, nos anos 1980. Sua vantagem é a clareza da regra e a proteção contra influências políticas na revisão tarifária.[207] As dificuldades são: a) definir o índice de produtividade que se espera; b) ajustar o "Fator X para as alterações nas circunstâncias; c) distinguir entre diferentes serviços de uma mesma indústria;[208] d) fixar a periodicidade da revisão de modo adequado, impedindo que o ente regulado aumente em demasia seus lucros por conta da maior produtividade até o momento da revisão (*regulatory lag*). O método é particularmente adequado para países em desenvolvimento, nos quais há deficiência de fiscalização contábil.[209]

iii) ***Benchmarks* e *Yardstick comparison***: em casos de severa assimetria informacional e da ausência de um histórico longo de experiência na regulação

---

204. Ibidem, p. 59.
205. GABEL, David. "Regulation of retail telecommunication", 2002, p. 206.
206. COWAN, Simon. "Price Cap Regulation". *Swedish Economic Policy Review*, v. 9, p. 167, 2002.
207. ARIÑO ORTIZ; CUÉTARA; CASTIELLA, op. cit., 2012, p. 137.
208. OGUS, op. cit., 2004, p. 312.
209. LAFFONT, op. cit., 2005, p. 19. "Price-cap (PC) regulation does not make explicit use of accounting data" (LAFFONT, Jean-Jacques; TIROLE, Jean. *A theory of incentives in procurement and regulation*, 1993, p. 17).

de um dado setor, pode o regulador se pautar por parâmetros externos à realidade do ente regulado (*relative performance evaluation*), servindo-se de uma companhia hipotética eficiente e com estrutura de custos semelhante à do ente regulado (*benchmark*), ou definindo padrões de desempenho e uma fronteira eficiente a partir da performance de outras concessionárias do mesmo setor, mas localizadas em outras regiões (*yardstick*).[210]

iv) **Regulação de divisão de ganhos ou lucros (*incentive regulation*)**: estabelece-se uma taxa de retorno alvo, uma faixa em que não há compartilhamento e um excedente que é compartilhado sob a forma de redução de tarifas para o consumidor. Quando há suficiente competição, desregulação total ou foco apenas nos consumidores que têm menos proteção por competição no mercado.[211]

v) **Precificação segundo custo marginal**: o paladino dessa técnica é Alfred Kahn, para quem a fixação segundo o custo marginal mimetiza o mercado, pois "vale a pena produzir e vender um produto enquanto as receitas incrementais cobrirem os custos incrementais [...]. Equalizar o preço ao custo marginal permanece uma condição necessária para que as melhores escolhas sejam feitas, não importa como a renda esteja distribuída ou redistribuída".[212] A tarifação segundo custo marginal é particularmente relevante para atender a demanda oscilante quando se aproximar do pico de consumo, pois reflete imediatamente essa escassez e desestimula a continuidade do crescimento da procura.

As complexidades desses métodos - contaminados por graves problemas de assimetria e incompletude informacional - levaram alguns autores a propor soluções de outra natureza.

Walras defendeu o *leilão de concessões* como meio de lidar com o monopólio natural, abordagem antes adotada por Chadwick (1859).[213] Em 1968, Demsetz preconizou o abandono dos esforços regulatórios em favor de um leilão em que

210. Ibidem, p. 85-6.
211. HAUGE, Janice; SAPPINGTON, David. "Pricing in network industries", 2012.
212. KAHN, op. cit., 1991, p. 67-8-I. Para o autor, "the single most widely accepted rule for the governance of regulated industries is to regulate them in such a way as to produce the same result as would be produced by effective competition, if it were feasible".
213. SPULBER, op. cit., 1989, p. 5.

se adjudicasse a concessão à firma que apresentasse o melhor pacote preço-qualidade.[214] O leilão de concessão nos monopólios naturais implica trocar a "competição *no* mercado pela competição *pelo* mercado", na feliz expressão de Baldwin e Cave.[215]

Na prática, os leilões não substituem tais sistemas, mas os complementam, permitindo partir da tarifa vencedora e realizar revisões posteriores segundo um dos critérios expostos. A utilidade dos certames para a precificação eficiente de tarifas fica parcialmente comprometida quando o critério de julgamento não considera apenas o menor valor tarifário, mas inclui o pagamento de uma soma pela concessão.

O regime tarifário deve enfrentar alguns outros problemas.

O primeiro problema é a necessidade de segregar, nas empresas multiprodutos, os custos específicos de atividades não reguladas, atribuindo a estas, ademais, uma parcela dos custos comuns ou conjuntos.[216] Isso impõe importantes tarefas à contabilidade empresarial, abarcadas pelo conceito de RIS e que serão estudadas em capítulo próprio. Caso não se faça a segregação de custos, haverá um duplo prejuízo ao mercado: em primeiro lugar, as tarifas serão mais altas pela consideração de custos alheios à atividade regulada; em segundo lugar, essa tarifa artificialmente inflada subsidiará a prática pelo ente regulado da sua outra atividade competitiva, distorcendo o jogo concorrencial.

O segundo problema é a necessidade de definir o grau de detalhamento e complexidade da estrutura tarifária, o que pode implicar maior ou menor subsídio cruzado, ou seja, a transferência de recursos de serviços ou setores geográficos ou sociais com custos menores para outros com custos maiores. Por exemplo, pode ser exigida uniformidade de preço em vastas regiões, ou impostas as chamadas "tarifas sociais" - preços mais baixos para pessoas carentes.

---

214. Ibidem, p. 253. Sobre a questão dos incentivos nesse tipo de leilão, LAFFONT; TIROLE, op. cit., 1993, p. 307 e segs.
215. BALDWIN; CAVE, op. cit., 1999, p. 46.
216. "Custos comuns são definidos como os custos de insumos comuns utilizados por dois ou mais produtos [...] Custos conjuntos são definidos na literatura da regulação como ocorrendo quando dois ou mais produtos são produzidos em proporções fixas. [...] A maior parte das atividades reguladas envolve produção conjunta" (FUS, Melvyn; WAVERMAN, Leonard. "Regulation and the multiproduct firm: The case of telecommunications in Canada", 1983, p. 278-9).

O terceiro problema é assegurar que a tarifa cubra os custos fixos do investimento nos setores de monopólio natural.[217] A teoria da precificação ótima para a regulação do monopólio natural objetiva cobrir todos os custos para permitir a entrada competitiva,[218] apresentando duas diferentes soluções para o problema: 1) divisão da tarifa em duas partes, com fixação de parte do preço segundo o custo marginal, e o acréscimo de uma taxa para a ligação à rede que seja suficiente para completar o necessário para cobrir o custo total; 2) *Ramsey pricing*:[219] por essa técnica, os preços são fixados acima do custo marginal para cada nível de produção, conforme a elasticidade inversa da demanda. Com baixos custos marginais, há uma discriminação de preços – embora benéfica –, que precifica serviços inelásticos com grandes margens e serviços elásticos com pequenas margens. Em outras palavras, os serviços que mais contribuirão para pagar os custos fixos são os que tenham demanda menos elástica. Quando a demanda é muito elástica e preços ficam perto do custo marginal, não há margem para suportar esses custos fixos. A empresa que precisa de renda adicional deve obtê-la onde o consumidor não tem opção, e assim se maximiza o bem-estar social. Isso implica preços diferentes entre consumidores, e eles podem não ser equitativos. Além disso, exige-se o conhecimento preciso pelo regulador das elasticidades de demanda de cada serviço, o que não é trivial.

Em outros setores da regulação econômica, como na indústria de medicamentos, há outros problemas. O setor não constitui um monopólio natural, mas é necessário controlar preços, pois os consumidores não são sensíveis a seus aumentos, uma vez que muitas vezes são pagos pelo sistema de saúde governamental. Quanto aos custos de desenvolvimento de medicamentos, deve-se recordar que pesquisas geram externalidades positivas, patentes longas, com *evergreening*, e mudanças em aspectos da droga para obter novas patentes. Tudo isso mostra ser difícil precificar medicamentos com base nos custos, já que devem ser considerados fracassos nas pesquisas e é difícil alocar custos comuns em mercados globais. Adotam-se métodos como relação custo-efetividade (uma

---

217. Nesse caso, as economias de escala geram dois problemas: a) precificação segundo o custo marginal não cobre o custo total das firmas; b) precificação segundo custo médio não leva a nível socialmente ótimo de produção (SPULBER, op. cit., 1989, p. 5).
218. PANZAR, Willig. "Free entry and the sustaintability of natural monopoly". *Bell Journal of Economics*, v. 8, p. 1-22, 1977.
219. BAUMOL, Bradford. "Optimal Departures from Marginal Cost Pricing". *American Economic Review*, v. 60, p. 265-83, 1970.

droga pode ser mais cara, mas diminuir dias de internação), ou *benchmarks* internos (preços de drogas similares no mercado interno) ou externos (preços em outros países).[220]

Em todas as dimensões da regulação de preços, serve-se o Estado de mecanismos afetos ao direito societário. Foi nessa seara que surgiram exigências especiais de uniformidade e padronização de critérios contábeis. A esses procedimentos podem ser acoplados órgãos especiais - como comitês de auditoria e normas -, para permitir devassar a realidade da sociedade regulada, maximizando a transparência do processo tarifário.

Regulação de qualidade

Uma regulação que se concentrasse exclusivamente em preços deixaria desguarnecido o flanco para que o ente regulado maximizasse indevidamente seus lucros pelo rebaixamento do nível de qualidade ou segurança de seus produtos e serviços, circunstância que pode ser ou não perceptível pelo consumidor antes de sua contratação.[221] De outra parte, no momento histórico da ascensão da regulação de risco, a tutela dos aspectos qualitativos dos produtos do mercado torna-se um dos focos principais dos esforços regulatórios.

A fixação de padrões de segurança e qualidade pode ser feita de duas formas, por vezes concomitantes: a) *foco nos objetivos*: podem-se definir as metas qualitativas mínimas, por características de composição do produto ou por estatísticas da ocorrência de determinados eventos, e deixar-se à discricionariedade do ente regulado estabelecer os procedimentos, equipamentos e instalações e as qualificações de sua equipe de trabalho, para que possam ser atingidos esses objetivos; b) *foco nos meios*: alternativamente, pode o regulador optar por fixar os procedimentos e certificar equipamentos e profissionais a serem empregados no exercício da atividade, aferindo *ex ante* sua aptidão para a melhoria da qualidade ou segurança dos produtos ou serviços. Como se expôs, a estratégia regulató-

---

220. TOWSE, Adrian; DANZON, Patricia. "The regulation of the pharmaceutical industry", 2012.

221. LAFFONT; TIROLE, op. cit., 1993, p. 211. Daí a distinção feita entre *search goods*, cuja qualidade pode ser aferida de antemão, *experience goods*, cujos defeitos emergem ao ensejo do consumo, e *credence or trust goods*, cuja qualidade não pode ser avaliada nem mesmo depois do seu consumo (VAN DER BERGH, Roger J.; PACCES, Alessio M. (eds.). *Regulation and economics*, 2012, p. 38).

ria pode combinar ambos os métodos, exigindo que se atinjam determinados fins especificados a partir de determinados meios igualmente regrados.

Por seus aspectos eminentemente técnicos, a qualidade e a segurança tendem a ser as matérias mais amplamente tratadas por meio de autorregulação. É comum as associações fixarem normas técnicas para seus respectivos setores, normas essas por vezes encampadas pelo regulador, que as cobre com o manto da obrigatoriedade. Em outra dimensão do fenômeno autorregulatório, a própria empresa - primordialmente as de grande porte - pode adotar políticas, procedimentos, métodos, estruturas e órgãos internos para assegurar determinados padrões mínimos, segundo códigos de conduta, protocolos, organogramas, manuais e outros documentos internos. Nesse ponto também o assunto mescla-se com a regulação por instrumentos societários, e será portanto tratado com mais vagar em tópico subsequente.

No campo do regramento qualitativo, coloca-se uma série de outras questões relevantes, como a da *estandardização* de medidas - permitindo a mais fácil comparação de preços e reduzindo dessa forma custos de transação -, a *compatibilização* entre formatos e sistemas - superando as dificuldades de coordenação coletiva - e as próprias exigências de ampliação, continuidade e livre acesso característicos da *universalização* de serviços essenciais.

A regulação de qualidade pode constituir barreira comercial ou de entrada, sobretudo no plano internacional. Os diferentes padrões nacionais podem se compatibilizar, por acordos internacionais (ou por regramento comunitário na União Europeia), de várias formas: a) harmonização total, com padronização compulsória; b) harmonização opcional, de modo a permitir padrões diferenciados nos mercados locais, mas sempre se exigindo o atendimento a padrões obrigatórios, para o comércio interestatal; c) reconhecimento mútuo de padrões, o que exige credibilidade e confiança recíprocas entre Estados; d) referência a padrões internacionais de entes não governamentais, em alternativa à regulação.[222]

A título de exemplo, aponte-se a enorme dificuldade atual vivenciada na Europa para tornar compatíveis os padrões de transporte ferroviário, no que toca à bitola dos trilhos, altura das redes elétricas etc., de modo a permitir o tráfego de composições de um país nas ferrovias de outro.

---

222. EGAN, Michelle P. *Constructing a European market*: Standards, regulation, and governance, 2001, p. 70.

Regulação de transparência (disclosure)

Sendo a informação a engrenagem do mercado, permitindo que se estabeleçam simultaneamente - e de modo paradoxal - relações de confiança e de poder entre os agentes econômicos, seu regramento tem tradicionalmente estado no *núcleo* da regulação econômica. As primeiras agências reguladoras que surgiram em diversos estados americanos após a Guerra Civil limitavam-se a coligir e divulgar informações sobre as empresas reguladas - sendo por isso chamadas de *Sunshine Comissions*, por lançar a luz do sol sobre práticas e custos -, viabilizando dessa forma que os prejudicados por abusos recorressem aos tribunais.

O regramento da informação foi particularmente precoce e reforçado no campo dos mercados financeiros e de capitais. A falta de dados facilita a divulgação de boatos e rumores, muitas vezes por aqueles que tenham interesse em desestabilizar os mercados. Por outro lado, a insuficiência de informações, no campo bancário pode levar a um aumento no custo de captação de depósitos, pelo fenômeno da seleção adversa. Já no mercado de capitais, impera o paradigma do "mercado de capitais eficiente",[223] segundo o qual os preços de mercado refletem toda a informação publicamente disponível, e se irracionalidades distorcerem mecanismos de preços, serão corrigidas por arbitragem. Esse paradigma, que norteia grande parte dos reguladores de mercados de capitais no mundo, estimula a edição de normas que ampliem a quantidade de informações disponíveis, pois quanto maior seu volume, maior será a eficiência dos mercados.

Por tais razões, o *disclosure* obrigatório foi uma das primeiras técnicas regulatórias consagradas e continua sendo amplamente utilizado em todos os setores. Acredita-se que a divulgação, pelas sociedades, de informações padronizadas, comparáveis e desagregadas permite aos titulares de interesses externos às empresas (*stakeholders*) agirem de modo a ampliar, reduzir ou até cessar seus negócios com elas. Dessa forma, haveria um incentivo para que a própria empresa melhorasse sua situação e suas práticas, no sentido da maior conformidade com os objetivos regulatórios.[224]

---

223. FAMA, Eugene F. "Efficient capital markets". *Journal of Finance*, v. 25, p. 383-417, 1970.
224. FUNG, Archon; GRAHAM, Mary; WEIL, David. *Full disclosure*. The perils and promise of transparency, 2007, p. 6.

Contemporaneamente, a transparência coloca-se também no centro de uma série de técnicas não compulsórias de *soft regulation*, como os *mecanismos de transparência voluntários* (que podem favorecer a *sinalização* - *signaling* - pelo agente ao principal sobre suas qualidades, ou a inversa *triagem* - *screening* -, pela qual o principal pode obter mais informações sobre o agente, superando o risco de seleção adversa), a *autorregulação da atividade publicitária*, o recurso a *certificações* por entidades não governamentais e a compilação e organização de informações divulgadas para se organizarem *rankings* e outras modalidades de *naming and shaming*, ou seja, de publicidade negativa em desfavor do ente regulado faltoso. No Brasil, o melhor exemplo é o da divulgação pelas agências regulatórias e pelos Procons de listas das empresas com maior número de reclamações.

A grande vantagem da regulação de transparência reside em não ser ela pesadamente intervencionista, não interferindo nas atividades do ente regulado.

Mas o *disclosure* não deve ser tido como uma panaceia. Vários são os seus problemas: a) os destinatários das informações, sob o peso de suas limitações e vieses cognitivos, podem não compreendê-las, distorcê-las ou calcular erroneamente os riscos a que elas se refiram; b) os custos de produção, divulgação e análise da informação podem ser excessivos; c) as informações internas do ente regulado podem ser usadas por concorrentes, gerando uma situação de deslealdade;[225] d) pode ser difícil a conciliação do interesse público na informação com a tutela da informação sigilosa.[226]

As dificuldades da regulação de transparência, em determinados segmentos, levaram à ideia de substituí-la por mecanismos de mercado. Já se expôs a defesa doutrinária de que a fixação de preços nos monopólios naturais cedesse espaço a leilões públicos. Da mesma forma, a complexidade da precificação de derivativos, mesmo quando completa a informação, levou autores a propugnarem que sejam eles necessariamente negociados em bolsa,[227] abandonando-se o mercado de balcão. Isso, no entanto, não pode representar uma fuga para a frente, ou seja, não se deve tentar escapar do problema da assimetria com medidas que só o agravem. Em ambos os casos - preços de monopólios naturais e derivativos -, deve-se persistir com os esforços regulatórios de transparência,

225. BALDWIN; CAVE, op. cit., 1999, p. 45.
226. VALENTINI, op. cit., 2005, p. 48.
227. STIGLITZ, op. cit., 2009, p. 17.

pois, sem eles, mesmo os leilões e as cotações bursáteis serão altamente distorcidos e ineficientes.

Conclua-se este tópico apontando a grande valia das técnicas da RIS para a regulação de transparência. É no seio da sociedade empresarial que se produzem e se escondem as informações que se pretende extravasar ao mercado. Assim, seus procedimentos - sobretudo contábeis - e seus órgãos devem ser moldados a assegurar a continuidade do fluxo de informações demandadas pelo regulador, bem como sua fidedignidade.

As peculiaridades da regulação setorial

Cumpre precisar o conceito de regulação setorial, contrapondo-a à regulação econômica geral e discutindo as idiossincrasias e especificidades de que pode se revestir a atividade regulatória quando se volta a um mercado determinado.

Principie-se por dizer que a regulação nasceu setorial. O Estado liberal não despertou metamorfoseado em autoridade regulatória plena e universal. Sua preocupação voltou-se pragmaticamente a mercados específicos, atendendo a clamores sociais contra abusos. Os pioneiros da regulação setorial foram as instituições bancárias, e depois, as ferrovias, eletricidade, telefones etc. - áreas que a doutrina norte-americana tradicionalmente denomina *regulated industries*.

Apenas um século depois - nos Estados Unidos, a partir dos anos 1970, e na Europa, a partir dos anos 1980 - ganhou ímpeto e alastrou-se a regulação geral, aplicada indistintamente a todos os setores, de âmbito transversal e natureza social, fixando exigências de tutela da saúde, meio ambiente, direito do consumidor e outros interesses coletivos e difusos. O paradoxal é que essa explosão de normas regulatórias gerais ocorreu ao mesmo tempo em que a atuação setorial do Estado era enfraquecida pelo movimento de desregulação, iniciado com a abertura da aviação comercial, a que se seguiu a liberalização do mercado financeiro e de outros ramos da economia.

A regulação geral, ao transcender as fronteiras entre as indústrias e atividades, derrubou o sentido e o propósito de distinção entre setores regulados e não regulados.[228] Toda e qualquer atividade podia ser submetida a volume signifi-

228. EGAN, op. cit., 2001, p. 56.

cativo de regulação.[229] Fala-se em "nova regulação social" ou em "regulação protetiva".[230]

Conquistadas novas esferas para a atuação regulatória, é o momento, porém, de relativizar essa distinção. A separação por interesse regulado - aspectos econômicos na regulação setorial e aspectos sociais na regulação geral - não se sustenta, seja por ser artificial a fronteira entre o econômico e o não econômico, seja por se preocupar também o regulador setorial com a segurança do consumidor e do trabalhador, a proteção de minorias e do meio ambiente, entre outros problemas, buscando apenas um regramento adequado para as características de cada setor. Na realidade, o critério de separação entre a regulação geral e a setorial é óbvio e acaciano, para invocarmos o célebre personagem de Eça de Queiroz: o Conselheiro Acácio decerto concordaria em definir como regulação geral aquela que seja aplicável à generalidade das relações econômicas, independentemente do setor ou indústria, e como regulação setorial aquela que afete um mercado específico. A essa obviedade talvez se possa acrescentar mais um traço distintivo: a regulação geral tende a ser mais estável e permanente - até por força do caráter genérico de suas normas, mais aptas a absorver as mudanças conjunturais -, enquanto as regras setoriais são mais mutáveis, acompanhando as vicissitudes das respectivas políticas públicas e as questões do dia a dia de cada mercado.

Aprofundemo-nos na reflexão sobre as particularidades da regulação setorial, objeto de nosso livro.

Cada indústria tem características únicas e práticas contratuais específicas[231] que plasmam as condições para as oportunidades e as restrições regulatórias[232]

---

229. Ogus distingue entre a regulação social, voltada para a saúde, a segurança, o meio ambiente e a proteção do consumidor, e a regulação econômica, com foco mais estreito, aplicando-se primariamente a indústrias com tendências monopolísticas (OGUS, op. cit., 2004, p. 5). Stigler diferenciava entre dois tipos de regulação - uma orientada por indústria (e que, segundo este autor liberal, seria inevitavelmente dominada pela própria indústria) e outra de propósito geral, abrangendo tributação, antitruste e consumidor (STIGLER, op. cit., 1975, p. 168).

230. BARDACH, Eugene; KAGAN, Robert A. *Going by the book*: The problem of regulatory unreasonableness, 1982, p. XII.

231. Vincenzo Buonocore identifica a difusão de disciplinas peculiares para "contratos estipulados para um determinado setor do mercado", considerando tal fenômeno positivo, pois permite uma "*piú efficace protezione del consumatore*" e uma maior aderência às exigências setoriais (BUONOCORE, op. cit., 2002, p. 420).

232. "More than any other single factor, this underlying structure of the particular industry being regulated has defined the context in which regulatory agencies have operated" (McCRAW, op. cit., 1984, p. 305).

e determinam os mecanismos mais aptos e convenientes para a atuação do regulador setorial.

Por vezes, regula-se a integralidade de um setor do mercado (por exemplo, todas as etapas integrantes do sistema elétrico, englobando geração, transmissão, distribuição e fornecimento na "última milha)", outras vezes, apenas um fragmento dele (por exemplo, a atividade de distribuição de veículos automotores). Podem ainda ser regulados de modo conjunto e segundo os mesmos princípios setores diversos que apresentem uma característica comum ou similar (por exemplo, telefonia celular e transmissão de rádio e TV). "O significado diverso da setorização nos casos singulares constitui uma das razões pelas quais é particularmente árdua a definição de regulação (setorial)".[233]

De outra parte, a regulação de cada setor não pode deixar de levar em consideração a regulação dos demais. Implicando a regulação a criação de incentivos e desincentivos, o jogo regulatório pode provocar desvio de investimentos de um ramo para outro, por razões estritamente econômicas. Restrições em um mercado e flexibilizações de outro geram um natural movimento de capitais entre eles. Ademais, investimentos em infraestrutura têm um efeito multiplicador sobre todas as atividades dela dependentes.

Em um plano estritamente jurídico, a regulação de um setor pode ter efeitos diretamente transversais, impactando o quadro regulatório de outros. Em certos casos, "a regulação de um setor levava muito em consideração a realidade de outro setor, até o ponto em que a regulação de um setor se convertia em um instrumento regulatório ao serviço de outro".[234] Assim, por exemplo, por causa da concorrência com as ferrovias, os Estados Unidos tinham uma regulação detalhada do transporte de cargas por caminhões (*trucking industry*), setor que, na Europa, só era objeto de polícia administrativa.

De outra parte, nos setores que tenham tendência à convergência – como ocorre nas várias dimensões dos serviços de comunicação –, devem igualmente se unir os esforços regulatórios a eles dirigidos, não podendo ignorar-se mutuamente.[235]

O primeiro objeto da regulação setorial consiste no enfrentamento dos mesmos problemas regulatórios já tratados, mas que se manifestam em circunstân-

233. VALENTINI, op. cit., 2005, p. 4.
234. MACHADO, Santiago Muñoz. "La regulación de industrias y public utilities en los EEUU", 2009, p. 332.
235. BERRINGER, op. cit., 2004, p. 107.

cias e detalhes particulares, podendo alguns deles ter uma especial preponderância, conforme o mercado que se analise.[236] No sistema financeiro,[237] o tema mais premente é o da assimetria informacional, que pode levar a um risco sistêmico;[238] no saneamento, a potabilidade da água (qualidade do serviço) e o destino do esgoto (com elevada externalidade negativa); nas telecomunicações, os obstáculos de acesso às redes em função do poder econômico dos incumbentes; na energia,[239] as situações de monopólio natural.[240] Distintas também serão as características de riscos de cada mercado setorial.[241]

O que mais releva na regulação setorial, no entanto, é o regramento sistêmico. A regulação setorial tende a focar mercados que se estruturam em redes ou sistemas,[242] com padrões complexos e contínuos de relacionamento entre os agentes econômicos interdependentes, e muitas vezes organizados em torno de um monopólio natural.[243]

Isso coloca uma série de desafios específicos para o regulador setorial. Deve ele buscar estruturar juridicamente a rede, regrando: a) o acesso à rede; b) o re-

---

236. Isso evidentemente não exclui a conjunção de outros problemas. Por exemplo, a regulação de serviços públicos tem de lidar com riscos de colusões, instabilidades de oferta e demanda, discriminação, exclusão de população de serviços essenciais, baixa qualidade, altos custos fixos e economias de escala, direitos de passagem e externalidades positivas. A esse respeito, *v.* MELODY, W. H. "Designing utility regulation for twenty-first century markets", 2002.

237. Sobre a regulação do sistema financeiro, *v.* nossos artigos "A reforma do sistema financeiro norte-americano". *Revista de Direito Bancário e Mercado de Capitais*, n. 54, p. 59-95, out/dez. 2011, e "O controle judicial dos bancos centrais". *Revista de Direito Bancário e Mercado de Capitais*, v. 58, p. 13-38, 2012.

238. A assimetria informacional potencializa e expande exponencialmente perturbações, podendo atingir todo o mercado, causando o colapso do sistema. Os investimentos *subprime* no montante de US$ 0,7 trilhão quase paralisaram, em 2008, o mercado de capitais global de US$ 175 trilhões (SINCLAIR, Timothy. "Credit rating agencies", 2011, p. 433).

239. Sobre o setor elétrico, *v.* nosso artigo "Regulação do setor elétrico e custos de transação – a comercialização de energia elétrica no Brasil". *RDPE – Revista de Direito Público da Economia*. Belo Horizonte, ano 12, n. 45, jan/mar 2014.

240. BETANCOR, op. cit., 2010, p. 385.

241. LEPSIUS, Oliver. „Ziele der regulierung", 2010, p. 1.061-2.

242. As economias de rede caracterizam-se por: a) economias de escala, que podem corresponder a economias de densidade, se a demanda concentrar-se em determinada localização; b) economias de escopo; c) externalidades ou efeitos de rede, implicando que a utilidade da rede para cada usuário individual aumenta em razão direta do número total de usuários da mesma rede (GERARDIN, Damien. *Remedies in network industries:* ECCompetition law *vs.* sector-specific regulation, 2004, p. 1).

243. Ver introdução a SCHREIBER, op. cit., 2009.

lacionamento entre os seus participantes,[244] de modo a criar condições de confiança e estabilidade, criando incentivos e mecanismos de solução de conflitos e coibindo *free-riders*; c) a governança das economias em rede; d) o atingimento de economias de escala, densidade e de escopo (mais de um serviço prestado a partir de uma única infraestrutura), bem como o aproveitamento das externalidades positivas de rede e a massificação e universalização dos serviços essenciais.[245]

Serve-se o regulador setorial de remédios específicos às condições de cada mercado, sendo alguns deles de natureza estrutural.

Pode-se organizar um setor conforme as seguintes estruturas: a) desintegração vertical, proibindo-se à firma mantida no exercício da atividade classificada como monopólio natural o uso de seu poder econômico para desvirtuar a concorrência nos mercados a jusante ou a montante; b) integração vertical e monopolística, espraiando-se a atuação da empresa detentora do monopólio natural em todas as fases do serviço (como exemplo, recorde-se que as antigas companhias telefônicas tinham o monopólio na venda dos próprios terminais, encontrando-se em todas as casas os telefones pretos, ao lado das geladeiras in-

---

244. Em poucos setores há maior complexidade na relação entre os agentes do que no setor elétrico. Por exemplo, como a eletricidade segue caminho de menor resistência (Lei de Kirchhoff), a transmissão de eletricidade exige que se conheçam todas as transações a cada momento. Os desafios da coordenação técnica, na maior parte dos países, fica a cargo do operador do sistema.

245. As externalidades de rede das telecomunicação, somadas à sua natureza essencial, levam ao objetivo de universalização de rede. Em países grandes, isso é um desafio, pois as distâncias são maiores e as densidades de rede, menores, exigindo investimentos pesados e com pouco retorno (HAUGE; SAPPINGTON, op. cit., 2012, p. 473). Sem obrigação de universalização, o prestador de serviço pode fazer *cream skimming*, atendendo apenas os clientes mais lucrativos. "O maior problema nos países em desenvolvimento não é como subsidiar o uso da rede em locais de alto custo. É mais fundamentalmente como expandir a rede nessas áreas" (LAFFONT, op. cit., 2005, p. 38). Para evitar desequilíbrios, o regulador pode se servir de tarifas (embutindo subsídios cruzados) ou montar fundos de universalização. O sistema brasileiro de telecomunicações foi estruturado de modo a permitir que a universalização dos serviços se fizesse com neutralidade em relação à competição. Previu-se um Fundo de Universalização – o FUST –, e até que ele começasse a funcionar, a implantação das primeiras metas se faria com recursos das concessionárias, mas com impacto financeiro já considerado na definição dos valores ofertados nos leilões (PEREIRA NETO, Caio Mario; ADAMI, Mateus Piva. "O desafio da universalização de telecomunicações: um balanço após 15 anos de LGT", 2014, p. 205). Certo é, porém, que não se eliminaram por completo os subsídios cruzados para o custeio da operação, pois os valores tarifários eram praticamente uniformes em todo o vasto território nacional (SCHYMURA, Luiz Guilherme. "Regulação e aspectos institucionais brasileiros", 2014, p. 256).

variavelmente brancas); c) competição entre infraestruturas paralelas, representadas por firmas verticalmente integradas.

A opção por uma ou outra estrutura não é trivial, tendo cada solução desvantagens. A desintegração vertical pode, na realidade, constituir obstáculo à constituição de um mercado competitivo entre empresas verticalmente integradas. Por outro lado, os custos de duplicação de infraestruturas para estabelecer competição entre elas pode ser inviável em países em desenvolvimento, nos quais minguam os capitais.[246]

Paralelos das regulações norte-americana e europeia

Tudo está no presente, entenda isto.
Ontem só acabará amanhã, e amanhã
começou há dez mil anos.
William Faulkner

A compreensão das razões pelas quais o regulador tem se servido crescentemente de instrumentos societários exige uma reflexão histórica. Toda técnica – regulatória ou não – atende às necessidades de sua época e representa um passo adiante de instrumentos ultrapassados e uma janela aberta para inovações futuras. Temos de situar o tema de nosso livro no desdobrar da história da regulação. A reflexão sobre as relações entre o Estado e a economia deve principiar pela referência à polícia administrativa (*Polizeiwissenschaft*) do Estado absolutista, acompanhando sua metamorfose no débil poder de polícia do Estado liberal.[247] A regulação tal como a conhecemos teve um duplo nascimento – nos Estados Unidos do final do século XIX e na Europa no final do século XX, sendo importante esboçar à *vol d'oiseau* os traços marcantes de cada uma dessas duas experiências e apontar seus diferentes objetivos: o alcance da eficiência alocativa nos Estados Unidos[248] e a construção de condições competitivas equi-

246. LAFFONT, op. cit., 2005, p. 11.
247. *V.* "Polícia administrativa e os dois nascimentos da regulação", neste Capítulo.
248. *V.* "Sentidos da regulação norte-americana: o primado da eficiência alocativa", neste Capítulo.

tativas na construção europeia do mercado comum.[249] Ambas as experiências, no entanto, convergem em parte para determinados movimentos contemporâneos: a) a "regulação pela concorrência", com a busca de mecanismos competitivos ou de quase-mercados em setores tradicionalmente caracterizados como monopólios naturais, com competição entre vários agentes em redes estruturadas;[250] b) a substituição da regulação de comando por fórmulas de *soft regulation* e de autorregulação;[251] c) mecanismos de regulação transnacional e de constituição de redes regulatórias, mudando-se o foco do Estado regulador para o espaço regulatório.[252]

Polícia administrativa e os dois nascimentos da regulação

There never was an age of Laissez-Faire.
Anthony Ogus

A relação do Estado moderno com a economia oscila ao longo da história, ao sabor das vicissitudes da sua construção institucional e das cambiantes visões sobre seu papel e função. Nos primeiros séculos, pode-se acompanhar essa relação a partir das mutações do conceito de polícia. Em décadas mais recentes, a ideia de regulação constitui o eixo fundamental para se estudar juridicamente esse relacionamento.

Airton Seelaender fixa de modo objetivo os traços da evolução da ideia de *polícia*. A palavra surge na Idade Média, como variante de política. Em seu significado originário, o rei era vista como "pai" e como "governante da grande casa do Reino", e tal ideia o fortaleceu, permitindo-lhe libertar-se das prescrições feudais e dos limites tradicionais a seu poder. "Expressão de um maduro absolutismo reformador", no século XVIII criam-se nos países germânicos cátedras universitárias de *Polizeiwissenschaft*, e nomeiam-se agentes com tal função: encarada nas origens como um campo separado do Direito, a polícia passa a ser vista como objeto de normatização, surgindo as "leis de polícia" (*Polizeigeset-*

249. *V.* "Sentidos da regulação europeia: a criação de condições de competição no Espaço Comunitário Unificado", neste Capítulo.
250. *V.* "Espaços regulatórios competitivos e quase-mercados", neste Capítulo.
251. *V.* "Desafios à 'regulação de comando e controle': regulação suave (*soft*) e responsiva", neste Capítulo.
252. *V.* "Regulação transnacional e redes regulatórias", neste Capítulo.

ze), com o objetivo de conservação do Estado e da ordem social. No plano urbano, ao tempo combate-se o luxo, mantêm-se as ruas, fixam-se regras de polícia urbana para assegurar o abastecimento de água etc. No plano econômico mais amplo, inclui-se na ideia de polícia o fomento da atividade econômica, pelo estímulo às manufaturas e à criação de companhias. Da visão barroca de manutenção da ordem e da moralidade públicas, passa-se à ideia iluminista da polícia como mudança econômica e enriquecimento dos súditos. O Estado devia zelar pela felicidade dos súditos, tal como a definisse, e agir sem peias com tal propósito.[253] Criam-se processos de fiscalização excepcionais, alheios às regras jurídicas tradicionais.

Além da matriz germânica, de índole cameralista[254] e exemplificada pela obra *Polizewissenschaft* (1756), de Johann Justi, a ideia de polícia teve múltiplos desenvolvimentos teóricos, das *Lectures on justice, police, revenue and arms* (1762/3), de Adam Smith, e toda a obra de William Blackstone até a tradição administrativista francesa, representada pelo *Traité de la police* (1722), de Nicolas Delamare.

> O que todos tinham em comum era um foco na recentemente descoberta responsabilidade da comunidade política pela felicidade e bem-estar de sua população. A Polícia era uma ciência e um modo de governança pelos quais a comunidade política assumia controle sobre – e tornava-se implicada com – a conduta básica da vida social [...] Mas os fins e objetivos da polícia não terminavam com a preservação de uma ordem pública neoestoica. As aspirações da polícia também incluíam o enriquecimento da população e do Estado, o incremento da produção agrícola, a minimização das ameaças à saúde e à segurança, a promoção da comunicação e do comércio e a melhora da qualidade geral da existência das pessoas.[255]

---

253. "The purpose of *Policey* is therefore to preserve and increase the general 'means' of the state; and since these means include not merely the goods, but also the talents and skills of all persons belonging to the republic, the *Policey* must have constant care to have in mind the general interdependence of all these different sorts of goods, and to make each of them contribute to the common happiness" (SMALL, Albion Woodbury. *The cameralists*: The pioneers of German social polity, 1909, p. 441).

254. O cameralismo seria o equivalente germânico do mercantilismo. Não expressava um conceito econômico fundamental, mas uma sequência de medidas que almejavam uma balança comercial superavitária e uma economia autárquica (BERRINGER, op. cit., 2004, p. 10-1).

255. NOVAK, William. *The people's welfare*. Law & regulation in nineteenth century America, 1996, p. 13-4.

Tudo isso se chocaria com o Estado liberal, com a ideia de submissão ao Direito e com o reconhecimento de que cabe aos governados e não ao Estado definir os caminhos da felicidade. A ideia de polícia torna-se "um objeto incômodo para o pensamento jurídico liberal", mas a sobrevivência desse termo até nossos dias "é um claro indício de sua maleabilidade e utilidade, tanto no século XIX quanto no período posterior".[256]

Mas, se a noção de polícia sobrevive, ela se mitiga e se enfraquece. De uma categoria da filosofia política, torna-se um pálido conceito do direito administrativo – o poder de polícia –, colimando a prevenção de danos diretos ao público e o controle da ordem pública, em especial das massas urbanas pobres resultantes da Revolução Industrial.[257] No exercício do poder de polícia, "a Administração não pretende adquirir protagonismo", mas deixar funcionar o setor privado, limitando-se à tomada de medidas preventivas ou repressivas para resguardar a segurança e a ordem públicas,[258] mediante o cerceamento da liberdade dos indivíduos. A polícia é, ao mesmo tempo, uma função institucional e uma função disciplinar da ordem liberal.[259] "A teoria liberal tudo fez para destruir uma noção de polícia que correspondesse àquilo que ela temia: uma noção totalizante, uma atividade que se apropriasse das finalidades sociais, invasora, liberticida."[260] A noção é assim reconstruída, embora com encaixe ainda difícil no liberalismo.

Essa manifestação restrita e limitada do poder de polícia, praticamente circunscrita a proibições, foi superada pelo fenômeno da regulação, como intervenção estabilizadora, corretiva e até constitutiva das esferas econômica e social, em conformidade com as escolhas coletivas.[261] Indo além do "controle

---

256. SEELAENDER, Airton Cerqueira Leite. "A polícia e as funções do estado – notas sobre a polícia do Antigo Regime". *Revista da Faculdade de Direito* – UFPR, Curitiba, n. 49, p. 73-87, 2009, p. 85.
257. A doutrina britânica enfatiza o marco da criação por Peel da Polícia Metropolitana como símbolo da passagem da preocupação com o mercado para a preocupação com os pobres (BRAITHWAITE, op. cit., p. 13). O poder de polícia alicerça-se em proibições, simbolizadas, por exemplo, no sinal vermelho de trânsito. A regulação econômica vai além, pois pode facilitar e viabilizar atividades, dando a elas um "sinal verde", como ocorre quando se coordenam os agentes econômicos para viabilizar a atividade de radiodifusão pela outorga de frequências de espectro (BALDWIN; CAVE, op. cit., 1999, p. 2).
258. PARDO, op. cit., 2009, p. 390.
259. Esse é o norte do extenso tratado de ETIENNE PICCARD (*La notion de police administrative*, 1984, 2 t.).
260. Ibidem, p. 460.
261. "O direito público não versa apenas sobre a prevenção do abuso de poder, mas sobre a seleção das formas jurídicas pelas quais melhor se pode atingir os objetivos instrumen-

político dos processos de mercado",[262] a regulação passou a colonizar as mais variadas esferas da vida social. Hoje o poder regulatório transcende (e em parte absorve) o poder de polícia. Caem as fronteiras entre as áreas de atuação de cada uma dessas potestades, não fazendo mais sentido afirmar que o poder de polícia se volta às restrições às atividades econômicas e o regulatório, aos serviços públicos.[263]

Alguns veem na regulação contemporânea um repristinar da vetusta *Polizeiwissenschaft*. Incorre-se em um grave anacronismo. Embora unidas pela mesma defesa de uma postura ativa do Estado na busca da felicidade dos súditos (modernamente, fala-se em bem-estar social), a polícia pré-liberal e a regulação pós-liberal distinguem-se em seus fundamentos, problemas, técnicas e reivindicações de legitimidade. Como dizia Mark Twain, a história não se repete, mas ela rima.

A regulação econômica propriamente dita nasceu duas vezes: nos Estados Unidos na década de 1890 e na União Europeia na década de 1990.[264] São produtos de dois contextos históricos totalmente diversos, entre os quais medeia um século. Diversos são também seus objetivos. A regulação norte-americana surge por demanda de movimentos sociais, para ajudar a coibir os abusos do poder econômico privado, e hoje se assenta na ideia de correção de falhas de mercado e na busca da eficiência alocativa. A Europa respondeu historicamente aos desafios do monopólio natural com empresas estatais, e, no final do século XX, a partir do acervo conceitual de um século da experiência americana, construiu seu próprio modelo regulatório para um objetivo de curto prazo – a

---

tais da escolha coletiva" (OGUS, op. cit., 2004, Prefácio). Carl Sunstein defende que se adote para a regulação não uma visão formalista, centrada nos direitos individuais, mas "uma concepção baseada na gestão e redução dos riscos sociais" e, portanto, flexível e dinâmica (SUNSTEIN, op. cit.,1990, p. 230).

262. NOLL, Roger. "Government regulatory behaviour", 1985, p. 9.

263. Reconhece-se que a lei possa atribuir à Administração "uma série de competências para ordenar amplamente quaisquer atividades econômicas, inclusive poderes normativos, exercidos pela edição de regulamentos autorizados pelas leis". Com isso, fica superada a ideia de que a polícia administrativa, restrita e mínima, focava atividades econômicas, e que, em relação aos serviços públicos, o poder concedente teria amplitude, podendo dirigir ativamente as atividades. "A oposição radical entre atividades econômicas privadas e serviços públicos vem se relativizando com o tempo, na medida em que vêm se assemelhando, em muitos casos, as regulações incidentes sobre aquelas e sobre estes" (SUNDFELD, Carlos Ari. *Direito administrativo para céticos*, 2012, p. 23).

264. LEPSIUS, op. cit., 2010, p. 5.

privatização de vários setores – e um objetivo permanente e existencial: a construção de condições equitativas de competição em um mercado europeu plenamente unificado.[265]

Nos tópicos subsequentes, serão discutidas e comparadas essas experiências.

Sentidos da regulação norte-americana: o primado da eficiência alocativa

Nos Estados Unidos da América, em que pese sempre terem sido raras as críticas socialistas contra o capitalismo, houve, no final do século XIX, uma mobilização de raiz contra o grande capital, com os movimentos *granger*, populista e progressista.[266] Entre inúmeros conflitos, destacaram-se aqueles entre as ferrovias e seus usuários a respeito dos fretes para despacho de mercadorias e entre as pequenas lojas e as grandes cadeias varejistas. Denunciavam-se também a baixa qualidade dos produtos e a insegurança dos serviços. Esses embates tinham grande repercussão junto à opinião pública, inflamada por jornalistas investigativos (*muckrakers*) e instrumentalizada pelos advogados das causas populares. O maior deles – o futuro *justice* Brandeis – afirmou a importância dessa estratégia publicitária: "*All law is dead letter without public opinion behind it*".

Para responder a tais problemas, o Estado regulatório foi inventado nos EUA como alternativa à propriedade pública.[267] Além de aspectos ideológicos, isso se devia ao caráter descentralizado da república americana em seus primórdios.

Houve quatro fases na regulação norte-americana: a) 1870-1900: industrialização; b) 1900-1916: Era Progressista; c) 1930: New Deal; d) anos 1970: crescimento da regulação geral, em especial objetivando a tutela do meio ambiente e do consumidor e a redução da regulação setorial.[268]

---

265. Ibidem, p. 8.
266. MORAN, op. cit., 2011, p. 387.
267. Idem, op. cit., 2003, p. 15.
268. No presente tópico, muito se aproveitará de Thomas McCraw, em *Prophets of regulation*. O autor escolheu personagens representativos de cada uma dessas etapas. Para a primeira fase, Charles Francis Adams, da tradicional família da Nova Inglaterra da qual saíram dois presidentes e chefe da Massachusetts Board of Railroad Comissioners, uma "*sunshine comission*". Adams acreditava na possibilidade de, mediante a divulgação de informações e estatísticas e diálogos informais, ser capaz de enfrentar os desafios das primeiras ferrovias, sem imposição de tetos de tarifas. Como símbolo da fase progressista, McCraw escolheu Louis Brandeis, advogado ativista e um dos artífices da Federal Trade Comission, após o que ascendeu à Suprema Corte por indicação de Wilson, como pri-

A regulação é irmã da industrialização e nasce ao tempo em que ocorriam espetaculares avanços tecnológicos e um assombroso crescimento das empresas, sobretudo por processos de concentração em setores intensivos em capital, como ferrovias e eletricidade. Isso era tolerado sob o pretexto de obtenção de economias de escala.[269] Criavam-se mercados nacionais, fixando-se padronizações uniformes para todo o país, com sacrifício dos interesses locais. À efervescência do setor privado contrapunha-se a fraqueza do Estado: nos anos 1860, o governo federal americano tinha 50 mil empregados civis – a maior parte deles lotados nos correios –, o que representava uma força de trabalho seis vezes menor do que o total de trabalhadores nas ferrovias.

Concebe-se, nesse contexto, a instituição que é o grande marco da regulação norte-americana e que se espraiou pelo mundo: a agência reguladora. Percebia-se que grandes corporações formatavam e subordinavam seus mercados, e que seria necessário criar novos instrumentos de governo para atuar sobre elas. A comissão regulatória seria um corpo permanente e especializado para tratar do problema, fora do âmbito dos interesses políticos.[270] Havia uma "fé no

---

meiro *justice* judeu. Brandeis via no direito da concorrência um instrumento de defesa dos pequenos comerciantes – e não dos consumidores – e defendeu ao longo da vida a possibilidade de cooperação entre agentes econômicos, pois do contrário eles se concentrariam (e o truste era "*a combination of the capitalist, by the capitalist, for the capitalist*", dizia ele, parafraseando a frase de Lincoln sobre a democracia). Para o New Deal, elenca-se como personagem símbolo James Landis, *dean* da Harvard Law School e um dos expoentes da SEC em sua criação, autor de *Administrative process* e que chegou ainda a assessorar o presidente Kennedy, até o fim de vida dramático, sob o peso do alcoolismo e da breve prisão por sonegação fiscal. Landis expressa a descrença própria do New Deal em relação ao funcionamento dos mercados. Para a última fase, invoca-se o economista Alfred Kahn, autor do clássico *Economics of regulation* e que, como presidente da Civil Aeronautics Board, fez a desregulação da aviação civil. Com excelente humor, Kahn dizia nada entender sobre aviões, além do fato de serem "custos marginais com asas". A abordagem marginalista foi a ideia-chave de sua atuação como regulador. Criticado pelo subjetivismo e dificuldade de dar operacionalidade ao marginalismo, retrucou: "Do you want to be precisely wrong or approximately right?" (McCRAW, op. cit., 1984, p. 243).

269. Nesse ponto, Charles Francis Adams, primeiro *comissioner* de ferrovias de Massachusetts, afirmou com exagero: "Competition and the cheapest possible transportation are wholly incompatible" (ibidem, p. 9).

270. Já em 1914, em *Drift and mastery*, Walter Lippman batia-se pela regulação contínua dos negócios por comissão administrativa, em lugar da atuação esporádica por processos judiciais.

poder da *expertise* como motor de melhoria social"[271] e acreditava-se viver "*a new phase of representative government*".[272]

Havia dois tipos de comissão: a) as fracas, chamadas de *sunshine comissions*, pois eram focadas na implementação de políticas de transparência, perseguindo o que McCraw chama de "*regulation by publication*" e evitando se imiscuir na competência dos administradores das empresas.[273] O exemplo paradigmático era a Comissão de Ferrovias de Massachusetts, chefiada por Charles Francis Adams; b) as fortes, que, a partir da década de 1870, começaram a fixar tarifas. É o caso das comissões de Illinois, Wisconsin, Minnesota e Iowa.[274]

Já que o problema era de natureza interestadual, ascende a regulação federal das ferrovias,[275] desafiada pela diversidade de problemas regionais a serem enfrentados: uma competição excessiva e predatória no leste do país e abusos por monopólios no oeste e sul. O ato que criou a Interstate Commerce Comission em 1887[276] proíbe discriminação de preços e define que as tarifas devem ser justas e razoáveis. A Suprema Corte proibira a fixação de tarifas máximas, o que veio a ser autorizado expressamente pelo Congresso no Hepburn Act de 1890. A regulação federal de tarifas por agências independentes é a ponta de lança da era progressista.

Sobre a experiência das agências reguladoras norte-americanas, devem ser enfatizados os seguintes pontos:

---

271. MAJONE, op. cit., 1996, p. 15. Essas comissões ainda não tinham autonomia e eram órgãos auxiliares do legislativo, fiscalizando, preparando relatórios e propostas. Muitas não podiam dar ordens vinculantes às entidades reguladas, a não ser para requisitar informações. Elaboravam estatísticas e embora pudessem propor ações judiciais, buscavam meios cooperativos e informais de induzir comportamentos, mesmo porque desprovidas de grandes aparatos burocráticos.

272. A frase é de Charles Francis Adams (McCRAW, op. cit., 1984, p. 15).

273. Ibidem, p. 2.

274. Essas comissões estaduais não tiveram, no entanto, grande impacto. Por conta da grave crise que acometeu o setor ferroviário, as tarifas acabaram ficando abaixo dos tetos regulatórios que elas fixavam. Por outro lado, pouco adiantava regular tarifas para transporte no interior de cada estado federado se a maior parte dos abusos era praticada por corporações interestaduais, cujos trilhos estendiam-se por várias jurisdições.

275. No caso Wabash, St. Louis and Pacific Railroad *vs.* Illinois (1886), a Suprema Corte decidiu que quando comércio se origina ou termina fora das fronteiras de um estado, não pode ser por ele regulado.

276. A ICC foi criada com cinco comissários e 61 funcionários, para lidar com ferrovias que dispunham de 180 mil milhas de trilhos e 700 mil empregados. Em uma crítica excessiva e contrafactual, Stigler diz que os reguladores não mudaram nada e que seu trabalho foi fútil (STIGLER, op. cit., 1975, p. 26).

i) Houve uma afetação de agências especializadas a cada mercado, o que lhes deu um papel-chave na moldagem dos setores sob seus cuidados. "As agências regulatórias são as instituições na fronteira do desenvolvimento dos mercados."[277]

ii) A característica peculiar da agência é a *concentração de poderes amplos*, de regrar, supervisionar e julgar, "um conjunto de prerrogativas normalmente exercitável pelo governo como um todo".[278] As agências reguladoras derivam sua força de: a) sua autonomia; b) sua capacidade de planejamento de longo prazo; c) sua capacidade de combinar funções governamentais de modo coordenado: fixam quadros normativos, fiscalizam, decidem conflitos etc. Podem, no entanto, afastar-se das políticas de governo, e a falta de controles internos diretos pode reduzir sua *accountability*.

iii) A força de uma agência não era estática. Melvin Bernstein, em *Regulating business by independent comission* (1955), desenvolveu a hipótese de um *ciclo de vida das agências*, da vitalidade da juventude à lentidão da velhice.

iv) Paralelamente à atuação jurídica, eram comuns *negociações informais entre as agências e as empresas*, sobretudo em momentos de crises financeiras e greves.

v) A ideia de direito administrativo surge nos EUA ligada aos procedimentos das agências regulatórias.

vi) As agências originalmente tinham *uma abordagem quase judiciária*,[279] focada na adjudicação após procedimentos contraditórios (era a postura preconizada por Brandeis). Ao tempo do New Deal, sob inspiração de James Landis, adotou-se uma posição mais *discricionária* e *tecnocrática*.[280] Forte

277. MELODY, op. cit., 2002, p. 21.

278. LANDIS, James. *The administrative process*, 1966, p. 15.

279. Na Inglaterra, radicalizou-se a ideia de gestão administrativa de problemas regulatórios por mecanismos jurisdicionais internos: em 1873, criou-se um tribunal administrativo – Railway Commission – para regular sobre tarifas ferroviárias e direitos de prioridade, exemplo depois seguido por outros órgãos em outros setores da economia. O tema era debatido por advogados, com regras procedimentais e instrução contraditória. Mas o método judicial falhou na coordenação das políticas públicas, pela discricionariedade e instabilidade de suas decisões, falta de expertise e planejamento. (BALDWIN; CAVE, op. cit., 1999, p. 68).

280. Uma visão tecnocrática repudia por ineficientes os procedimentos participativos. Isso fica evidente nas críticas aos "excessos" do devido processo legal, de que pode ser exemplo a seguinte citação: "There is no guarantee that maximizing due process will produce an efficient decision (it may lead to stagnation and indecision)" (BALDWIN, Robert; McCRUDDEN, Christopher. *Regulation and public law*, 1987, p. 45).

movimento de opinião, capitaneado pela American Bar Association, conduziu à promulgação em 1946 do APA - Administrative Procedure Act, que distinguia claramente entre *rulemaking* (edição de normais gerais) e *adjudication* (decisão de caso individual)[281] e exigia que toda ação administrativa atendesse aos requisitos de comunicação prévia, razoabilidade e oportunidade para manifestação e instrução pelas partes afetadas.

vii) A jurisprudência da Suprema Corte, ao longo de um século, foi fixando as fronteiras e os limites da atuação das agências, ampliando-as segundo uma sequência de decisões.[282] Entre todas, destaca-se o caso Nebbia (1934), que "marca o abandono pela corte de sua tentativa de distinguir uma categoria especial de categorias de indústrias afetadas com um interesse público",[283] para o fim de sujeitá-las à regulação, afirmando o voto do Juiz Roberts, de que, ressalvado o devido processo legal, "o Estado é livre para adotar qualquer política econômica que razoavelmente julgue promover o bem-estar público e efetivar tal política por legislação adaptada a seu propósito".[284]

---

281. VALENTINI, op. cit., 2005, p. 139.

282. No caso Munn *vs.* Illinois, de 1877, a Suprema Corte reconheceu o poder dos estados de regularem atividades em que haja interesse público. Nos sessenta anos seguintes, até o New Deal, os contornos e os limites da regulação foram sendo jurisprudencial e estatutariamente construídos, em um processo que não foi contínuo, mas marcado por idas e vindas. Em Cincinatti New Orleans & Texas Pacific Railway *vs.* Interstate Commerce Commission, a Corte negou poderes à agência para fixar tarifas: só podia investigá-las e declará-las abusivas. Em 1913, em Smyth *vs.* Ames, reconheceu-se o poder de fixar tarifas, desde que propiciando taxa de retorno adequada. Em 1935, a Suprema Corte, no caso Schechter Poultry Corp. *vs.* Estados Unidos, derrubou o National Recovery Act de 1933. Em 1936, Roosevelt venceu as eleições em 46 estados, e com isso se fortaleceu, confirmando a Suprema Corte o National Labor Relations Board. Em 2001, no caso Whitman *vs.* American Trucking Association, a Suprema Corte considerou que a autorização para a criação de normas implica poder executivo, e não legislativo.

283. PHILLIPS, Jr., op. cit., 1985, p. 101.

284. Em Nebbia *vs.* New York (1934), a Suprema Corte decide que "there is no principle limiting price regulation to businesses which are public utilities, or which have a monopoly or enjoy a 'public grant' or franchise". A ressalva feita ao devido processo legal tem a seguinte redação: "The due process clause of the Fourteenth Amendment conditions the exertion of regulatory power by requiring that the end shall be accomplished by methods consistent with due process, that the regulation shall not be unreasonable, arbitrary or capricious, and that the means selected shall have a real and substantial relation to the object sought to be attained. It results that a regulation valid for one sort of business, or in given circumstances, may be invalid for another sort, or for the same business under other circumstances, because the reasonableness of each regulation depends upon the relevant facts".

A ascensão das agências regulatórias setoriais fundava-se, em sua origem, em uma ideologia de controle do poder econômico em favor do pequeno empresário. Gradualmente, a grande empresa passou de vilã a heroína: os ganhos de sinergia e as economias de escala passaram a legitimar processos de concentração econômica.[285]

Temas como a limitação do poder econômico e a imposição regulatória da obrigação de servir - característicos da economia institucional - cedem lugar ao modelo neoclássico com "o foco quase inteiramente no preço".[286] O norte da regulação passa a ser o aumento da *eficiência alocativa*, alegadamente em proveito do consumidor. Em tal desiderato, abandona o regulador a preocupação em permitir condições justas de concorrência a todos os agentes do mercado. Pode-se ter uma empresa com significativo *market-share*, desde que redunde em aumento do bem-estar do consumidor pela redução de preços.

Para permitir maiores ganhos de eficiência, o próprio regulador setorial retrai-se e passa a perseguir, sempre que possível, o objetivo de livre atuação das empresas nos setores regulados. Sataniza-se a regulação intervencionista como verdadeira arma lesiva aos interesses do consumidor. "A competição é o santo padroeiro do consumidor."[287]

A retórica consumerista é o que explica o paradoxo antes apontado de ser a desregulação setorial contemporânea do aumento da regulação geral ou social, com leis como o Clean Air Act (1970), Federal Food, Drug and Cosmetic Act (1938), Consumer Product Safety Act (1972) e o Occupational Safety and Health Act (1970) - todas elas editadas com foco no bem-estar do consumidor e de outros *stakeholders*.

Os Estados Unidos vivenciaram, a partir dos anos 1980, uma "era de fluxo regulatório", com processos simultâneos de desregulação, regulação e re-regulação.[288] Com a crise de 2007/9, a "regulação subitamente voltou à moda".[289]

---

285. Lawrence Friedman diz que hoje se perdeu a vontade de lutar contra as grandes empresas porque não se está mais assustado com as histórias da depressão econômica dos anos 1930 (FRIEDMAN, op. cit., 1985, p. 116).
286. MELODY, op. cit., 2002, p. 32.
287. STIGLER, op. cit., 1975, p. 12. O Senador Edward Kennedy, nos anos 1970, apoiava o movimento de desregulação com discurso pró-consumidor.
288. AYRES, Ian; BRAITHWAITE, John. *Responsive regulation*: Transcending the deregulation debate, 1992, p. 7.
289. MOSS, David; CISTERNINO, John (eds.). *New perspectives on regulation*, 2009, Introduction, p. 9.

Sentidos da regulação europeia: a criação de condições equitativas de competição no Espaço Comunitário Unificado

A construção da União Europeia é um dos mais fascinantes marcos de nossa civilização. Após a mais sangrenta de todas as guerras, uma geração dispôs-se a construir um mercado comum, com regras justas, assecuratórias da liberdade de circulação de capitais, pessoas, bens e serviços, congregando dezenas de países de diferentes línguas e culturas, que por séculos foram inimigos.

Cabe-nos, no espaço de alguns parágrafos, sintetizar uma dimensão desse grande evento histórico, esboçando-lhe os traços principais tocantes à regulação econômica. E isso é importante porque a experiência do Velho Continente exerce influência direta sobre a regulação na América Latina.[290]

O primeiro traço a destacar é a diversidade das formas da regulação entre os países-membros.

Há variações de ênfase e de estilo regulatório no seio da União Europeia. O Reino Unido foi um dos pioneiros, passando a regular após o vasto programa de privatização do governo Thatcher, que rompeu com o consenso keynesiano do pós-guerra e adotou postura regulatória minimalista,[291] focada na manutenção da livre concorrência e em medidas ampliadoras da eficiência alocativa. Na França, a tradição colbertista e a centralidade do conceito de serviço público (a partir da obra de Léon Duguit)[292] apontam para uma regulação mais intensa, que ativamente persiga um bem comum politicamente delineado.[293] A Alemanha, sob a inspiração ordoliberal, pode ser colocada em posição intermediária entre esses dois polos.[294]

Isso implica estratégias diferentes: privilegia-se no Reino Unido a *regulação competitiva*, que usa princípios de mercado; na França, a *regulação estratégica*,

---

290. Em parte, isso ocorreu por conta da influência do Estado, forte na Europa e na América Latina. No Brasil, mesmo a liberalização e privatização fazem-se sob o influxo do Estado, articulador dos grupos econômicos adquirentes e quase exclusivo financiador. A tradição brasileira já era denunciada por Joaquim Nabuco, em *Um estadista no Império*: "Desde o princípio, o calor, a luz, a vida para as maiores empresas tinha vindo do tesouro".

291. De qualquer modo, a privatização tornou imprescindível a regulação estatal, mesmo em um ambiente ideologicamente neoliberal. As agências regulatórias surgem com a percepção de que o direito societário não era suficiente para regular companhias privatizadas, especialmente no setor de serviços públicos (MORAN, op. cit., 2011, p. 97)

292. *Les transformations du droit public.*

293. RUFFERT, Matthias. „Europäisches Ausland", 2010, p. 79-80 e 92-3.

294. A escola ordoliberal de Freiburg será analisada em detalhes no Capítulo II.

focada na modernização e no crescimento de escala; na Alemanha, apoia-se a *regulação associativa*, voltada à cooperação organizada entre agentes.

O segundo traço reside na supremacia do direito comunitário, a quem cabe harmonizar as regulações nacionais divergentes, guiando-as no sentido dos objetivos da União. No campo da regulação setorial, não se poderia omitir a Comissão Europeia, pois se se deixasse totalmente a cargo dos legisladores nacionais enfrentar os desafios regulatórios, eles poderiam ser lenientes para favorecer as indústrias de seus países, gerando distorções na competição comunitária. Além disso, como tem crescido nos países europeus a regulação geral ou social,[295] é necessário uniformizar as regras de proteção ao meio ambiente, mão de obra, qualidade dos produtos e segurança, evitando-se sua degradação pela competição regulatória (*race to bottom*).[296]

Em grande parte das áreas, a fonte maior da regulação está no plano comunitário, e não no dos Estados-membros.[297] Mas há aí dois paradoxos: a) os poderes redistributivos e alocativos da União são muito mais limitados do que os dos Estados nacionais, no esforço regulatório;[298] b) a transferência de competências para autoridades comunitárias não reduz, mas - pelo contrário - aumenta as atividades regulatórias em nível nacional, pois cabe aos Estados-membros implementar as regras europeias.

O terceiro traço é a ligação da regulação europeia com uma forte tradição estatal[299] - manifestada na neutralidade do direito comunitário em relação à ti-

295. Assim como o mercado avançou sobre setores tradicionais da vida no século XIX, o Estado avançou sobre os novos espaços do mercado no século XX (AYRES; BRAITHWAITE, op. cit., 1992, p. 12).

296. FLIGSTEIN, Neil. "Lessons from Europe: Some reflections on the European Union and the regulation of business", 2010, p. 145 e segs.

297. BALDWIN; CAVE, op. cit., 1999, p. 150. Majone relata que em 1991 Bruxelas editou 1.564 diretivas e regulações, contra 1.417 textos editados pelo governo francês. Apenas 20 a 25 dos textos legais produzidos na França são editados sem consulta prévia a Bruxelas (MAJONE, op. cit., 1996, p. 57).

298. EGAN, op. cit., 2001, p. 15.

299. "A resposta europeia às falhas de mercado tem sido moldada pela longa tradição de dirigismo estatal e centralização burocrática. [...] Historicamente, a propriedade estatal tem sido o principal modo de regulação econômica na Europa" (MAJONE, op. cit., 1996, p. 10-1). Os propósitos iam além de eliminar o poder político e a ineficiência econômica de monopólios: havia preocupação com a segurança nacional, a intenção de desenvolvimento de determinadas regiões e até finalidades sancionatórias, como ocorreu com a Renault, expropriada sob acusação de colaboracionismo com os nazistas durante a ocupação. A gestão dessas empresas estatais era feita de forma discricionária pelos admi-

tularidade dos meios de produção[300] – e com os processos de privatização de empresas estatais.[301]

O quarto traço da regulação europeia reside em ser ela a ponta de lança da criação do mercado unificado. Busca-se a "criação de um âmbito ou espaço supranacional para o desenvolvimento das liberdades econômicas",[302] com plena liberdade de estabelecimento e prestação de serviços e livre circulação de bens, pessoas e capitais para que haja condições equitativas de competição entre todos os agentes dos vários países.

Para se fazer um mercado comum, não basta "abri-lo", sendo necessário que ele seja criado e estabelecido segundo regras jurídicas harmônicas. A integração não é um processo negativo, mas positivo: a comunidade

---

nistradores, considerados *trustees* do interesse público. Inexistia clareza sobre as metas dessas empresas – encobertas por uma retórica de interesse público –, havia benefícios excessivos aos trabalhadores e constante intervenção do governo em assuntos quotidianos. "De fato, essas empresas tinham o pior de ambos os mundos – faltava-lhes a direção adequada do Estado para guiá-las para uma estratégia de longo prazo, e ao mesmo tempo eram sujeitas à intervenção esporádica do governo em suas operações diárias [...] Assim, o consumidor europeu estava menos protegido *vis-à-vis* as empresas públicas do que o consumidor americano *vis-à-vis* os monopólios privados sujeitos a controles legais impostos por um ente regulatório independente [...] O grande paradoxo da nacionalização é que a propriedade pública enfraqueceu, em lugar de fortalecer, a capacidade regulatória do Estado" (ibidem, p.). Na Alemanha, a doutrina intervencionista lança raízes no cameralismo, na França, no colbertismo. Mas havia influências ideológicas concorrentes: o liberalismo e – na Alemanha – o princípio da subsidiariedade, fundado na doutrina social da igreja católica.

300. A neutralidade do direito comunitário quanto ao titular dos meios de produção implica que os Estados-membros têm liberdade para constituir empresas públicas e sociedades de economia mista. Em 1964, no caso Costa *vs.* Enel, a Corte Europeia decidiu que nada no direito comunitário obstava que a Itália nacionalizasse seu setor elétrico. São proibidos, no entanto, os subsídios governamentais. Isso significa ser possível injetar recursos para o enfrentamento de dificuldades transitórias, até que a empresa volte a ser rentável (Princípio do Investidor Privado), mas serem vedados novos investimentos incompatíveis com o retorno esperado. A diretiva 2006/111/CE trata da transparência das relações financeiras entre organismos públicos e empresas (MACHADO, op. cit., 2009, p. 57-9).

301. A destruição e os sacrifícios da Segunda Guerra Mundial levaram o Estado a privilegiar a redistribuição de renda e a gestão macroeconômica discricionária, relegando a segundo plano o mercado. A crise financeira do Estado de Bem-Estar Social e a derrota das políticas keynesianas pela estagnação dos anos 1970 e 1980 exigiram políticas amplas de privatização, atribuindo ao Estado um papel apenas regulatório, nos anos 1980/1990. Nesse desafio, os Estados europeus aprenderam com a experiência secular da regulação norte-americana, e disseminou-se no Velho Continente o uso da palavra regulação no seu sentido jurídico.

302. BETANCOR, op. cit., 2010, p. 218.

incentiva a integração positiva através da criação de um novo regime regulatório – usando o setor privado para integrar e regular mercados. Regulações de correção de mercado são negociadas não apenas para melhorar a eficiência alocativa e a competitividade, mas também para ampliar outros valores não diretamente econômicos como segurança, qualidade e saúde.[303]

Há uma influência do ordoliberalismo alemão na ideia de Constituição Econômica Europeia:[304] o Direito deve assegurar a liberdade econômica tanto em face do poder econômico privado irrestrito como em face da intervenção do Estado.[305] Nesse sentido, os arts. 2 e 3 do Tratado de Maastricht referem-se ao objetivo de construção de uma "altamente competitiva economia social de mercado".

Sentidos da regulação brasileira: desafios da construção institucional do desenvolvimento social

Já se apontou nestas páginas a escassez de obras sobre teoria da regulação na doutrina brasileira. Ainda não se escreveu a história da regulação no Brasil, que permitiria identificar seus desafios e sentidos. Tal tarefa refoge ao foco do presente livro, mas não poderíamos deixar de registrar algumas reflexões impressionísticas, para não incorrer em inescusável lacuna em um livro que pretende, em sua parte introdutória, dar ao leitor uma visão panorâmica da regulação. Que se tome estas linhas ensaísticas como uma provocação aos pesquisadores que queiram investigar a consistência e pertinência das hipóteses que levantaremos.

Propomos destacar quatro fases na regulação brasileira.

A primeira compreenderia o Segundo Império e a República Velha. Não se está incorrendo em anacronismo. Vários dos desafios regulatórios vivenciados, à mesma época, pelos Estados Unidos repetiram-se aqui: os dilemas da regulação bancária – com as pressões pela descentralização dos poderes de emissão – e a construção de regras que atraíssem os capitais para implantar alguma in-

---

303. EGAN, op. cit., 2001, p. 108.

304. SAUTER, Wolf; SCHEPEL, Harm. *State and market in European Union law*: The public and private spheres of the internal market before EU courts, 2009, p. 13-4. O tema do ordoliberalismo será aprofundado no tópico "O Direito privado e a ordem econômica constitucional", no Capítulo II.

305. JONES, Alison; SUFRIN, Brenda. *EU competition law*. Text, cases, and materials, 2014, p. 34.

fraestrutura, mas sem implicar tarifas proibitivas. Há continuidade nas linhas gerais do política estatal na passagem da monarquia à Primeira República. Nessa quadra histórica, o grande instrumento regulatório eram os próprios contratos de concessão, que foram, em regra, cumpridos, embora não contivessem os mecanismos contemporâneos de manutenção de padrões de qualidade, revisão tarifária e de continuidade de investimentos.

Registre-se o relevante estudo de William A. Summerhill que trata da relação entre o Estado brasileiro e as ferrovias no período entre 1854 e 1913.[306] Os trens constituíram o primeiro *big business* do Brasil, e, ao mesmo tempo, exigiram a primeira grande intervenção do Estado em um setor econômico. Summerhill constatou uma postura governamental preocupada com o poder de monopólio das concessionárias, regrando tarifas ao mesmo tempo em que garantia dividendos mínimos aos investidores. Isso permitiu que o país construísse, no período, uma rede de invejáveis 24 mil quilômetros, aumentando significativamente a produtividade dos fatores de produção nacional e tornando o Brasil o país que mais cresceu nas Américas no período entre 1880 e 1980. O autor ainda observa que esses investimentos, com alta taxa de rendimento social, geraram para o investidor estrangeiro retornos médios compatíveis com o mercado internacional, o que implica dizer que parte substancial da riqueza gerada permaneceu no país. De igual modo, a renda do capital inglês equivalia aos investimentos nacionais no setor.

A segunda fase, correspondente ao governo Vargas, marca uma transição para uma visão mais autárquica e nacionalista. Não há preocupação em atrair investimentos estrangeiros, e ocorrem várias encampações. Não obstante os vernizes fascistas do Estado Novo, um tema a merecer aprofundamento é o da influência dos administrativistas norte-americanos radicais e das políticas do New Deal em nosso país, em especial o movimento antitruste (que inspirou a "Lei Malaia", de Agamenon Magalhães). Por todos, mencione-se a obra de Luiz de Anhaia Melo, *O problema econômico dos serviços de utilidade pública*, publicada pela Prefeitura de São Paulo em 1940 – que mostra o acompanhamento dos debates norte-americanos que lhe eram contemporâneos –, e a tese de Bilac Pinto (ferrenho antivarguista) à Cátedra de Direito Administrativo da Universidade do Brasil, que conclui que "os nossos serviços de utilidade pública devem

306. SUMMERHILL, William A. *Order against progress*. Government, foreign investment, and railroads in Brazil, 1854-1913, 2003.

ser submetidos ao regime de regulamentação efetiva por comissões", que "deverão exercer funções jurisdicionais e normativas".[307]

Na terceira fase, que corresponde aos governos militares, houve a ampliação das empresas estatais, em política de intervenção direta, que afastou a regulação sistemática das atividades econômicas. A tecnocracia pública enlaçava-se com as grandes empresas privadas, nacionais e estrangeiras, por meio de anéis burocráticos.

A quarta fase - que vivenciamos - busca construir as instituições de um Estado regulatório moderno, assentado sobre leis que sistematicamente estruturem os setores econômicos relevantes e centrado nas agências reguladoras, autarquias especiais caracterizadas por sua autonomia.

De certa forma, cumpre a nós, na missão de construção do desenvolvimento social do país, realizar uma grande síntese: nossos objetivos de construção de uma economia social de mercado são aparentados à missão dos reguladores europeus - mas é agravada e ganha caráter urgente pela imperiosidade de combate à miséria e à desigualdade. Por outro lado, o instrumento que elegemos como ponta de lança de nossos esforços regulatórios são as agências, de inspiração norte-americana.

Convivemos já há duas décadas - e sem uma resolução estável - com o desafio da compatibilização desse instituto da *common law* com um direito administrativo ainda de matriz napoleônica, assentada no conceito de Hauriou de *puissance publique*, e calcado em um modelo piramidal da Administração Pública. O fortalecimento das agências implicou romper com uma série de dogmas adotados acriticamente pela doutrina administrativista tradicional.

A complexidade da construção do Estado regulatório no Brasil é exponencialmente ampliada pela circunstância de termos um federalismo de três níveis e um grau intensíssimo de controle judicial sobre os atos administrativos (além de um controle externo dos tribunais de contas que se faz por critérios oscilantes). Além disso, a divisão de ministérios entre partidos políticos de linhas e posturas diversas, por força do presidencialismo de coalizão, faz com que os princípios e métodos regulatórios variem e se diferenciem, conforme o setor econômico específico e as mudanças no xadrez político.

---

307. BILAC PINTO. *Regulamentação efetiva dos serviços de utilidade pública*, 2002, p. 205.

Convergências e divergências transatlânticas

O problema do nosso tempo é que o futuro deixou de ser aquilo que era.
Paul Valéry

Se os europeus se banharam nas águas da regulação norte-americana – que fluíam já havia um século –, distinta foi sua experiência, devendo-se apontar as seguintes diferenças em relação aos Estados Unidos: a) as agências europeias não têm o mesmo nível de autonomia das americanas, pois ainda subsiste uma *visão bonapartista*, do chefe da Administração como fonte de toda normatização infralegal. Além disso, há a responsabilidade parlamentar do governo e vários controles sobre a burocracia, enquanto nos EUA privilegiam-se a independência, a expertise e a especialização; b) os EUA focam as falhas de mercado e priorizam a busca da eficiência alocativa, enquanto a Europa, segundo uma visão ordoliberal, busca construir um mercado unificado, combatendo os abusos de poder público e privado para garantir condições equitativas de competição; c) a tradição estatista e intervencionista europeia fez com que a privatização não implicasse um retorno ao *laissez-faire*, mas sim a busca de uma forma mais eficiente de intervenção; d) na Europa é mais difícil separar a atividade regulatória do restante da atividade governamental e do que remanesce do *Welfare State*.[308]

Mas, além de uma matriz teórica já consolidada, a contribuição americana à regulação europeia teve várias dimensões, podendo-se, exemplificativamente, indicar as seguintes: a) as cláusulas antitruste do Tratado da Comunidade Europeia de Carvão e Aço (1951) foram diretamente inspiradas do Direito americano e voltadas a obstar o ressurgimento de grandes conglomerados alemães. Foi também ianque a fonte dos arts. 85 a 94 do Tratado de Roma; b) a regulação geral de raiz americana proliferou no ambiente comunitário, nos anos 1970 e 1980, especialmente nas áreas ambiental, de segurança técnica e consumidor;[309] c) na Europa, o processo de integração é conduzido por precedentes da Corte Europeia de Justiça,[310] enquanto nos Estados Unidos a Suprema Corte consoli-

308. EGAN, op. cit., 2001, p. 19-20.
309. MAJONE, op. cit., 1996, p. 52.
310. EGAN, op. cit., 2001, p. 5.

dou os esforços de construção de um mercado nacional. A experiência americana de transferência dos poderes regulatórios dos estados para União, com base no poder federal de regrar o comércio interestadual, constitui um "precedente histórico luminoso" para a União Europeia.[311]

Mais relevante se mostra uma série de convergências de princípio entre europeus e americanos, esboçando as tendências do futuro da regulação econômica mundial, os quais serão tratadas nos próximos três tópicos. A ideia de convergência, no entanto, deve ser considerada *cum grano salis*. Diferentes são os níveis de entusiasmo com que os reguladores norte-americanos e europeus abraçam cada um desses movimentos, bem como o grau de reservas que lhe opõem. De modo geral, pode-se afirmar que os norte-americanos (e os britânicos, que mais se aproximam dos aliados de além-mar do que do continente) prestigiam os mecanismos de "regulação por competição"[312] e *soft law*,[313] enquanto os europeus mais longe vão na constituição de mecanismos de regulação transnacional,[314] aos quais resistem os norte-americanos.

Todos esses movimentos, no entanto, são importantes para se compreender as razões que ditam a importância presente do uso de instrumentos societários para fins regulatórios, tema de nossa obra.

Espaços regulatórios competitivos e quase-mercados

A primeira tendência mundial da regulação contemporânea tem sido a da substituição da regulação de velho estilo - controle de preços e da entrada em certas indústrias - pela institucionalização de mercados ou quase-mercados. Buscam-se soluções competitivas para o equilíbrio de preços nos setores regulados, liberando-se o exercício da atividade regulada e deixando ao talante da concorrência definir os níveis tarifários, os volumes de produção e, em parte, até a qualidade dos produtos e serviços prestados, relegando-se ao regulador um papel de monitoramento, padronização e eventual criação de mecanismos de coordenação ou interconexão. "O Neoliberalismo diz respeito ao redesenho e rees-

311. Ibidem, p. 35.
312. *V.* "Espaços regulatórios competitivos e quase-mercados", neste Capítulo.
313. *V.* "Desafios à "regulação de comando e controle": regulação suave (*soft*) e responsiva", neste Capítulo.
314. *V.* "Regulação transnacional e redes regulatórias", neste Capítulo.

truturação dos mercados, mais do que simplesmente confiar que os mercados entreguem resultados desejados."[315]

Na fase progressista da regulação norte-americana e nas décadas após o New Deal, o regulador não tinha na competição um valor supremo ou mesmo um objetivo. A concorrência era prontamente desconsiderada não apenas na atividade caracterizada como monopólio natural, mas também nas indústrias a montante e a jusante, ou nas atividades a ele ligadas, defendendo-se a total integração de todas as etapas sob as mãos do monopolista, com o pretexto dos ganhos de escala. Nos demais setores, regrava-se estritamente a competição, pois se considerava que ela, desenfreada e sem limites, era nociva aos trabalhadores e às pequenas empresas. Regular era administrar a concorrência.

Até os anos 1970, as referidas economias de escala nos serviços públicos efetivamente se verificaram, levando a quedas nos preços reais. Com os choques de preço após as crises do petróleo, surgiram desequilíbrios das empresas reguladas e aumentos significativos de tarifas. No plano doutrinário, o keynesianismo cede espaço à visão neoclássica. No campo da teoria regulatória, cursos acadêmicos de "controle social dos negócios" são substituídos por outros de organização industrial. Regular passa a significar simular o mercado. São abandonadas preocupações com o controle do poder econômico ou o planejamento setorial de longo prazo.[316]

No governo Reagan, a competição deixa de ser vista como um instrumento eventual da regulação tradicional – já que essa é uma barreira ao desenvolvimento dos mercados – e passa a ser tida como substituto da regulação,[317] ou sua nova veste. Generaliza-se o emprego da expressão "*regulation by competition*", pró-mercado, e esse modelo passa a ser aplicado a vários setores: transportes aéreos, serviços financeiros, telecomunicações[318] etc.

O sentido da regulação para a concorrência foi bem sintetizado por Gaspar Ariño et al.:

---

315. COEN, Davi; GRANT, Wyn; WILSON, Graham (eds.). *The Oxford handbook of business and government*, 2011, p. 4.
316. SMITHE; SAMUELS, op. cit., 2002, p. 6-7.
317. MELODY, op. cit., 2002, p. 60.
318. Na área de telecomunicações, Howard Shelanski defende a desregulação ampla do setor, substituindo-a pela supervisão *ex post* da competição, ressalvada uma regulação neutra de aspectos específicos, como interconexão e segurança pública (SHELANSKI, Howard A. "Adjusting regulation to competition: Toward a new model for U.S. telecommunications policy". *Yale Journal on Regulation*, v. 24:1, p. 56-106, 2007).

> [Na] "regulação para a concorrência", no lugar dessa obsessiva ideia do controle *a posteriori* dos custos para fins de seu reconhecimento ou não para a tarifa, uma regulação conforme o mercado trata de oferecer incentivos que empurrem as empresas a operar mais eficientemente, obtendo assim uma maior quota de mercado ou um maior benefício [...] A concorrência é o prioritário, a regulação é o meio imprescindível para aquela [...] A regulação sempre será necessária, mas deve ser somente a imprescindível, decrescente, subsidiária e complementar do mercado. A regulação promove o mercado, reconstrói-o onde isso seja possível, defende-o mas não se substitui a ele. A pior tentação do regulador é converter-se em um "gestor na sombra".[319]

Mesmo em setores em que é inviável o pleno acesso e nos quais há necessariamente poucos concorrentes, busca-se regular a relação entre eles "como se" estivessem em um mercado concorrencial.[320]

Ao mesmo tempo, acredita-se que outras falhas de mercado possam ser resolvidas por mecanismos competitivos, bastando, para isso, atribuírem-se direitos de propriedade ou quase-propriedade. É o caso da comercialização de direitos de emissão de poluentes ou da autorização na África para a criação de elefantes, com a viabilização de um "mercado" de licenças de caças, e dos leilões de espectro de frequência.

Na Europa continental, não se vai tão longe. A concorrência institucionalizada continua sendo vista como uma entre várias alternativas de organização do mercado regulado. Não há, em princípio, uma prioridade no uso da regulação pela competição: tudo passa por uma análise de efetividade e benefício. "No direito da regulação, a concorrência é um instrumento politicamente condicionado."[321]

---

319. ARIÑO ORTIZ; CUÉTARA; CASTIELLA, op. cit., 2012, p. 112-4.

320. A expressão "como se" é referência à obra do filósofo alemão Vahringer, para quem "muitos processos e construções do pensamento se revelam pressuposições conscientemente falsas que ou contradizem a realidade ou são contraditórias em si mesmas. Mas sua constituição segue determinado propósito: superar, através deste desvio artificial, as dificuldades do pensamento, a fim de alcançar os objetivos do pensamento por meio de desvios e rodeios. Tais formas artificiais do pensamento chamam-se ficções científicas, as quais, pela natureza do como se, caracterizam-se a si mesmas como criações conscientes" (VAHRINGER, Hans. *A filosofia do como se*, 2011, p. 706).

321. RUFFERT, Matthias. „Völkerrechtliche Impulse und Rahmen des EuropäischenVerfassungsrechts", 2010, p. 149. Um bom exemplo é a *Telekommunikationsgesetz (TKG)*, de 2012: embora explicitamente coloque que a regulação do setor é uma missão do poder

O uso regulatório de instrumentos societários é importante para viabilizar mecanismos competitivos nos setores regulados, podendo-se citar alguns exemplos: 1) a transparência sobre a titularidade dos direitos à gestão das empresas reguladas é imprescindível para se verificar se os agentes postos em competição nesses ambientes restritos não têm relações umbilicais, aptas a favorecer colusões; 2) os mecanismos especiais de escrituração obstam que resultados obtidos em atividades ainda monopolísticas sejam utilizados pela empresa regulada, como subsídio cruzado interno, para favorecê-la na disputa em setores competitivos; 3) a ampliação da concorrência nos setores regulados aumenta os riscos sistêmicos, podendo exigir regras especiais de tutela do capital social.

Desafios à "regulação de comando e controle": regulação suave (*soft*) e responsiva

Outra vereda da regulação contemporânea consiste na substituição de um modelo de "regulação de comando e controle" - representado pela imposição unilateral e hierárquica de normas cogentes, com rigorosa supervisão e sancionamento - por modelos de regulação suave, com diálogo, recomendações e abertura à participação do próprio regulado na produção da norma.

O modelo de comando e controle tem uma visão repressiva da função do Direito. Oliver Holmes dizia que o Direito devia ser estruturado da perspectiva do homem mau, que se indaga das consequências prejudiciais que pode sofrer por sua conduta. Inspira-se também na ideia do Synopticon de Bentham: "De quanto mais perto formos vigiados, melhor nos comportaremos".[322]

Esse modelo, no entanto, gera uma série de problemas: regras desnecessariamente complexas e inflexíveis, atrasos na atuação regulatória, "intrusão nas liberdades gerenciais", restrições à concorrência, superregulação, com inflação normativa e proliferação de regras desatualizadas, superinclusivas ou subinclusivas. O modelo pode também redundar em excessivo formalismo, permitindo aos regulados se evadirem do comando pelo "cumprimento criativo" da norma, contornando-a e desviando-se dos objetivos regulatórios.[323]

---

público federal (*hoheitliche Aufgabe*), fixa como um de seus objetivos o estabelecimento de condições competitivas nesse mercado.

322. Citado em LODGE, Martin; STIRTON, Lindsay. "Accountability in the regulatory State", 2012, p. 351.

323. BALDWIN; CAVE, op. cit., 1999, p. 37-8. A expressão "comando e controle" é de Thomas Schelling.

No Brasil, a acentuada natureza patrimonialista do Estado agrava os vícios do modelo de comando e controle, deformando-o com ainda maior intensidade e levando-o a recair no que Carlos Ari Sundfeld chamou de "direito administrativo dos clipes" (DAC), aquele da "administração por papelaria, que age por autos e atos, trata direitos e deveres em papel, é estatista, desconfia dos privados, despreza a relação tempo, custos e resultados, não assume prioridades".[324]

Na vanguarda da regulação contemporânea, enfraquece-se o modelo de comando e controle. Avançam os mecanismos de autorregulação[325] e *soft law* (com o uso de declarações e recomendações), especialmente para implementar a harmonização técnica e estandardizações. A *soft law* se assenta na capacidade de influência do centro produtor da diretriz (mesmo que seja o Estado), e não no poder de *imperium*, não se confundindo tampouco com a autorregulação, pois esta pode ser obrigatória.[326]

Lester Salamon sinaliza as características de um novo paradigma. O paradigma clássico da administração pública assentava-se nos conceitos de programa, agência, hierarquia, conflito entre público e privado, regulação de comando e controle e capacidades administrativas. A regulação era tarefa de governo. Já o novo paradigma funda-se na ideia de governança, o que implica utilizar conceitos como instrumento, rede, convergência de público e privado, regulação baseada em negociação e persuasão e delegação de poderes.[327]

A *soft law* é representada por *guidelines*, *rankings*, recomendações e orientações. São os conselhos ingressando no universo do Direito. Isto põe em xeque uma visão positivista, centrada na norma imperativa dotada de sanção.[328] A eficácia é alcançada por mecanismos mais sutis, como danos à reputação e à imagem da empresa regulada na hipótese de não atendimento da diretriz, ou o be-

---

324. SUNDFELD, op. cit., 2012, p. 87.

325. A autorregulação será discutida no Capítulo II. Neste tópico, concentrar-nos-emos na reflexão sobre a regulação *soft* e *responsive*.

326. CAFAGGI, Fabrizio. "Private law making and European integration", 2010, p. 206.

327. SALAMON, op. cit., 2002, p. 9.

328. Norberto Bobbio afirma que "os conselhos não pertencem ao mundo do Direito", pois desacompanhados de sanção jurídica. Para o autor, "a) quem aconselha não é dotado de poder coativo e possui apenas uma via diretiva; b) o destinatário é livre para seguir ou não o conselho; c) a razão da obediência está na razoabilidade daquilo que é aconselhado (obediência condicionada); d) as eventuais consequências danosas do cumprimento recaem principalmente sobre o aconselhado; e) a sanção consiste em uma consequência incerta e independente da vontade do conselheiro" (BOBBIO, Norberto. *Estudos por uma Teoria Geral do Direito*, 2015, p. 68-9).

nefício de ganhos de mercado se cumpridas as orientações. Há também uma busca de flexibilidade e de aplicação individualizada da norma, de modo negociado, o que acarreta uma mudança na própria racionalidade do Direito, ao mesmo tempo em que facilita sua expansão a novas áreas, levando a uma "juridicização da vida social em um nível até então desconhecido".[329]

Padrões técnicos recomendados podem induzir cumprimento mesmo não sendo obrigatórios, pelas seguintes razões: a) podem veicular solução técnica superior para um problema; b) incentivam maior eficiência, por efeito de rede ou por redução da assimetria informacional; c) há a pressão social e econômica dos consumidores ou das empresas de seguros a exigirem o seu acatamento. Além disso, uma empresa pode impor seu *standard* a todo um mercado por poder econômico: a JVC fez o formato VHS prevalecer sobre o Betamax da Sony.[330]

A ênfase na *soft law* é relevante nos Estados Unidos. No sistema americano, "o uso do setor privado para providenciar regras, padrões e códigos resultou na proliferação de organizações privadas em uma extensão não encontrada na Europa", o que reflete um "sistema mais orientado ao mercado do que ao Estado".[331]

Já na Europa, colocam-se ressalvas a seu emprego indiscriminado. A Resolução do Parlamento Europeu sobre as Implicações Legais e Institucionais sobre o Uso de Instrumentos de *Soft Law* (2007/2028 – INI) classifica *soft law* como sendo as "regras de conduta postas em instrumentos aos quais não foi atribuída força juridicamente vinculante, mas que, não obstante, podem ter certos – indiretos – efeitos jurídicos e que objetivam e podem produzir efeitos práticos", e que foram usadas historicamente para aliviar a falta de capacidade formal de produção legislativa ou a falta de meios de efetividade. Para o Parlamento Europeu, "o uso de instrumentos de *soft law* é legítimo, desde que não sejam usados como um substituto da legislação onde a Comunidade tenha poder legislativo e onde uma regulação comunitária ainda pareça necessária considerando os princípios da subsidiariedade e da proporcionalidade".

Além disso, quando a matéria é objeto de diretivas, é necessário que os Estados nacionais usem regulação formal, de comando, com eficácia vinculante. As propostas regulatórias na Europa surgem de Estados-membros com forte tra-

---

329. MARCOU, Gérard. "Régulation et service public. Les einsegnements du droit comparé", 2008, p. 55.
330. A esse respeito, *v.* BÜRTHE, Tim; MATTLE, Walter. "International standards and standards setting bodies", 2011.
331. EGAN, op. cit., 2001, p. 270.

dição regulatória e que, ao tomarem a iniciativa, reduzem o custo de ajuste de suas empresas às regras europeias e elevam o padrão europeu ao seu próprio nível.[332]

A maior ou menor imperatividade das técnicas regulatórias dependerá em parte da gravidade das falhas de mercado que se pretenda enfrentar. Se não forem estas significativas, pode-se confiar na maior capacidade de coordenação dos próprios agentes do mercado.[333]

Evidentemente, a escolha entre técnicas cogentes ou mecanismos de *soft law* não é irreversível ou exclusivista. Vários autores defendem a conjugação de ambas as técnicas ou seu emprego gradual, para se obter a máxima efetividade dos esforços regulatórios.

A mais difundida entre essas doutrinas que pregam a combinação de técnicas rígidas e flexíveis é a regulação responsiva (*responsive regulation*), preconizada por John Braithwaite e por Ian Ayres. Para esses autores, "o cumprimento das regras é otimizado por uma regulação que seja contingencialmente feroz e leniente".[334] Invocam ironicamente a orientação da política externa de Theodore Roosevelt: "Fale manso mas carregue um grande porrete". A lógica da estratégia regulatória é agir com maior ou menor dureza conforme a resistência do regulado ao acatamento da ordem, seguindo-se a regra do *tit-for-tat* (que poderíamos traduzir vulgarmente como "bateu, levou"). Defendem os autores uma cultura regulatória do diálogo, devendo o regulador sinalizar para a indústria o compromisso de escalar as suas medidas de *enforcement* se fracassarem os níveis mais baixos de intervenção. "Rejeitar a regulação punitiva é ingênuo, estar totalmente comprometido com ela é comandar a carga da brigada ligeira. O segredo da regulação bem-sucedida é estabelecer uma sinergia entre punição e persuasão."[335]

A ameaça de uma punição excessivamente drástica para infrações menores pode ter pouca credibilidade e levar a pouca efetividade. Defendem Braithwaite e Ayres que as estratégias de criação de regras e de efetividade de cumprimento sejam colocadas em duas pirâmides segundo uma hierarquia de rigor e uma

332. BALDWIN; CAVE, op. cit., 1999, p. 172-4.
333. BERRINGER, op. cit., 2004, p. 102.
334. Pela expressividade da frase, transcreve-se o original: "Compliance is optimized by regulation that is contingently ferocious and forgiving".
335. AYRES; BRAITHWAITE, op. cit., 1992, p. 25.

prioridade de emprego, e que se vá ascendendo nessas pirâmides conforme a postura do regulado seja de maior resistência.[336]

Outra linha teórica foi nominada por seus autores - Gunningham e Grabor-sky -regulação inteligente (*smart regulation*), o que revela uma rara percepção de *marketing* na denominação de ideias acadêmicas. Também para esses autores, mecanismos rígidos ou flexíveis devem ser considerados complementares, e não alternativos. Mas distinguem-se da *responsive regulation* por rejeitarem o uso apenas da pirâmide para a combinação e priorização desses instrumentos: eles podem ser combinados de várias formas, devendo-se perseguir a máxima eficácia, e fazer com que sua junção produza sinergia, e não neutralização. Preconiza-se o uso de múltiplos instrumentos e o envolvimento do maior número de atores regulatórios. O esforço regulatório deve envolver os afetados e terceiros como reguladores substitutos e mesclar instrumentos de várias categorias e intensidades. A defesa do pluralismo regulatório dá peso ao papel das organizações internacionais de *standards*, parceiros comerciais, redes de fornecimentos, associações etc. O principal papel do Estado é agir como catalizador ou facilitador, criando condições para que terceiros assumam a maior parte dos ônus regulatórios.[337]

Neil Cunningham distingue ainda entre estratégias de contenção e estratégias de cumprimento: as primeiras são acusatórias e adversariais e implicam grandes gastos com fiscalização, investigação e punição; as segundas buscam aconselhar, orientar e persuadir. Visam a cooperação e conciliação e privilegiam a prevenção em lugar da punição. A ameaça de sanção é invocada quase como um blefe e invocada apenas para casos extremos.[338]

O uso de mecanismos de *soft law* para a modificação interna das empresas reguladas, nas linhas estudadas neste livro, é comum. Muitas vezes, a adoção

---

336. Os autores constroem uma pirâmide de *compliance*, em que se vai escalando a reação conforme o grau da falta de cooperação, em uma estratégia *tit-for-tat*, na seguinte ordem de implementação: a) persuasão; b) advertência; c) penalidade civil; d) penalidade criminal; e) suspensão de licença; f) revogação de licença. Apresentam também uma pirâmide hierárquica de estratégias regulatórias (na base, a autorregulação, no topo, a regulação de comando, nos níveis intermediários, estratégias de persuasão (ibidem, p. 35 e 39).
337. GUNNINGHAM, op. cit., 2012, p. 134.
338. Ibidem, p. 122. Em sentido semelhante, Julia Black distingue entre estratégias de cumprimento (*compliance*) e de dissuasão (*deterrence*). A primeira busca acatamento da regra no futuro, em lugar de punir pelo passado; a segunda pune todas as infrações (BLACK, Julia. *Rules and regulators*, 1997, p. 41).

de determinadas práticas societárias e de estruturas internas faz-se não por compulsão do regulador, mas por mecanismos mais sutis, como recomendações e códigos de melhores práticas de entidades de classe, ou pela exigência da adoção de padrões de governança para a obtenção de financiamento público nas linhas de crédito voltadas aos setores regulados.

Regulação transnacional e redes regulatórias

Nenhum regulador é uma ilha. Não pode pretender agir sozinho, sem contar com a colaboração ou com o aprendizado de seus pares em outras jurisdições. As fronteiras não contêm os problemas regulatórios: as externalidades e os riscos gerados em um país espraiam-se para os demais; os sistemas nacionais de transporte, telecomunicações e energia precisam se ligar e se interconectar. Os sistemas financeiros também são interligados por vários canais.

Em dimensão ainda mais ampla – que transcende os regionalismos e os continentes –, a construção de mercados globais exige também uma regulação global. A mundialização, o incremento do comércio e das comunicações, o *cyberspace* e o *e-commerce*, tudo isso clama por uma arquitetura regulatória mundial, que viabilize uma *global governance*.[339]

Essa tarefa não é apenas dos Estados, mas é também assumida por várias entidades não governamentais, como ONGs de atuação global e associações internacionais. Alguns privilegiam a noção de "capitalismo regulatório"[340] em detrimento do conceito de "Estado regulatório", para abandonar uma visão estadocêntrica da regulação. Outros afirmam que a regulação envolve vários níveis de governança (*multilayered governance*).[341]

A missão de construção de um acervo de regras transnacionais para um mercado global tem sido conferida a organizações ou redes, mais ou menos institucionalizadas, devendo ser citadas:

i) **As redes de agências regulatórias independentes**,[342] que são bastante comuns para a articulação entre os Estados-membros de mercados comuns,

---

339. RUFFERT, Matthias. „Völkerrechtliche Impulse und Rahmen des europäischen Verfassungsrechts", 2010, p. 99.
340. A expressão corresponde ao título da importante obra de Braithwaite.
341. AUTIN, op. cit., 2011, p. 103.
342. Braithwaite observa que saiu-se de um modelo fordista de produção centralizada para um pós-fordista de grupos colaborativos. Até o terrorismo se estrutura em redes (BRAI-

como ocorre com a Europa. No âmbito global, são também importantíssimas as redes regulatórias, podendo-se citar como exemplos o Comitê da Basileia, que reúne os Bancos Centrais, e a IOSCO – International Organization of Securities Commissions.

ii) **Agências reguladoras transnacionais**, como a OMC.

iii) **Redes de organizações e empresas privadas**, como o IASB – International Accounting Standards Board[343] e a ISO – International Organization for Standardization, que podem impor certificações, auditorias e obrigações de transparência.

iv) **A macroempresa transnacional**, a qual regula por dispositivos internos a atividade de suas subsidiárias e suas relações com fornecedores e distribuidores. Elas implementam iniciativas globais de responsabilidade social corporativa, com regramentos rigorosos. "Códigos corporativos globais constituem parte de um domínio público global emergente".[344] Há 60 mil empresas transnacionais.

v) **ONGs de atuação global, como Oxfam, Greenpeace e WWF**, que podem organizar campanhas de opinião pública contra empresas que não seguirem códigos de conduta responsável. Empregam técnicas de *naming and shaming* – ou seja, de publicidade negativa, veiculando denúncias –, podendo-se citar como exemplo exitoso a campanha contra os "diamantes de sangue", voltada a impedir a comercialização, por joalherias, de pedras preciosas contrabandeadas para financiar guerras civis e guerrilhas na África.[345]

THWAITE, John. "Regulatory capitalism", p. 3). Sobre redes regulatórias, SALAMON, op. cit., 2002. p. 11, e CATTANEO, op. cit., 2011, p. 12 e segs.

343. CAMERSA-ROWE, Pamela; EGAN, Michelle. "International regulators and network governance", 2011, p. 405.

344. RUGGIE, John Gerard. "Reconstituting the global public domain: Issues, actors and practices". *European Journal of International Relations*, 10, p. 519, 2004. O fenômeno foi detectado por José Eduardo Faria: "Ao mesmo tempo em que se observa um movimento de internacionalização de alguns direitos nacionais, constata-se também a expansão de normas privadas no plano infranacional, na medida em que as organizações empresariais, por causa de sua autonomia frente aos poderes públicos, passam, elas próprias, a criar as regras de que necessitam e a jurisdicizar as áreas que mais lhes interessam, segundo suas conveniências" (FARIA, José Eduardo (org.). *Direito e globalização econômica*, 2010, p. 11).

345. A esse respeito, *v.* VOGEL, David. "Taming globalization? Civil regulation and corporate capitalism", 2011. Alfred Kahn enfatiza o papel da opinião pública no esforço regulatório: "A noção de que uma atividade está investida de interesse público e está voltada ao uso

A regulação da internet seria um caso paradigmático de regulação global. "A regulação da internet permanecerá uma colcha de retalhos de diferentes abordagens regulatórias em um fluxo contínuo."[346]

Há uma tensão entre a visão tradicional de regulação, criada e implementada por autoridades estatais nacionais, e a vasta produção privada e autorregulatória internacional constitutiva da *lex mercatoria*, turvando a própria distinção entre o direito público e o privado e exigindo o desenvolvimento de uma teoria do direito transnacional.[347]

De fato, a regulação transnacional e supraestatal recoloca em outro plano, de maior complexidade, as preocupações tradicionais da teoria regulatória: como garantir independência dos entes reguladores, participação dos interessados, *accountability*, previsibilidade? Qual o bem jurídico que se persegue na esfera internacional? Como maximizar o cumprimento e o respeito às regras globais? Como compatibilizar essa fragmentação da atividade regulatória com a responsabilidade dos Estados nacionais e com as exigências das constituições democráticas nacionais?[348] Como evitar que o Estado perca sua capacidade de angariar e avaliar informações, dependendo excessivamente do fluxo de dados do parceiro privado?[349]

Esse é um campo aberto para as pesquisas: enquanto o contraste entre "mercados e hierarquias como formas de governança é bem estabelecido na literatura, a ênfase da pesquisa mais recente tem sido explorar o significado de redes e comunidades na governança regulatória".[350] Em nosso livro, no Capítulo XI, abordaremos como a RIS pode se prestar à difusão para outros países das melhores práticas de governança corporativa.

---

público é pouco mais do que uma ficção cuja intenção é embelezar o que é desagradável para os prejudicados. A verdade parece-me ser que, sujeito a indenização quando cabível, o legislativo pode proibir ou restringir qualquer atividade quando há suficiente força da opinião pública por trás dele" (KAHN, op. cit., 1991, p. 6-I).

346. FEICK, Jürgen; WERLE, Raymund. "Regulation of cyberspace", 2012, p. 542.

347. CALLIESS, Gralf-Peter; ZUMBANSEN, Peer. *Rough consensus and running code*. A theory of transnational private law", 2010, p. 25-6.

348. SCOTT, Colin. "Regulatory governance and the challenge of constitutionalism", 2010, p. 22.

349. Essa é a preocupação exposta por Stephen Goldsmith e William Eggers, em *Governing by network*, dando o exemplo da falta de informações e capacidade de julgamento da NASA, contribuindo para o acidente da nave espacial Challenger.

350. SCOTT, op. cit., 2010, p. 31.

Papel do Estado regulatório contemporâneo

Ao longo do século XX, o Estado expandiu sua atuação direta na economia. No pós-guerra, abraçou as funções de planejador setorial, "pai patrão" (grande empregador) e fiel da estabilidade macroeconômica, adotando uma matriz keynesiana. Na lição de Paula Forgioni, "a quantidade de normas emanadas aumentou sensivelmente, de forma a fazer ver uma interferência não apenas episódica, mas organizada e sistemática. O Estado passa a dirigir o sistema, com o escopo de evitar as crises".[351]

Nas últimas décadas do século, houve uma mudança radical. Gaspar Ariño, de modo expressivo, decreta: "Morreu o serviço público em seu dia sacralizado como Deus *ex machina* do Estado Benfeitor".[352] Seu recuo em muitas dessas funções pelos processos de privatização relegam-no apenas ao papel de regulador.

Com as privatizações, perdeu força a intervenção do Estado pelo seu *dominium* - a propriedade dos bens de produção - e retomou-se a intervenção pelo *imperium* - o poder de comando estatal.[353] Passa-se do Estado gestor para o Estado regulador, ou, metaforicamente, o Estado passa "dos remos para o leme".[354] Há uma "colonização de novas esferas regulatórias",[355] com a reconstrução da regulação de setores-chave e a regulação formal do próprio governo (de governo passa-se a falar em governança).

Mais recentemente - como se viu -, disseminam-se mecanismos de autorregulação, regulação *soft* e delegação a instâncias transnacionais do enfrentamento de problemas globais.

Mas - parafraseando as palavras de Mark Twain quando soube que jornais haviam falsamente anunciado seu falecimento - os boatos sobre a morte do Estado foram grandemente exagerados. Segue ele sendo o único detentor do uso legítimo da violência, segundo a lição de Weber, e usa seu poder de criar normas e forçar seu cumprimento, segundo suas prioridades e políticas.

---

351. FORGIONI, Paula. *Os fundamentos do antitruste*, 2014, p. 77.
352. Apud PARDO, op. cit., 2009, p. 468.
353. Esses conceitos latinos são chave na teorização de Daintith, em *Techniques of government*, 1994.
354. A expressão "*shift from rowing to steering*", muito citada na doutrina inglesa, é de Osborne e Gaebler.
355. MORAN, op. cit., 2011, p. 146.

Na mesma esfera do *cyberspace*, tão celebrada como território da regulação transnacional não estritamente governamental, há um exemplo da força do velho Estado nacional: atente-se para a decisão da FCC – Federal Communications Commission, que, no dia 26 de fevereiro de 2015, considerou a internet um serviço de telecomunicações, sujeito ao poder regulatório do governo dos Estados Unidos da América.[356] Isso revela que os Estados Unidos continuam com disposição mais punitiva que outros reguladores – o que já foi salientado ao ensejo da edição do Sarbannes Oxley Act –, adotam um sistema mais rigoroso de responsabilidade civil e defendem a extraterritorialidade da lei norte-americana.[357]

Na Europa, prevalece a concepção de ser o Estado garantidor da prestação da atividade regulada (*Gewährleistungsstaat*): a materialização do interesse geral é a responsabilidade em última instância do Estado. O Estado tem obrigação de fiscalizar a prestação de serviços públicos pelos particulares, assegurando a efetiva disponibilidade para todos os cidadãos.[358]

Ademais, os europeus entendem que há uma responsabilidade estatal pela economia.[359] É também função do Estado impedir ou neutralizar as crises financeiras, embora daí decorra situação de risco moral e de socialização de prejuízos. Os bancos "são globais em vida e nacionais na morte".[360]

À luz das missões que lhe são atribuídas pela Constituição, o Estado brasileiro não pode ser um Estado mínimo.[361] Por outro lado, no Brasil, o Estado regulador manifestou-se com maior saliência apenas no âmbito federal, fraquejando nas esferas estadual e municipal. A regionalização regulatória constitui um desafio.[362]

---

356. Disponível em: www.fcc.gov/events/open-commission-meeting-february-2015.
357. MORAN, op. cit., 2011, p. 383.
358. Sobre o Estado garante, *v.* RUFFERT, Matthias. „Völkerrechtliche Impulse und Rahmen des europäischen Verfassungsrechts", 2010, p. 147, e DARNACULLETA I GARDELLA, op. cit., 2009, p. 385.
359. SCHMIDT, Reiner. „Staatliche Verantwortung für die Wirtschaft", 2006.
360. A frase é de Mervyn King, *governor* do Bank of England (BLACK, Julia. "The credit crisis and the constitution", 2010, p. 113). Na crise de 2008, o Estado alemão torna-se o maior acionista do Deutsche Bank (8,1%) e do Commerzbank (25%).
361. No mesmo sentido, sobre o Estado espanhol, *v.* BETANCOR, op. cit., 2010, p. 29. Afirma o autor que "el mercado non es ningún talismán que se puede blandir contra el Estado".
362. RAGAZZO, op. cit., 2011, p. 41 e 166.

Vetores da Teoria da Regulação

Regulation often appears to be a game in which the rules are uncertain, the method of scoring is in dispute and the distinction between players and spectators is unclear.
Robert Baldwin e Martin Cave

O último tópico que abordaremos, nesta visão panorâmica da regulação necessária ao enquadramento do tema de nosso livro, é representado pela descrição das principais características das teorias da regulação. Em primeiro lugar, discutiremos o que implica afirmar sua interdisciplinaridade.[363] Segue-se a discussão de suas principais preocupações: a eficiência da atuação regulatória,[364] a busca de efetividade de suas normas[365] tópico e a legitimação dos reguladores.[366] O último item busca listar as características de uma abordagem institucionalista,[367] que nos parece a mais adequada ao enfrentamento não apenas da regulação econômica, mas também das questões de direito comercial.

Sentidos da interdisciplinaridade

Regulation crosses legal categories.
Tony Prosser

A normatividade regulatória é vária e diversa, pois: a) incide sobre *múltiplos setores*, para muito além dos serviços públicos, espraiando-se continuamente a novos mercados; b) tem *múltiplas fontes*, para muito além da produção legiferante estatal, nascendo de inúmeros atores interagindo no espaço regulatório; c) tem *múltiplos conteúdos*, para muito além da fixação de tarifas, enfrentando temas econômicos, técnicos e organizacionais; d) suscita *múltiplas questões*,

363. *V.* "Sentidos da interdisciplinaridade", neste Capítulo.
364. *V.* "*Better regulation* e preocupação com a eficiência", neste Capítulo.
365. *V.* "Pragmatismo e preocupação com a efetividade", neste Capítulo.
366. *V.* "*Accountability* e preocupação com a legitimidade", neste Capítulo.
367. *V.* "Abordagem institucionalista", neste Capítulo.

além das estritamente jurídicas, pois a regulação tem também uma dimensão política e cultural.[368]

A doutrina que reflita e trate desse rico material normativo será inevitavelmente marcada por sua *interdisciplinaridade*. Terá de dominar assuntos técnicos, pois "a regulação se assenta sobre o Direito, mas não é só o Direito [...] (T)em uma base técnica adequada ao "estado da arte" do setor de que se trata".[369] A compreensão das tarefas regulatórias exige uma base de ciências sociais, inclusive de microeconomia e de sociologia. A regulação é um fenômeno cultural, refletindo a visão de uma sociedade a respeito do papel do Estado e do capital. Sendo "um processo dinâmico de ajuste de interesses", de natureza política, não pode ser visto de modo meramente formal, e seus resultados não podem ser conhecidos de antemão, mas dependem de interações, coalizões e embates de poder.[370] A regulação é "um conceito nuclear e um grande quebra-cabeças para as ciências sociais".[371]

A Teoria da Regulação, já enriquecida por elementos de tantas disciplinas, ganha ainda mais sofisticação estrutural por combinar um denso núcleo central – com conceitos e linguagens comuns – com expansivas especializações setoriais. Em outras palavras, há uma Teoria da Regulação, *tout court*, à volta da qual gravitam o direito da energia, o direito das telecomunicações, o direito dos transportes, os aspectos institucionais do direito bancário etc. Reitere-se que o presente livro busca guarida no centro desse complexo teórico, perquirindo de conceitos, métodos e técnicas gerais, em lugar de tratar das peculiaridades de qualquer um dos inúmeros mercados regulados.

A coerência e a operacionalidade da Teoria da Regulação, no entanto, residem em seus componentes jurídicos. Os conceitos e ideias nela postos prestam-se a resolver e enfrentar os problemas práticos com que se defronta o regulador no dia a dia. É o Direito que atribui os meios, procedimentos e os limites para a regulação. Por outro lado, a linguagem jurídica continua sendo o principal veículo para o debate das questões regulatórias.[372]

---

368. Kenneth Dyson enfatiza a natureza múltipla da regulação, caracterizando-a como "um fenômeno cultural, um mecanismo formal e baseado em instituições, um processo político baseado em coalizões e um processo de aprendizado" (DYSON, Kenneth (ed.). *The politics of German regulation*, 1992, p. 3).
369. ARIÑO ORTIZ; CUÉTARA; CASTIELLA, op. cit., 2012, p. 151.
370. DYSON, op. cit., 1992, p. 2.
371. Apresentação de Davi Levi-Faur, em BRAITHWAITE, John. "Regulatory capitalism".
372. DYSON, op. cit., 1992, p. 205. A linguagem jurídica é de grande relevância no debate democrático. Já apontava Ripert: "Les jurists n'ont plus de croyance qu'en la vertu des mots.

A centralidade do Direito na práxis regulatória fez com que, ao longo do século XX, fosse essa uma área própria de advogados e pessoas com sólida formação jurídica, que a moldaram a sua imagem e semelhança: o foco era na produção de normas e no regramento formal de procedimentos. Nos Estados Unidos, a regulação era encetada por mecanismos contraditórios e semijurisdicionais. A partir dos anos 1980, passa a haver o predomínio dos economistas, com sua linguagem, modelos estilizados de alta complexidade matemática e a preocupação com a análise de impacto microeconômico.[373] O economicismo passa a marcar até a literatura estritamente jurídica sobre temas regulatórios. Por exemplo, Valentini criticava a *contaminatio* de obras jurídicas pelas contribuições de economistas e cientistas políticos.[374]

Esse embate por hegemonia entre juristas e economistas está superado. Hoje, compreende-se que a regulação não é província nem de uma nem de outra profissão, mas que todos os que a ela se dediquem devem ser considerados integrantes de uma comunidade epistêmica multidisciplinar.[375] A existência dessa rede de estudiosos e reguladores, que atravessa fronteiras, facilita o "uso e o desenvolvimento de comunidades interpretativas e a adoção de um modelo conversacional de regulação",[376] baliza o exercício da discricionariedade pelas autoridades regulatórias e favorece o foco em objetivos de longo prazo.[377] Mas a comunidade não é absolutamente coesa e tampouco exerce um pensamento único: há diferenças conceituais e filosóficas, e em questões complexas (*hard cases*), ela facilmente se divide.[378]

Ce sont eux qui ont fourni son vocabulaire à la Démocratie" (RIPERT, Georges. *Le régime démocratique et le droit civil moderne*, 1948, p. 69).

373. MORAN, op. cit., 2011, p. 383, McCRAW, op. cit., 1984, p. 224, BALDWIN; CAVE; LODGE, op. cit., 2012, p. 4. A diferença essencial é que, enquanto o jurista vê a regulação como instrumento para criação de direitos e obrigações, o economista a vê como estruturas de incentivos e desincentivos, mensuráveis em preços.

374. VALENTINI, op. cit., 2005, p. 112.

375. Uma comunidade epistêmica é um rede de agentes que se unem pelo estudo ou pela atuação diante de um determinado complexo de problemas técnicos, científicos, políticos, econômicos e/ou sociais e que se identificam como integrantes de uma área comum de expertise. Isso implica que se compartilhem princípios, políticas e valores normativos, critérios de validade e legitimidade e visões comuns sobre a realidade empírica e sobre as relações de causalidade a ela subjacentes. Trata-se de um processo de aprendizado coletivo constante.

376. BLACK, op. cit., 1997, p. 2.

377. DYSON, op. cit., 1992, p. 257.

378. SUNSTEIN, op. cit., 1990, p. 188.

O pertencimento de um jurista a essa comunidade vai gradualmente construindo para ele uma identidade social própria entre seus pares, distinguindo-o do administrativista e do comercialista. Ele é o especialista em direito da regulação, sem que isso implique uma autonomia teórica da regulação, que, a nosso sentir, corresponde a uma técnica de emprego em várias províncias do Direito.[379]

Better regulation *e preocupação com a eficiência*

Se um objetivo da regulação é aumentar a eficiência alocativa, há uma relevante preocupação teórica em se assegurar que os esforços regulatórios de fato contribuam para esse aumento de bem-estar social, impedindo-se que as medidas implementadas levem ao caminho oposto. Cada medida deve ser sopesada em termos dos ganhos que dela defluam. Se tais ganhos forem inferiores aos seus custos, a adoção da medida é claramente contraproducente.

Há uma ampla reflexão sobre o impacto negativo ou positivo que a regulação terá na eficiência estática no mercado (efeito sobre custos, preços, qualida-

379. "Classificações jurídicas não se sustentam apenas por suas origens míticas, mas também pela ação social dentro da profissão legal. Surgem grupos de especialistas que reivindicam conhecimento especializado em classificações particulares do direito" (COLLINS, op. cit., 2003, p. 43). Reitere-se que o reconhecimento de um grupo de especialistas em regulação não implica afirmar a existência do direito da regulação como microssistema ou disciplina autônoma. Há aspectos de direito administrativo, na estrutura e no procedimento da autoridade regulatória – mas sem a prevalência invocada por Stelio Valentini no prefácio a *Diritto e istituzioni della regolazione* –, pois se destacam também aspectos de direito privado, já que a regulação usa institutos, meios e instrumentos privatísticos, como se verá na sequência deste livro. Não abordaremos em profundidade o tormentoso problema do objeto do direito econômico (ou da sua caracterização apenas como método) e da sua relação com o direito regulatório. Diga-se apenas que a ausência, nos Estados Unidos, de um conceito e de um campo unificado para os institutos de direito econômico fez com que estudos regulatórios fossem, primeiro, analisados sob o prisma do direito administrativo (centrando-se principalmente no controle da discricionariedade das agências). Depois dos anos 1980, a regulação passa a ser foco da análise econômica do Direito (MORGAN; YEUNG, op. cit., 2007, p. 138). No Reino Unido, Ogus entende que há equivalência entre os conceitos de *Wirtschaftsverwaltungsrecht*, *droit public économique* e *regulation* ou *regulatory law* (OGUS, op. cit., 2004, p. 2). Parece-nos, no entanto, que o fenômeno da regulação, em seus contornos atuais, corresponde a um paradigma mais amplo do que aqueles do direito econômico, focado na ideia de intervenção estatal na economia, por instrumentos formais. Já se expôs com clareza que a regulação de hoje é menos estadocêntrica e menos formal e transcende as divisas do direito público.

de dos produtos) e sobre a eficiência dinâmica (mudança tecnológica).[380] Mantém-se um "foco constante nas vantagens e desvantagens das várias estratégias regulatórias, inclusive possíveis efeitos colaterais adversos".[381]

Essa análise não é simples, nem do ponto de vista prático, nem do conceitual. O embate não é entre uma regulação ideal e um mercado ideal. Ambos os mecanismos de solução têm custos, a serem estimados e comparados.[382] Há também questões qualitativas a serem enfrentadas, segundo uma série de distintas abordagens teóricas, como as da "falha de governo" (Wolf), "instituições comparativas" (Demsetz) e "nova economia institucional" (Williamson), todas derivadas das ideias de Ronald Coase.

Por ora, diga-se apenas que as teorias da regulação afetam a própria prática regulatória, abrindo novas sendas, apontando novos caminhos, denunciando os efeitos deletérios de suas próprias medidas. Elas são costumeiramente divididas em *teorias positivas* – que buscam apurar e mensurar os ganhos ou perdas de eficiência geradas pela regulação (aí se incluindo, por exemplo, toda a metodologia da avaliação de impacto regulatório) – e as *teorias normativas* – que defendem a adoção de determinados objetivos ou meios para o atingimento da eficiência do setor regulado.

Por todas as doutrinas e práticas normativas a defenderem providências específicas para a maximização do bem-estar social pelas ações regulatórias, citaremos apenas uma, mas de elevada relevância.

Trata-se do movimento da *better regulation* (regulação melhor), que mira a qualidade e a eficiência dos esforços regulatórios. O nome advém da Better Regulation Task Force, órgão consultivo independente do governo britânico, o qual publicou um guia de boa regulação em 1998 estabelecendo cinco princípios-chave: a) transparência; b) *accountability*; c) *targeting* (foco) nos objetivos regulatórios legais; d) consistência; e) proporcionalidade.[383] Tais princípios hoje orientam o processo regulatório da União Europeia.

O movimento da *better regulation* dá grande importância à redução dos custos de transação, confiando nos controles do direito privado e deixando ao mercado o atingimento da eficiência alocativa (Kaldor-Hicks).[384] Preconizam-se aná-

380. NOLL, op. cit., 1985, p. 11.
381. SUNSTEIN, op. cit., 1990, p. 230.
382. VELJANOVSKI, op. cit., 2012, p. 22.
383. BALDWIN; CAVE, op. cit., 1999, p. 83.
384. BALDWIN, Robert. "Better regulation: The search and the struggle", 2012, p. 260.

lises de custo-benefício, avaliação comparativa, *peer review, benchmarking.*[385] Essa linha doutrinária, no entanto, tende a ter tolerância com o risco, considerando-o superestimado.[386]

Pragmatismo e preocupação com a efetividade

Scandal is at the very heart of the story of economic regulation.
Lawrence Friedman

A hegemonia de uma visão instrumental da regulação coloca em primeiro plano o tema da sua efetividade. A utilidade de um instrumento reside em produzir ele o efeito que se espera de seu emprego: de um instrumento regulatório, espera-se a neutralização, ao menos parcial, de um problema econômico e/ou social.

Isso confere à Teoria da Regulação uma série de predicados: é um pensamento *problemático, reativo, assistemático, pragmático, funcionalista, consequencialista, flexível* e *dinâmico.*

Parte-se do problema, indutivamente, buscando-se compreendê-lo e enfrentá-lo. Isso implica refletir sobre as razões e objetivos dos esforços regulatórios; os interesses e atores envolvidos e suas interações; as técnicas, instrumentos e estratégias,[387] os benefícios e custos correspondentes e como serão partilhados.[388]

A regulação e sua doutrina têm uma natureza reativa:[389] respondem seja aos eventos inesperados e urgentes, seja às questões crônicas e persistentes. Podem adotar dois enfoques alternativos: o alarme de incêndio – disparado diante do problema episódico, agudo – e a patrulha policial – vigiando e monitorando constantemente uma situação permanente.[390] A FCC foi criada após escândalos em ferrovias, a SEC, após fraudes na bolsa, as sucessivas reformas financei-

385. As metodologias de avaliação de impacto regulatório serão abordadas infra.
386. WEATHERILL, Stephen (ed.). *Better regulation*, 2007.
387. MORGAN; YEUNG, op. cit., 2007, p. 16.
388. "As tarefas centrais da teoria da regulação econômica são explicar quem receberá os benefícios e os ônus da regulação, que forma a regulação tomará e os efeitos da regulação sobre a alocação de recursos" (STIGLER, George. "The theory of economic regulation". *The Bell Journal of Economics and Management Science*, v. 2, n. 1, p. 3-21 (primavera, 1971, p. 3).
389. LEPSIUS, Oliver. „Regulierungsrecht in den USA: Vorläufer und Modell", 2010, p. 54.
390. As metáforas são de McCrubbins e Schwartz, citados por Timothy Sinclair (*Oxford book of business and government*, p. 424).

ras, após cada uma das recorrentes crises bancárias, a FDA, após a denúncia por Upton Sinclair das graves falhas sanitárias dos frigoríficos, em seu livro *The jungle* (1906). "Catástrofes são provavelmente os mais importantes catalisadores de nova regulação."[391] Uma falha frequente é o atraso na reação do regulador em relação ao problema (*regulatory lag*), o que pode gerar prejuízos ou ganhos excessivos à empresa regulada.

A construção conceitual e teórica vai se fazendo a partir da realidade e da práxis, não tendo a pretensão de resultar em sistemas harmoniosos e elegantes. O "direito da regulação não está obrigado a quaisquer princípios sistemáticos gerais. Ele confia em uma condução política e *ad hoc* (do mercado), não espera quaisquer soluções simplistas e concebe a regulação como permanente".[392] Essa abordagem casuística e assistemática é característica do Direito anglo-saxônico, no qual surgiu e de onde se expandiu para o mundo. Favorece uma crítica às normas jurídicas, pois há um critério exterior para avaliar a consistência das soluções jurídicas: a sua efetividade.[393]

A teoria da regulação adota um enfoque pragmático, pois pretende alterar os comportamentos dos agentes do mercado.[394] Isso implica a adoção de uma *perspectiva cibernética*. O processo regulatório é visto como uma sequência de atos: a reunião de informações, o estabelecimento de padrões de condutas, a modificação de comportamentos.[395] Parte-se da premissa behaviourista de Skinner: o comportamento reage a estímulos externos, como punições ou incentivos. Essa perspectiva bem se casa com uma análise microeconômica, definida como o estudo do comportamento da unidade individual de "tomada de decisões, ou, em níveis sucessivos de agregação, o mercado, indústria ou região geográfica indivi-

---

391. BARDACH; KAGAN, op. cit., 1982, p. 23.

392. LEPSIUS, Oliver. „Ziele der Regulierung", 2010, p. 1.066.

393. "El derecho anglo norteamericano, tan insatisfactorio en sus aspectos de sistematización, recibe de sua doctrina un permanente aporte en forma de cuestionamiento de las soluciones existentes y análisis de sus efectos" (CUEVAS, Guilhermo Cabanellas de Las. *Introducción al derecho societario*. Derecho societario. Parte general, 1993, v. 1, p. 46).

394. Ogus, em *Comparing regulatory systems*, afirma que "regulação, em nossa concepção, envolve a indução de indivíduos e firmas a resultados que, na ausência do instrumento, não teriam sido alcançados".

395. Na lição de Julia Black, a regulação implica o "uso intencional da autoridade para afetar o comportamento de uma parte diversa de acordo com padrões estabelecidos, envolvendo instrumentos de reunião de informações e modificação de comportamento" (BALDWIN; CAVE; LODGE, op. cit., 2012, p. 12). No mesmo sentido, MORGAN; YEUNG, op. cit., 2007, p. 3.

duais, em um mundo interdependente de várias regiões".[396] De outra parte, contemporaneamente percebe-se que o foco na ação humana exige que o regulador considere as descobertas da economia comportamental: todo comportamento depende do contexto, do processo decisório, de representações do mundo, de inúmeras heurísticas.[397]

A doutrina se serve de uma concepção funcional do direito da regulação, com as seguintes implicações:

i) O Direito é visto *prima facie* como mecanismo para guiar a sociedade. Atente-se à clássica lição de Bobbio: "Creio, portanto, que seja mais correto definir o direito, do ponto de vista funcional, como forma de controle e de *direção social*".[398] Os teóricos da regulação muitas vezes também vestem o chapéu de autoridade regulatória, ou prestam serviços de consultoria a agências, estando, portanto, diretamente envolvidos com a tarefa pragmática de regular.
ii) Uma ciência do Direito funcional diferencia-se pelos novos problemas que suscita: a perquirição dos efeitos concretos que o Direito tem sobre os seres humanos. Um método a aplicar é formular a seguinte pergunta, diante de cada regra do direito: quais consequências danosas sofreria a vida social se, em lugar desta regra, fosse editado um comando exatamente oposto?[399]
iii) Pensa-se em uma "ciência do Direito mecânica", no Direito como "meio para um fim", a ser julgado pelos resultados que alcançar, não pelas "sutilezas de sua estrutura interna",[400] ou ainda como "engenharia social".[401] A força da

396. KAHN, op. cit., 1991, p. 16-I.
397. No tema específico da regulação, ver BARR, Michael et al. "The case for behaviorally informed regulation", 2009. Yochai Benkler menciona que alguns se referem com ironia à economia comportamental, chamando-a de "a economia das pessoas estúpidas" (ibidem, p. 67).
398. BOBBIO, op. cit., 2007, p. 79. Destaque no original.
399. COHEN, Felix S. "The problems of a functional jurisprudence", 1960, p. 86, citando lição de Kantorowicz.
400. A referência é ao célebre artigo de Roscoe Pound, intitulado *Mechanical jurisprudence*, do qual se extraiu a presente citação (apud TAMANAHA, Brian Z. *Law as a means to an end*: Threats to the rule of law, 2006, p. 65).
401. A ideia de "*jurisprudence as social engineering*" é uma constante na obra de Roscoe Pound, constando de *Social control through law* e de *The ideal element of law*. Amartya Sen vê na economia a mesma tendência a uma equiparação à engenharia, limitando o objeto da ciência econômica "a questões primordialmente logísticas em vez de fins supremos"

análise econômica do Direito vem, em parte, da adoção de uma abordagem instrumental.[402]

iv) O objetivo da efetividade marca e dá liga à coordenação de todas as etapas da regulação: a criação de regras, sua aplicação, o monitoramento dos comportamentos e a punição dos desvios. Todos os atos devem voltar-se ao norte da efetividade, serem coerentes entre si e reforçarem-se. "Uma boa fiscalização pode remediar defeitos de *design* em mecanismos regulatórios, e uma má fiscalização pode comprometer os mais sofisticados *designs* de regulação."[403]

A Teoria da Regulação norteia-se por uma perspectiva *consequencialista*. Mais dos que os méritos em si da norma, são relevantes seus efeitos concretos, aferíveis *ex post*. Essa não é a visão prevalecente no Direito, em que ainda tem muita disseminação - por vezes inconsciente - o brocardo *fiat justitia et pereat mundus*. A regulação pauta-se por uma ética weberiana da responsabilidade, atenta ao desdobrar de suas ações, e não por uma ética de convicção, que tudo sacrifica na persecução de determinados princípios irrenunciáveis.[404] Daí o amplo emprego de estudos de impacto regulatório.[405]

Modulada pelas mutações do contexto fático a que se endereça, a regulação é essencialmente *dinâmica* e *flexível*, e tem uma *dimensão histórica*: o que funciona em uma época não é eficaz em outra. Os problemas mudam; ganham ou perdem relevância. Os agentes do mercado adotam comportamentos adaptativos, levando a uma perda de potência do instrumento regulatório. O próprio regulador passa por um processo de aprendizado e sofistica ou calibra melhor suas ferramentas. A regulação está sempre mudando - é *law in the making*,[406] em constante processo evolutivo, de permanente reexame de estratégias, de aferição de compatibilidade de meios e fins, de criação e experimentação institucional.[407]

---

e avaliando o comportamento humano a partir de motivos simples e facilmente caracterizáveis (SEN, Amartya. *Sobre ética e economia*, 1999, p. 20).

402. TAMANAHA, op. cit., 2006, p. 120.

403. BALDWIN; CAVE, op. cit., 1999, p. 96.

404. Essa distinção weberiana consta do clássico ensaio *A política como vocação*.

405. O tema será abordado no tópico "Dificuldades de mensuração dos impactos regulatórios da RIS", no Capítulo VI.

406. LEPSIUS, Oliver. "Regulierungsrecht in den USA: Vorläufer und Modell", 2010, p. 68.

407. A título de exemplo, no setor elétrico dos Estados Unidos, há um ciclo contínuo em que problemas geram intenso debate público, levando a novas políticas públicas, que, por sua vez, ou falham na solução do problema, ou acarretam novos desafios, exigindo nova rodadas de experimentos com outras políticas (CLIFTON, Judith; LANTHIER, Pierre;

Por outro lado, constam da doutrina várias linhas de crítica a abordagens exclusivamente instrumentais ou funcionalistas da regulação.

Algumas escolas compartilham de um pessimismo na eficácia da direção do mercado (*Steuerungspessimismus*). Os esforços regulatórios podem falhar pela inadequação dos instrumentos escolhidos,[408] pela insuficiência dos métodos exclusivamente quantitativos (como as análises de custo-benefício) para nortear as escolhas do regulador, ou pela crença na inevitabilidade da captura do regulador, ou na ocorrência de desvio de poder para favorecer grupos.[409] Para outros, a regulação é fadada ao fracasso desde o início. O paradigma é a Escola Austríaca, que ataca o uso instrumental do Direito por sua pretensão sinóptica e onipotente, arguindo a impossibilidade do conhecimento de todas as circunstâncias e reflexos futuros,[410] ou questionando as premissas do modelo regulatório, em especial, a noção de *homo oeconomicus*. Outros autores, não tão radicais, criticam apenas visões simplistas do fenômeno regulatório: por todos, refira-se ao combate de Ralph Nader à ideia de que "uma agência = um problema resolvido".

Outra linha de crítica é *valorativa*. Teme-se o risco de que o legalismo do sistema jurídico seja comprometido quando "a realização de determinados propósitos ou o foco nos fins se torna o objetivo supremo dos juízes em suas decisões",[411] ou que haja um exclusivismo dos valores econômicos, levados pela regulação a outros ambientes, com a "destruição das esferas da vida distintas do mercado, de que sempre dependeram a solidariedade social e a democracia ativa".[412]

Questiona-se, por fim, uma exagerada fixação do regulador em aspectos técnicos, com a desconsideração da dimensão essencialmente política de sua tarefa. A regulação não é processo neutro: consagra vencedores e penaliza perdedores; não é indolor, mas fruto de conflitos entre interesses contrastantes; não

---

SCHRÖTER, Harm (eds.). *The economic and social regulation of public utilities*. An international history, 2013, p. 84).

408. BERRINGER, op. cit., 2004, p. 1.

409. As Teorias da Captura e da *Public Choice* serão analisadas no tópico "Critério do interesse: diálogo regulatório e convergência dos interesses públicos e privados", no Capítulo II.

410. Neste ponto, a referência é à obra de Hayek, *Law, legislation and liberty*. Apontando a impotência do regulador, *v*. STIGLER, op. cit., 1975, p. 180.

411. TAMANAHA, op. cit., 2006, p. 227.

412. Leys, apud FEINTUCK, op. cit., 2012, p. 59.

se esgota em si, mas confere aos próprios agentes do mercado armas para se defender e atacar, segundo suas estratégias.[413]

Nos Estados Unidos, a doutrina regulatória associa a racionalidade com a independência do regulador em relação à esfera política, em verdadeira apologia tecnocrática, iniciada com as obras de James Landis ao tempo do New Deal.[414] No entanto, a "arte da estratégia regulatória continua em larga medida uma arte política".[415] "O que faz a regulação – forma e substância – é a pressão [...]. Os juristas são no máximo os responsáveis pelo detalhamento. Eles são apenas os intermediários, servos do poder e da autoridade."[416] "Não podemos tratar a regulação como algo que a cegonha trouxe de repente no meio da noite."[417]

Accountability *e preocupação com a legitimidade*

> *La régulation, ce doit être, aussi et surtout, un instrument de démocratie, oserais-je dire: un instrument importante de la démocratie politique, économique et sociale.*
>
> Francis Delpérée

A última preocupação da teoria e da práxis regulatórias volta-se para a legitimidade de sua atuação. Deve-se combater a tentação tecnocrática e evitar que a "explosão regulatória" leve a uma "regulocracia".[418]

---

413. Um dos mais comuns usos estratégicos de instrumentos jurídicos por agentes no mercado para obter vantagens é a chamada *sham litigation*, ou seja, o abuso do direito de litigar para constranger concorrentes. Em junho de 2015, o Cade aplicou a um laboratório farmacêutico a primeira punição por esse tipo de prática (Processo Administrativo n. 08012.011508/2007-91). A complexidade e a variedade das normas regulatórias conferem amplo espaço a esse tipo de manobra por um agente do mercado em detrimento de outros.
414. Tony Prosser, em *Nationalised industries and public control* (1986), afirma que os conceitos instrumentalistas do Direito limitam-se a analisar a eficiência no atingimento dos fins ao menor custo, desconsiderando os aspectos políticos e a função de legitimação do Direito. "O desenho das instituições é questão legal."
415. McCRAW, op. cit., 1984, p. 63.
416. FRIEDMAN, op. cit., 1985, p. 114.
417. Ibidem, p. 125. O autor, com a mesma expressividade, chama o Código Tributário Federal norte-americano – o Internal Revenue Code – de "museu vivo de compromissos" (ibidem). Destaca ainda que o regime de responsabilidade civil desenvolveu-se no sentido da objetivação não por um processo interno de desenvolvimento, mas pela influência da opinião pública.
418. BRAITHWAITE, John. "Regulatory capitalism", p. VII.

O conceito-chave para o debate é *accountability*, expressão de difícil tradução para o português: "prestação de contas", com a mesma raiz etimológica, tem uma conotação mais estrita em nosso idioma. Podemos definir essa palavra como "a obrigação de explicar e justificar uma conduta para alguma outra parte".[419]

Ela se liga diretamente ao tema da legitimação. "A legitimidade é a cola que mantém unida a sociedade",[420] e, em uma matriz weberiana, permite o acatamento das determinações da autoridade regulatória. Essa discussão transcende o tema da discricionariedade e do controle dos atos administrativos e liga-se à reflexão jurídica sobre os ideais e propósitos do Estado democrático.

A autoridade regulatória não se legitima diretamente por um critério majoritário, pois não é eleita. Tampouco deve se pautar exclusivamente pelo atendimento dos interesses da maioria, sacrificando os da minoria: impõe-se a limitação de seus poderes pela ordem jurídica, preservando-se os direitos individuais.[421] O respeito à lei é o primeiro fundamento da legitimidade regulatória: se a autoridade é exercida com suporte na lei, ao descumprir a norma, ela destrói sua própria base. Isso é particularmente relevante no respeito aos procedimentos e passos para sua atuação.

O segundo fundamento da legitimidade da autoridade regulatória advém de seu *domínio técnico*. Esse conhecimento específico deve se expressar e se concretizar em uma gestão eficaz, que atinja objetivos e metas transparentes, e no exercício da motivação dos atos.

O terceiro fundamento da legitimidade reside na viabilização da *participação* e do *diálogo* com todos os interesses envolvidos. Além de assegurar uma melhor adequação das medidas regulatórias ao problema – já que há um signi-

---

419. LODGE; STIRTON, op. cit., 2012, p. 349. Autores apontam como origem etimológica da palavra o francês *aconter*, registrar a contabilidade de uma propriedade. Relevante a citação de Julia Black: "Disputas sobre *accountability* são assim intrinsecamente vinculadas a disputas sobre legitimidade" (BLACK, op. cit., 2012, p. 336).

420. FRIEDMAN, op. cit., 1985, p. 124.

421. Identificam-se dois modelos de legitimação: a) o majoritário, centrado no poder de decisão da maioria; b) não majoritário, ou madisoniano (assim chamado por Dahl, Sunstein e Majone), que busca legitimar o poder limitando-o, controlando-o e dispersando-o, evitando, na linguagem de Madison nos *Federalist papers*, a "*tiranny of the majority*" e preservando o governo do "*factionalism*". Ressalta Majone, porém, que "onde preocupações redistributivas prevalecem, a legitimação só pode ser assegurada por meios majoritários" (MAJONE, op. cit., 1996, p. 296).

ficativo ganho de informações e perspectivas, aumentando a eficiência[422] –, o debate democrático tem um valor intrínseco, conforme salienta Amartya Sen, em *Idea of justice*, defendendo o "*government by discussion*". Além disso, a participação popular minimiza ou contorna os vícios do processo político.

O quarto fundamento da legitimidade da autoridade regulatória é o *controle*, *fiscalização* e *revisão* dos atos por outras instâncias, de cada um dos três Poderes.[423]

Abordagem institucionalista

Tendo descrito o panorama atual da regulação, devemos refletir sobre a forma mais adequada de se atacar teoricamente o assunto: postulamos que, mais do que uma análise dogmática, ou um modelo estilizado e abstrato, os enigmas regulatórios se decifrarão à luz de um enfoque *institucionalista*.

Isso não implica a adesão a uma escola, ou a um método específico, entre tantos que se servem do desgastado vocábulo "institucionalismo". Fala-se de teorias institucionais nas várias disciplinas das ciências sociais, com alguma superposição de ideias e conceitos, e, por vezes, afinidades metodológicas.

A título de exemplo, têm sido caracterizadas como institucionalistas as seguintes doutrinas, que versam diretamente sobre a regulação econômica:

i) Na ciência política, o novo institucionalismo de March e Olsen enxerga as instituições não apenas como restrições à ação, mediante a imposição de obrigações, mas como canal para as interações entre os agentes no bojo do processo regulatório. Mais do que a soma de pressões contrapostas de gru-

---

422. Prosser analisa a regulação dos serviços públicos partindo da situação ideal de discurso de Habermas: oportunidades iguais de participação e ausência de constrangimentos por diferenças de poder. Conclui que a participação *ex ante* e a *accountability ex post* não são fatores de ineficiência, pois "planejamento efetivo implica participação e prestação de contas" (*accountability*). Da mesma forma, afirma Freedman que "a legitimação institucional é uma condição necessária para a efetividade institucional" (apud MORGAN; YEUNG, op. cit., 2007, p. 40-1).

423. O problema da legitimidade é amplamente debatido na doutrina europeia. Há uma significativa complexidade para se estruturar o controle regulatório das instituições comunitárias europeias. Para garantir maior *accountability*, pretende-se que se adote mecanismos semelhantes aos do Administrative Procedure Act americano de 1946. Outro problema é a "comitologia" da União Europeia, com o funcionamento de centenas de comitês no nível europeu, para apoio e supervisão dos trabalhos da comissão (BALDWIN; CAVE, op. cit., 1999, p. 155).

pos políticos e econômicos, a regulação "é conformada por uma lógica institucional".[424]

ii) O institucionalismo norte-americano da primeira metade do século XX, com autores como Richard Ely, John Commons, Martin Glaeser e Harry Trebing, e os herdeiros da "abordagem Wisconsin/Michigan State" da regulação econômica, com as seguintes posições: a) os mercados são, em larga medida, função das instituições, em especial jurídicas, pois, por elas, os direitos são criados e conformados; b) crítica ao *laissez-faire* e à desregulação, pois ao se deixar de proteger o interesse de alfa, protege-se o interesse de beta; c) a regulação pode se prestar a objetivos como o pluralismo e o combate ao poder econômico concentrado, mesmas justificativas apontadas pelos defensores do mercado competitivo; d) as barreiras de entrada são técnicas e estruturais, e não apenas regulatórias; e) preocupação com risco de subsídios cruzados, a discriminação de preços e a impotência de consumidores cativos; f) a regulação deve obter os mesmos resultados dos mercados competitivos, assegurando-se o pluralismo e evitando-se a dominação.[425]

iii) A Nova Economia Institucional desloca-se do institucionalismo americano, que acusa de pouca profundidade teórica e descritivismo, e recebe influências da Escola de Chicago. Seu conceito-chave é o de custo de transação, para cuja redução se voltariam as instituições.[426] Adotam-se premissas comportamentais explícitas: a) racionalidade limitada (não irracionalidade, mas limitações de conhecimento, b) tendência para o oportunismo. Os teóricos dessa escola dão relevância aos temas regulatórios, em especial na vertente capitaneada por Douglass North.[427]

iv) *Théorie de la Régulation*: apresentada por Robert Boyer como um "antídoto à abstração das teorias neoclássicas contemporâneas",[428] esta teoria mescla inspirações marxistas e institucionalistas e contrói-se pela crítica à teoria neoclássica e ao estruturalismo. As instituições, internalizadas pelo *habitus*,[429]

---

424. DYSON, op. cit., 1992, p. 8.
425. SMITHE; SAMUELS, op. cit., 2002.
426. Reduzido ao essencial, o conceito de custo de transação é aquele ligado ao uso dos mecanismos de mercado. Para Collins, os advogados são engenheiros de custos de transação (COLLINS, op. cit., 2003, p. 150).
427. A Nova Economia Institucional será retomada e aprofundada no Capítulo III.
428. BOYER, Robert; SAILLARD, Yves. *Théorie de la régulation*: État des savoirs, 2002, p. 7.
429. *Habitus* é definido por Pierre Bourdieu como sendo as estruturas mentais e disposições duráveis do indivíduo.

estabilizam um modo de produção, entendido como a "maneira pela qual se reproduz a estrutura determinante de uma sociedade segundo suas leis gerais".[430]

v) Teorias sistêmicas: seguindo os passos de Morgan e Yeung, classificamos como institucionalistas as teorias de Luhmann e Teubner, embora sejam construções mais abstratas e amplas, teorizando sobre a sociedade como um todo. Os sistemas, de modo genérico, seriam espaços autorreferentes, com lógicas específicas, e que perpetuam sua existência por uma série de operações e uma linguagem própria, de que são exemplos as dicotomias legal/ilegal no sistema jurídico e eficiente/não eficiente no sistema econômico. Os sistemas influenciam-se de modo indireto, havendo diferenças quanto à afirmação da natureza mais ou menos aberta de cada um, conforme os autores. São esferas sociais dotadas de estabilidade - sejam organizações formais, costumes e rotinas sedimentadas, tendo uma vida própria e uma autonomia relativa, influenciando e sendo influenciadas pelo Direito, mas de modo indireto. Teubner, em *Dilemmas of law in the Welfare State*, adverte que "as regulações em nada mudam as instituições sociais; elas produzem apenas um novo desafio para a adaptação autopoiética delas".

Mais do que aderir a qualquer dessas teorias, preferimos explicitar as premissas de nossa abordagem, submetendo-as à crítica. O próprio uso da palavra "abordagem", no local de teoria ou método, revela um descompromisso com qualquer uma das escolas mencionadas e uma flexibilidade para se utilizar conceitos, teorias e ideias de várias fontes, desde que tenham valia para determinado argumento. O que nos une às teorias expostas - e também une-as umas às outras - são os problemas que enfrentam e as variáveis que levam em conta em suas análises.[431]

O ponto de partida da abordagem institucionalista deve ser o conceito de instituição.

Esse conceito enfatiza as bases sociais da ação individual. Para John Commons, instituição é "uma ação coletiva de controle da ação individual",[432] implicando a restrição da ação de cada indivíduo benefício para os demais. Para Dou-

430. A definição é de Aglietta, apud BOYER; SAILLARD, op. cit., 2002, p. 569.

431. No mesmo sentido, Julia Black aponta para o perigo de se definir o neoinstitucionalismo como uma teoria, entendendo ser uma abordagem (BLACK, op. cit., 1997, p. 232).

432. COMMONS, op. cit., 2009, p. 69.

glass North, instituições são "as regras do jogo – tanto as regras formais, normas informais e suas características de efetividade [...]. Os jogadores são as organizações, grupos de indivíduos unidos por objetivos comuns".[433] As instituições estruturam os incentivos nas trocas humanas, sejam políticas, sociais ou econômicas, e "fornecem o enquadramento dentro do qual os seres humanos interagem".[434] Elas dão regularidade e padronização ao comportamento humano,[435] permitindo enfrentar a incerteza, neutralizar conflitos, reduzir custos de transação e superar dificuldades de coordenação.[436] Caracterizam-se ao mesmo tempo pela sua durabilidade e sua vulnerabilidade, exemplificadas pelos idiomas.[437]

As instituições formais são criadas intencionalmente e em conformidade com o Direito; as informais podem surgir espontaneamente,[438] e não obstante a falta de sanção jurídica, são consideradas pelos atores em suas preferências e

---

433. NORTH, Douglass. "Institutions and performance of economies over time", 2008, p. 22.
434. NORTH, Douglass. *Structure and change in economic history*, 1981, p. 201-2.
435. PETERS, B. Guy. *Institutional theory in political science*. The new institutionalism, 2005, p. 158. Atente-se para as definições de Robert Boyer: instituição é o "procedimento imaterial que permite estruturar as interações entre as organizações (e os indivíduos). Reduz ou elimina a incerteza associada aos comportamentos estratégicos". Organização é "uma estrutura de poder e um conjunto de rotinas com vistas a superar problemas de coordenação e os comportamentos oportunistas". *Habitus* é "um conjunto de comportamentos incorporados nos indivíduos, forjados no curso do processo de socialização" (BOYER; SAILLARD, op. cit., 2002, p. 541).
436. RUTHERFORD, Malcolm. *Institutions in economics*. The old and the new institutionalism, 1994, p. 81-2.
437. DOLFSMA, Winfred. *Government failure*: Society, markets and rules, 2013, p. 93.
438. A distinção entre regras formais e informais fica mais nítida quando se considera a visão de Direito de Neil MacCormick. O professor da Universidade de Edimburgo considera o Direito uma "ordem normativa institucional", no que sintetiza um consenso da teoria do Direito atual. Exemplifica com a prática de se formarem filas. Em sociedades hierárquicas, a prioridade de atendimento a pessoas se pautaria por sua qualidade; em tempos mais igualitários, os primeiros a chegar e ingressar na fila serão atendidos antes. O costume de formar filas constitui uma ordem normativa mesmo que não haja explicitação de regras. A prática informal é suficiente para que as pessoas a adotem como um critério de diferenciação do certo e do errado e ajustem seu comportamento. Mas pode haver uma autoridade estabelecendo regras, interpretando-as e fiscalizando-as, ou seja, formalizando as práticas. Isso leva à existência de um segundo plano, jurídico e institucional, paralelo à ordem normativa a pautar o comportamento das pessoas. MacCormick distingue: a) as agências institucionais – que operam essa ordem normativa formal, tais como tribunais, legisladores e autoridades administrativas e até empresas; b) arranjos institucionais, que resultam da ação desses agentes, como contratos e a propriedade; c) coisas institucionais, como ações societárias e outros bens incorpóreos (MACCORMICK, Neil. *Institutions of law*. An essay in legal theory, 2009, p. 35-6).

estratégias, pois, "se os homens definem situações como reais, elas são reais em suas consequências".[439]

As instituições não são apenas objeto de uma regulação exógena e heterônoma, mas são elas mesmas elementos e componentes da regulação, conferindo estabilidade aos comportamentos e expectativas em determinadas atividades econômicas e afetando, por outro lado, os resultados previstos das normas regulatórias estatais. Adota-se a noção de que "a estrutura e os arranjos institucionais, bem como os processos sociais, significativamente moldam a regulação", para além dos meros propósitos utilitários de maximização da riqueza, segundo as preferências individuais agregadas dos agentes racionais.[440] Enquanto a abordagem instrumentalista tem uma visão simplista da relação entre regulação e efeitos - como se tudo se reduzisse à escolha da ferramenta certa -, a abordagem institucionalista problematiza a questão do funcionamento e da eficácia da regulação. A ineficácia pode decorrer do choque sistêmico do esforço regulatório com outras instituições.

O desenvolvimento descentralizado da regulação supranacional, com a participação direta de agências privadas e de redes transnacionais, leva água ao moinho das abordagens institucionalistas, que propiciam enquadramento teórico compatível com o fenômeno.

Mais do que abraçar com rigor um método ou aderir a uma escola dogmática, a um modelo elegante, ou a uma teoria una, fechada e universal, buscamos atacar os problemas abrangidos por este livro a partir de uma perspectiva aberta e oscilante, empregando os conceitos e teorias que, casuisticamente, parecerem mais elucidativos para o debate de cada questão concreta. Buscamos ser "mais raposas do que ouriços", para empregarmos a célebre distinção feita por Isaiah Berlin, a partir de frase de Arquíloco, para diferenciar entre intelectuais que tentam reduzir todos os temas, centrifugamente, a um princípio ordenador universal, e aqueles que perseguem, em suas indagações, centripetamente, os caminhos mais diversos e por vezes contrários.

Devemos, no entanto, explicitar - e submeter à crítica - as premissas e elementos do enquadramento teórico institucionalista que nos orienta nesta obra. São eles: a) foco indutivo, não formalista, e problemático; b) noção de que o sistema jurídico se rearranja e se reconstrói semanticamente ao ensejo do en-

439. A citação é de W. I. Thomas apud SINCLAIR, op. cit., 2011, p. 425.
440. BALDWIN; CAVE, op. cit., 1999, p. 27.

frentamento de problemas, buscando manter uma coerência interna, mas sem rigidez e imutabilidade; c) percepção da interpretação normativa como uma atividade de natureza criativa, indissociável da própria aplicação *in concreto* da norma, consoante a lição de Gadamer, sendo a doutrina também um espaço de inovação do Direito; d) preocupação com o papel das instituições econômicas, sociais e culturais na definição do sentido da norma jurídica, na identificação das condicionantes da aplicação do Direito e, de modo direto, na própria conduta dos agentes, com a consequente utilização de instrumentos interdisciplinares de análise para o estudo das premissas fáticas das questões jurídicas,[441] além de uma acentuada preocupação com a compreensão da "lógica da organização econômica";[442] e) problematização da relação e da interação entre instituições formais e informais,[443] perquirindo dos mecanismos do direito consuetudinário e das práticas de mercados;[444] f) problematização da efetividade das regras jurídicas, superando uma visão onipotente, simplista e automática da aplicação da norma, que por vezes está subjacente a concepções instrumentalistas da regulação.[445] Afinal, como dizia Karl Llewellyn, "*if rules were results the-*

441. Regrando o Direito o comportamento humano (e, comumente, dando importância à vontade do agente econômico), é relevante, para a aplicação razoável da norma, compreender os determinantes desse comportamento e a racionalidade econômica dessa vontade. O sujeito de direito é ao mesmo tempo o *homo oeconomicus* e o *homo sociologicus* (AYRES; BRAITHWAITE, op. cit., 1992, p. 51), e tais premissas antropológicas valem não por sua plausibilidade, mas pela qualidade dos modelos que sobre elas se possam construir (como apontava Milton Friedman a respeito do *homo oeconomicus*). Aponte-se também a complementariedade dos conhecimentos econômicos e sociológicos, pois "a economia é sobre como as pessoas fazem escolhas; a sociologia é sobre como elas não têm nenhuma escolha para fazer" (J. Duesenberry, citado por BLACK, op. cit., 1997, p. 228).

442. Título de texto de Oliver Williamson e Sidney Winter em *The nature of the firm*. Origins, evolution and development, 1993 p. 90 e segs.

443. A visão institucionalista permite identificar que, ao lado do processo regulatório formal, existe um outro informal, que brota dos contatos diários entre reguladores e regulados (JOSKOW, Paul L.; NOLL, Roger C. "Regulation in theory and practice: An overview", 1983, p. 52).

444. Essa preocupação por vezes se irradia até o plano legislativo. Karl Llewelyn buscou, na elaboração do *Uniform commercial code*, compatibilizar o direito formal e as práticas do mercado, abrindo o sistema legal para os usos e costumes do comércio.

445. Uma visão institucionalista pode ser antídoto contra a ideia de que a sociedade é maleável e flexível às determinações do Direito, concepção criticada por Moran (MORAN, op. cit., 2011, p. 185). No extremo, tal visão é compartilhada pelos Estados totalitários que acreditam poder, pela lei, reformar a sociedade e a natureza (a esse respeito, uma obra fundamental é *Seeing like a State*, de James Scott).

re would little need of lawyers";[446] g) atenção à evolução dos institutos legais ao longo da história, em interação com as instituições sociais, buscando identificar continuidades e mudanças nessa evolução institucional; h) análises comparativas e qualitativas entre instituições de ordenamentos diversos;[447] i) maior centralidade a processos e estruturas do que ao voluntarismo dos agentes econômicos; j) abordagem não estadocêntrica; l) superação de uma visão simplista de harmonização e coordenação automática e espontânea dos interesses, com foco na existência de conflitos, na importância das estratégias dos agentes e na criação de mecanismos institucionais para a neutralização de suas lutas e a concatenação negociada de seus esforços e iniciativas;[448] m) problematização dos conceitos de eficiência e aceitação de outros valores e critérios paralelos para a atuação regulatória e concorrencial, o que implica "o reconhecimento de uma multiplicidade de soluções eficientes e a relação condicional de qualquer dada solução eficiente a uma presumida estrutura de direitos";[449] n) relativização das fronteiras entre o público e o privado, mas sem confundi-los. "As teorias institucionalistas tendem a enfatizar a interdependência dos atores estatais e não estatais na busca tanto de benefícios públicos como de ganho privado nos regimes regulatórios";[450] o) importância do contexto no qual os indivíduos e organizações estão inseridos (*embedded*)[451] e que limita suas ações racionais e estratégicas; p) compreensão de que o Direito não tem apenas uma função repressiva, mas também um papel orientador e simbólico, o que explica as negociações extrajudiciais que se fazem "à sombra do Direito" (*shadow of law*) - ou seja, levando em conta as regras jurídicas -, bem como os mecanismos de *soft law*.

Ao defender a relativa abertura do pensamento jurídico para os argumentos econômicos, sociais e políticos, a abordagem institucionalista faz com que o Direito ceda um pouco de seu caráter autorreferenciado, sem, no entanto, abandoná-lo. Isso não implica desrespeitar ou enfraquecer o caráter vinculante

446. Apud TWINING, William; MIERS, David. *How to do things with rules*, 2005, p. 35.

447. A análise comparativa de instituições supera a dificuldade de se medirem os custos de transação *ex ante* e *ex post* (WILLIAMSON, Oliver. *The economic institutions of capitalism*, 1985, p. 22). Sobre a importância da análise comparativa das instituições, *v.* ainda JOSKOW, Paul. "Asset specificity and the structure of vertical relationship", 1993.

448. MERCURO; MEDEMA, op. cit., 2006, p. 215.

449. Ibidem, p. 228.

450. MORGAN; YEUNG, op. cit., 2007, p. 17.

451. O conceito de *embeddedness*, de Mark Granovetter, desempenha papel-chave na sociologia econômica, ligando indivíduos a instituições sociais.

da norma, pois apenas se busca maior profundidade analítica em sua aplicação, ampliando as variáveis necessárias para a sua interpretação e para a compreensão da situação fática a ela subjacente. Não há nada de mal em "considerar o raciocínio judicial como um silogismo. O incorreto é pensar que as premissas do raciocínio judicial - as normas jurídicas relevantes e a descrição dos fatos decisivos - se obtenham por procedimentos mecânicos".[452] Trata-se de uma postura não antipositivista, mas sim pós-positivista.[453]

Tampouco se pode imputar a uma abordagem institucionalista a mácula de ser uma perspectiva externa ao Direito: seu ponto de vista é interno ao sistema jurídico, mas se abandona o ponto de vista do juiz - presente na abordagem do realismo norte-americano e nas escolas positivistas - e se adota o ponto de vista mais problematizante do professor de Direito, que examine uma questão jurídica por todos os ângulos e levando em conta todas as suas implicações.[454]

Essa abordagem é a mais compatível com a natureza do direito comercial. Esse ramo jurídico submete-se a uma exigência de permanente *aggiornamento*, pelo advento de constantes mudanças tecnológicas, econômicas e organizativas que desatualizam seus dispositivos normativos e impõem à doutrina o esforço de renovação e adaptação a realidades eternamente cambiantes.[455]

De outra parte, a reflexão de direito comercial tem vieses economicistas - pois a aplicação dos institutos societários impõe a compreensão de sua função econômica, segundo a advertência vivanteana - e cosmopolitas - uma vez que a similitude de organização econômica entre países pode gerar a circulação de modelos normativos, embora com os necessários ajustes. A interação entre agentes econômicos não pode prescindir da compreensão de seu contexto institucional e das práticas de mercado, impondo uma preocupação empírica no estudo das soluções jurídicas.

Há, no entanto, uma tensão na doutrina comercialista entre as abordagens positivistas e formalistas da lei - na busca de previsibilidade e segurança jurídi-

---

452. NINO, op. cit., 1984, p. 295.
453. A advertência é de NEIL MACCORMICK (op. cit., 2009, p. 279).
454. Ibidem, p. 55.
455. O exemplo paradigmático é que, entrando em vigor em 1º de janeiro de 1851, o Código Comercial referia-se ao transporte por embarcações a vela (arts. 506, 764, § 3º, 766, § 2º) e aos tropeiros (art. 99). No mesmo mês de janeiro de 1851, o Theviot adentrava o Porto do Rio de Janeiro, inaugurando linha regular, por barco a vapor, entre o Brasil e a Inglaterra (cf. prefácio de Cláudio Vianna de Lima a LOBO, Jorge. *Grupos de sociedades*, p. VII).

ca – e a abertura do sistema para a realidade da interação dos agentes, em todas as suas dimensões.

Essas contradições se identificam até mesmo na obra de um autor seminal como Ascarelli, um autor, nas palavras de Asquini, "anticoncettualista e antidogmativo por eccelenza",[456] e cujo pensamento teórico-jurídico

> oscila continuamente entre instâncias autenticamente formalistas e manifestações próprias de certo neoidealismo italiano, entre uma wconcepção das fontes do direito de matriz rigorosamente positivista, da qual deriva um excepcional interesse pela teoria da interpretação, e uma visão do ordenamento jurídico assimilável a certas sugestões do realismo jurídico [...]. O resultado é uma reflexão sobre a experiência jurídica absolutamente alheia a dogmatismos e abstrações, sustentada sempre pela vontade de historicizar e também relativizar qualquer problema jurídico.[457]

Conclui-se que a adesão a uma abordagem institucionalista nada tem de inovadora, pois tal visão permeia as reflexões de muitos comercialistas, embora de modo implícito e não declarado. Deles pode-se dizer, como do *Monsieur* Jourdain de Molière, que há tempos falam prosa sem o saber.

---

456. ASQUINI, Alberto. *Scritti giuridici*, 1936, v. 3, p. 55.
457. CASA, Federico. *Tullio Ascarelli*. Dell'Interpretazione giuridica tra positivismo e idealismo, 1999, p. 6-7.

CAPÍTULO II
A função regulatória do direito privado

Private Law is the index finger of the invisible hand that guides market economies.
Hugh Collins

(Le fait) que le droit public cède progressivement sa place au droit privé ne signifie pas la fin de l'intervention de l'État, mais plus vraisemblablement la modification de ses finalités et de ses modes d'intervention.
H. L. Hubrecht

Estado, regulação e direito privado

O encaixe do tema de nosso livro no quadro panorâmico da regulação contemporânea esboçado no capítulo anterior exige uma reflexão sobre o papel que desempenha o direito privado nos esforços regulatórios.

A resposta para essa questão não é atemporal. Os papéis que se vão atribuindo ao direito privado mudam conforme se sucedam os diferentes modelos de Estado. Para o Estado liberal,[1] há uma cisão absoluta dos domínios dos direitos público e privado. Os institutos de direito privado constituem a infraestrutura e o pressuposto para o funcionamento do mercado – pois formalizam as relações entre os agentes –, mas não se lhes atribui nenhuma função regulatória. Não se pretende nenhum direcionamento ou condução do mercado, preservando-lhe a liberdade de trilhar os rumos ditados pelo conjunto de transações atomizadas entre seus partícipes. O Estado dirigista,[2] no extremo oposto, pretende tomar as rédeas de toda a atividade econômica e subordina o direito privado a ponto de a doutrina afirmar a sua indistinção do direito público. A manifestação mais marcante do fenômeno é o dirigismo contratual,[3] que surge para tutelar o equi-

1. *V.* "Estado liberal e cisão direito público-direito privado", neste Capítulo.
2. *V.* "Estado dirigista e publicização do direito privado", neste Capítulo.
3. *V.* "Dirigismo contratual", neste Capítulo.

líbrio real das partes contratantes e vai gradualmente sendo utilizado para formatar o próprio mercado, pois a imposição dos termos dos negócios jurídicos celebrados pelos entes regulados é o mecanismo mais direto para regrar sua atividade no mercado. Em outro plano, o Estado passa a atuar diretamente na economia pela criação de empresas estatais,[4] mas, paradoxalmente, no campo societário, limita-se à adoção da forma social, sem alterar de modo relevante suas regras, procedimentos ou institutos, mantendo íntegro o regime societário de natureza privada. Finalmente, o contemporâneo Estado regulatório[5] retoma a distinção entre o direito público e o privado, mas confere aos institutos privatísticos uma função regulatória, voltada ao equilíbrio dos mercados. Essa função pode ser *fraca* - falando-se em uma regulação de direito privado como alternativa à de direito público -,[6] ou *forte* - em que se utilizam as técnicas de direito privado como instrumento para a implementação de objetivos setoriais claramente postos, em convergência e entrelaçamento com os mecanismos de direito público.[7]

Estado liberal e cisão direito público-direito privado

O Estado liberal não atribui ao direito privado nenhuma função regulatória, pois se assenta em uma distinção marcada entre a sociedade civil e o Estado, presume um mercado concorrencial e não enxerga no direito privado um instrumento para direção social, pois a "sanção ou pena privada parece uma escória do passado",[8] e os pleitos indenizatórios, em uma economia competitiva, tendem a ser reduzidos e modestos.

O mercado, visto pelos liberais como ordem social espontânea, deve ser relegado à dinâmica de suas próprias forças. Não cabe ao Estado dirigi-lo ou formatá-lo. O Estado gendarme limita-se a fazer cumprir os contratos voluntariamente celebrados pelas partes e a tutelar a propriedade privada, a liberdade e a integridade dos cidadãos.

---

4. *V.* "Empresas estatais", neste Capítulo.
5. *V.* "Estado regulatório e instrumentalização do direito privado", neste Capítulo.
6. *V.* "Papel fraco: direito privado como alternativa à regulação de direito público", neste Capítulo.
7. *V.* "Papel forte: direito privado como instrumento da regulação", neste Capítulo.
8. ZOPPINI, Andrea. "Funzioni del diritto privato e tecniche di regolazione del mercato", 2009, p. 9-22.

As normas de direito privado servem apenas para viabilizar as relações entre os agentes no mercado,[9] sendo caracterizadas por sua neutralidade. Na célebre metáfora de Hayek, as normas de direito privado são como regras de trânsito: determinam como o agente deve proceder para implementar seus objetivos e desígnios, e não para onde ele deve ir.

Como instrumentos para a maximização das utilidades dos agentes, as regras de direito privado são elas mesmas constantemente desafiadas e aprimoradas para refletirem soluções eficientes. A Escola de Chicago vê no *common law* mecanismos para implementar essa evolução: as regras razoáveis serão acatadas pelos agentes, e as disfuncionais, combatidas nos tribunais, até que se alterem os precedentes sobre os quais elas se assentam.

Estado dirigista e publicização do direito privado

"A ordem econômica liberal é substituída pela ordem econômica intervencionista", a qual "está comprometida com a finalidade de preservação da ordem capitalista", e não de sua superação.[10]

O Estado dirigista, como um astro celeste de grande massa, atrai para si, por força gravitacional, as normas de direito privado. Passa a impor regimes e restrições de ordem pública – dando rigidez crescente ao ordenamento e impedindo soluções contratuais a ele opostas. Com isso, a doutrina vê o ocaso do direito privado liberal. Sucedem-se obras alusivas à "morte do Direito" ou à sua metamorfose em um organismo irreconhecível. De toda essa literatura, citemos apenas, a título exemplificativo, os expressivos títulos das obras de Gaston Morin: *La revolte des faits contre le Code Civil* (1920) e *La loi et le contrat, et la* décadence *de leur souveraineté* (1927).

Nada se indaga sobre a função do direito privado na intervenção econômica, pois a doutrina da época não vê sentido na própria questão. Nega-se autonomia ao direito privado (ou ao menos se aponta um contínuo recuo de seu campo), e apagam-se as fronteiras que o separam do direito público. A expres-

---

9. "Il diritto contrattuale costituisce il pilastro normativo fondamentale che regge la struttura economica di mercato" (CAGLIONE, Francesco. *Il mercato e le regole della correttezza*, 2010, p. 3).
10. GRAU, Eros Roberto. *A ordem econômica na Constituição de 1988*, 2012, p. 72-3.

são-chave do período – repetida em centenas de obras e artigos – é a da "publicização do direito privado".[11]

O próprio conceito de direito econômico assenta-se sobre essa ideia de indistinção e absorção do direito privado pelo Estado. Por todos, cite-se trecho de obra clássica de Cabral de Moncada:

> *A intervenção estatal no domínio da economia fez cair por terra os critérios clássicos da distinção entre o direito público e o privado*, a saber: o critério orgânico, pois que nos nossos dias não é a partir da natureza publicística ou privatística de um órgão que se pode concluir seguramente pela natureza jurídica de suas atividades; haja em vista o caso das sociedades de economia mista, das empresas intervencionadas e de certas entidades públicas que desenvolvem a sua atividade como se de entidades privadas se tratassem. O critério do fim perseguido também já não é seguro, pois que o Estado se propõe hoje finalidades puramente empresariais do mesmo passo que é vulgar, sob certas condições, a atribuição de finalidades de interesse geral a entidades privadas concessionárias, mistas ou outras. Por fim, não existem nos nossos dias técnicas jurídicas exclusivas do direito privado e do direito público, pois que os poderes tendem a adotar preferencialmente o procedimento contratual no desenvolvimento das duas atividades ao mesmo tempo que o direito privado o abandonou parcialmente em prol da regulamentação das atividades privadas; haja em vista o caso dos contratos de locação e de mútuo.[12]

Na doutrina comercialista, registraram-se várias adesões a essas ideias. Ruy de Souza, em obra clássica, afirma ser

> irrelevante o critério classificatório do direito comercial no campo do direito privado, sendo a conformação jurídica de cada norma ou de cada instituição assunto local ou de conveniência, questão política portanto, e *estando o direito comercial cada vez mais publicizado*.[13]

---

11. Questionando a expressão, afirmava Georges Ripert ser um "néologisme d'une deconcertante imprécision" (RIPERT, Georges. *Le déclin du Droit*, 1949, p. 38).
12. MONCADA, Luis S. Cabral de. *Direito económico*, 1988, p. 24-5.
13. SOUZA, Ruy de. *Direito das empresas*: atualização do direito comercial, 1959, p. 119. Esse sentimento também tocou a civilística. René Savatier, em *Du droit civil au droit public*

Dirigismo contratual

A primeira expressão da intervenção econômica foi o *dirigismo contratual*, fulminando a concepção prevalecente do negócio jurídico como expressão da autonomia da vontade. Célebres são os lamentos de René Savatier, nas primeiras linhas de seu *Les méthamorphoses économiques et sociales du droit civil d'aujourd'hui*: "Era tão bela e tão simples a noção do contrato no Código Civil!!".

O Estado impõe a obrigação de contratar (como ocorre com as concessionárias de serviços públicos), fixa a totalidade dos termos do contrato (por vezes até do preço, quando tarifado) ou, ao menos, estipula cláusulas obrigatórias, ao lado das vedações de ordem pública.[14] Por vezes, isso leva à situação em que uma das partes sequer conhece a existência do contrato que a vincula.[15]

Em um primeiro momento, o objetivo do dirigismo era neutralizar as diferenças de poder e os desequilíbrios econômicos entre as partes, sendo um exemplo clássico o detalhado regramento das relações de inquilinato. Isso implicava uma visão atomizada do contrato e o foco nos agentes individualizados. O contrato era o alvo da norma de ordem pública, que ali parava, tendo alcançado seu objetivo.

Posteriormente, o contrato passa de objeto da regulação a instrumento da regulação. A preocupação do Estado não reside na relação contratual em si. O negócio se insere no desenvolvimento de uma atividade regulada, e o meio mais direto de regrar essa atividade é formatar os modelos e termos contratuais nela empregados. O foco passa a ser o setor econômico.

Há um exemplo bastante curioso dessa transformação. Nos anos 1970, ao tempo em que Alfred Kahn era presidente da New York Public Services Commission, proibiu-se que nas novas locações fosse cobrado um valor fixo dos inqui-

---

(1945), afirma a tendência à publicização. Já Charles Eisemann, em resposta, enxerga o fenômeno oposto, de sujeição do Estado ao contrato.

14. "Os contratos perdem aquela sua nítida expressão do querer das partes, para virem à disciplina da lei inteiramente reguladora, previamente, com o intuito de estabelecerem o equilíbrio preciso entre as vontades. Equilíbrio que se desajustara sob a pressão do poderio econômico de uma das partes" (SOUZA, op. cit., 1959, p. 65). "(T)odo o direito dos contratos se renova ou se altera, afirmando-se como traços mais incisivos dessa transformação: 1) a obrigação imposta aos particulares de celebrarem contratos; 2) a apreciação da validade dos contratos em função do seu ajustamento aos dados da política desenvolvimentista; 3) a predeterminação legal do conteúdo de importantes e numerosos contratos; 4) a submissão a outras regras, com a mesma inspiração, das próprias condições de sua execução e dos efeitos de sua inexecução" (GOMES, Orlando; VARELA, Antunes. *Direito econômico*, 1977, p. 32-3).

15. Ibidem, p. 161 e 201.

linos a título de consumo de gás e eletricidade, para desincentivar o consumo.[16] Tem-se aí uma situação em que o regramento de um contrato de locação - área pioneira do dirigismo contratual voltado à tutela do equilíbrio entre as partes - passa a ser feito de modo a transcender a relação dos indivíduos, mirando nas exigências regulatórias do setor energético.

Empresas estatais

O outro instrumento do Estado dirigista, na sua empreitada de intervenção econômica, foi a empresa estatal. Atendendo a um imperativo histórico, tais empresas foram constituídas em plena conformidade com as regras de direito societário. Não houve aqui uma "publicização" do direito privado, mas, pelo contrário, uma "privatização" dos meios de atuação estatal. Isso gera perplexidades até hoje irresolutas.

Tais empresas foram constituídas em resposta aos desafios de suas épocas: a) reunir e acumular capitais em escala suficiente para realizar investimentos em infraestrutura, muitas vezes em situação de monopólios naturais, ou para a implantação de indústria pesada, intensiva em capital; b) permitir a apropriação pelo Estado de rendas de atividades altamente lucrativas, ainda em regime de monopólio público, como a venda de tabaco, bebidas e a exploração de jogos de azar; c) instrumentalizar políticas públicas anticíclicas; d) responder a abusos de poder econômico privado ou a outras falhas de mercado.[17]

Apontam-se duas ordens de fatores para a potencial ineficiência dessas empresas. Em primeiro lugar, figuram as causas relacionadas à propriedade estatal: as indicações de gestores são políticas; não há incentivos para o monitoramento de suas atividades pelos cidadãos, como os há no que se refere aos acionistas de empresas privadas; é difícil avaliar seu desempenho, pois, ao lado dos objetivos econômicos, elas têm fins não econômicos. Em segundo lugar, ficam as causas relacionadas à falta de competição, pois as estatais, em geral, atuam em situação de monopólio natural ou em setores oligopolizados.[18]

---

16. McCRAW, Thomas. *Prophets of regulation*. Charles Francis Adams, Louis D. Brandeis, James M. Landis, Alfred E. Kahn, 1984, p. 255.
17. PINTO JUNIOR, Mário Engler. *Empresa estatal*. Função econômica e dilemas societários, 2013, p. 12-3.
18. TREBILCOCK, Michael J.; PRADO, Mariana Mota. *Law and development*, 2014, p. 167-9. Majone aponta os seguintes problemas para a atuação direta do Estado por empresas públicas: a) captura dos gestores públicos pelos políticos e sindicatos; b) excesso de pessoal; c) monopólios públicos; d) objetivos ambíguos e inconsistentes; e) pouca coorde-

Buscando remediar tais problemas, o Estatuto Jurídico das Empresas Estatais (Lei n. 13.303/2016) – sem derrogar regras societárias ordinárias – veio estabelecer requisitos, procedimentos e obrigações adicionais para essas sociedades. O Capítulo II do diploma – "Do Regime Societário da Empresa Pública e da Sociedade de Economia Mista" – impõe a adoção de regras de governança corporativa e de transparência e controle, além de impor determinadas estruturas gerenciais – por exemplo, as exigências de comitês de auditoria e a presença de conselheiros independentes nos conselhos de administração. Fixam-se requisitos para a nomeação de administradores, com a exigência de experiência específica e a criação de vários impedimentos. Colocaram-se algumas obrigações adicionais para a diretoria (por exemplo, a apresentação de plano de negócios para um horizonte temporal de cinco anos) e para o conselho, relacionadas à gestão de riscos e à avaliação dos administradores. Estabeleceram-se exigências de governança corporativa também para empresas em que não haja controle estatal, mas nas quais a pessoa jurídica de direito público detenha mera participação no capital (art. 1º, § 7º).

A criação de tais entidades faz-se de modo relativamente discricionário. Na Europa, prevalece a noção da neutralidade do direito comunitário em relação à titularidade pública ou privada das empresas, não obstante as restrições a subsídios governamentais que distorçam a concorrência em favor desses entes. No Brasil, a Constituição vincula a atuação direta do Estado a conceitos indeterminados, como "segurança nacional" e "interesse coletivo", restando vaga a ideia de subsidiariedade. Na prática, a questão se resume ao atendimento de um requisito formal: a autorização constitucional ou legal,[19] a qual, nos termos da Lei n. 13.303/2016, é exigível igualmente para a constituição de subsidiárias de estatais.

Cabe tecer considerações sobre como o regime das empresas estatais relaciona-se com o direito privado e com a regulação econômica.

---

nação entre as empresas públicas; f) falta de supervisão estatal efetiva (MAJONE, Giandomenico. *Regulating Europe*, 1996, p. 18).

19. A atuação direta do Estado na economia é permitida quando: a) houver expressa autorização constitucional, como ocorre exemplificativamente com os monopólios (art. 177) e os serviços públicos (art. 175); b) quando se tratar de questão de segurança nacional e houver lei federal expressa autorizadora; c) quando houver relevante interesse coletivo e lei de qualquer nível federativo autorizando a criação da empresa pública ou sociedade de economia mista pelo ente federado. Nas hipóteses "b" e "c", a atuação estatal faz-se em regime de competição com a iniciativa privada (AGUILAR, Fernando Herren. *Direito econômico*: do Direito nacional ao Direito supranacional, 2012, p. 367).

Em primeiro lugar, reitere-se que o regime jurídico das empresas estatais cola-se às normas de direito societário, não modificando sua estrutura essencial, seus princípios e seus conceitos fundamentais – já que as normas específicas da lei especial (Lei n. 13.303/2016) limitam-se a fixar alguns requisitos e regras adicionais, que, aliás, são adotados na praxe também por empresas privadas. Há aqui o fenômeno inverso ao do dirigismo contratual: o Estado não modifica nem publiciza o direito privado, mas dele se utiliza diretamente para seus propósitos.

Nesse ponto há consenso das doutrinas brasileira e estrangeira:

> [Na empresa pública], o processo das sociedades por ações é empregado, subordinando a estrutura da empresa e o seu funcionamento. Publiciza-se a técnica comercial, porém, adaptando-a o Direito à conformação das empresas públicas e à preocupação desutilitária dos negócios do Estado [...] O que existe, nesse último caso, não é uma transformação que afeta ao Direito, nem será uma revolução nos processos jurídicos da instituição. Esta continua íntegra sob o regime de Direito Administrativo aplicado à empresa pública, como estaria íntegra, também, se a dessocialização se operasse, voltando a ser uma empresa privada. Em um ou no outro campo, *as regras jurídicas continuariam especiais e invariáveis e intocadas*; seria, sem dúvida, um mero problema de transposição.[20]

> La proprietà pubblica e la pubblicizzazione dell'impresa sovente non toccano la forma delle regole del diritto privato comune, sul pressuposto che è *suficiente agire sulla struttura dei diritti dominicali per modificare gli incentivi e la gerarchia de gli interessi da perseguire*.[21]

O art. 2º da Lei n. 13.303/2016 dispõe expressamente que o exercício da atividade econômica pelo Estado se faça por meio de pessoa jurídica de direito privado, sob forma societária, o que implica a vedação de que tal exploração se dê "por meio de pessoas jurídicas de direito público ou por via de pessoas privadas de natureza não mercantil".[22] Vedada está a atividade econômica exercida por órgãos da administração direta, por entidades autárquicas ou similares, fundações, associações ou sociedades simples controladas pelo Estado.

---

20. SOUZA, op. cit., 1959, p. 68 e 105.
21. ZOPPINI, op. cit., 2009, p. 14.
22. JUSTEN FILHO, Marçal (org.). *Estatuto jurídico das empresas estatais*, 2016.

Essa invariância do direito privado quando utilizado pelo Estado empresário torna ainda mais curioso o fenômeno que é estudado no presente livro: a modificação da estrutura e dos processos societários, no seio de empresas privadas, para fins regulatórios.

A segunda consideração a fazer é que, ao se servir do direito societário comum para seus empreendimentos, o Estado termina por assumir uma posição incompatível com o seu papel de legislador em matéria de direito comercial. Esse "conflito de interesses inerente ao duplo papel do Estado como acionista e regulador" é agravado pelo fato de utilizar o Estado "mecanismos de alavancagem, como ações de classe dupla, pirâmides e afins, sem deter uma participação acionária proporcional na companhia" - o que aumenta ainda mais os incentivos e as oportunidades de expropriação dos minoritários.[23]

O conflito apontado por Mariana Pargendler leva ao enfraquecimento dos direitos dos acionistas minoritários[24] e submete o regime societário a tentações arbitrárias[25] ou aos casuísmos ditados pelas momentâneas conveniências estatais.[26]

A terceira consideração a fazer é que a empresa estatal pode fazer as vezes da regulação econômica, no fenômeno da "regulação por nacionalização",[27] o que explica a inexistência ou irrelevância das agências regulatórias autônomas nos países e setores estatizados, bem como a falta de interesse doutrinário pela regulação, no Estado dirigista.

O fenômeno é apontado por Calixto Salomão Filho:

> Na realidade, a disciplina interna da empresa de economia mista muitas vezes acaba por servir de *substituto ou de complemento à regulação do mercado*. Assim, por exemplo, em muitos setores econômicos, é na disciplina societária das

---

23. PARGENDLER, Mariana. *Evolução do direito societário*. Lições do Brasil, 2013, p. 227 e 274.
24. "When state-owned enterprise is governed by the law of private corporations, the result is often irresistible pressure to weaken that law - and particularly the protection that it offers to small shareholders" (Henry Hansmann, prefácio a PARGENDLER, op. cit., 2013, p. 14).
25. Dê-se o exemplo do Decreto n. 2.928/40, o qual absurdamente retirava o direito de membros do conselho fiscal das empresas de titularidade do governo federal de examinar os livros, para aplacar a "curiosidade" dos demais acionistas (ibidem, p. 184).
26. O melhor exemplo foi a retirada do *tag along* dos acionistas minoritários para aumentar os resultados das privatizações de estatais, e o retorno desse direito, embora com algumas mudanças, quando os interesses do Estado passaram a coincidir com os dos minoritários, por conta de participações de bancos de fomento ou fundos de pensão patrocinados.
27. A expressão é de Giandomenico Majone (op. cit., 1996, p. 13-4).

> empresas de economia mista organizadas sob a forma de companhias abertas que vai ter de se encontrar o melhor equilíbrio entre exigência de interesse público e necessidades econômicas.[28]

No presente livro, pretende-se dar um passo a mais e pensar como isso – a busca de equilíbrio entre o interesse público e o imperativo de lucro – ocorre também na sociedade empresarial privada, cuja estrutura e procedimentos internos convertem-se em instrumento explícito de regulação econômica, e não em alternativa a ela.

Estado regulatório e instrumentalização do direito privado

O advento do Estado regulatório rearranja as cartas da relação entre o direito público e o direito privado. As duas esferas já não são mais confundidas ou misturadas. Retoma-se a *dicotomia*, e passa a fazer sentido refletir sobre os papéis próprios e peculiares que possa assumir o direito privado na tarefa da regulação.

Essa distinção pode ser retomada em uma perspectiva mais tradicional, na qual o regulador recua e deixa os mecanismos do direito privado agirem descentralizadamente para combaterem as falhas de mercado, seja pelo fomento às tratativas diretas entre as partes envolvidas – após um esforço de redução de custos de transação –, seja pela crença na eficácia do contencioso privado, confiando-se que aqueles prejudicados por essas falhas recorrerão ao Poder Judiciário para combatê-las, obtendo indenização pelos danos padecidos. Concebe-se uma sequência de prioridades: as *falhas de mercado* devem ser combatidas primordialmente pelo direito privado, e só se deve recorrer aos instrumentos de direito público se as *falhas de direito privado* forem mais gravosas que as *falhas regulatórias*. Assim, por exemplo, há de se sopesar se as dificuldades de coordenação pela via contratual dos agentes atomizados são intransponíveis e compensam os riscos de captura do regulador estatal. É o que chamamos de papel fraco do direito privado na regulação.[29]

Mas a retomada da distinção público-privado pode-se fazer de modo mais harmonioso e menos estanque. O direito privado pode ser visto não como uma

---

28. Calixto Salomão Filho, prefácio a PINTO JUNIOR, Mário Engler. *Empresa estatal*, 2013, p. VIII.
29. *V.* "Papel fraco: direito privado como alternativa à regulação de direito público", neste Capítulo.

melhor alternativa ao direito público, mas como um instrumento paralelo, que ataca a questão por um flanco, enquanto o regulador público, coordenadamente, a ataca pelo outro. Em outras palavras, o direito privado passa a ser visto como meio complementar, e não excludente, da regulação; uma ferramenta a ser utilizada simultaneamente à ferramenta de direito público, de modo concordante e concertado.[30] Deem-se dois exemplos: a) a celebração do contrato privado faz-se em ambiente institucional específico, criado pelo Estado, que põe determinados parâmetros e objetivos setoriais a serem arranjados pelas partes contratantes com alguma margem de autonomia; b) o contencioso privado é empregado não para o enfrentamento genérico das falhas de mercado, mas para fazer valer a imperatividade das normas regulatórias públicas, em especial por meio de ações coletivas ou de ações civis públicas de tutela de interesses difusos, ao lado dos mecanismos administrativos de monitoramento e punição.

Nessa concepção mais harmônica, direito público e privado são dois instrumentos musicais de timbres e intensidades sonoras diversas - um de cordas, outro de percussão -, mas postos a tocar a mesma partitura. O direito privado converge, com uma lógica e técnica próprias, aplicadas de modo inovador, para os objetivos explicitados pelo regulador. É o que chamamos de *papel forte* do direito privado na regulação econômica.

Antes de aprofundar essas ideias nos tópicos subsequentes, já deixamos registrado que o direito societário, em si, sempre exerce um papel fraco de regulação, pois os sócios coordenam seus interesses na montagem da organização e mantêm um determinado nível de transparência por exigência normativa. Ademais, os minoritários podem, descentralizadamente, utilizar seus direitos para combater - em geral com pouco êxito - os abusos do poder de controle, que, incontidos, podem se espraiar também para a conduta da empresa controlada no mercado.

No âmbito do presente livro, no entanto, pretendemos estudar o que identificamos como um *papel forte* do direito societário na regulação,[31] ou seja, a moldagem societária ajustada de modo intencional às exigências da regulação setorial, em coordenação com outros mecanismos de direito público empregados para o mesmo fim.

---

30. Waldirio Bulgarelli já chamava a atenção para "o caráter instrumental do novo direito empresarial" (prefácio a FRANÇA, Erasmo Valladão Azevedo e Novaes. *Conflitos de interesse nas assembleias de S/A*, 1993).

31. *V.* "Papel forte: direito privado como instrumento da regulação", neste Capítulo.

Papel fraco: direito privado como alternativa à regulação de direito público

Market failure and private law failure have to be compared with regulatory failure.
Anthony Ogus

Denominamos papel fraco do direito privado na regulação o seu emprego para a correção das falhas de mercado, pelos mecanismos típicos e tradicionais da contratação (quando os custos de transação são baixos) e do contencioso judicial *ex post*.

De fato, o direito privado pode contribuir para a internalização de custos sociais de externalidades, atuando *ex ante* por meio da atribuição de direitos de propriedade, da celebração de contratos entre o agente econômico e aqueles beneficiados ou prejudicados por suas atividades, ou, *ex post*, pelos mecanismos de responsabilidade civil, seja subjetiva, seja objetiva. Ele também se presta à tutela da competição e da concorrência, pela decretação da nulidade de contratos que restrinjam o livre comércio ou leis de ordem pública, ou pela concessão aos terceiros prejudicados de direitos indenizatórios pelos danos que sofrerem devido às práticas anticompetitivas.[32]

Há de se comparar a funcionalidade desses mecanismos relativamente àqueles típicos da regulação de direito público (imposição unilateral de regras cogentes e monitoramento e punição pela via administrativa).[33]

As principais diferenças entre a regulação de direito privado (em sentido fraco) e a regulação de direito público são as seguintes: a) há autonomia, maior emprego de normas dispositivas, descentralização na atuação dos agentes e uso de informações privadas no manuseio dos instrumentos de direito privado, enquanto o regime de direito público assenta-se na centralidade do papel do Estado, na heteronomia, na cogência das normas, na subordinação dos agentes ao regulador e no levantamento administrativo das informações; b) o direito privado funda-se na ideia de consenso (relativizada pelo princípio majoritário

32. OGUS, Anthony. *Regulation*. Legal: Legal form and Economic Theory, 2004, p. 23.
33. Ogus considera que existe uma tensão entre dois sistemas de organização econômica da sociedade: o sistema de mercado, em que os arranjos são predominantemente por instrumentos de direito privado, e o sistema coletivista, em que o estado busca direcionar comportamentos pela regulação (ibidem, p. 1).

nas sociedades), enquanto a regulação de direito público adota uma perspectiva unilateral, instrumental e consequencialista; c) a dispersão entre incontáveis agentes dos esforços para fazer valer o direito privado pode gerar problemas sérios de coordenação de esforços e de estruturação de incentivos - um problema de ação coletiva; d) o direito privado tem maior eficiência alocativa, mas é veículo inadequado para a implementação de medidas redistributivas, já que foca nas relações atomizadas, e não no agregado dos grupos sociais. Isso faz com que se mantenham intocadas as estruturas de poder do próprio mercado, que "cria suas próprias hierarquias através dos contratos";[34] e) o custo da efetivação dos mecanismos privados recai sobre os particulares, enquanto os mecanismos públicos são suportados com recursos financeiros da Administração; f) os mecanismos de direito privado podem desconsiderar fronteiras políticas, havendo a possibilidade de contratos entre partes domiciliadas em países diversos ou de particulares recorrendo a outras jurisdições nacionais para a tutela de seus interesses, enquanto a Administração pública exerce diretamente seus poderes em dado âmbito territorial;[35] g) o direito privado é composto por regras processuais e substanciais uniformes e gerais, de emprego transversal, pouco ajustadas e calibradas para as particularidades de cada setor da economia. Já a norma regulatória pública tende a ser detalhada e implementada por procedimentos altamente específicos; h) o direito privado é mais conectado, por razões históricas, à cultura jurídica tradicional, e, por isso, mais resistente a mudanças, contrastando com a maior variabilidade e ajustabilidade da norma regulatória de direito público; i) a ausência de explicitação, pelo direito privado, de seus objetivos regulatórios, em contraste com a norma administrativa: "nas doutrinas de direito privado, a formulação de princípios descreve mais uma ordem deôntica do que um conjunto de objetivos instrumentais".[36] Essa ausência é, ao mesmo tempo, a força do direito privado - pois permite que cada geração reinterprete seus obje-

---

34. COLLINS, Hugh. *Regulating contracts*, 2003, p. 23. "Private law regulation offers flexibility but cannot guarantee egalitarian treatment" (LANE, Jan-Erik. *Public administration and public management*. The principal-agent perspective, 2005, p. 157).
35. ZOPPINI, op. cit., 2009, p. 20. Até para fazer valer a regulação supranacional, pode haver mecanismos de direito privado, e sem restrições territoriais. Dê-se o exemplo do US Alien Tort Claim Act, de 1789, que confere jurisdição às cortes ianques para julgar ações de danos decorrentes de violação da lei das nações. Foi usada por ONGs nos anos 1990 para punir empresas que violavam direitos humanos em outros países (MORGAN, Bronwen; YEUNG, Karen. *Introduction to law and regulation*. Text and materials, 2007, p. 327).
36. COLLINS, op. cit., 2003, p. 79.

tivos – e sua fraqueza, pois dificulta avaliar sua eficiência como sistema regulatório, pois não se pode avaliar objetivo não declarado; j) o poder político liga-se à função e caracteriza-se por ser um "poder para" algo,[37] regrado em sua competência e adstrito a sua finalidade; o poder privado, que permeia as relações particulares, é um "poder sobre" algo ou alguém, e embora se afirme que deva atender a finalidades sociais, elas não são explícitas e claras; l) os mecanismos de direito privado pressupõem liberdade de entrada e saída do mercado, enquanto na regulação de direito público há controle de acesso; m) a atuação jurisdicional na regulação de direito privado busca resolver o caso concreto, e não definir padrões para o mercado;[38] n) falta expertise aos tribunais para as questões de mercados setoriais, e seu conhecimento é restrito às informações trazidas pelas partes, em geral distorcidas pelo conflito; o) faltam também aos tribunais mecanismos de reavaliação e ajuste *a posteriori* da eficácia da decisão a partir de novas informações (*feedback*),[39] bem como informações sobre outras ações judiciais contra o mesmo réu, de modo a verificar se as indenizações totais são excessivas ou insuficientes; p) podem ser feitas transações em valores muito inferiores aos prejuízos padecidos, eliminando a força dissuasória da ação judicial; q) uso de seguros pode reduzir a eficácia repressiva do contencioso privado.[40]

Há, por conseguinte, um amplo espectro de dimensões nas quais devem ser apreciados os prós e contras da regulação de direito privado, para se poder concluir por sua adequação ou inaptidão *in concreto* no enfrentamento dos problemas regulatórios.

Por sua vez, a regulação de direito público também apresenta problemas, custos e falhas (*regulatory failures*).

Existem restrições derivadas de *assimetria informacional*, excessiva *burocratização*, dificuldades de *coordenação* dentro do próprio Estado para a implemen-

---

37. LOUGHLIN, Martin. *The idea of public law*, 2004, p. 158.
38. Isso pode implicar um paradoxo: "Justiça no varejo propicia a injustiça no atacado", consoante o argumento da Justiça gaúcha, no Acórdão Cível n. 70.015.204.175, da 15ª Câm. Cível do Rio Grande do Sul, j. 21.06.2006, citado por Arthur Sanchez Badin em *Controle judicial das políticas públicas*. Contribuição ao estudo do tema da judicialização da política pública pela abordagem da análise institucional comparada de Neil K. Komesar, 2013, p. 37.
39. COLLINS, op. cit., 2003, p. 84-5.
40. BALDWIN, Robert; CAVE, Martin. *Understanding regulation*: Theory, strategy and practice, 1999, p. 52.

tação das medidas regulatórias,[41] bem como o risco de *captura*.[42] Há também o problema dos vários custos envolvidos na regulação de direito público e a tendência a sua expansão ilimitada, pela crença de que a solução dos problemas da regulação seja mais regulação: em 1991, comissão de desregulação do governo federal alemão concluiu que "a regulação da economia se autoalimenta (*self-inflating*) ao querer corrigir seus múltiplos efeitos negativos por novas regulações".[43]

Por tais razões, os problemas da regulação de direito público podem eventualmente superar os existentes no mercado. Stigler dizia, com sua expressividade característica, que não há garantia de que as falhas de mercado serão corrigidas pelo Estado: a sociedade pode sair da frigideira do mercado e cair no fogo.[44] Dicey, por sua vez, advertia que "o efeito benéfico da intervenção estatal, especialmente na forma da legislação, é direto, imediato e, por assim dizer, visível, enquanto seus efeitos maus são graduais e indiretos e não dão na vista".[45]

O reconhecimento da existência de falhas regulatórias[46] implica que sejam elas comparadas, em primeiro lugar, com as falhas de mercado – para verificar se a regulação de direito público não tem consequências iguais ou piores do que

41. Para Laffont e Tirole, as limitações à eficiência da atividade regulatória são de três tipos: informacionais (risco moral e seleção adversa), transacionais (quando a regulação envolve celebração de contrato) e político-administrativa (existem restrições legais tanto quanto aos objetivos que podem ser perseguidos como em relação aos instrumentos, além de uma série de exigências procedimentais (LAFFONT, Jean-Jacques; TIROLE, Jean. *A theory of incentives in procurement and regulation*, 1993, p. 1-6).
42. É certo, porém, que a captura pode implicar também a inexistência de regulação de direito público, se tal ausência convier ao agente privado exercente da influência indevida. "Government regulation is often necessary, sometimes in generous measure, to facilitate strong private markets. Further, policy choices about whether or not to regulate are susceptible to the same kinds of rent-seeking problems that plague decisions about how to regulate" (MACEY, Jonathan. "Commercial banking and democracy: The illusive quest for deregulation". *Yale Journal on Regulation*, v. 23, p. 1-27, 2006, p. 27).
43. Apud ARIÑO ORTIZ, Gaspar; CUÉTARA, Juan Miguel de la; CASTIELLA, Íñigo del Guayo. *Regulación económica*. Lecturas escogidas, 2012, p. 116.
44. STIGLER, George. *The citizen and the State*: Essays on regulation, 1975, p. 113. A propósito, os neoclássicos gostam de metáforas: o economista americano Arthur Okun comparava a redistribuição de renda dos ricos para os pobres por mecanismos administrativos com o transporte de água de um lugar a outro utilizando-se um balde furado, pois gera perdas representadas por custos burocráticos e distorções de mercado. A metáfora consta de *Equality and efficiency*: The big trade-off).
45. Citado por OGUS, op. cit., 2004, p. 9.
46. "To compare a friction-free vision of regulation with the imperfect operation of the Market is to bias any analysis in favour or regulation" (BALDWIN; CAVE, op. cit., 1999, p. 56).

a disfunção do mercado que se quer corrigir[47] –, e, em segundo lugar, com as eventuais falhas de direito privado, pois a regulação de direito público deve ser o remédio de última instância, de natureza excepcional e temporária, sempre cedendo ao direito privado, quando possível, segundo a Escola de Chicago. Para essa linha teórica, o direito privado é mais eficiente porque não restringe o funcionamento dos mercados e não aporta efeitos colaterais aos grupos que se quer proteger.[48] No mesmo sentido, Selznick afirma que a regulação implica "respeito e deferência face ao sistema de ordem privada", e que é uma "fenômeno inerentemente derivado, parasítico sobre uma atividade substantiva".[49] Alfred Kahn ressalta que "o papel do governo permanece essencialmente negativo", fixando padrões mínimos de qualidade e patamares máximos de preços, mas que a responsabilidade primária do desempenho econômico fica nas mãos dos gestores privados.[50] A regulação opera "na periferia do processo de tomada de decisões".[51]

No entanto, a crença na possibilidade recorrente de se utilizarem mecanismos regulatórios de direito privado choca-se com a advertência de Hugh Collins no sentido de que "o Direito privado é uma forma fraca para implementar a regulação econômica e social. Afinal de contas, foi a busca por técnicas de regulação mais efetivas que conduziu à criação de estilos modernos de regulação pública".

Em conclusão, a comparação dos remédios de direito público e de direito privado deve ser feita *in concreto*, e não com *parti pris* em favor de uma ou outra solução.

Steven Shavell observa que as respostas *ex post*, como a responsabilidade civil e o antitruste, prestam-se a situações em que as vítimas são bem informadas, os réus são solventes e os custos judiciais são relativamente baixos. Não serão as mais adequadas em contexto diverso.

A solução contratual para as falhas de mercado, preconizada por Coase como a mais eficiente, exige baixos custos de transação, o que pressupõe um alto ní-

---

47. "Quando ocorre a falha regulatória, é provável que ela conduza a um oligopólio desregulado ou a um cartel implícito, a falha de mercado que existiria se não houvesse regulação" (MELODY, W. H. "Designing utility regulation for twenty-first century markets, 2002, p. 75).
48. Hugh Collins afirma que o risco de *backfire* se aplica à regulação que busque alterar os preços do mercado (COLLINS, op. cit., 2003, p. 275).
49. SELZNICK, Philipp. "Focusing organizational research on regulation", 1985, p. 363-4.
50. KAHN, Alfred A. *The economics of regulation*. Principles and institutions, 1991, p. 18-I.
51. Ibidem, p. 47/II.

vel de desenvolvimento institucional.[52] Além disso, a premissa do Teorema de Coase é que os direitos das partes estejam bem definidos e que os resultados de seus atos sejam fáceis de prever, o que é um "grande se", na expressão de Lawrence Friedman.[53]

Papel forte: direito privado como instrumento da regulação

O direito privado pode ter função regulatória reforçada, como o instrumento principal do regulador para a moldagem de um dado setor da economia. Nesses casos, o direito privado não ocupa o espaço deixado pelo recuo do regulador estatal, mas, pelo contrário, constitui uma das bases a partir das quais o regulador pode avançar em direção a seus desígnios.

Para Tony Prosser,

> regulação não é simplesmente uma questão de direito público [...], mas é igualmente um meio de organização através do direito privado [...]. Não é um "segundo melhor" (*second best*) preocupado com a correção de falhas de mercado, podendo ser uma escolha preferencial à operação do mercado por razões sociais, políticas e distributivas.[54]

Quando se considera o papel forte do direito privado na regulação, os instrumentos privatísticos, relativamente aos instrumentos de direito público, são tidos como complementos, e não alternativas; empregados de modo simultâneo, e não com anterioridade; desprovidos de prioridade ou caráter preferencial, mas considerados de igual valia. As ferramentas privadas e públicas têm

---

52. VELJANOVSKI, Cento. "Economic approaches to regulation", 2012, p. 23.
53. FRIEDMAN, Lawrence. "On regulation and legal process", 1985, p. 135.
54. PROSSER, Tony. "Conclusion: Ten lessons", 2010, p. 309-10. Prosser distingue dois modelos de regulação: 1) a regulação como controle: a) regulação é vista como intrusão na autonomia privada, sendo "sempre lamentável"; b) só e necessária quando há falhas de mercado e visa apenas a ampliar a eficiência; c) preocupação principal é com o *design* da governança para garantia da autonomia e condução técnica das agências; d) atividade regulatória vista como produção de regras; e) contratos privados podem ser mecanismos de coordenação, com incentivos adequados, f) enfatiza mecanismos de direito privado, para *accountability* do regulador; 2) regulação como empresa (*enterprise*): a) eficácia e redistribuição são objetivos igualmente legítimos; b) não se busca a independência das agências, mas sua cooperação com os governos; c) não há espaço para autorregulação pura, mas apenas para corregulação, e não se confia nos instrumentos do direito privado (PROSSER, Tony. "Models of economic and social regulation", 2010, p. 37-47).

suas funcionalidades próprias, insubstituíveis, e estão todas à plena disposição do regulador, em sua tarefa de moldar um dado mercado setorial.

Isso modifica o direito público, que passa a considerar e usar estrategicamente institutos de direito privado, no planejamento de sua atuação regulatória, enfraquecendo seu caráter centralizador e hierárquico. Altera-se também o próprio direito privado, que tem de transcender o plano limitado das relações atomizadas entre indivíduos, com seus interesses egoísticos, e visualizar o plano mais largo do mercado setorial no qual se insere. Os interesses do mercado setorial passam a ser o norte para o qual convergem os atos jurídicos privados. Hugh Collins afirma que a diferença entre direito público e privado não está no conteúdo das regras, mas nos métodos de raciocínio, sendo o direito privado "altamente autorreferencial e fechado". Sua abertura ao contexto do mercado setorial revela seu potencial como instrumento regulatório.[55] Isso implica não apenas aceitar, mas fomentar o diálogo e a busca de concatenação entre os agentes públicos e privados.

Em outro plano, a constituição de vínculos obrigacionais pela autonomia da vontade dos agentes não precisa ser algo que ocorra à margem da regulação setorial, mas pode ocorrer dentro do propósito mais amplo de construção de um quadro regulatório, com divisão de funções e delegação do regulador. Nesse caso, fixam-se objetivos e deixa-se ao critério das partes atingi-los pela negociação dos termos de sua interação no exercício da atividade regulada.

Essa também é a essência da autorregulação, que, por delegação expressa ou tácita do regulador: a) pode ocorrer no âmbito de associações ou redes de empresas, fixando regras e padrões para as firmas atuantes em um mercado; b) expressa-se no seio de cada empresa, exigindo-se que os sócios estruturem sua organização empresarial segundo objetivos determinados, relevantes para o funcionamento do setor econômico em que atuem – fenômeno estudado no presente livro.

Finalmente, no papel reforçado, o direito privado amplifica e robustece a eficácia da norma regulatória de direito público, pondo a seu serviço o contencioso privado, em especial o coletivo. Nesses casos, em lugar de o regulador lavar as mãos e deixar aos particulares o recurso ao Poder Judiciário para enfrentarem as falhas de mercado, de modo assistemático e pulverizado, ele fomenta o exercício coletivo do direito de ação para dar mais força às normas regulatórias – conside-

55. COLLINS, op. cit., 2003, p. 32.

rando sua infração ilícito passível de indenização em favor das comunidades afetadas e admitindo a imposição judicial de obrigações de fazer ou não fazer –, em complemento à supervisão e monitoramento no plano administrativo.

O emprego desses remédios de direito privado exige uma análise sofisticada, para que possam eles maximizar, e não reduzir, o impacto dos esforços regulatórios. A efetividade da regulação privada dependerá de vários fatores, podendo-se citar, exemplificativamente: 1) a profundidade da preocupação reputacional entre as empresas reguladas; 2) a relevância da flexibilidade no detalhe regulatório; 3) a existência de capacidade burocrática e autonomia por parte dos reguladores não governamentais; 4) o grau de transparência do processo regulatório; 5) a seriedade da *accountability*.[56] É certo que isso pode implicar gastos excessivos com a regulação, pois, ao lado dos custos da máquina pública, haverá uma série de gastos privados, em uma multiplicação de esforços talvez redundantes. Mas aqui cabe a advertência de Joseph Stiglitz: "Os custos de duplicação são muito menores do que os custos de erros".[57]

Nos itens que seguem, cada um dos remédios ou técnicas de direito privado aqui citadas como exemplos do papel forte do direito privado na regulação corresponderá a um diferente critério para a própria delimitação da dicotomia direito público-direito privado.

Função regulatória do direito privado, conforme o critério adotado para a *summa divisio*

> *Também hoje, portanto, não é unívoca por toda a parte a delimitação das esferas do direito público e do privado. Muito menos ainda aconteceu isso no passado.*
>
> Max Weber

No Estado regulatório, não se pode mais apagar a diferença entre o direito público e o direito privado. Cada esfera tem sua integridade preservada, seus prin-

56. BALLEISEN, Edward; EISNER, Marc. "The promise and pitfalls of regulation: How government can draw on private governance for public purpose", 2009, p. 133.
57. STIGLITZ, Joseph. "Regulation and failure", 2009, p. 20.

cípios e conceitos fundantes, bem como um papel próprio a desempenhar na regulação geral e setorial.

O aprofundamento da discussão sobre o papel regulatório do direito privado exige, no entanto, definir preliminarmente a divisa entre este e o direito público, sob pena de se desenvolver um raciocínio manco e uma teorização insuficiente.[58] A resposta a essa questão prévia, no entanto, não é universal nem atemporal. A *summa divisio* adotou diferentes formas ao longo da história, e há presentemente vários critérios para se efetivar essa demarcação. À luz de cada um desses critérios, será apresentada, nos tópicos seguintes, a contribuição privada à empreitada regulatória.

O primeiro ponto a enfatizar é que a divisão é relevante, pois constitui um princípio organizativo da matéria jurídica. De fato, a divisão direito público-direito privado é a grande dicotomia, sendo por isso nominada pela doutrina europeia a *summa divisio*. Na lição de Norberto Bobbio, é uma distinção total, porque, uma vez estabelecida, "quaisquer que sejam os critérios distintivos propostos para fundá-la, não há ente do universo jurídico - seja ele relação, norma, instituição [...] - que não esteja inserido em uma ou outra das partes". Além disso, "a grande dicotomia é a principal, no sentido de que tende a absorver e anular (ou dissolver) outras dicotomias".[59]

Como todo o Direito se prende à dimensão social do indivíduo, a dicotomia não compromete a unidade do Direito. As regras de direito público e privado devem ter aplicação compatível e complementar:[60] ambas as espécies de normas podem veicular técnicas diversas para controlar o poder e proteger os indivíduos de seus abusos.[61]

O segundo ponto é apontar que a distinção ainda tem relevantes efeitos práticos e concretos. No Brasil, os estados e municípios não podem legislar sobre direito civil e comercial, embora possam organizar seus serviços e suas estruturas, o que implica clareza quanto às fronteiras do direito privado. Em países que

58. Isso porque a definição de direito privado - questão prévia - só pode ser respondida pela sua diferenciação do direito público. A propósito, tratando do conceito de direito público, afirma Guido Zanobini que "la sua definizione non può consistere in altro che nella distinzione fra il diritto pubblico e il diritto privato" (ZANOBINI, Guido. "Diritto pubblico (diritto moderno)", 1960, p. 1.022, v. V).
59. BOBBIO, Norberto. *Da estrutura à função*, 2007, p. 144-6.
60. CABALLERO, Francisco Velasco. *Derecho público más derecho privado*, 2014, p. 30.
61. OLIVER, Dawn. *Common values and the public-private divide*, 1999, p. 11.

têm contencioso administrativo, como a França, a questão é preliminar para a fixação da competência dos tribunais administrativos e judiciários. Os princípios da cada ramo são diversos – em especial o sentido de que se reveste o princípio da legalidade no direito privado e no direito público –, bem como os próprios métodos de interpretação e aplicação do Direito (como a proibição da analogia em alguns ramos do direito público).

A centralidade da dicotomia e sua importância prática tornam difícil acolher ideias que a reneguem. Por todos os contrários a ela, cite-se Günther Teubner, que defende a substituição da dicotomia – tida por ele como grosseira – pela noção de policontextualidade, com uma "multiplicidade de perspectivas".[62] Ora, no entanto, não se pode negar que "o dualismo existe, se impõe como um dado essencial: atravessa portanto o direito econômico".[63]

Em terceiro lugar, a dicotomia não pode ser considerada um conceito apriorístico, nem se pretender que se assente em essências. A divisão do direito público e do direito privado não coincide nem se sobrepõe à distinção entre a esfera pública e a esfera privada. Não se deve lançar do lado do direito privado a sociedade civil e o mercado, e, do lado do direito público, o Estado, como se se tratasse de um sistema binário e estanque.[64]

Em quarto lugar, "a *summa divisio* é uma realidade cultural do Direito", "uma possibilidade explicativa, necessariamente cambiante em seu conteúdo, do Direito de cada tempo e lugar".[65] A divisão tem uma natureza histórica: as fronteiras mudam e se alteram. No Direito inglês ela sequer era conhecida, mas passa a ser considerada dada a influência do direito comunitário. No plano historiográfico, o direito privado e o público são vistos "não mais como as duas partes do sistema jurídico, mas como os dois momentos da evolução do Direito".[66]

Por isso, a linha fronteiriça entre as duas partes do Direito oscilou conforme as mutações vivenciadas pelo Estado, ao longo da história.

---

62. A esse respeito, *v.* TEUBNER, Günther. *Direito, sistema e policontextualidade*, 2005.
63. FREEDMAN, Mark; AUBY, Jean-Bernard (eds.). *The public law/private law divide.* Une entente assez cordiale?, 2006, p. 48.
64. A dicotomia direito público-privado é útil para classificar "as diversas formas regulativas que estão presentes em cada setor material do Direito. Por isso, de cada setor regulado poderá dizer-se que é mais ou menos jurídico-público ou jurídico-privado, mas não que se enquadre em uma das duas esferas do direito" (CABALLERO, op. cit., 2014, p. 17-9). (FREEDMAN; AUBY, op. cit., 2006, p. 13).
65. CABALLERO, op. cit., 2014, p. 17-9.
66. BOBBIO, op. cit., 2007, p. 144-6.

No direito romano, consta do livro primeiro do Digesto o conceito de direito público como aquele que pertine à organização jurídica (*status*) da sociedade romana (*res romana*), e o direito privado, como o referente às utilidades dos particulares. Tais definições são atribuídas a Ulpiano, embora haja defensores de se tratar de uma glosa pós-clássica ou até mesmo uma interpolação justinianeia.[67]

Curiosamente, a distinção entre *ius privatum* e *ius publicum* desaparece na Idade Média para ser retomada só no século XVII.

Max Weber explica o fenômeno, vinculando-o ao eclipse do Estado no medievo:

> A Idade Média conhecia a divisão de poderes apenas como concorrência entre direitos subjetivos (privilégios ou pretensões feudais), e, por isso, ninguém se ocupava especialmente do direito público. O que existia no sentido deste encontrava-se dentro do "direito feudal" e de "serviço". Somente a combinação de vários elementos: no mundo dos fatos, o desenvolvimento da relação associativa dos privilegiados em direção a uma corporação pública no Estado estamental, que combina, de maneira crescente, a limitação e a divisão de poderes com uma estrutura institucional; e, no mundo das teorias, o conceito romano de corporação, o direito natural e, por fim, a doutrina francesa criaram as concepções jurídicas decisivas do direito público moderno.[68]

A construção dos Estados nacionais, paralelamente ao desenvolvimento do conceito de soberania, faz ressurgir a divisão. Domat e Montesquieu afirmam que o direito público é aquele que contém as regras relativas aos interesses do Estado. O Projeto do Código Napoleão continha artigo, não mantido no texto final, que assim dispunha: "As leis que interessam mais imediatamente à sociedade que aos indivíduos formam o direito público de uma nação. No direito privado estão aquelas que interessam mais imediatamente aos indivíduos que à sociedade".[69]

Hoje, apontam-se na doutrina vários critérios para delimitar os dois campos. A primeira teoria é subjetiva – o direito público destina-se ao regramento da conduta do Estado e dos entes que ajam com autoridade governamental

67. LOMBARDI, Gabrio. "Diritto pubblico (diritto romano)", 1960, p. 1.021, v. V.
68. WEBER, Max. *Economia e sociedade*, 1999, p. 10.
69. RIPERT, op. cit., 1949, p. 40.

(*hoheitlicher Gewalt*);[70] o privado dirige-se aos particulares.[71] É o mais superficial de todos os critérios, e o mais impreciso, pois o Estado por vezes se submete ao direito privado, e os particulares são afetados diretamente pelo direito público. As teorias objetivas consideram relevante o conteúdo prescritivo ou o sentido da norma – se atende a um interesse geral ou particular –, bem como o seu processo de formação – se autônomo ou heterônimo – e se trata dos destinatários das normas como estando em uma relação de igualdade ou subordinação.[72] Outro critério é aquele ligado à forma de se obter a efetividade da norma: o direito privado confere aos particulares o direito de ação, para que, em juízo, busquem o respeito a seus direitos; já a norma de direito público tem seu cumprimento tutelado centralizadamente, pela via das sanções administrativas e das medidas dotadas de autoexecutoriedade. Aponta-se também um critério mais amplo, segundo o qual o direito público busca uma determinada conformação para a vida social, ao contrário da neutralidade do direito privado. Por fim, para além da discussão da forma de segregar os dois ramos do Direito, discute ainda parte da doutrina sobre qual deles é o preponderante, o "direito comum": o público ou o privado.

Sendo uma realidade cultural, a *summa divisio* muda de cores e de intensidade nos diferentes países. "Na realidade existem variações nacionais significativas na forma como a separação público-privado é convencionalmente desenhada."[73] Assim, por exemplo, no *common law*, o Estado é *primus inter pares*, sujeitando-se ao direito privado.[74]

---

70. GYSIN, Arnold. *Rechtsphilosophie und Grundlagen des Privatsrechts*, 1969, p. 221.
71. "(L)a maggior parte degli scrittori ponel'essenza della distinzione nella qualità dei soggetti, cui il diritto volta a volta si riferisce: diritto pubblico è il diritto dello Stato e delle istituzioni ausiliari di esso: diritto privato è il diritto delli individui e delle persone giuridiche private" (ZANOBINI, op. cit., 1960, p. 1.023, v. V). Para Spencer Vampré, "direito público é o conjunto de regras que organiza os poderes públicos e pauta as relações desses poderes com os cidadãos. Direito privado é o conjunto de regras que organiza a vida social dos homens, considerado como indivíduos" (VAMPRÉ, Spencer. *Tratado elementar de direito comercial*, s/d, p. 14).
72. CABALLERO, op. cit., 2014, p. 31 e segs.
73. HANCHER, L.; MORAN, M. "Organizing regulatory space", 1998.
74. Na doutrina britânica, critica Collins a tese de que a diferença entre os dois tipos de regulação estaria nas fontes do Direito – o direito privado se assentando nos precedentes judiciais do *common law*, e o direito público sendo veiculado pela lei estatal e normas administrativas. Observa que há legislação intervencionista de direito privado, como o Estatuto de Fraudes, de 1677 (regras sobre formação dos contratos), e leis que codificam a jurisprudência, como a Bill of Exchange Act, de 1882 (COLLINS, op. cit., 2003, p. 60 e segs.).

Nos tópicos seguintes, será delimitado o campo do direito privado a partir dos critérios mencionados, e se verá qual função regulatória a privatística desempenha relativamente a cada um deles.

Assim, quando se fundamenta o direito privado na autonomia dos agentes, será examinado como essa liberdade de regrar o próprio comportamento é a base da autorregulação, em suas várias formas.[75] Quando se assenta a diferença sobre a natureza do interesse perseguido, público ou privado,[76] percebe-se que a defesa legítima do interesse privado pode ingressar no espaço regulatório, pela via do diálogo e da busca da convergência, não se sustentando mais a ojeriza ao interesse particular, como se fora inevitável preâmbulo para a captura. O contencioso judicial, quando delimita o campo do direito privado, separando-o da autoexecutoriedade dos remédios públicos, tem um papel regulatório a exercer, servindo para também exigir o cumprimento das normas legais e administrativas setoriais, por vezes pela via de ações coletivas.[77] Por fim, a ideia de neutralidade do direito privado[78] choca-se com os imperativos da ordem econômica constitucional: as normas civis e comerciais têm também objetivos substantivos de conformação da sociedade[79] e de implementação de políticas públicas.[80]

Compreendido cada um dos papéis regulatórios do direito privado, o tema de nossa obra revela seus sentidos: a RIS é uma modalidade de autorregulação, em que a própria empresa regulada cria estruturas internas e fixa padrões e procedimentos, com vistas a compatibilizar – e fazer convergir, quando possível – o interesse social com o interesse público, além dos vários interesses privados que nela se projetam, mediante formas de diálogo, participação e maior transparência. Transposto para o seio da sociedade, o cumprimento da regra regulatória passa a ser exigível pelos sócios pela via judicial – embora com as restrições ao controle jurisdicional pela Business Judgment Rule, já que a adequação da solução societária ao objetivo da norma pode contornar algum grau de discricionariedade. São controvertidas e polêmicas: a) a legitimação de *stakehol-*

---

75. *V.* "Critério da autonomia: o papel da autorregulação", neste Capítulo.
76. *V.* "Critério do interesse: diálogo regulatório e convergência dos interesses públicos e privados", neste Capítulo.
77. *V.* "Critério da forma de efetividade da regra: o papel do contencioso privado no esforço regulatório", neste Capítulo.
78. *V.* "Critério do objetivo de conformação da sociedade", neste Capítulo.
79. *V.* "O direito privado e a ordem econômica constitucional", neste Capítulo.
80. *V.* "O direito privado como instrumento de implementação de políticas públicas", neste Capítulo.

ders - titulares de interesses externos - para exigir tal cumprimento, embora se possa entender cabível a ação civil pública quando vulnerado interesse difuso ou coletivo; b) a utilização de remédios judiciais próprios do direito público - como o mandado de segurança - se descumprida norma regulatória interna que atinja diretamente a esfera de sócio ou *stakeholder*.

Critério da autonomia: o papel da autorregulação

Em um primeiro critério de separação - adotado na teoria do Direito de Kelsen -, tem-se o conflito entre heteronomia e autonomia: o direito público assenta-se sobre o exercício unilateral de poderes; já no direito privado, arranjam-se e consertam-se livremente poderes bilaterais ou multilaterais,[81] perseguindo-se o consenso: mesmo a doação exige, para sua celebração, a aceitação do donatário.[82]

É totalmente equivocado limitar o universo da regulação econômica ao campo do direito público. A autonomia privada dos agentes pode levá-los a construírem por si instituições e regras regulatórias, tomando em suas próprias mãos o desafio de organizarem seus respectivos mercados, de modo coordenado e com um *design* preciso, estabilizando suas expectativas, fomentando a confiança dos agentes e reduzindo custos de transação.

Cuida-se do fenômeno da autorregulação, mediante o qual, por mecanismos contratuais ou associativos, fixam-se padrões de conduta para todos os partícipes do mercado, revestindo-os da natureza de obrigações contratuais ou estatutárias. Conforme o país, esses padrões podem ser exigidos por terceiros em favor dos quais tenham sido estipulados. Do ponto de vista do agente regulado, "o cumprimento do padrão regulatório pode ser uma defesa em ações de responsabilidade civil".[83] É comum também que a autorregulação privada mimetize regimes regulatórios públicos, com sanções e monitoramento.[84]

81. MACCORMICK, Neil. *Institutions of law*. An essay in Legal Theory, 2009, p. 175.
82. "Un'opinione molto notevole è quella che assume come critério di distinzione il contraposto frail concetto di obbligatorietà e quello di libertà. Le norme di diritto pubblico sono caraterizzatte dalla obbligatorietà, in quanto limitano sempre l'arbitrio dei singoli; quelle di diritto privato, invece, dalla libertà, perché lasciano sempre ai soggetti uno spazio di autonomia più o meno ampio" (ZANOBINI, op. cit., 1960, p. 1.022, v. V).
83. CAFAGGI, Fabrizio; WATT, Horatia Muir (eds.). *The regulatory function of European private law*, 2009, p. 9.
84. SCOTT, Colin. "Regulatory governance and the challenge of constitutionalism", 2010, p. 22.

A autorregulação é comum quando se quer impedir a intervenção do Estado (como ocorre na organização das profissões liberais), ou quando o tema é de complexidade técnica, havendo maior conhecimento na indústria regulada do que no Estado regulador. De fato, "é a tentativa de criar e/ou usar comunidades interpretativas existentes que está por trás da defesa da autorregulação como um sistema de regulação".[85] Com isso se minimizam as limitações de visão e a assimetria informacional do Estado regulador, relegando-se a *experts* do setor privado a criação de regras específicas para um dado setor.

Apontam-se as seguintes vantagens no emprego da autorregulação, a resultarem em sua maior eficácia: a) maior nível de comprometimento dos entes regulados com as regras por eles próprios criadas e, por isso, tidas como legítimas; b) *expertise* e o conhecimento técnico do próprio regulado, que leva a uma produção de normas bem informada; c) menores custos para o poder público, em especial, no que toca ao monitoramento, feito em parte pelos próprios pares de cada ente regulado, com internalização dos custos administrativos da atividade regulatória; d) melhor ajuste entre a norma e os seus objetivos, tanto no que toca à adequação da medida como à sua intensidade e abrangência; as regras são estabelecidas sob medida, evitando-se um detalhamento específico e complexo das várias hipóteses pelo regulador estatal, ou regras demasiadamente vagas, e fugindo da literalidade da norma. Por outro lado, as regras podem ser mais compreensivas, cobrindo ampla gama de riscos possíveis; e) maior flexibilidade para adaptações e ajustes a novas circunstâncias e estímulo à inovação;[86] f) mecanismos de autorregulação permitem que o próprio ente regulado adapte "o regime regulatório na direção de maior razoabilidade econômica", além de "reconhecerem a autonomia moral" dos entes regulados.[87]

Os críticos apontam as seguintes desvantagens na autorregulação: a) inadequação de seu emprego em sua série de situações. "Onde a falha de mercado a ser corrigida for a falta de competição ou externalidades negativas, a autorregulaçao é claramente inapropriada";[88] b) conflito de interesses, afirmando Ogus que "com autorregulação, a captura já ocorre de saída". É o que o vulgo

85. BLACK, Julia. *Rules and regulators*, 1997, p. 36.
86. OGUS, op. cit., 2004, p. 107; BALDWIN; CAVE, op. cit., 1999, p. 40-1; AYRES, Ian; BRAITHWAITE, John. *Responsive regulation*: Transcending the deregulation debate, 1992, p. 110.
87. BARDACH, Eugene; KAGAN, Robert A. *Going by the book*: The problem of regulatory unreasonableness, 1982, p. 246.
88. MAJONE, op. cit., 1996, p. 26.

chamaria pedir às raposas que vigiassem o galinheiro; c) riscos de cartelização e de criação de barreiras à entrada, com a adoção, por um oligopólio, de mecanismos de autorregulação dos interesses;[89] d) falta de incentivo para as firmas restringirem suas próprias atuações pela via autorregulatória, fora da hipótese de colusão (vedada por lei); e) risco de desatualização das regras, tal como ocorre com as normas estatais; f) os custos de supervisão estatal da autorregulação podem ser elevados, pois "não há almoço grátis regulatório".[90] Além disso, a autorregulação, quando obrigatória, pode representar um imposto oculto para o ente autorregulado;[91] g) falta de transparência e *accountability* perante o público e os consumidores.

Uma área em que os esforços de autorregulação foram altamente criticados é o mercado financeiro. Basileia 2 assentava-se nos controles internos dos bancos para a classificação de riscos de crédito;[92] a desregulação do sistema bancário, nos Estados Unidos e no Reino Unido, foi louvada até as vésperas do colapso de 2008. No Brasil, a Confederação Nacional das Instituições Financeiras (Consif), ao postular perante o STF a não aplicabilidade das disposições do Código de Defesa do Consumidor às operações bancárias (ADI n. 2.591), invocou a existência de código de autorregulação sobre a questão adotado pela Febraban. Ora, no mercado financeiro, os problemas regulatórios chegam ao paroxismo, e todas as desvantagens da autorregulação expostas no parágrafo anterior fulguram com a máxima intensidade.

Há dois tipos de autorregulação, conforme os padrões sejam fixados por: a) organizações empresariais ou técnicas representativas do setor, em geral sem fins lucrativos, como associações de empresas; b) órgãos internos da própria empresa regulada, na chamada "regulação por gestão" (*management regulation*), por exemplo, ações implementadas por departamentos regulatórios internos de grandes companhias, mediante a fixação de objetivos regulatórios e seu monitoramento. É bastante comum nas áreas de segurança do trabalho e meio ambiente,[93] e é o veículo pelo qual se dá também a regulação econômica setorial por instrumentos societários. Há maior rapidez na regulação por ges-

---

89. MELODY, op. cit., 2002, p. 36.
90. BALLEISEN; EISNER, op. cit., 2009, p. 149.
91. AYRES; BRAITHWAITE, op. cit., 1992, p. 104.
92. A questão será aprofundada ao tratarmos do emprego da RIS relativamente ao capital social.
93. BALLEISEN; EISNER, op. cit., 2009, p. 132.

tão do que na criação associativa, pois "o consenso pode ser obtido mais facilmente dentro de uma firma do que no conjunto de todas as firmas de um setor".[94] A internalização, na sociedade empresária, de mecanismos de monitoramento e punições por desvios regulatórios, é também de alta eficácia, pois a equipe de *compliance* corporativo tem maior probabilidade de tomar conhecimento de "onde os cadáveres estão enterrados" do que inspetores externos e "[...] podem possuir poderes mais extensos para detectar infrações do que os que estão disponíveis para funcionários públicos".[95] A experiência de *compliance* focado na detecção de casos de antitruste já revelou a importância desses mecanismos, cuja adoção é também incentivada pela recentemente promulgada Lei Anticorrupção (Lei n. 12.846/2013).

O último ponto a ser enfrentado é o do relacionamento da autorregulação com a regulação de direito público.

Em primeiro lugar, a autorregulação, seja setorial, seja no interior da própria empresa, tende a surgir espontaneamente, para enfrentar problemas de ação coletiva, uniformizar padrões etc.[96] Quando tal esforço de concatenação ocorrer entre concorrentes, o papel do Estado é monitorar e aferir se há ou não prática de ato anticompetitivo. Em outras palavras, na autorregulação espontânea, o papel do Estado é o de observador passivo, pronto a punir o desvirtuamento que redunde em tentativa de cartelização.[97]

Em segundo lugar, a autorregulação pode ser estimulada e até mesmo induzida pelo Estado por mecanismos de *soft law*. Na teoria da regulação responsiva, a autorregulação é a primeira resposta ao desafio regulatório, na pirâmide de medidas de crescente força construída por Ayres e Braithwaite. Também po-

---

94. AYRES; BRAITHWAITE, op. cit., 1992, p. 110.
95. BALDWIN; CAVE, op. cit., 1999, p. 134.
96. "A autorregulação é fruto, inicialmente, da própria atividade associativa e da criação de instâncias administrativas e diferenciadas nas entidades coletivas" (YAZBEK, Otavio. *Regulação do mercado financeiro e de capitais*, 2008, p. 212).
97. Fixar os limites do lícito e do ilícito na autorregulação é um grande desafio jurisprudencial. Nos Estados Unidos, um *leading case* é Chicago Board of Trade *vs.* United States, no qual a Suprema Corte considerou razoáveis as restrições de mercado representadas pela regulação do mercado futuro de *commodities*, com a padronização e formalização dos termos de contrato e métodos de informação, regulação de margens e centralização das informações de preço, poderes de suspensão de negócios e fiscalização. Isso revela que "o mercado livre é, então, realmente livre apenas dentro dos limites postos pelos membros do mercado (da bolsa)" (ABOLAFIA, Mitchel Y. "Self-regulation as market maintenance", 1985, p. 319-21).

dem ser relegadas ao mercado tarefas de monitoramento e supervisão, por meio, por exemplo, de agências de *rating*.[98]

Em terceiro lugar, há a autorregulação delegada e obrigatória, segundo parâmetros e premissas postos em norma cogente pelo regulador, mas com resguardo de uma esfera de autonomia e discricionariedade para o ente regulado, ao ensejo da implementação. Por vezes, exige-se que a norma autorregulatória seja aprovada pela autoridade administrativa, antes de sua implementação. Em todos esses casos, vai-se além da mera "propensão corrente de confiar em que as pessoas se comportarão bem por elas mesmas":[99] constroem-se formas efetivas de governança compartilhada entre os agentes e o regulador estatal, que agem de modo complementar e coordenado e com supervisão de um sobre o outro (por exemplo, a SEC supervisiona a NYSE). Dessa forma, impede-se que haja distorções da autorregulação, ou que seja ela um mero "faz de conta": montam-se "palcos (legalmente) desenhados para impedir a farsa".[100]

Vários doutrinadores debruçam-se sobre a autorregulação delegada, interpretando-a e avaliando-a de modo diverso, percebendo suas nuances e batizando com diferentes denominações o fenômeno. Alguns falam em corregulação, outros em metarregulação, "autorregulação com enquadramento legal",[101] ou "*enforced self-regulation*".[102] Discutiremos em maior profundidade o tema no Capítulo IV, no qual a RIS será analisada sob a ótica da autorregulação.

O que importa ressaltar é que a autorregulação é conceito amplo, que "abre um vasto âmbito de arranjos institucionais",[103] não se podendo ter visão estereotipada ou simplista do fenômeno. Não há uma fronteira demarcada e rígida entre a autorregulação e a regulação estatal, mas um espectro, com múltiplas situações de interação público-privado, como observa Ogus. Tampouco existe antítese entre autorregulação e mercado livre, pois ela pode ajudar a reduzir custos e criar mercado mais estável e previsível, fixando padrões uniformes e reduzindo custos de transação.[104]

98. SCOTT, op. cit., 2010, p. 27.
99. A frase é de Gowe, citado por BLACK, op. cit., 1997, p. 50.
100. COUTINHO DE ABREU, Jorge Manuel. *Governação das sociedades comerciais*, 2010, p. 32.
101. BLACK, op. cit., 1997, p. 77.
102. BRAITHWAITE, John. "Enforced self-regulation: A new strategy for corporate crime control. *Michigan Law Review*, v. 80, p. 1.466-507, 1982.
103. OGUS, op. cit., 2004, p. 108.
104. ABOLAFIA, op. cit., 1985, p. 313.

Critério do interesse: diálogo regulatório e convergência dos interesses públicos e privados

O segundo discrímen a apartar o direito privado do público mira o interesse a ser tutelado de modo direto: o interesse público, em um caso, e o particular, no outro.[105] Conquanto a fórmula seja milenar – já constando do Digesto –, ela não é isenta de críticas: além de ser difícil aferir, em alguns casos, qual a finalidade de uma norma para identificar o interesse a que se volte, e de classificá-lo como público ou privado, há uma redundância e uma circularidade marcantes em afirmar que o direito privado zela pelo interesse privado, e o público, pelo interesse público: é uma *petitio principii*.[106]

Apesar disso, esse critério de distinção tem profundos efeitos, ao segregar e afastar o público e o privado de modo peremptório.

A visão do interesse público como algo que só pode ser titularizado pelo Estado, a quem compete, como um cavaleiro andante, combater os abusos inspirados pela persecução do interesse privado, marca a práxis e o quotidiano da Administração e orienta grande parte das escolas da teoria da regulação, mesmo quando divergentes em outros pontos.

Isso gera uma série de consequências na própria organização das agências regulatórias e em seus procedimentos, pois, nessa visão tradicional, todos os esforços devem ser empreendidos para evitar que a regulação seja influenciada pelos agentes a ela sujeitos. Toda reivindicação que deles parta é irrazoável; todo contato que com os particulares se estabeleça é assombrado por suspeitas. O regulador estatal é puro e deve *per se* identificar e implementar as medidas de interesse público, impondo-as aos agentes privados egoístas.[107]

Na teoria da regulação, debatem-se duas escolas: a do interesse público e do interesse privado. A primeira atribui ao Estado regulador o objetivo de perse-

---

105. "Diritto pubblico è quello che ha per oggeto interessi sociali o generali, diritto privato quello chi si riferisce a interessi individuali o particular [...]. Da qualche autore, però, estatto messo in luce come nel diritto pubblico l'interesse generale venga tutelato in modo imediato e diretto, laddove nel diritto privato ciò si ottiene indiretamente attraverso la tutela di altri interessi, cio è degli interessi particolari dei singoli" (ZANOBINI, op. cit., 1960, p. 1.022, v. V).

106. GYSIN, op. cit., 1969, p. 221.

107. Nessa visão tradicional, "keeping private interests and private organizations at arm's lenght thus becomes a central motivation of organizational design" (SALAMON, Lester M. (ed.). *The tools of government*: A guide to the new governance, 2002, p. 14).

guir o interesse público, adotando uma posição axiológica e prescritiva; a segunda vislumbra na regulação um jogo e um conflito entre *rent-seekers*, que busca descrever objetivamente. De certa forma, ambas compartilham a visão negativa a respeito de uma regulação que se oriente pelos interesses privados:[108] sua única divergência reside na crença de que o Estado pode ser bem-sucedido em sua busca do bem comum, adotada pela Escola do Interesse Público e negada pela Escola do Interesse Privado. Para esta última, toda atividade regulatória é inevitavelmente comprometida e poluída pelos propósitos de favorecimento a particulares. Comum é também a ambas as escolas a visão da regulação como instrumento: no caso da Escola do Interesse Público, voltado ao bem comum, no da Escola do Interesse Privado, à obtenção de ganhos pelas empresas que se apropriem do processo regulatório.

No âmbito da Escola do Interesse Público, podem-se citar, por todos, os nomes de Cass Sunstein e Mike Feintuck. Sunstein adota uma noção republicana de virtude, em que o Estado deve buscar o bem comum. Feintuck aponta que a noção de interesse público – que não é autoevidente – não pode ser uma taça vazia, nem um conceito fluido. Tampouco pode ela refletir um majoritarismo cru ou a legitimação das relações de poder existentes, mas deve se nutrir dos valores da cidadania, em uma comunidade política democrática. Nesse sentido, é uma "necessidade constitucional".[109]

Por sua vez, as teorias fundadas no interesse privado veem a regulação como fruto dos esforços de agentes privados na busca da maximização de seus interesses econômicos. A persecução com crueza de fins particulares pode contingencial e ocasionalmente coincidir com um objetivo de interesse público, mas em geral implica redução do bem-estar social. Essa linha doutrinária vê com ceticismo qualquer tentativa de expurgar a regulação dessas influências e põe ênfase na questão das falhas regulatórias ou falhas de governo. "A crítica da teoria do interesse privado à falha de regulação tem como objetivo último demonstrar que a melhor regulação é a que não existe."[110]

---

108. Na Teoria do Interesse Público, a regulação é instrumento de controle público sobre poder privado, de modo que toda influência privada é tida como ilegítima (HANCHER; MORAN, op. cit., 1998).
109. FEINTUCK, Mike. *The public interest in regulation*, 2004, p. 44-7 e 253-5.
110. BETANCOR, Andrés. *Regulación*: mito y derecho. Desmontando el mito para controlar la intervención de los reguladores económicos, 2010, p. 106.

Parte das teorias do interesse privado efetua abordagens políticas: grupos definem objetivos e custos, e vencem os mais eficientes, alcançando soluções de equilíbrio. Isso reflete o foco da ciência política do pós-guerra na atividade política de grupos, e não de indivíduos, que, isoladamente, não têm estímulos a participar desses embates. Outras abordagens são econômicas: tomam a regulação como um bem fornecido e consumido segundo as condições de oferta e demanda na arena política, analogamente ao mercado. Os agentes privados podem lutar para ter acesso a mercados, ou para fechá-los quando já estão neles; para influenciar controles de preços, não apenas para o seu próprio produto, mas também para tornar bens substitutos mais caros e bens complementares mais baratos.

Denunciam esses teóricos que, de modo hipócrita, apesar de a regulação refletir apenas os interesses privados vitoriosos em batalhas nos bastidores, o discurso do regulador é sempre evocativo do interesse público.

Já Adam Smith, em *A riqueza das nações*, denunciava que a legislação era dirigida "pela clamorosa insistência dos interesses parciais".[111] Pigou, tratando da intervenção estatal, afirmava que "companhias, particularmente quando há regulação contínua, podem empregar corrupção, não apenas para obter uma concessão, mas também durante sua execução".[112] Essa tradicional linha de crítica à atuação estatal hoje espraia-se na obra de vários autores.

Sintetizemos as principais teorias do interesse privado:

i) **Teoria da Captura**: construída no âmbito da ciência política, a partir da contribuição de Bernstein (1953). Considera que os detentores da autoridade regulatória serão cooptados pelos destinatários das normas e, com isso, produzirão uma regulação crescente e sempre favorável às empresas reguladas. Não explica o fenômeno da desregulação.
ii) **Teoria da *Public Choice***: Stigler aplicou à regulação as doutrinas da *public choice* postas na obra *O cálculo do consenso*, de James Buchanan e Gordon Tullock. Também é importante o conceito de *rent-seeking*, desenvolvido por Tullock e posteriormente por Krueger, em *The political economy of rent-seeking*. Rendas (*rents*) são retornos acima do padrão normal. Agentes eco-

111. Apud STIGLER, op. cit., 1975, p. 41.
112. PIGOU, Arthur Cecil. *The economics of welfare*, 2000, p. 332.

nômicos obtêm rendas de situações de monopólio e as reinvestem na obtenção de normas que os beneficiem.[113] No modelo de Stigler, de "mercado de regulação", o mercado político se organiza em torno de transferências de riquezas, e grupos se organizam com o propósito de amealhá-las segundo a relação de custo-benefício da sua coordenação, buscando se proteger contra a competição, pela criação, por exemplo, de barreiras de entrada. "O Estado é um recurso potencial ou uma ameaça para qualquer indústria na sociedade."[114] Já os políticos cooptados objetivam maximizar as chances de permanecer no poder.[115] Estabelece-se desse modo entre eles um jogo de oferta e demanda de resultados regulatórios. O principal papel da regulação seria o de redistribuir renda, e os quatro principais pleitos da indústria em face do Estado são subsídios, barreiras de entradas para concorrentes, incentivos do Estado para bens complementares e desincentivos para substitutos e vantagens na fixação de preços e tarifas. Percebe-se que, para esses teóricos, *o homo economicus* expressa-se também na esfera política, norteando-se pelos mesmos objetivos de maximização de utilidades, mas o mercado político parece ameaçado por monopólios, em contraste com o livre mercado econômico tão idealizado por esses autores.[116]

iii) **O modelo de grupos de interesses**: Gary Becker, em *A theory of competition among pressure groups* (1983), tem abordagem mais matizada. Preconiza que "políticas que elevem a eficiência têm maior probabilidade de serem adotadas do que políticas que a reduzam", sendo as perdas do "peso morto" (*dead weight*) um freio para regulações ineficientes. No entanto, mesmo na ausência de falhas de mercado, grupos de pressão podem se articular para obter regulação que lhes seja favorável, desde que tal coordenação não tenha custos altos. Essa visão relativista da eficiência da regulação é assemelhada à de Richard Posner, que afirma que a definição sobre o atendimento pela regu-

113. VELJANOVSKI, op. cit., 2012, p. 24 e segs.
114. STIGLER, George. "The Theory of Economic Regulation". *The Bell Journal of Economics and Management Science*, v. 2, n. 1, p. 3, 1971.
115. Na teoria da *public choice* há uma imprecisão sobre a função de utilidade dos agentes públicos. O que buscam maximizar? Riqueza? Votos? A esse respeito, *v.* WITTMAN, Donald. "The end of Special Interest Theory", 2010, p. 217.
116. De fato, é curioso que economistas tão crédulos quanto à plena competitividade dos mercados só vislumbrem poderes monopolísticos na esfera política (ibidem, p. 207).

lação de interesses privados e públicos depende das instituições.[117] A Teoria dos Grupos de Interesses busca respostas a algumas questões. Por que grupos de interesses especiais têm o poder de exercer uma influência tão desproporcional dentro do processo político? Por que os interesses das empresas reguladas tendem a ser favorecidos em detrimento dos consumidores?[118]

Na doutrina norte-americana, o antagonismo entre os adeptos do *public interest* e do *private interest* é inconciliável. Reiteram-se constantemente as premissas, e não se fazem nem confirmações empíricas das hipóteses[119] nem concessões teóricas que as aproximem.

Ora, essa luta cega entre teorias desconsidera que a resposta sobre a viabilidade do direcionamento do regulador em direção ao bem comum ou ao favorecimento privado não pode ser dada abstratamente. Tudo depende do contexto[120] e das instituições![121] Além disso, ambas as escolas adotam uma *concepção estática* da interação entre o particular e o Estado. Com transparência e prestação de contas, o público e o privado podem interagir e criar mecanismos democráticos para direcionar os esforços regulatórios.[122]

Por isso, enquanto a doutrina norte-americana matuta sobre o *design* e os incentivos das agências para evitar captura e estuda sua interação com grupos de interesse,[123] a doutrina europeia supera qualquer maniqueísmo e enfatiza o compartilhamento da atividade regulatória entre atores privados e públicos.

---

117. Ver *Economic theories of regulation*, 1975. Na expressão de David Johnson, "public choice is the study of the political market. Essentially it is economic methodology applied to political science" (apud MERCURO, Nicholas; MEDEMA, Steven G. *Economics and the law*. From Posner to Post-Modernism and beyond, 2006, p. 156).
118. Ibidem, p. 191-3.
119. "Neither theory can be said to have, as yet, substantial empirical support. Indeed, neither theory has been refined to the point where it can generate hypotheses sufficiently precise to be verified empirically" (POSNER, Richard A. "Theories of economic regulation. *The Bell Journal of Economics and Management Science*, v. 5, n. 2, p. 335-58, Autumn, 1974, p. 356).
120. A natureza essencialmente cíclica da regulação cria um desafio, pois pode oscilar entre a captura e a super-regulação (BRAITHWAITE, John. *Regulatory capitalism. How it works, ideas for making it work better*, 2008, p. 62).
121. "A captura é um resultado previsível de um conjunto específico de condições políticas" (NOLL, Roger. "Government regulatory behaviour", 1985, p. 52).
122. EGAN, Michelle P. *Constructing a European market*: Standards, regulation, and governance, 2001, p. 31-2.
123. BALDWIN, Robert; CAVE, Martin; LODGE, Martin. "Regulation: The field and the developing agenda", 2012, p. 11.

Essa doutrina vê a possibilidade da convergência dos interesses, tratando as empresas reguladas, seus consumidores e *stakeholders* como cidadãos e não súditos, com uma contribuição a dar ao debate. Acredita-se que o vetor que emerja das direções divergentes dos interesses particulares mais se aproximará da flecha que aponta o próprio interesse público. Da mesma forma, relativiza-se a distância entre objetivos e papéis dos atores privados e públicos. Ayres e Braithwaite chegam a falar em "captura eficiente",[124] enquanto Julia Black prega a "*regulatory conversation*".

Na Teoria do Espaço Regulatório, Hancher e Moran afirmam que "pouco se ganha ao se apresentar (a regulação) na linguagem dicotômica da autoridade pública *versus* interesses privados".[125] A regulação varia conforme a dinâmica de cada sistema jurídico e econômico e conforme o contexto histórico de cada nação. Não faz sentido a ideia de captura. O que é importante é a *definição do espaço regulatório*: quais são os participantes a ele admitidos, como se dão suas interações, quais as matérias tidas como suscetíveis de regulação. A esse respeito, "não há limites naturais óbvios às fronteiras da regulação. Noções do que seja "regulável" são plenamente formatadas pela experiência da história, o filtro da cultura e disponibilidade dos recursos existentes".

Lester Salamon, em *The tools of government*, aponta um novo paradigma de governança, em que a visão público *versus* privado é substituída pela ênfase na colaboração, negociação e persuasão.[126] É certo, porém, que esse tipo de colaboração é mais fácil de ser implementada na fase de criação da regulação do que nas subsequentes fiscalização e sancionamento.[127]

Conclua-se este tópico registrando como a RIS se encaixa e se acopla a esse movimento de valorização da convergência e do diálogo dos interesses público

---

124. Uma abordagem institucional, porém, permite mecanismos eficientes de prevenção da captura. Ayres e Braithwaite defendem, como mecanismos de combate à corrupção, limitação da discricionariedade (ou, para evitar ineficiências, controles de discricionariedade, uma prestação de contas inovadora, agências multissetoriais e rotação de pessoal para dificultar estratégias de cooptação, dar poderes a grupos de interesse público (como ocorre no Brasil com a legitimação para a propositura das ações civis públicas), em um tripartismo republicano (AYRES; BRAITHWAITE, op. cit., 1992, p. 54 e segs.).

125. MORGAN; YEUNG, op. cit., 2007, p. 59.

126. Já nas redes regulatórias, "collaboration replaces competition as the defining feature of sectoral relationships" (SALAMON, op. cit., 2002, p. 14.)

127. "Sistemas desenhados para aumentar a participação e a abertura podem operar mais facilmente no estágio de formação da regra do que no de sua aplicação e cumprimento" (BLACK, op. cit., 1997, p. 43).

e privado. O direito societário, parte integrante do direito privado e, portanto, vocacionado à articulação de interesses particulares, abre-se para essa interação com outros interesses e com os propósitos públicos da regulação setorial. Tal abertura faz-se em vários níveis: o aumento da transparência da empresa facilita e legitima a sua negociação com o regulador estatal; os procedimentos e estruturas internas abrem-se para refletir, mesmo que obliquamente, interesses externos.

A sociedade comercial – um "*carrefour d'interêts*", na clássica citação de Paillusseau – é especialmente vocacionada para a articulação de propósitos e desígnios dos contratantes, dirigindo-os a objetivos comuns. A RIS disso se serve como um dos instrumentos de construção do mercado setorial.

Critério da forma de efetividade da regra: o papel do contencioso privado no esforço regulatório

> *Private law is essentially driven*
> *by private rights of action.*
> Benjamin Zipursky

Na doutrina dos países de *common law*, a expressão "regulação privada" é empregada comumente – e em especial na literatura de *Law & Economics* – para se referir ao uso da ação judicial promovida por aqueles prejudicados por uma dada falha de mercado para remediá-la. O sentido, portanto, é aquele a que chamamos de papel fraco do direito privado na regulação: pensa-se na ação judicial como alternativa preferencial à regulação de direito público. Os prós e contras do contencioso privado como técnica regulatória foram apresentados *retro*, e, se as desvantagens superarem as vantagens da ação judicial privada, o regulador estatal agirá diretamente, por mecanismos de monitoramente ou sancionamento administrativos.

Neste tópico, no entanto, refletiremos sobre o contencioso judicial como instância do papel forte do direito privado na regulação: a ação civil pode ser arma para dar efetividade à norma regulatória pública, de modo concatenado com a atuação administrativa. Isso implica uma ampliação da *legitimatio ad causam* e a admissão de sanções privadas judicialmente impostas, sob a veste de *punitive damages* ou de danos morais coletivos.

No direito penal inglês, é tradicional que a ação objetivando interesse público seja proposta por agentes privados.[128] Trata-se do instituto do *quitam*, referência curta à expressão *quitam pro domino rege, quam pro se ipso in hoc parte sequitur* ("aquele que processa pelo rei processa por si mesmo"). Surge no século XVIII, com promotores privados ficando com metade das multas que conseguissem obter judicialmente. Nos EUA, o presidente Lincoln ampliou seu cabimento durante a Guerra Civil, para incentivar a propositura de ações privadas contra abusos praticados por fornecedores ao exército da União.

O APA (Administrative Procedure Act), de 1946, reconhecia a legitimação de beneficiários da regulação para irem a juízo, evitando dessa forma o risco de inércia das agências. A Suprema Corte entendia que legitimidade derivava de um *injury in fact*, bastando uma violação objetiva de norma e a titularidade pelo autor da ação de interesse no setor regulado. Nos anos 1980, adotou-se uma abordagem mais limitada e privatista, exigindo-se que o autor da demanda judicial tenha padecido um dano reconhecido como tal pela *common law*. A mera violação da lei já era *per se* considerada prova de culpa.

No Brasil, uma revolução copernicana ocorreu nos anos 1980 com a Lei dos Interesses Difusos - que conferiu legitimação extraordinária para várias espécies de afrontas ao interesse público e social - e com o incentivo a ações coletivas.

No campo da RIS, parece-nos plenamente admissível a propositura de ações individuais (por aqueles diretamente afetados), ou de ações civis públicas para se exigir o acatamento das regras regulatórias setoriais que busquem plasmar a sociedade empresária, seja no tocante à sua estrutura, organização, procedimentos ou nível de transparência. O ilícito administrativo deve ser tido como potencialmente nocivo e lesivo à organização do mercado setorial, malferindo assim interesses externos à sociedade e legitimando os prejudicados diretos ou os substitutos processuais da coletividade ou comunidade afetadas.

O contencioso privado não é uma panaceia. Aos problemas já exaustivamente discutidos, sobretudo referentes à dificuldade de coordenação entre os autores das ações e a falta de especialização do Poder Judiciário na matéria regulatória,[129] acrescentam-se algumas questões relacionadas diretamente com o papel forte do direito privado na regulação: a) a tutela por ações individuais

---

128. OGUS, op. cit., 2004, p. 86.
129. SUNSTEIN, Carl. *After the rights revolution*. Reconceiving the regulatory State, 1990, p. 210-28.

da eficácia da norma regulatória pode gerar interpretações judiciais diferentes e contraditórias sobre seu sentido e aplicação, eventualmente contrapostas e em choque com a própria leitura do regulador estatal. Isso rompe a sistematicidade do quadro regulatório e dificulta a criação de uma comunidade interpretativa;[130] b) as sanções de direito privado, passíveis de imposição pelo Judiciário, são ou insuficientes - é o caso da indenização por danos diretos, que tende a ser mínima no mercado competitivo[131] - ou aleatórias e excessivas, como se dá com a fixação de danos morais por mero voluntarismo irrefletido, sem nenhuma consideração da adequação do *quantum* a seu propósito repressivo e dissuasório ou à dimensão do abalo à esfera não econômica. Além disso, o Judiciário tende a se limitar a condenações em valores pecuniários, enquanto a sanção administrativa pode, além da multa administrativa, restringir atividades, impor medidas organizativas ou procedimentais e até suspender ou banir a empresa regulada do mercado setorial; c) a decisão judicial de casos individuais que impactem a regulação de um setor termina por padecer de um grave problema de legitimação,[132] pois os titulares de interesses afetados não são parte no processo. Esse problema pode ser reduzido com a ampliação do instituto do *amicus curiae*, o uso judicial de prova estatística, a possibilidade de assistência da parte interessada nos autos e o fomento à propositura de ações coletivas.

Critério do objetivo de conformação da sociedade

> *A nova utilização do Direito como instrumento*
> *para modelar a sociedade civil determina,*
> *desse modo, alterações na política legislativa*
> *e retificações na dogmática jurídica.*
> Orlando Gomes e Antunes Varela

O último critério da divisão direito público-direito privado que abordaremos, para a reflexão sobre o papel regulatório da privatística, diz respeito ao objetivo de conformação da ordem social. Segundo tal discrímen, o direito público

---

130. BLACK, op. cit., 1997, p. 246.
131. COLLINS, op. cit., 2003, p. 118.
132. Ibidem.

implementa um projeto de sociedade, enquanto o direito privado, de modo neutro, limita-se a dar aos agentes econômicos os instrumentos para que persigam atomizadamente seus desígnios. Segundo essa visão tradicional, metaforicamente o direito público pintaria a sociedade respeitando os ditames rigorosos de equilíbrio e composição harmônica da arte renascentista, em que tudo é pensado e planejado, enquanto o direito privado seria comparável à *action painting* de Jackson Pollock, com a aleatoriedade dos resultados, a plena liberdade dos agentes, a espontaneidade e falta de planejamento prévio de todos os gestos.

Nessa linha, Arnold Gysin dizia que "a ideia do direito público corresponde ao pensamento de uma organização da situação jurídica, de uma configuração da vida da sociedade".[133] Já Hayek comparava a norma (de direito privado) às regras de trânsito: permitem ao agente chegar onde queira, sem lhe definir uma dada rota.

A ideia de neutralidade do direito privado – que implica sua renúncia a um papel forte na atividade regulatória – não subsiste. O direito privado submete-se aos ditames e objetivos da ordem jurídica constitucional,[134] e embora haja resguardo à autonomia dos agentes, eles devem curvar-se a essas diretrizes. Em um plano mais pragmático, o direito privado passa a ser criado, interpretado e aplicado com a clara percepção de constituir também um instrumento de implementação de políticas públicas.[135]

Ambas as considerações são fundamentais para se aceitar a legitimidade da RIS: constituem seu fundamento axiológico. O direito societário, embora de natureza privada, deve perseguir objetivos mais largos do que a maximização dos lucros entre os sócios, pautando-se pelos ditames constitucionais. A inspiração para o presente livro veio do aprofundamento da reflexão e das consequências dessa afirmação do direito privado como instrumento de políticas públicas, um dos *Leitmotive* da obra de Paula Forgioni. A dúvida que guiou nossos estudos e esforços residia no modo como o direito societário pode ajudar a implementar políticas públicas setoriais.

133. GYSIN, op. cit., 1969, p. 222.
134. *V.* "O direito privado e a ordem econômica constitucional", neste Capítulo.
135. *V.* "O direito privado como instrumento de implementação de políticas públicas", neste Capítulo.

O direito privado e a ordem econômica constitucional

O capitalismo é essencialmente conformado pela microrracionalidade da empresa, não pela macrorracionalidade reclamada pela sociedade.
Eros Roberto Grau

A noção de neutralidade do direito privado é impactada pela sua constitucionalização e sujeição à ordem econômica.

O advento do "direito privado constitucional" retirou a singularidade axiológica do direito público e do direito privado.[136]

Quanto à ordem econômica, deve ela ser entendida em seus dois distintos sentidos: como mundo do ser e mundo de dever-ser, sendo este último conceito bastante próximo ao de constituição econômica, segundo a lição de Eros Roberto Grau, na obra brasileira de referência sobre o assunto.[137]

À luz da Constituição de 5 de outubro de 1988, não faz sentido, no Brasil, a discussão tão acalorada nos países anglo-saxões sobre os fins legítimos do Direito e da regulação. Os objetivos da República e da ordem econômica são explícitos. Entre os objetivos da República Federativa do Brasil estão "a construção de uma sociedade livre, justa e solidária", "garantir o desenvolvimento nacional" e "erradicar a pobreza e a marginalização e reduzir as desigualdades sociais e regionais". Trata-se, em cada um dos casos, de "princípio constitucional impositivo (Canotilho) ou diretriz (Dworkin) – autêntica norma-objetivo", sendo evidente o caráter constitucional conformador do princípio.[138]

Isso impõe ao direito privado realizar e servir a valores substanciais, para além da eficiência alocativa. A ordem econômica visa à efetivação da justiça social e do respeito à dignidade da pessoa humana.

136. CABALLERO, op. cit., 2014, p. 20. Alguns autores, no entanto, entendem que o direito privado esvazia o potencial da ordem econômica: "A ordem pública econômica liberal reveste-se, portanto, do caráter de regra de exceção [...] (F)icou prisioneira das categorias do direito civil para ser implementada, o que, em larga medida, neutralizou os seus efeitos" (SALAH, Mohamed Mahmoud Mohamed. "Les transformations de l'ordre public économique: vers un ordre public régulatoire?", 1999, p. 262-3).

137. GRAU, op. cit., 2012, p. 68.

138. Ibidem, p. 211-2.

Na lição de Modesto Carvalhosa: "a consecução da justiça social, atribuída à ordem econômica, melhor se traduz como justiça distributiva".[139] Para Roberta Rodrigues Camilo, "o fato de a Carta Magna aplicar o termo 'existência digna' juntamente aos valores econômicos constantes do preceito constitucional significa mais uma vertente do princípio da dignidade humana". De outra parte, a justiça social baseia-se na justiça distributiva, "em que todos os membros da sociedade têm direitos e obrigações e que devam auxiliar o Estado, para que cessem os indivíduos que vivam em estado precário por falta de condições mínimas de sobrevivência".[140]

A inspiração, vinda das Constituições mexicana e de Weimar, consolida-se no pós-guerra, na Alemanha, com a adoção, em 1949, pela *Grundgesetz* (Lei Fundamental), do conceito de *Soziale Marktswirtschaft* (Economia Social de Mercado). Na Itália, o art. 41 da Constituição estabelece que a lei proverá esquemas e controles para coordenar atividades econômicas públicas e privadas para o benefício da sociedade.

A inspiração e a ideologia que sustentam a ideia de ordem econômica desenvolvem-se com a Escola de Freiburg – criadora da doutrina do ordoliberalismo –, liderada por Walter Eucken, a partir da teoria do sistema econômico de autores alemães do século XIX, como Werner Sombart. Reagindo à crise dos anos 1930, economistas como Eucken, Alfred Müller-Armack e Franz Böhm trabalham com o conceito de uma ordem econômica consistente em um mercado competitivo, mas mantido coeso pelo Estado (*staatlich gebunden*) e obedecendo a uma lógica econômica específica.[141] A norma-chave era o art. 165 da Constituição de Weimar, que regrava a vida econômica (*Wirtschaftsleben*). No pós-guerra, com base na doutrina social católica, a essa ideia se liga o princípio da subsidiariedade (*Subsidiaritätsprinzip*), pelo qual o Estado deve agir apenas na insuficiência da ação privada.[142] Para essa escola, a liberdade de concorrência (*Wettbewerbsfreiheit*) liga-se intimamente à ideia de proteção do processo competitivo por meio do combate ao poder econômico.[143]

---

139. CARVALHOSA, Modesto. *Direito econômico*: obras completas, 2013, p. 603.
140. CAMILO, Roberta Rodrigues. "O princípio constitucional da dignidade da pessoa humana e a ordem econômica", 2011, p. 128-31.
141. Sobre o ordoliberalismo, cabe referir a importante monografia de Uwe Runge, *Antinomien des Freiheitsbegriffs im Rechtsbild des Ordoliberalismus*, 1971.
142. DYSON, Kenneth (ed.). *The politics of German regulation*, 1992, p. 33-4.
143. MAIER-RIGAUD, Frank. "On the normative foundations of competition", 2012, p. 132-68.

Na concepção ordoliberal da constituição econômica, a Lei Fundamental decide globalmente por uma dada ordem econômica (*System-Entscheidung*), que se volte a realizar os valores e direitos nela consagrados. Parte-se da premissa de que as forças espontâneas do mercado não logram sozinhas conduzir a um funcionamento eficiente do sistema econômico, pois as relações econômicas não surgem em um estado da natureza pré-político: o Estado, tido como sujeito econômico autônomo, não deve se limitar a uma posição inerte, de mero resguardo das regras jurídicas ou de tutela da concorrência, mas deve reconstruir continuamente as próprias instituições de mercado para direcioná-las ao bem-estar social e ao atendimento dos interesses coletivos. Reconhece-se o valor da livre-iniciativa – que deve ser protegida dos abusos tanto do poder político como do poder privado. Atribui-se ao Estado o papel de garantidor da subsistência dos mecanismos de mercado e da efetivação de valores sociais e redistributivos. "Na perspectiva ordoliberal, o mercado é assim posto a serviço do direito constitucional, sendo orientado em função da realização de um sistema de valores fundamentais consagrados na Constituição".[144] Por outro lado, "o entendimento ordoliberal do direito privado foi enriquecido pelo entendimento pós-iluminista dos participantes do mercado como cidadãos políticos".[145]

O direito privado como instrumento de implementação de políticas públicas

When they speak so resonantly of 'public policy,' do lawyers have the slightest idea what they're talking about?
Bruce Ackerman

Ever since governments have had policies in the modern sense, they have supported them with laws.
Terence Daintith

144. MICCÚ, Roberto. "Lo Stato regolatore e la nuova costituzione economica: paradigmi di fine secolo a confronto", 2011, p. 152.

145. CALLIESS, Gralf-Peter; ZUMBANSEN, Peer. *Rough consensus and running code*. A theory of transnational private law, 2010, p. 98; SAUTER, Wolf; SCHEPEL, Harm. *State and market in European Union law*: The public and private spheres of the internal market before EU courts, 2009, p. 13-5.

The content of policies is law or law-like.
Theodore J. Louis

O Estado regulatório realiza seus objetivos e legitima-se[146] pela definição e implementação de políticas públicas.[147] Isso implica, dentro dos parâmetros postos pela Constituição, fixação dos fins a serem perseguidos, elenco de prioridades, escolha dos meios apropriados e acatamento dos limites existentes. Na lição de Arthur Badin,[148]

> as políticas públicas, enquanto programas de ação do Estado, decorrem de escolhas a respeito de fins e meios. Quais fins são socialmente relevantes? Quais meios (recursos orçamentários, instrumentos jurídicos etc.) serão dedicados à consecução desses fins? Diante de um contexto de inevitável escassez de recursos, as escolhas a respeito dos fins e meios são mediadas por um juízo (implícito ou explícito, consciente ou inconsciente) de ponderação e escolha de prioridades.

Mais adiante, questiona o autor: "Qual a instituição que deve fazer essas escolhas?".[149]

Há no Brasil pouca reflexão sobre a ligação entre o direito privado e as políticas públicas (o foco da doutrina e da jurisprudência é maior na discussão de temas de direito público, como a efetivação de direitos sociais pela via judicial).

No entanto, o direito é peça-chave da implantação das políticas públicas: impulsiona-as e restringe-as ao mesmo tempo. O direito confere os instrumen-

---

146. "O Estado Social legitima-se, antes de tudo, pela realização de políticas, isto é, programas de ação; assim, *o government by policies* substitui *o government by law*" (GRAU, Eros Roberto. *O Direito posto e o Direito pressuposto*, 2008, p. 26).
147. Sobre o conceito de políticas públicas, várias são as definições na doutrina anglo-americana: "Economic policy includes all purposeful government action whose actual or professed primary objective is the improvement of the economic welfare of the whole population for which the government is responsible or some segment of that population" (DAINTITH, Terence. "Law as a policy instrument: Comparative analysis", 1987, p. 6). Para James Anderson, política é "a purposive course of action followed by an actor or a set of actors in dealing with a problem or matter of concern". Já a política pública, na acepção de Clarke Cochran, seria "an intentional course of action followed by a government institution or oficial for resolving an issue of public concern" (apud EISNER, Marc Allen; WORSHAM, Jeff; RINGQUIST, Evan J. *Contemporary regulatory policy*, 2006, p. 2).
148. BADIN, Arthur Sanchez. *Controle judicial das políticas públicas*, 2013, p. 12.
149. BADIN, op. cit., 2013, p. 12.

tos para a efetivação da política pública, a linguagem para o seu discurso e os limites a seu alcance.

De fato, as medidas de política pública são definidas por meio de normas e de atos jurídicos: "[...] O DNA das políticas públicas é escrito em códigos jurídicos [...] Ao mesmo tempo em que atos e normas definem e condicionam as políticas, eles também são condicionados por outras normas jurídicas, de diferentes níveis hierárquicos".[150] Mas, ressaltam os autores, "a construção do Direito – e, portanto, também das políticas públicas – é fragmentada", havendo igualmente: "o perigo embutido no Direito é que sua complexidade gera infinitas oportunidades de sabotagem das políticas públicas".[151] Quanto à forma do discurso, "as mais altas formas de ação estatal são expressas em linguagem jurídica".[152]

Reflexamente, o próprio Direito e o raciocínio jurídico devem ser ajustados a seu papel de instrumento de implantação de políticas públicas. Deve-se ampliar o campo analítico da reflexão jurídica, incorporando a preocupação com a efetividade da norma, com a participação de todos os interessados em sua criação, com a internalização do interesse público nas discussões privatísticas. O direito privado deve igualmente abrir-se para as questões regulatórias, como buscamos fazer na presente obra.

Após afirmar a necessidade de reconfigurar o raciocínio do direito privado, incorporando preocupações instrumentais de implementação de políticas públicas,[153] Hugh Collins vê "o direito privado como um instrumento do Estado para controlar e formatar a ordem privada de acordo com uma variedade de objetivos políticos em conflito",[154] lançando-se ao desafio de ajudar no regramento de setores inteiros, em lugar de se restringir a relações jurídicas individuais e atomizadas, seguindo concepções do século XIX.

Pela técnica da regulação econômica setorial por instrumentos societários (RIS), a sociedade empresária tem sua organização e estrutura plasmados para efetivar políticas públicas, atendendo ao objetivo contemporâneo do direito privado presente na epígrafe de Paula Andrea Forgioni nas primeiras páginas des-

---

150. SUNDFELD, Carlos Ari; ROSILHO, André. "Direito e políticas públicas: dois mundos?", 2014, p. 48.
151. Ibidem, p. 53 e 69.
152. LOUIS, Theodore J. "The State of politics", 1985, p. 68.
153. COLLINS, op. cit., 2003, p. 53.
154. Ibidem, p. 58 e 360.

te livro. E essas políticas públicas, por sua vez, serão a concretização dos imperativos da ordem econômica constitucional.

Com isso, lança-se luz sobre uma obviedade da qual não se tem tirado todas as implicações: o direito societário pertence à ordem econômica e ajuda a moldá-la.[155] Isso nunca é olvidado pela melhor doutrina: Lamy e Bulhões Pedreira, no anteprojeto da LSA, já afirmavam que o texto não era exercício de técnica jurídica, mas tinha "o fim prático de mudar determinados padrões de comportamento e estruturas sociais".

155. METZNER, Alfred. *Gesellschaftsrecht*, 2000, p. 27.

CAPÍTULO III

A regulação econômica e o direito societário

Dicotomia clássica entre direito societário e regulação

A história do direito comercial revela que a sociedade empresarial é um acidente da cooperação humana. Nada tem de natural ou espontânea a ideia da constituição por pessoas de uma organização permanente de capital físico e humano que permita a prática de atos de cooperação com o objetivo de auferir, em comum, lucros em uma atividade determinada e delimitada, para posterior rateio: muitas civilizações e culturas desconheceram tal instituição. Ainda mais artificiosa é a concepção de que a essa organização se possa atribuir um patrimônio separado, chegando-se paradoxalmente a dotá-lo de personalidade, imbuído de direitos constitucionais, como a liberdade de expressão e a propriedade, assim transmutadas de garantias individuais em prerrogativas organizacionais.[1]

Em torno desse instituto desenvolve-se um *corpus* de doutrinas, princípios e regras – o direito societário. Seu propósito primordial é regrar a organização, em todos os seus aspectos políticos e patrimoniais: cabe-lhe definir o modo de nascer e de morrer da pessoa jurídica societária; a relação entre os sócios e deles com a sociedade e as atribuições de suas respectivas responsabilidades por dívidas particulares e sociais; a estrutura e o procedimento da gestão e da re-

1. MAYER, C. J. "Personalizing the impersonal: Corporations and the Bill of Rights". *Hastings Law Journal*, v. 41, p. 577-668, 1990; SHAFFER, Gregory. "Law and business", 2011, p. 41.

presentação, no formar e no expressar da vontade social, desvelando-se, nesse ponto, por trás das formas societárias, a realidade do poder do controlador; a tutela do patrimônio comum e as regras para se aferir e se distribuir os resultados, positivos ou negativos. Na visão tradicional, "o direito societário se define, na realidade, por estar constituído por normas dirigidas exclusivamente a reger a constituição, organização jurídica e extinção das sociedades".[2]

A doutrina societária consolida-se, burilando seus conceitos e teorias e definindo temas e preocupações em torno dos quais gira continuamente. Ela se fecha sobre si mesma, ensimesmada e avessa à interdisciplinaridade. De outra parte, William Simon aponta que uma característica marcante do "mapa" da doutrina societária é a "sua tendência a relegar considerações de poder e valor público para a periferia".[3] Em posição antípoda coloca-se a teoria da regulação econômica, com a constante inovação conceitual, a crescente ampliação de seu foco e de seus problemas, a marcada abertura a várias áreas do conhecimento, o norte fixado no interesse público.

A sabedoria convencional[4] fixa uma linha marcada a separar, dicotomicamente, o direito societário e a regulação: o primeiro foca a organização interna da sociedade, cuja projeção exterior – a atividade que desenvolve – pauta-se por regimes de direito público regulatório, havendo diferenciação também no tocante à regra de direito internacional privado aplicável;[5] a sociedade se caracteriza pela autonomia e liberdade de auto-organização dos sócios e pela neutralidade e natureza dispositiva de muitas de suas regras, em contraste com a imperatividade da norma regulatória.[6]

2. CUEVAS, Guilhermo Cabanellas de Las. *Introducción al derecho societario*. Derecho societario. Parte general, 1993, v. 1, p. 15.
3. SIMON, William. "Contract versus politics in corporation doctrine", 1990, p. 387.
4. A expressão *conventional wisdom* foi elaborada por John Kenneth Galbraith em *A sociedade afluente* e generalizou-se como forma de se referir ao pensamento dominante de uma área do conhecimento.
5. *V.* "A diversidade de objetos jurídicos: organização interna *vs.* atividade", infra.
6. *V.* "Liberdade de auto-organização *vs.* imperatividade da norma regulatória", infra.

A diversidade de objetos jurídicos: organização interna vs. *atividade*

Na doutrina tradicional, atribui-se ao direito societário uma natureza introspectiva. Atua principalmente portas adentro da sociedade, organizando a forma pela qual os sócios cooperarão entre si,[7] ou seja, o modo como "caminharão juntos" - eis que, etimologicamente, *socius* tem parentesco com *sequi*, significando "andar-se acompanhado[8] - e como repartirão entre si os resultados de seus esforços - denotando a palavra "companhia" a ideia de comer o pão em comum.

No que toca às companhias abertas, a "abertura" não deve impactar sua estrutura,[9] sendo operacionalizada fora do campo estrito do direito societário, pelos mecanismos regulatórios do direito do mercado de capitais, a regrar as transações de valores mobiliários emitidos por essas companhias, em um ambiente negocial exterior a elas, e abrangendo também títulos de natureza não societária.[10] O direito do mercado de capitais interage com o direito societário, mas com ele não se confunde[11] - como dois conjuntos que tenham algumas áreas

---

7. O direito societário "regra essencialmente apenas as relações dos sócios reciprocamente ou em relação à sociedade e a relação dos sócios e da sociedade em relação aos credores e devedores sociais" (METZNER, Alfred. *Gesellschaftsrecht*, 2000, p. 26).
8. CANCELLI, Filippo. "Società (diritto romano)", 1970, p. 495, v. XVII.
9. Essa visão tradicional, como se verá, resta superada pelo conceito de *corporate governance*, que tem semelhanças funcionais com a RIS - implicando estruturação de procedimentos e órgãos internos com vistas à tutela de interesses externos -, como se estudará no Capítulo X. Mas a RIS tem espectro mais amplo e objetivos específicos de regulação econômica setorial.
10. CUEVAS, op. cit., 1993, v. 1, p. 18. Dê-se o exemplo dos Commercial Papers, cujo regime jurídico é estritamente obrigacional e sem qualquer componente societário.
11. "O direito dos valores mobiliários pode ser tomado, ele próprio, como uma emancipação do direito das sociedades comerciais. Na verdade, os valores mobiliários paradigmáticos são as ações e obrigações [...] disciplinadas, antes de mais, pelo direito das sociedades comerciais" (CORDEIRO, Antonio Menezes. *Manual de direito das sociedades*. Das sociedades em geral, 2007, p. 211, v. 1). A diferença entre o direito do mercado de capitais e o direito societário pode ser bem percebida no que toca às regras de direito internacional privado. Em princípio, aplica-se às sociedades comerciais, no que diz respeito ao seu funcionamento interno, o direito do local de sua sede ou de sua constituição. Já as regras sobre operações de valores mobiliários e as exigências de *disclosure* nelas postas pautam-se pelo direito do mercado em que essas operações acontecerem.

de intersecção e outras totalmente separadas.[12] Diversos são os seus agentes,[13] objetivos,[14] riscos,[15] princípios, conceitos e instrumentos.

Já o regramento da atividade não se faz tradicionalmente pelo direito societário, mas obedece a uma disciplina publicística que objetiva a ordenação das relações econômicas, no contexto de uma economia de massa, pós-Revolução Industrial, consoante a lição de Ascarelli.[16] Para o ilustre mestre das Universidades de São Paulo e Bolonha, "a disciplina privatística do ato pode permanecer

12. O direito do mercado de capitais regra não apenas a relação entre acionistas e companhia e seus administradores – objeto do direito societário –, mas também entre estes e "intermediários e entidades administradoras de mercados organizados" (PITTA, André Grünspun. *O regime de informação das companhias abertas*, 2013, p. 53). Há algumas questões em que se superpõem as regras societárias e do mercado – embora com mecanismos diversos –, como o monitoramento e a punição administrativa das companhias emissoras de valores mobiliários, seus controladores e administradores (ao lado dos intermediários, alheios ao direito societário). Ademais, agentes desvinculados da companhia podem ser processados por *insider trading* (PROENÇA, José Marcelo Martins. *Insider trading*. Regime jurídico do uso de informações privilegiadas no mercado de capitais, 2005, p. 47).
13. A amplíssima maioria dos entes societários vive a anos-luz do mercado de capitais: são pequenas e médias empresas, cujo regime jurídico é profundamente diverso do das companhias abertas e adstrito às leis societárias. Todo esse universo é alheio ao direito do mercado de capitais, que, em regra, trata da negociação de títulos emitidos por companhias, admitindo apenas em caráter excepcional emissões por sociedades que adotem outros tipos societários. A Instrução CVM n. 480 exige a adoção, pelos emissores de valores mobiliários, da forma de sociedade anônima, admitindo, como exceção, que as sociedades que emitam exclusivamente notas comerciais e cédulas de crédito bancário para distribuição ou negociação pública se organizem também sob a forma de limitada e que emissores de notas comerciais de agronegócio (NCA) adotem, além da forma de sociedade anônima e limitada, a de cooperativa agrícola.
14. O mercado de capitais transforma ativos líquidos em investimentos fixos, prazos curtos em longos e vice-versa, magnitudes de capital (fragmentando e securitizando grandes operações, ou, pelo contrário, concentrando recursos dispersos para investimentos de vulto), bem como a natureza dos riscos (PROENÇA, op. cit., 2005, p. 73-4).
15. Sobreleva, no regramento dos mercados de capitais, a questão dos riscos sistêmicos do mercado. Isso porque os mercados de capitais, como o bancário, assentam-se sobre a confiança, sujeitando-se a colapsos quando ela desaparece. "Like insurance and banking, securities trading lies at the heart of a vital but invisible paper infrastructure based on intangibles such as trust and perceived legitimacy" (a citação é de James Landis, apud McCRAW, Thomas. *Prophets of regulation*. Charles Francis Adams, Louis D. Brandeis, James M. Landis, Alfred E. Kahn, 1984, p. 160).
16. "Il dispiegarsi della produzione industriale in massa pone nuovi problemi e provoca un largo intervento pubblicistico nell' attività economica, dando a questo concetto nuovo rilievo e importanza" (ASCARELLI, Tullio. *Corso di diritto commerciale*. Introduzione e Teoria dell'Impresa, 1962, p. 115).

independente daquela publicística da atividade".[17] Isso ocorre porque, dado o confronto entre os interesses diversos afetados pela atividade, seu regramento é radicalmente político, como enfatiza Vincenzo Buonocore.[18]

Com efeito, a atividade social no âmbito do mercado refoge ao núcleo do direito societário, não havendo dispositivo que a regre de modo direto nem no livro do "Direito da Empresa" do Código Civil – cujo título, se tomado no sentido de atividade, é paradoxal[19] –, nem na Lei das S.A. É o regime regulatório público que decreta a regularidade ou a irregularidade da atividade. O seu exercício submete-se a controles administrativos porque impacta de modo direto e imediato terceiros alheios ao universo social. Individualmente, os atos que compõem a atividade[20] podem ser regidos por regras de direito privado – especial-

17. Ibidem, p. 139-40. Afirmando o peso das normas publicísticas no regramento da atividade, Mario Casanova adverte que "la scienza del diritto commercial non può piú prescindire dai numerosi e penetranti istituti di diritto pubblico che circondano e dinvesto nol'intero campo delle attività giuridicamente commerciale [...]. La disciplina dei rapporti di diritto pubblico inerenti alle attivitá giuridicamente commerciali ha repercussioni frequenti ed intense sulla disciplina dei correspondenti rapporti di diritto privato" (CASANOVA, Mario. *Le imprese commerciali*, 1955, p. 63).

18. "In questo momento [início da atividade no mercado] che si giustifica realmente l'intervento del legislatore di fronte all'esercizio sistematico dell'attività. Nascono, infatti, in questo momento nuovi interessi da tutelare: l'interessea sorvegliare, da un lato, e ad agevolare, dall'altro, l'operadi questo nuovo fattore che si inserisce nel tessuto dell'economia di produzione e discambio; l'interesse a conservarlo in vita e a proteggerlo; l'interesse alla tutela dei diritti dei terzi per i quali e con i quali opera l'imprenditore. E si può sostanzialmente convenire con chi scriveche 'la disciplina del mercato è interamente e radicalmente politica', nel senso che 'essa rileva sempre una decisione degli interessi in conflitto': perché politico è il problema della tutela e della soddisfazione di tanti interessi – consumatori, imprese produttrici, qualità e prezzi dei prodotti – che nel mercato cofluiscono. E la 'politicità' – si perdoni l'uso di questo neologismo – è data dalla identificazione della tutela dell'autonomia con il regime legislative del mercato" (BUONOCORE, Vincenzo. *L'Impresa*, 2002, p. 153).

19. É contraditória a denominação "Direito de Empresa" dada ao referido livro do Código Civil – bem como ao do Codice Civile, que o inspirou – se tomado o termo empresa no seu sentido funcional de atividade, para usar a terminologia asquiana. Em que pesem algumas referências à atividade – em especial, na definição de empresa do art. 966 –, ela não é regrada por aquele livro.

20. O conceito de atividade abarca não apenas atos jurídicos, mas também atos materiais, "dovendo si tener conto non solo dei comportamenti materiali che precedono o dattuano (gli atti giuridici) ma anche delle operazioni meramente produtti veche vi sono indipendenti" (RONDINONE, Nicola. *L'attività nel Codice Civile*, 2001, p. 21). São clássicas as páginas de Ascarelli sobre o conceito de atividade: ela se presta a qualificar o empresário, não se confunde com os atos, sendo "una serie diattitra loro coordinabili in relazione ad uncommune finalità"; de sua proibição não deriva sua nulidade (nem, necessariamente, a de seus atos), mas sua irregularidade; pode ser exigida capacidade especial para

mente contratual –, mas o *totus* da atividade envolve questões transcendentes, afetas ao interesse público.

Essa diferenciação entre o direito societário e o regramento da atividade reflete-se igualmente no direito internacional privado. A organização interna da sociedade pauta-se por seu Direito nacional, tomando-se como elemento de conexão, para tal definição, o local de constituição ou o de sede efetiva;[21] já a atividade é regida pelo direito do local onde se efetivem os atos que a compõem (*locus regit actus*).

A sociedade não exige, para sua existência, a efetiva prática de uma atividade,[22] mesmo porque ela pode não ser veículo de nenhuma sequência ordenada de atos, mas uma mera construção formal – como as "empresas de prateleira" – ou um instrumento para operações de transferência de ativos. Por outro lado, atividade é conceito de teoria do Direito, originando-se no direito público[23] e espraiando-se pelos campos do direito do trabalho e da posse, além do comercial.

Apesar da revolução regulatória, persiste a visão tradicional dicotômica: a regulação é concebida como moldando e balizando o comportamento externo (*rectius*: a atividade) dos agentes econômicos societários, deixando ao direito societário o regramento interno da organização econômica, segundo princípios

---

seu exercício; desenvolve-se no tempo, "ha un inizio, uno fine e una localizzazione"; não se exige a vontade do agente para a atividade (bastando a vontade para os atos); não tem um destinatário, dirigindo-se ao mercado, pode levar um ato de alienação a ser considerado ato de administração ordinária (ASCARELLI, op. cit., 1962, p. 145 e segs.).

21. Os ordenamentos se dividem entre a teoria da sede (efetiva) e a teoria da constituição – prevalecente nos Estados Unidos da América, Reino Unido e no Brasil. "A lei de nacionalidade regula o reconhecimento da personalidade e a determinação da capacidade das pessoas jurídicas, sendo por sua vez a nacionalidade indicada pelo país de sua constituição" (RODAS, João Grandino. *Sociedade comercial e Estado*, 1995, p. 326). Esse é o comando do art. 11 da Lei de Introdução às normas do Direito Brasileiro. Já o art. 60 do Decreto-lei n. 2.627, antiga Lei das S/As, fixa a nacionalidade da sociedade estrangeira por sua sede, isto é, seu domicílio. A sociedade estrangeira, reconhecida e autorizada a operar no país, tem sua estrutura interna regulada por seu Direito nacional. Ele indica quem pode agir em nome da sociedade, mediante quais procedimentos e formalidades, como se organiza a relação entre os sócios (a esse respeito, LEANZA, Umberto. "Società (Diritto vigente): società straniera", 1970, v. XVII).
22. Diferentemente do conceito de empresário, em que a efetiva atividade é elementar.
23. "In ogni caso, diverse potendo essere le esigenze cui devono far fronte, non necessariamente la nozione privatistica ha ragione di essere equivalente a quella publicistica" (RONDINONE, op. cit., 2001, p. 6).

privatísticos.[24] A regulação, via de regra, é vista como operando "portas afora" da vida social, não interferindo nas relações pessoais, patrimoniais e políticas dos sócios.[25]

O regulador poderia fixar o horário de funcionamento do estabelecimento, mas não se conceberia - na prevalência da dicotomia apontada - que impusesse o funcionamento de um órgão administrativo à sociedade que se dedicasse a determinado objeto. Poderia definir padrões rigorosos de qualidade para a prestação de um serviço regulado, mas lhe seria indiferente que o serviço fosse prestado por um empresário individual, uma sociedade em comandita ou uma companhia. A liberdade dos sócios no autorregramento da composição de seus interesses e no equilíbrio de suas forças, restrita pelo estreito âmbito da ordem pública societária, seria a regra, a que se devia curvar mesmo o mais detalhista regulador econômico.

No seu texto seminal de 1937 - "The nature of the firm" -, Coase já identificava a diferença entre o tratamento jurídico das relações comerciais estabelecidas no mercado e daquelas organizadas dentro da firma, exemplificando com a sujeição das transações contratuais de mercado a controles e tributação e identificando a discrepância de regimes jurídicos como um fator de estímulo ao crescimento da firma.[26]

---

24. Para Francesco Ferrara Jr., "L'interesse pubblico [...] non riguarda la società in sè i per sè, bensí l'impresa [...]. La sua tutela non può avvenire e non avviene a mezzo delle norme sulla società, ma a mezzo di norme distinte che si trovano su un piano diverso dalle prime" (FERRARA JR., Francesco. *Gli emprenditori e le societá*, 1971, p. 339).
25. A teoria da regulação enxerga a firma como um dado, sem se preocupar com sua origem ou organização interna, no que se assemelha ao tratamento dado à firma pela teoria neoclássica, segundo a descrição de Oliver Hart ("Incomplete contracts and the Theory of the Firm". In WILLIAMSON, Oliver; WINTER, Sidney (ed.). *The nature of the firm*. Origins, evolution and development, 1993, p. 138). Os societaristas, por sua parte, repelem do direito societário os objetivos de política pública. Assim, por exemplo, Cabanellas de Las Cuevas, após apontar como objetivo do direito econômico a regulação das atividades de mercado das empresas "para realizar metas e objetivos de política econômica", afirma categoricamente que "o direito societário se aparta do direito econômico, entendido no sentido precedente, porque constitui um mecanismo abstrato da organização dos entes produtivos cujas atividades podem encontrar-se totalmente liberadas às forças do mercado ou bem ser reguladas com os instrumentos próprios da economia dirigida. Nos casos em que exista esta última regulação, o direito societário não será parte dela" (CUEVAS, op. cit., 1993, v. 1, p. 30).
26. "Exchange transactions on a market and the same transactions organized within a firm are often treated differently by governments or other bodies with regulatory powers" (COASE, Ronald. "The nature of the firm", 1993, p. 22).

Como exemplo da clara delimitação fronteiriça entre o direito societário e a regulação econômica, cite-se um dos expoentes dos estudos regulatórios no Brasil: Carlos Ari Sundfeld considera a "liberdade de organização societária como limite à regulação". Tratando do marco regulatório das telecomunicações, afirma que "a organização interna, empresarial, acionária das empresas é livre".[27] Há meio século, Ascarelli, discutindo a limitação da livre-iniciativa pela intervenção pública na economia por meio das leis ordinárias, distinguia entre o regramento do comportamento do empresário no mercado, de um lado, e a sua liberdade de organização do estabelecimento, do outro.[28]

Em síntese, nessa concepção tradicional e dicotômica, o direito societário reina no âmago da sociedade, versando sobre a organização e a realização dos interesses dos sócios; a regulação interfere em detalhes da atividade empresarial, focando excessivamente o regime tarifário[29] e desconsiderando outros aspectos, em especial o da gestão interna (embora as decisões desta possam afetar a terceiros). Além disso, o regulador não distingue entre a forma e o tipo dos agentes econômicos regulados e ignora a dimensão de suas personalidades e de suas organizações internas.

A cada um o seu reino: o comercialista hipnotiza-se pelo mistério da conceituação da empresa - a *Rebecca* do filme hitchcockiano, na metáfora de Waldemar Ferreira - e esquece-se de estudá-la portas afora da sociedade, no seu *habitat*, que é o mercado; o publicista toma para si o estudo do regramento da ordem social e econômica, mas fica paralisado, constrangido, à soleira da porta do principal agente econômico, que é a sociedade empresária.[30]

---

27. SUNDFELD, Carlos Ari. "A liberdade de organização societária como limite à regulação", 2013, p. 68. A manifestação do professor da Fundação Getulio Vargas dirigia-se à proposta de alteração do Plano Geral de Outorgas que, sem fundamento em lei em sentido formal, exigia que as empresas telefônicas mantivessem seus registros de companhia aberta.
28. ASCARELLI, Tullio. *Teoria della concorrenza e dei beni immateriali*, 1960, p. 15. O autor referia-se a decisões da Corte Constitucional, nos anos 1950, que consideraram ilegítimas normas sobre a imposição do uso de mão de obra na agricultura.
29. "The concentration by commission on the rate base or rate of return has been far disproportionate to their importance compared with other dimensions of performance" (KAHN, Alfred A. *The economics of regulation*. Principles and institutions, 1991, p. 325-II).
30. Pode-se acrescentar que nesse jogo de enganos o civilista tradicional cerra-se nos institutos tão bem polidos a partir da pandectística, olvidando-se da função econômica, que é sua essência.

Os direitos societário e da regulação não interagem, nem dialogam.[31] Com isso, ambos comprometem a eficácia de seus instrumentos, deixando de realizar plenamente suas funções: o primeiro, a articulação dos interesses centrados na empresa; o segundo, a modulação do mercado setorial, de modo a assegurar sua estabilidade, eficiência e desenvolvimento.

Liberdade de auto-organização vs. *imperatividade da norma regulatória*

O direito societário pauta-se por um princípio de respeito à auto-organização e à autogestão dos sócios, na busca dos arranjos internos que melhor atendam a seus interesses.[32] Essa ideia constitui um dos pilares do direito societário, cantada em obras escritas em várias línguas e segundo as mais variadas abordagens.[33] Nada mais seria do que uma especialização, no âmbito societário, da autonomia da vontade preconizada no direito dos contratos:[34] quanto mais se

31. "Despite the dominance of organizations in contemporary social life, law is desperately short of techniques, doctrines and institutions that adequately respond to the social features of organizational entities, their impacts on stakeholders, their internal capacity for self-management, their capacity for diffusion and avoidance of accountability [...] Lack of corporate social and legal responsibility is not just a failure of corporate management. It is also a failure of legal regulatory institutions to Interact with corporate organizations to make them open and permeable" (PARKER, Christine. *The open corporation*. Effective self-regulation and democracy, 2002, p. 245).
32. Em 1984, comissão presidida por Giuseppe Ferri e integrada pelos maiores comercialistas italianos, entre os quais Galgano, Jaeger e Corapi, elaborou projeto de um "Estatuto da Empresa", cujo art. 1º afirmava que a empresa privada era "livre para organizar-se e operar, de acordo com sua própria escolha, do modo mais idôneo para a obtenção das utilidades a serem destinadas à remuneração do capital de risco". Conquanto não aprovado, o texto bem reflete o pensamento dominante na doutrina italiana.
33. "No direito privado, dominam os vetores da liberdade e da autonomia privada. Quer dizer que os interessados podem cooperar como entenderem, dando guarida a esquemas de organização muito variados, pelas mais diversas vias, típicas e atípicas" (CORDEIRO, op. cit., 2007, p. 45, v. 1).
34. Um enfoque contratualista das sociedades não dá a devida ênfase às marcantes diferenças entre o regime jurídico corporativo e o dos negócios jurídicos em geral. Por exemplo, o direito societário assenta-se na publicidade registral, e o registro de empresas faz controle *ex ante* da legalidade dos instrumentos e documentos societários do ponto de vista formal, o que não existe, como exigência obrigatória, para os contratos em geral. De outra parte, o direito societário, por sua natureza organizacional, permite canais para a manifestação de *stakeholders*, algo de mais difícil operacionalização no âmbito do direito dos contratos, dado o princípio da relatividade das convenções.

aproxima a doutrina de um enfoque contratualista, mais exaltada será essa liberdade organizacional.[35] A sociedade é tida como "coisa de sócios", e não se deve imiscuir em suas negociações e tratativas para comporem seus interesses.[36]

A liberdade de auto-organização é multidimensional:[37] implica a opção pela via societária ou pela atividade em caráter individual, a possibilidade de escolha de um tipo societário – e sua posterior transformação, se conveniente –, a modelagem interna de seus órgãos e procedimentos deliberativos, o regramento da forma e condições pelas quais os sócios contribuirão para o acervo social e mecanismos de solução de seus conflitos e de retirada, a opção por uma dada estrutura de capital, com maior investimento dos sócios ou maior endividamento, o modo de sua gestão, entre outros eventos ínsitos à vida social. Espraia-se pelo dia a dia dos negócios sociais, permitindo que os sócios e gestores ajam com discricionariedade e autonomia em seus atos e deliberações.

Essa autonomia coloca-se como uma expressão do direito de propriedade dos sócios sobre suas quotas ou ações.[38] Sua outra justificativa ideológica é que, se os sócios são afetados pelos rumos a serem tomados pela sociedade – correndo todos os riscos a ela inerentes –, devem ser livres para a organizarem de modo a reduzi-los. A percepção da sociedade como instrumento para a maximização de utilidades individuais dos sócios do mercado igualmente desacon-

---

35. Calixto Salomão Filho invoca o exemplo do "Code de Commerce francês de 1807, ao estabelecer, entre seus princípios, a absoluta autonomia da Assembleia Geral para definir o interesse social e a organização societária interna. Essa característica perdurará por toda a primeira metade do século XIX, talvez uma das fases mais individualistas de todo o direito societário. Trata-se de um período de extremado contratualismo em matéria de sociedades anônimas, que praticamente não se repetirá na história e que permite aos controladores definir livremente não só o interesse social, mas a própria organização interna" (SALOMÃO FILHO, Calixto. "Sociedade anônima: interesse público e privado". *Interesse Público*, ano 5, n. 20, p. 75, jul./ago. 2003).
36. Por todos, cite-se o seguinte excerto da obra de Domenico Giordano: "La società è, fino a prova contraria, cosa dei soci e non della collettività (fermi I suoi effetti benefici sull'economia generale); i creditori sociale ed I terzi troveranno tutela nelle norme sull'integrità del patrimonio e del capitale sociale e nelle norme che presiedono al procedimento di liquidazione" (GIORDANO, Domenico. *Le limitazioni all'autonomia privata nelle società di capitali*, 2006, p. 192).
37. "A autonomia das pessoas jurídicas compreende a autonomia fundacional, a liberdade de escolha do tipo, a autonomia estatutária, a livre formação da vontade e a livre modificação e dissolução" (REICH, Norbert. *Mercado y derecho*, 1985, p. 267).
38. "A autonomia privada está ainda ligada à propriedade privada [...]. Todo o direito das sociedades postula que se reconheça, com efetividade, a propriedade privada, no sentido da intangibilidade dos direitos patrimoniais privados" (CORDEIRO, op. cit., 2007, p. 237, v. 1).

selha colocar travas e desincentivos a seus esforços organizacionais, para que possam agir com rapidez aos desafios do mercado. A defesa da fixação da busca de lucros máximos como objetivo da sociedade chega a paroxismos: alguns autores afirmam que os gestores podem expressamente violar a lei quando for do interesse da companhia, em uma versão corporativa da ideia de *Efficient Breach of Contract*.[39]

Essa é também a lógica subjacente à *business judgement rule*,[40] bem como à máxima jurisprudencial que preconiza a mínima intervenção judicial nos negócios sociais.[41]

---

39. De fato, Frank Easterbrook e Daniel Fischel afirmam que "managers not only may but also should violate the rules when it is profitable to do so" ("Antitrust suits by targets of tender offers". *80 Michigan Law Review*, p. 1.155 e segs., 1982). Na crítica de Kent Greenfield, "in their view, the penalties for breaking the law are merely costs of doing business" (GREENFIELD, Kent. *The failure of corporate law*. Fundamental flaws and progressive possibility, 2006, p. 73).
40. Por essa regra, tutela-se a conduta do administrador quando agir segundo a conduta esperada de um homem diligente e probo, tendo norteado sua deliberação negocial por um critério de razoabilidade, levando em conta todas as informações disponíveis, servindo-se de opiniões técnicas especializadas, sem qualquer interesse pessoal e em conformidade com a boa-fé objetiva. A *business judgement rule* funciona como presunção de regularidade dos atos da administração, ou, segundo outros autores, como uma quase imunidade, um porto seguro (*safe harbour*) em que o administrador possa se isentar de responsabilidade se adotar determinadas cautelas e procedimentos para amparar sua decisão. Alguns autores acrescem o requisito do *proper purpose*, ou seja, de que as decisões e atos tenham se pautado pelo propósito de cumprir o objeto social (DOBSON, Juan Ignacio. *Interés societario*, 2010, p. 114-21). A doutrina surgiu por pressão de seguradoras receosas de terem de pagar indenizações por atos não culposos de administradores protegidos por apólices de seguros D & O (CORDEIRO, op. cit., 2007, p. 807-8, v. 1). Na justificativa de Easterbrook e Fischel, "é melhor proteger decisões honestas de uma revisão judicial do que expor administradores e diretores a uma revisão por juízes e júris que não sofram a pressão dos mercados" (EASTERBROOK, Frank H.; FISCHEL, Daniel R. *The economic structure of corporate law*, 1991, p. 94). Outros argumentos pelos quais deve prevalecer a avaliação do administrador sobre a do magistrado quanto ao mérito ou conveniência de um ato ou decisão são: a) o administrador deve ser livre para assumir riscos gerenciais, em sua definição das estratégias adequadas para realizar o objetivo social de lucros; b) o juiz tende a ser um generalista, sem conhecimento aprofundado das várias facetas da gestão de uma empresa e tampouco tem experiência específica no ramo de atividades em que o administrador trabalha; c) a avaliação pelo magistrado é sempre *ex post*, com mirada retrospectiva, incorrendo por isso em distorções no considerar as circunstâncias subjacentes à deliberação administrativa.
41. "[A sociedade anônima] é vulnerável a qualquer intervenção de autoridade externa [...] [que] será sempre incompletamente informada e, portanto, arbitrária [...]. Nada nas atitudes dos negócios americanos é tão iníquo como a intervenção governamental nos assuntos internos da empresa. Tão forte é essa convenção protetora que até os radicais a respeitam" (GALBRAITH, John Kenneth. *O novo Estado industrial*, 1985, p. 69).

O direito societário, nessa visão tradicional, era marcado por sua *neutralidade* e *natureza dispositiva*.

Pensa-se nos tipos e normas societárias como se fossem uma coleção ou um cardápio de alternativas a serem selecionadas pelos sócios com absoluta discricionariedade, conforme seus propósitos e desígnios. Para o legislador, tanto faria que uma certa atividade fosse encetada com o uso do tipo A ou do tipo B: que os partícipes da empresa definissem livremente seus fins e seus meios, sem interferência do Estado. De certa forma, a existência do direito societário teria uma mera função de redução dos custos de transação, já predispondo modelos e regimes que poderiam ser adotados com simplicidade, pela mera escolha de um tipo societário.

A natureza dispositiva da regra societária é um dos mandamentos da Escola de Chicago. Preconiza-se a restrição das normas cogentes a um mínimo – ou, em alguns autores, sua total supressão –, de modo a que não constituam obstáculos ao arranjo dos interesses dos envolvidos em processos de barganha. O conteúdo dessas normas supletivas deve ser aquele que tenderia a ser escolhido pelos agentes econômicos racionais, em um processo livre de negociação, caso ele se verificasse. Em posição mais intermediária, Melvin Eisenberg defendia a limitação das regras mandatórias às companhias abertas, e apenas em relação "àquelas áreas centrais fiduciárias e estruturais nas quais os interesses dos acionistas e da alta administração possam materialmente divergir",[42] sendo criticado por aqueles que desconfiam da eficácia de qualquer regulação,[43] e, no outro polo, por aqueles que afirmam que a ampla cogência das normas societárias é imprescindível para resguardar os interesses de todos aqueles *stakeholders* que são afetados direta ou indiretamente pela atuação da sociedade empresarial e não participam de sua estruturação jurídica.[44]

---

42. EISENBERG, Melvin Aron. "The structure of corporation law". *89. Columbia Law Review*, 1989, p. 1.641. Em outra obra, Eisenberg afirma que, nas companhias fechadas, "no consideration of public policy appeared applicable except the protection of fair expectations"; já em relação às *partnerships*, "the only principle of social policy that would seem applicable to their internal organization is the promotion of business efficiency, an objective best served by enabling the owners to arrange the organization as they choose" (EISENBERG, Melvin Aron. *The structure of the corporation*. A legal analysis, 2006, p. 9 e 18).
43. É a posição de Fred McChesney, que o critica por ver imperfeições no processo de negociação, mas pressupõe que o regime cogente seja perfeito e sem custos – a "falácia do nirvana" (*Economics, law and science in the corporate field*: A critique of Eisenberg).
44. O volume 89 da Columbia Law Review publica todas as contribuições a um simpósio sobre o tema, trazendo, além dos artigos referidos nas notas anteriores, outros da lavra de

Certo é que há interesses de terceiros a resguardar, como na formação e integridade da personalidade jurídica societária – que fundamenta o *numerus clausus* de tipos sociais e a rigidez das normas estruturais que os identifiquem[45] – e o imperativo de preservação do capital social, garantia dos credores, particularmente relevante dada a disseminação da responsabilidade limitada. A tutela desses interesses externos faz-se *interna corporis*, impondo-se por regras cogentes procedimentos e vedações aos sócios e gestores, constituintes da ordem pública societária,[46] que vai se ampliando conforme o maior grau de institucionalização das sociedades[47] e sua transformação de forma de cooperação entre pessoas em instrumento financeiro.

O grande debate da doutrina é sobre as fronteiras entre o imperativo e o supletivo, ou entre a coerção e a escolha, no tocante ao regime societário.

Já no tocante à regulação econômica, em uma perspectiva tradicional – de "comando e controle" –, suas normas seriam cogentes e mandatórias.[48]

Lucian Arye Bebchuk (*The debate on contractual freedom in corporate law*), John Coffee Jr. (*The mandatory/enabling balance in corporate law*: An essay on the judicial role), Jeffrey Gordon (*The mandatory structure of corporate law*) e Roberta Romano (*Answering the wrong question*: The tenuous case for mandatory corporate law). No plano do direito comparado, a questão da abrangência das normas societárias imperativas e supletivas é estudada, à luz do direito da Inglaterra, Espanha e França, em CONVERT, Laurent. *L'impératif et le supplétif dans le droit des societés.* Étude de droit comparé. Angleterre – Espagne – France, 2003.

45. O rigor na tutela da integridade do tipo societário justifica-se para permitir que terceiros que negociem com a empresa "se encuentren en condiciones de conocer los elementos que conforman o tipifican la figura societaria, sobre todo en lo que respecta a las relaciones que entable el ente social con los terceros" (DOBSON, op. cit., 2010, p. 139). O processo de integração europeia, no entanto, vai erodindo a relevância da tipicidade social e do *numerus clausus*, uma vez que os países membros têm de aceitar a atuação, em suas fronteiras, de sociedades constituídas nos demais, segundo suas respectivas leis societárias (RIEDER, Bernhard; HUEMER, Daniela. *Gesellschaftsrecht*, 2016, p. 42).
46. "La noción de orden publica resulta vaga e imprecisa. La doctrina nacional lo caracterizó como aquel conjunto de principios fundamentales de orden político, filosófico, económico, moral e algunas veces religioso, cuya observancia se considera esencial para la existencia y conservación de la organización social establecida" (DOBSON, op. cit., 2010, p. 136). A ordem pública expressa-se por meio das normas imperativas, que não podem ser afastadas pelas partes, conferem direitos que são irrenunciáveis e cuja violação implica nulidade, invocável a qualquer tempo.
47. Na introdução a seu projeto de Código Comercial, Inglez de Souza já preconizava que "a regulamentação das sociedades [deve] consistir principalmente nas cautelas estabelecidas em favor do público, pois que no seu regime impera mais do que em outro qualquer instituto a liberdade dos contratos".
48. Em outro diapasão – fora do direito da regulação –, no Brasil dos planos econômicos anti-inflacionários, constituía um chavão jurisprudencial a afirmação de que "as normas

Direito societário e regulação eram universos díspares: um norteado pela liberdade de auto-organização e autonomia privada; o outro, pelo caráter mandatório de suas imposições e heteronomia.

Superação da dicotomia pelo advento da regulação econômica setorial por instrumentos societários

Corporate Law should be seen not as a narrow private law field for the acolytes of law and economics. Rather, it should be debated as if it were a part of larger social and macroeconomic policy.

Kent Greenfield

A segregação dos campos de incidência do direito societário e da regulação econômica propiciava um modelo simples e claro para o intérprete e o aplicador do Direito. Mas o jurista não pode se contentar com visões superficiais do mundo, e sim encará-lo em toda a sua complexidade e policromia.[49] Isso é particularmente importante para o estudioso do direito comercial, cuja matéria resiste a sistematizações harmoniosas e a conceituações definitivas.

O comercialista é o jurista do mercado – e tal definição nada tem de novo, eis que já seria válida há quase mil anos. Para ele, conhecer o mercado é conhecer as regras do mercado. Hoje o mercado é o universo da regulação, pois se vive o "capitalismo regulatório". A regulação econômica invade também a seara so-

---

de direito econômico são de incidência imediata, alcançando contratos em curso" (exemplos: STJ, REsp ns. 13.480/SP e 162.451/SP).

49. O cientista político britânico Harold Laski trocou, por longos anos, cartas com o *Justice* da Suprema Corte Americana Oliver Wendell Holmes Jr. – o "*Great Dissenter*", que, embora tantas vezes vencido, marcou os rumos da jurisprudência constitucional futura. Em uma dessas importantes cartas, Laski critica o *Chief Justice* Marshall – primeiro paladino do controle jurisdicional de constitucionalidade, em Marbury *vs.* Madison (1803) –, considerando-o superestimado (*overrated*) e detentor de uma visão simplista do mundo. Segundo Laski, Marshall parecia achar o mundo "a damned simple place and he especially knows all about it". Em contraponto, Laski elogia Holmes por ter "a useful sense of a complex world" (Holmes – Laski Letters).

cietária, derrubando as cercas entre os campos de estudos e turvando a nítida divisão teórica entre o direito das sociedades e o regulatório.[50]

Rompe-se a introspecção antes descrita: foge-se do "intimismo"[51] que marca o direito comercial, abrindo-o para a realidade em que está inserido:

> Os interesses da empresa e de todos os afetados por sua atividade são melhor perseguidos, então, por soluções includentes, que escapem da ıógica das compensações e das soluções visando a proteger interesses de grupos. É da regulamentação da empresa que deve partir a ideia de acesso e inclusão, exatamente para que não seja necessário - como foi no passado - que grupos prejudicados (trabalhadores, consumidores) pelo exercício de seu poder buscassem compensações em leis específicas. Essas regras compensatórias são fundamentais, mas não bastam. É preciso que soluções estruturais impeçam o contínuo produzir de desequilíbrios que não podem ser continuamente compensados [...]. Nesse sentido, abaixo se farão sugestões concretas do conteúdo desse regulamento da atividade da empresa [...]. (E)le será dividido em três grandes partes: (i) a organização empresarial - onde se discutem as formas de organização básica e os direitos e deveres dos que dela participam; (ii) a estrutura interna dessa organização - onde devem ser enumerados, através de dispositivos declaratórios, os interesses que devem ter reconhecimento interno, daí decorrendo certos princípios; (iii) as condutas externas da sociedade e os padrões de comportamento a serem seguidos pelas organizações empresariais.[52]

50. REICH, op. cit., 1985, p. 270-1. Constata-se que "a organização privada da propriedade sobre os meios de produção encontra-se em relação direta com a chamada constituição econômica e com a ordem da concorrência. Isso significa que os próprios processos de mercado exigem uma organização privada dos sujeitos [...] O resultado é que toda a estrutura do direito das sociedades se põe a serviço de uma organização econômica que gira em torno do mercado. Não só as relações externas, senão também as relações internas se medem agora em função desse novo conceito constitucional da propriedade".
51. "Pode-se dizer que hoje está ultrapassada essa fase intimista do direito societário. Por fase intimista quer significar o período em que o direito societário se sente autossuficiente para analisar e regular as questões de organização da vida empresarial. Se há algum marco da nova fase do direito societário é exatamente sua abertura para a interdisciplinaridade [...]. É a fase também das discussões sobre os efeitos econômicos das regras societárias" (SALOMÃO FILHO, Calixto. *O novo direito societário*, 2011, p. 28).
52. Idem. *Regulação e desenvolvimento*: novos temas, 2012, p. 66-7.

O Estado, em lugar de regrar direta e imediatamente aspectos de determinadas atividades empresariais, passa a exigir que o próprio *design* da organização societária a elas dedicado seja plasmado de dada forma, ou que se adotem certas configurações para as estruturas orgânicas ou de capital ou para seus processos deliberativos, ou cria condicionamentos societários para o exercício da atividade. Com isso, busca-se o induzimento indireto da atividade empresarial rumo a determinados fins da regulação setorial, a partir de elementos internos à sociedade. E o que é mais instigante: isso não é feito apenas para conformar a atividade daquela sociedade, mas com vistas a organizar ou formatar o mercado ou o setor em que a sociedade atua.

Na tão desgastada citação, Ripert compara a companhia a um "*merveilleux instrument*" para a coleta de poupança com vistas a investimento, considerando sua descoberta mais preciosa do que o motor a vapor ou a eletricidade[53] e decretando que "a ciência do Direito conhece também ela uma era do maquinismo". Pois contemporaneamente essa máquina passa a ser usada como instrumento regulatório setorial. As engrenagens internas da sociedade reúnem energias para realizar objetivos que transcendem a empresa, fluindo para um dado mercado que se quer organizar e estabilizar.

Em outras palavras, adota-se a experiência milenar de evolução dos tipos e institutos societários para se incorporarem tais elementos na norma regulatória, acrescentando a suas funções próprias e típicas um propósito extrassocietário, de regramento mediato de sua atividade ou de estruturação de um determinado mercado setorial. O objetivo é canalizar a energia, a flexibilidade, a estrutura de incentivos próprias da sociedade empresarial para ampliar a efetividade de políticas públicas setoriais, buscando reduzir riscos e custos regulatórios, balancear a assimetria informacional e mitigar externalidades negativas. Constata-se que a empresa é fonte de poder e de planejamento, cujo impacto cresce exponencialmente conforme seu tamanho até a macroempresa. Tal poder e capacidade devem ser controlados, supervisionados e direcionados a objetivos de interesse público. É igualmente necessário compreender-se com profundidade como se organiza e se estrutura uma sociedade, percebendo seus limites, incentivos e conflitos de interesses.[54]

---

53. RIPERT, Georges. *Les aspects juridiques du capitalisme moderne*, 1951, p. 55.

54. "Para se entender a regulação, precisamos [...] desagregar as firmas em subunidades corporativas, e as subunidades, em agentes corporativos individuais, e os indivíduos, em

Constata-se que a técnica se utiliza de institutos provenientes de todos os campos do direito das sociedades e vai desde a imposição de regimes normativos amplos – como a exigência da adoção de determinados tipos societários para o exercício de certas atividades reguladas ou a criação de tipos societários especiais para fins regulatórios – até regras detalhadas focando a estrutura decisória ou a escrituração da sociedade. Pode também ser veiculada por regras detalhadas ou por *standards* genéricos, permitindo maior ou menor autonomia na implementação da providência no âmbito social.

Com isso, os institutos societários perdem aquelas características tradicionais antes apontadas: a autonomia privada, na organização interna da sociedade, sofre um cerceamento bem mais acentuado; são impostos processos e estruturas voltadas a tutelar direta ou indiretamente interesses externos; a neutralidade dos institutos societários cede ao intuito de influenciar o rumo e as características da atividade empresarial desenvolvida; o direito societário abre-se para o ambiente externo à sociedade, pois a organização é formatada para gerar certos efeitos na atuação da sociedade no mercado, e, simultaneamente, estruturam-se mecanismos de internalização de interesses na sociedade. A própria questão da lei aplicável à organização da empresa problematiza-se no direito internacional privado.[55]

Impactos na doutrina societária

A extroversão do direito societário para o espaço regulatório é mais um fator para o arejamento desse campo da doutrina jurídica. Temas repetidos à exaustão vão se transformando e ganhando sentidos mais contemporâneos. A percepção de que o direito societário é instrumento de regulação setorial contribui para essa renovação de enfoques. A teoria da empresa,[56] elemento estruturante do anacrônico Livro "Do Direito da Empresa", do Código Civil brasileiro, pre-

---

suas múltiplas personalidades [...]. Todos os agentes corporativos são feixes de compromissos contraditórios a valores sobre racionalidade econômica, respeito à lei e responsabilidade nos negócios. Executivos têm personalidades que maximizam lucros e personalidades que cumprem leis" (AYRES, Ian; BRAITHWAITE, John. *Responsive regulation*: Transcending the deregulation debate, 1992, p. 19).

55. A questão será enfrentada quando se discutir a competição regulatória como limite à eficácia da RIS.

56. *V.* "Dos perfis da empresa para a empresa como sistema aberto", infra.

cisa atualizar-se, abandonando uma visão unitária e essencialista por uma concepção da empresa como sistema aberto. Isso implica uma reflexão sobre a relação entre organização e atividade (algo essencial para a RIS, que molda a estrutura da empresa para induzir em dado sentido seu funcionamento) e exige também uma perspectiva da empresa no ambiente do mercado regulado. Em outra linha teórica - de viés economicista -, as várias teorias da firma[57] devem considerar o papel chave do Estado na moldagem interna das sociedades, para além do mero esforço de redução dos custos de transação dos sócios. Finalmente, o dilema contratualismo-institucionalismo, em torno da definição do interesse social,[58] é superado pela ênfase no "institucionalismo integracionista", que conduz a uma procedimentalização do direito societário para a fixação dos fins da empresa, em compatibilidade com os objetivos regulatórios, sem descuidar jamais do objeto social e do imperativo de preservação da lucratividade e das condições de competição.

Dos perfis da empresa para a empresa como sistema aberto

> *A empresa é uma organização*
> *social com muros a seu redor.*
> William Whyte

A teoria da empresa saiu da vida doutrinária para entrar na dogmática do direito comercial brasileiro. Ao ser adotada pelo Código Civil de 2002 como pedra de toque da unificação do direito das obrigações, nos moldes do que realizara o Codice Civile seis décadas antes, essa teoria, que já tinha relevância jurisprudencial, ganhou consagração legislativa. Por isso, estudá-la é necessário; criticá-la, um imperativo.

A principal crítica é quanto a seu anacronismo. A leitura do nosso Código faz ecoar em nossas noites tropicais os passos das marchas dos camisas pardas, saudando Mussolini na Piazza Venezia. Não que se aceite a crítica de alguns quanto ao tom fascista da teoria da empresa, sobretudo no louvor ao empresário como "*capo dell'impresa*", a quem se deva obediência: nesse ponto, concor-

57. *V.* "Teorias da firma e Estado", infra.
58. *V.* "Interesse social e procedimentalização do direito societário", infra.

damos com os autores que afirmam que a teoria ajusta-se ao capitalismo, e não a um regime totalitário.[59] Mas o fato é que, mesmo quando elaborada por Silvio Marcondes essa parte do projeto de Código, nos anos 1970, a construção teórica já era defasada: sua aprovação, três décadas depois, tornou-a peça de museu. Estamos há mais de sete décadas de distância das famigeradas manifestações saudando o *Duce*.

O anacronismo não é apenas cronológico: é igualmente teórico. A leitura do conceito de empresa que se faz no Brasil é ainda marcada pela reiteração da ideia dos *Profili* de Asquini, que denotam uma visão essencialista, unitária, de vieses aristotélico-tomistas, da empresa.

É certo que Wieland, em seu *Handelsrecht*, de 1921, já colocava a empresa como núcleo do direito comercial, discorrendo sobre seus elementos (*Bestandteile*).[60] Mossa adota e aprofunda tal ideia,[61] colocando-a como pedra de toque da Escola Italiana e influenciando a própria estrutura do Codice Civile, como expusemos. Mas o grande articulador do conceito foi Asquini. Jaeger considerava a teoria desse autor "o nível mais alto da produção científica de todos os tempos em nossa matéria",[62] destacando que supera a discussão sobre ser a empresa sujeito ou objeto de direito, dadas as noções diversas abrangidas no conceito unitário.

Para Asquini, a empresa é uma realidade econômica unitária, embora fenômeno poliédrico. A leitura do Codice Civile leva o intérprete a aclarar os diferentes significados jurídicos (ou perfis) em que se desdobra a empresa: a) o perfil subjetivo, em que empresa é sinônimo de empresário, sua "cabeça e alma"; b) o perfil funcional, da empresa como atividade de organização de capital e trabalho; c) o perfil patrimonial e objetivo, correspondente ao estabelecimento; d) o perfil corporativo, que vislumbra na empresa uma instituição: "núcleo social

59. BUONOCORE, op. cit., 2002, p. 3.

60. São eles a atividade empresarial (*Betriebstätigkeit*), o patrimônio comercial (*Handelsvermögen*) – composto pelos bens corpóreos e incorpóreos, ativos e passivos – e suas relações efetivas (*tatsächlichen Beziehungen*), como a clientela e o crédito. As pessoas exercentes da empresa – o principal e seus auxiliares – não são indicados como partes componentes, sendo tratados em capítulo apartado (WIELAND, Karl. *Handelsrecht*, 1921).

61. Mossa era defensor da autonomia do direito comercial, mas para tanto postula que seu âmbito fosse reduzido: em lugar do direito dos atos de comércio, seria a lei das empresas comerciais e industriais (ASQUINI, Alberto. *Scritti giuridici*, 1936, p. 28, v. I).

62. JAEGER, Pier Giusto. *La nozione di impresa das codice allo statuto*, 1985, p. 14

organizado em função de um fim econômico comum, no qual se fundem os fins individuais de empresários e dos singulares colaboradores".[63]

A leitura de Asquini tem marcado nossas letras jurídicas, que se limitam a parafraseá-lo, complicando-lhe a definição de empresa[64] ou propondo outras metáforas, em lugar do poliedro, para representá-la.[65]

A construção asquiniana, no entanto, tem várias limitações, que são derivadas de sua concepção essencialista. A ênfase na natureza unitária do conceito impede um aprofundamento da reflexão sobre as ligações funcionais entre empresário, atividade, estabelecimento e instituição e permite um foco isolacionista e autocentrado da empresa.

Asquini baseou sua teoria no conceito de instituição, tal como recebido de Gierke, Santi Romano e, em especial, de Maurice Hauriou. Este último autor era aristotélico-tomista, buscando a essência e a realidade objetiva das coisas,[66] e tal linha de pensamento marcou a ideia de empresa. É curioso que Asquini parta de uma investigação do uso linguístico do termo no Código Italiano, mas, em lugar de uma abordagem nominalista, pautada na descrição do emprego da denominação, tenha dado um salto teórico e afirmado a realidade ontológica do fenômeno econômico da empresa, defletido em suas múltiplas dimensões. Nesse sentido, a empresa é uma "*fattispecie*", pressuposta pelo legislador.[67]

---

63. ASQUINI, Alberto. "Perfis da empresa". *Revista de Direito Mercantil*, Nova Série, v. 104, out.-dez. 1996, p. 122.
64. Por todas, transcrevemos a definição de Ruy de Souza: "É empresa a instituição jurídica não personalizada, que se caracteriza pela organização, com certa permanência e com autonomia administrativa, de uma atividade econômica destinada à produção de bens ou de serviços para o mercado, ou à intermediação deles no circuito econômico; essa organização põe em funcionamento um fundo de comércio, a que se vincula, através do empresário individual ou societário, ente personalizado cuja missão é representar juridicamente a empresa no mundo dos negócios e cujos atos são praticados repetidamente, em série orgânica, e são sempre comerciais, pela sua própria natureza" (SOUZA, Ruy de. *Direito das empresas*: atualização do direito comercial, 1959, p. 299).
65. Assim, por exemplo, Waldemar Ferreira desenvolveu a Teoria dos Círculos Concêntricos, partindo do estabelecimento (centro) envolvido pela empresa (atividade) e circunscrito, na periferia, pela pessoa física ou jurídica, por cuja vontade aqueles se constituem e se desenvolvem.
66. Sobre a posição aristotélico-tomista de Hauriou, *v.* FUCITO, Felipe. *Sociologia del derecho*. El orden jurídico y sus condicionantes sociales, 1993.
67. "Come fattispecie l'impresa è dato (o porzione) della realtà economica, normativamente delimitada", que se apresenta "insieme e inscindibilmente come attività produttiva [...] organizzazione dei mezzi personali e patrimoniali" (OPPO, Giorgio. *Diritto dell'impresa*, 1992, p. 265, v. I).

A descrição da empresa como *"fenomeno sostanzialmente unitario"*[68] tem, como primeira consequência, a desconsideração de suas relações internas: afinal, empresário, atividade, instituição e empresas, na visão asquiniana, são aspectos de algo uno, e não elementos componentes de algo complexo (o que tornaria de fundamental importância o estudo dos elos funcionais a ligarem as partes do todo): não se dá a devida ênfase, por exemplo, às formas pelas quais a organização modula a atividade (algo que só recentemente a doutrina italiana passou a estudar),[69] ou como a organização é fundamental para coordenar os sócios, na empresa coletiva.[70]

A segunda consequência é tomar a empresa do modo isolado de seu ambiente, fechada sobre si mesma, com desconsideração de suas relações externas.

Isso acarreta a privilegiação quase absoluta dos interesses internos sobre os externos. Nesse sentido, Ascarelli criticava a concepção da empresa como função do empresário, e a sua visão como uma célula composta pelo empresário e seus colaboradores colocam-no em

> uma posição de privilégio [...] nos confrontos em face dos consumidores e dos possíveis concorrentes [...]. O problema fundamental da concepção da empresa,

68. BUONOCORE, op. cit., 2002, p. 3.
69. O tema da relação entre organização e atividade será aprofundado no Capítulo V. Por ora, aponte-se que isso implica reconhecer na organização não uma mera dimensão, mas um elemento autônomo e real, rompendo com a visão unitarista de Asquini. Nesse sentido, Oppo observa que "l'organizzazione [...] è appunto, una ulteriore componente, certo strutturalmente e funzionalmente collegata alla prima [a atividade] nella realtà giuridica globale dell'impresa, ma essa dotata di una propia realtà e come tale oggetto di propri riferimenti normativi tanto nell'aspetto di organizzazione patrimoniale quanto in quello di organizzazione personale" (OPPO, op. cit., 1992, p. 273). Aceita-se, assim, que a organização "possiede una propria dimensione reale ed autonoma, di modo che, a differenza dell'attività, una volta creata, ha esistenza oggettiva fuori del oggetto e può servire all'attività dis oggetti diversi" (BUONOCORE, op. cit., 2002, p. 110), e que "sul piano della funzione" coligam-se a organização e a atividade, o que é particularmente importante para se entender o fenômeno da cessão da empresa (OPPO, op. cit., 1992, p. 67).
70. Toma-se a sociedade pelo empresário individual, como se fosse um empresário coletivo, o que só é possível a partir de uma premissa de homogeneidade de interesses, objetivos e vontades dos sócios (PAILLUSSEAU, Jean. *La société anonyme*. Technique d'organisation de l'entreprise, 1967, p. 4). "L'entreprise collective a été dès lors construite à l'image de l'entreprise individuelle" (Yvoun Loussouarn, no prefácio a ibidem, p. V). Para a organização dos interesses dos sócios e da titularidade da empresa são especialmente adequadas as formas comerciais de sociedade (OPPO, op. cit., 1992, p. 86).

e mais geralmente, do direito da economia é precisamente aquele de manter viva a tutela do interesse geral em face dos privilégios dos grupos.

Em segundo lugar, a visão unitária da empresa torna o seu estudo autocentrado, deixando de examinar seu ambiente – o mercado. Pouca relevância social tem a empresa quando tomada de modo isolado e autárquico. O direito comercial deve ser visto como o direito do mercado, e não como o direito da empresa, sendo esse o vetor e o rumo de seu desenvolvimento, consoante a lição de Paula Forgioni em *A evolução do direito comercial brasileiro*. No mesmo sentido, Buonocore critica a norma definidora de empresa do art. 2.082 do Codice Civile por não explicitar "a destinação ao mercado da atividade (exercida)",[71] sem a qual não se pode atribuir à empresa uma "relevância autônoma econômica mas também jurídica".[72]

O *aggiornamento* da teoria da empresa, centrando-a na reflexão sobre os liames internos e projeções externas dos elementos autônomos que a compõem, exige substituir-se a visão unitária asquiniana por um abordagem à luz da teoria dos sistemas.

Nesses termos, a empresa deve ser considerada:[73] a) um sistema complexo, "composto de mais pessoas ordenadas em uma estrutura dinâmica e com uma cultura comum"; b) um sistema social, "que se autorregula a respeito de determinados objetivos e parâmetros"; c) um sistema aberto e dinâmico, "que ordena o próprio agir segundo as determinações das pessoas que o compõem e em relação ao ambiente externo".[74] A perspectiva dinâmica implica considerar a distinção e as interações entre os elementos internos em seus diferentes níveis, o fluxo de informações e decisões, a ação resultante (*output*) e a capacidade de

71. BUONOCORE, Vincenzo. *Diritto commerciale e diritto dell'impresa*. Per ricordare Salli Pescatore, 2008, p. 42.
72. BUONOCORE, op. cit., 2002, p. 24. Prossegue o autor preconizando que os juristas devem "occuparsi dell'habitat natural in cuil'impresa opera, e cio è del mercato como luogo di incontro e di composizione de gli interessi interni e desterni che ruotano intorno l 'impresa, oggi l'attenzione de gli studiosi dell'impresa si è spostata in primo luogo sulla responsabilità dell'impresa verso i soggetti esterni all'impresa stessa – quelli che, con espressione riassuntiva, sono oggi chiamati stakeholders –e, in secondo luogo, e con riguardo soprattuto all'impresa societaria, sui possibili conflitti che possono sorgere tra que stiultimi e giazionisti" (ibidem, p. 58).
73. Um exemplo doutrinário relevante para o tratamento sistêmico das organizações formais acha-se em LUHMANN, Niklas. *Funktionen und Folgen formaler Organisation*, 1999.
74. FELLEGARA, Anna Maria. *Strutture d'impresa e tutela de gli interessi istituzionali*, 2005, p. 1.

avaliar seus resultados no ambiente externo, ajustando-se e calibrando-se a conduta conforme tal avaliação. O sujeito econômico é considerado segundo as "relações (mecanismos, estruturas) entre as pessoas"[75] que o formam e que lhe conferem os fatores primários de produção – trabalho e capital –, tendo cada uma dessas pessoas interesses econômicos e não econômicos na empresa.

Tal visão coloca um desafio especial para os gestores. Herbert Wiedemann, sob uma curiosa e profunda perspectiva hegeliana, vê a empresa como um sistema dialético, no qual os administradores se defrontam com um ambiente dinâmico e em constante fluxo, tendo de solucionar contradições essenciais. Há uma tensão dialética entre a efetividade social e econômica, entre objetivos quantitativos e qualitativos, entre gestores e subordinados, entre capital e trabalho, a serem enfrentados pelos administradores na fixação de estratégias de racionalização. Tudo isso exige que se implante, na organização, uma cultura do diálogo (*Gesprächskultur*). Cada síntese que se produza desses movimentos contrários suscitará uma nova antítese, em movimento contínuo e infinito. A gestão da empresa é um processo essencialmente dialético.[76]

As manifestações da regulação econômica setorial por instrumentos societários já pressupõem essa nova concepção de empresa, pois atuam sobre seus elementos internos constitutivos, considerando-os em sua autonomia e em suas relações com os demais. Há um grande interesse na organização patrimonial e pessoal da sociedade (englobando também o relacionamento entre os sócios, entre administradores e de uns com os outros), devendo ser ela moldada de modo a influir e dirigir a atividade. Por outro lado, como objeto e agente da RIS, a empresa rompe seu isolamento: seu arranjo institucional interno deve ser compatível e coerente com os arranjos institucionais externos que constituem o ambiente em que ela atua – o mercado setorialmente regulado.

A abertura da empresa para o ambiente externo não é um processo trivial e deve ser conduzida com cautela, por trazer embutido o risco de disfuncionalidades. A pessoa externa que venha a participar de estrutura de gestão pode trazer interesses, objetivos que se choquem com a racionalidade interna.[77]

---

75. Ibidem, p. 4.
76. WIEDEMANN, Herbert. *Das Unternehmen als dialektisches System. Führung und Kommunikation einmal anders betrachtet*, 2015.
77. "El grado hasta el cual la organización tiene éxito para lograr certa racionalidad en el cumplimiento de sus objetivos depende de las presiones internas y externas a que está sometida y de como puede controlarlas" (FUCITO, op. cit., 1993, p. 477).

Teorias da firma e Estado

A teoria da empresa, em sua matriz italiana, pecava por enfocá-la como fenômeno unitário e incindível, o que fechava as portas a uma série de veredas para a investigação teórica: não se dava a necessária atenção às relações internas e externas da empresa.

No campo da análise econômica do Direito, em especial nos países de cultura anglo-saxã, foi totalmente diverso o desenvolvimento doutrinário: a empresa foi estudada sob outras premissas teóricas, e colheu-se grande avanço na compreensão das estruturas internas da firma, dos incentivos dos que dela participavam e dos mecanismos pelos quais ela se desenvolvia, mediante contínuo ajuste às exigências do mercado. Em nosso sentir, outra é a deficiência a marcar as sucessivas teorias da firma: uma insuficiente atenção ao papel do Estado no surgimento e posterior desenvolvimento jurídico da sociedade comercial. Os arranjos societários parecem ter tido um surgimento espontâneo.[78] Isso torna difícil enquadrar e compreender de modo pleno o fenômeno objeto de nossa obra: a atuação do regulador na organização interna da sociedade, movido por interesses que transcendem os dos sócios e os da própria burocracia estatal. Negar ao Estado um papel central na história do direito societário – para o bem ou para o mal – é uma afirmação contrafatual.

---

78. No Capítulo IV faremos referência ao papel da novíssima República Holandesa na construção institucional da Companhia das Índias Orientais. De certa forma, a responsabilidade limitada foi um contrapartida à natureza autoritária da gestão da companhia, e o poder de livre transferência de ações, um contraponto à proibição estatal para o resgate dos capitais, de modo a não prejudicar as tarefas militares da empresa na Ásia. Omitindo tudo isso, um autor faz crer na espontaneidade da criação como consequência da interação dos agentes privados: "Para lidar com o risco, um grupo de indivíduos em Amsterdã se reuniu e concordou em juntar seus recursos para financiar vários navios. Todos dividiriam o lucro quando os navios retornassem. Alguns navios provavelmente não voltariam, mas pela divisão dos riscos dessa maneira cada um diminuiria seus riscos individuais e manteria o mesmo retorno esperado do investimento. Essa empresa foi a Companhia das Índias Orientais, que foi estabelecida em 1602. A empresa provou-se lucrativa, e quando os navios começaram a retornar os donos decidiram reinvestir os rendimentos para mandar mais navios, em lugar de apenas retirar os lucros. Mas alguns proprietários queriam retirar seu dinheiro, então venderam suas quotas aos outros que queriam participar. Logo as ações da Companhia das Índias Orientais começaram a ser regularmente transacionadas [...]. A bolsa de valores surgiu como resultado da ação humana, mas não de um desígnio humano" (HOLCOMBE, Randall G. *The Austrian school of economics*, 2014, p. 4-5).

Por longo tempo, prevaleceu a noção neoclássica da firma: ela era encarada no âmbito da microeconomia como uma mera função de produção, um conceito "guarda-chuva para uma combinação tecnologicamente determinada de insumos".[79] A firma era um conjunto de "planos factíveis de produção", permitindo a construção de modelos formalizados que ligassem as escolhas de produção às mudanças exógenas no ambiente, como aumentos de preços.[80] Sua organização interna era ignorada e tida como irrelevante para o modelo: uma mera "caixa-preta".[81]

Vão ocorrendo, passo a passo, alguns avanços teóricos. Em 1959, Edith Penrose publica sua *Teoria do crescimento da firma*, na qual define a firma como um "conjunto de recursos cuja utilização é organizada segundo uma moldura administrativa".[82] Os gestores, ao buscarem fazer o melhor uso possível desses recursos disponíveis, dão margem a um crescimento da firma, o qual deve ser entendido, bem como seus limites. Em 1963, vem a lume *Uma teoria comportamental da firma*, de Cyert e March: os autores partem da premissa da racionalidade limitada da firma (nos moldes defendidos por Herbert Simon) e refletem sobre o interior dessa "caixa-preta", constatando os seus conflitos internos. Afirmam que "a teoria clássica da firma onisciente é inapropriada", pois a "firma está limitada pela incerteza do ambiente, os problemas de manter uma coalizão viável e as limitações em sua capacidade como um sistema para reunir, armazenar e utilizar informações".[83] Essa organização aprende por experiência, ao monitorar seu desempenho em relação a seus objetivos. Mas há um "ajuste ambiental imperfeito": "as regras, formas e práticas usadas pelos atores econômicos não são unicamente determinadas pelas demandas do contexto ambiental em que elas emergem".[84]

Mas o texto verdadeiramente revolucionário sobre o tema foi concebido por um jovem de 21 anos, em uma viagem durante o bacharelado: a partir dessas

---

79. MÉNARD, Claude. "A new institutional approach to organization", 2008, p. 281.
80. HART, Oliver. "An economist's perspective on Theory of the Firm". *Columbia Law Review*, v. 89, p. 1.758, 1989.
81. Economistas neoclássicos não se preocupam com a organização interna por pressupô-la eficiente: "In economics, the assumption that the internal structure of the firm can be overlooked rests on the argument that, under competition, only eficiently organized firms will survive" (NOLL, Roger. "Government regulatory behaviour", 1985, p. 23).
82. PENROSE, Edith. *The Theory of Growth of the Firm*, 1995, p. 149.
83. CYERT, Richard M.; MARCH, James G. *A Behavioral Theory of the Firm*, 1992, p. 117.
84. Ibidem, p. 215.

ideias juvenis, ganharia, passado mais de meio século, o Prêmio Nobel de Economia. Ronald Coase era um rapaz de inclinações socialistas que viajou para os Estados Unidos para estudar o fenômeno da integração vertical. Ao folhear as "páginas amarelas", espantou-se com o elevado grau de especialização da economia americana, perguntando-se por que se integravam as firmas verticalmente, quando o mais eficiente seria se utilizarem dessas firmas tão especializadas. Por que existem organizações? Se elas são mais eficientes, por que não açambarcam toda a produção? Qual o critério para se optar pela integração ou pela especialização?[85]

Em 1937, publica o artigo *The nature of the firm*, no qual busca responder a essas questões, com o *insight* dos custos de transação.

Para Coase, a firma organiza-se hierarquicamente,[86] fugindo aos mecanismos do mercado: a mudança de um empregado de um departamento para outro faz-se por ordem, e não por uma mudança nos preços relativos. "A marca distintiva da firma é a superação do mecanismo de mercado [...]. A principal razão pela qual é lucrativo criar uma firma parece ser a existência de um custo para se usarem mecanismos de preços".[87] Os custos de transação são a chave para a opção pela firma: em uma abordagem marginalista, defende-se que a firma se expandirá até que o custo de organizar internamente a transação se iguale ao custo de fazer a mesma transação no mercado. A firma implica controle sobre a propriedade e o trabalho de outras pessoas.

Esse texto ficou praticamente esquecido por décadas, sendo resgatado pelo impacto de outro artigo fundamental de Coase – *The problem of social cost* –, publicado em 1960.[88]

Como toda obra seminal, *The nature of the firm* inaugurou um rol de problemas inéditos e abriu os mais variados caminhos para desdobramentos teóricos, os quais por vezes seguiram rumos opostos. O texto é tido como um dos fundadores tanto da Escola de Chicago como da Nova Economia Institucional.

---

85. Coase traçou seu itinerário intelectual em texto intitulado *The nature of the firm*: Origins, no seminário que celebrou os 50 anos de sua publicação e que gerou livro editado por Oliver Williamson.
86. Chester Barnard, em *The functions of the executive*, já assentara o papel da autoridade para a firma.
87. COASE, op. cit., 1993, p. 20-1.
88. Coase ironizava o despertar tardio do texto, comparando-o a Rip Van Winkle, personagem de Washington Irving que adormece ao tempo da colônia e desperta décadas depois, após a independência americana.

A mais importante bifurcação de rumos é aquela estabelecida entre a concepção da firma como *nexus* de contratos - que, de certa forma, faz esmaecer a fronteira entre a firma e o mercado - e uma abordagem neoinstitucionalista, que reafirma a distinção entre mercados e hierarquias, bem como entre firmas e contratos, embora colocando-as como dois extremos de uma escala, em que há várias formas híbridas intermediárias de coordenação entre os agentes econômicos. Como se verá, a opção por uma ou outra concepção impõe uma série de consequências ao doutrinador. As teorias que vislumbram a firma como *nexus* contratual dão maior peso à questão da maximização da utilidade perseguida pelas partes contratuais e, por via de consequência, tendem a valorizar a liberdade de formatação da empresa; já as teorias que enfatizam a hierarquia admitem maior poder de ingerência da lei na organização.[89]

Os defensores da concepção da firma como *nexus* de contratos - conceito principalmente atribuído a Meckling e Jensen - criticam a teoria de Coase por desconsiderar que as relações internas à empresa também se estabelecem por via de contratos (como os contratos de emprego), descabendo falar em uma "autoridade" do empregador, um conceito do século XIX. Ademais, inexistiria, em essência, diferença relevante entre os custos de administração e os custos de transação.[90] Essa linha doutrinária não vê a firma como um indivíduo, mas como uma ficção jurídica,[91] um ponto de referência no qual se opera, de forma neutra, um equilíbrio entre as várias relações jurídicas que sobre ela convergem,[92]

89. TALBOT, Lorraine. *Company law*, 2014.

90. Demsetz critica a teoria da firma por ser modelo de extrema descentralização e impessoalidade, que desconsidera as decisões dos outros agentes e o processo político, apontando ainda os seguintes problemas: a) a produção interna não elimina custos de transação, pois são necessários insumos; b) é difícil distinguir custos de administração e transação; c) a teoria desconsidera custos de produção, devendo ser levados em conta todos os custos; d) mesmo que inexistissem custos de transação, firmas poderiam ser mais eficientes que mercados se houver economias de escala; e) a teoria não explica a organização interna (DEMSETZ, Alchian. "Theory of the Firm revisited", 1993).

91. "Alchian and Demsetz (and Jensen and Meckling) emphasize that the firm is simply a legal fiction and a nexus of contracting relationships, whereas Coase emphasizes that the firm is governed by authority" (NORTH, Douglass. *Structure and change in economic history*, 1981, p. 38.)

92. A firma é uma "legal fiction which serves as a focus for a complex process in which the conflicting objectives of individuals (some of whom may represent other organizations) are brought into equilibrium within a framework of contractual relations" (JENSEN, Michael; MECKLING, William. "Theory of the firm. Managerial behavior. Agency costs and ownership structure". 3 *Journal of Financial Economics*, p. 311, 1976).

tais como contratos de compra e venda de insumos e de produtos finais, fornecimento de capitais e mão de obra etc.[93]

> As firmas se colocam entre a oferta e a demanda, combinando vendedores com compradores, agregando pedidos e fornecimentos, ajustando preços e liquidando os negócios encetados no mercado [...]. Firmas geralmente têm uma margem entre os preços pedidos e os lances feitos [...]. Ao separar as decisões de compradores e vendedores, as firmas os coordenam.[94]

Atribuem-se aos acionistas os direitos residuais porque eles funcionam como garantidores de todas as relações contratuais que se entrecruzam na firma.[95]

No entanto, Meckling e Jensen não explicam os determinantes da opção pela constituição de uma firma, em lugar de se deixar a função de coordenação dos agentes às forças descentralizadas do mercado. Isso tem sido feito por outras teorias, que invocam como vantagens da firma o monitoramento da produção conjunta empreendida por times,[96] a preservação do capital humano,[97] a aquisição[98] e a maximização do valor[99] da informação, para permitir o controle sobre ativos

93. Dois requisitos se colocam para que a firma possa funcionar como um *nexus* de contratos: uma autoridade bem definida com poder de tomada de decisões e a habilidade de garantir suas obrigações contratuais pela preservação de ativos que cubram as obrigações contratuais (HANSMANN, Henry; KRAAKMAN, Reinier. "The essential role of organizational law". *The Yale Law Journal*, v. 110, n. 3, p. 392 e segs., Dec. 2000).
94. SPULBER, Daniel F. *The Theory of the Firm*. Microeconomics with endogenous entrepreneurs, firms, markets and organizations, 2009, p. 463.
95. JENSEN, Michael. *A Theory of the Firm*. Governance, residual claims and organizational forms, 2000, p. 2.
96. Para Alchian e Demsetz, a importância das firmas é facilitar o monitoramento de insumos quando há ganhos da produção conjunta por times, resultantes da especialização e divisão de trabalho – o que é ignorado por Coase. O incentivo viria da atribuição ao titular da empresa do resultado residual da atividade.
97. Rosen justifica a firma pela especificidade do capital humano.
98. Em texto mais recente, Demsetz foca o papel da administração e a importância da aquisição de conhecimento pela organização, defendendo que "as fronteiras verticais da firma são determinadas pela economia de conservação de dispêndios em conhecimento" (DEMSETZ, op. cit., 1993, p. 173).
99. "A estrutura de governança interna é influenciada pelo tipo de conhecimento exigido por seu processo produtivo", devendo a firma produzir e difundir o conhecimento em seu interior, mediante processos decisórios, estruturas hierárquicas e incentivos (GORGA, Érica; HALBERSTAM, Michael. "Knowledge inputs, legal institutions and firm structure: Towards a knowledge-based Theory of the Firm. *Northwestern University Law Review*, v. 101, n. 3, p. 1.123 e segs., 2007). Para a Escola Austríaca, as firmas são repositórios de co-

físicos,[100] ou a necessidade de se fixarem regras para a atribuição de direitos residuais a partir de uma equiparação da firma aos contratos incompletos.[101]

As teorias do *nexus* de contratos sofrem uma série de críticas: a) omitem o poder econômico, subjacente à sociedade, escondendo-o sob a máscara da neutralidade; b) obscurecem a questão dos conflitos de interesses entre acionistas, diretores e credores, enfrentando-os como problemas contratuais, passíveis de solução ótima;[102] c) não veem diferença entre o contrato de trabalho e os demais – são pontos em um *continuum* de tipos de relações contratuais; d) justificam ideologicamente uma ampla liberdade de formatação da sociedade pelos sócios, já pela liberdade contratual, já por afirmarem que todos os que se relacionam com a empresa o fazem em bases contratuais, podendo, portanto, optar por não se relacionarem;[103] e) não têm implicações normativas;[104] f) não enfrentam os problemas e as ineficiências próprias e específicas da forma societária.[105]

Na outra vertente – a institucionalista –, a teoria da firma é desenvolvida de modo amplo. Oliver Williamson construiu um modelo completo, vinculando os custos de transação e suas causas à opção entre contratos e organização e descrevendo os híbridos. Para dar operacionalidade à teoria de Coase, entendeu fundamental compreender os fatores dos custos de transação, concluindo pela relevância de dois elementos: o risco de oportunismo e a especificidade dos ativos. A abordagem institucionalista trata a firma como uma "estrutura de governança".[106]

A grande ausência das várias teorias da firma é o Estado, em especial, o regulador.

---

nhecimento: especializam-se na concentração de determinados tipos de conhecimento, evitando que se espalhe para os concorrentes (HOLCOMBE, op. cit., 2014, p. 40-1).

100. HART, op. cit., v. 89, p. 1.749-74, 1989.
101. Idem, op. cit., 1993.
102. SIMON, op. cit., 1990, p. 391.
103. Para esses teóricos, "a escolha de mecanismos de governança da companhia não cria nenhum efeito substancial em relação a terceiros, ou seja, não prejudica pessoas que não sejam participantes voluntários no empreendimento" (GREENFIELD, op. cit., 2006, p. 15).
104. EISENBERG, Melvin A. "The conception that the corporation is a nexus of contracts, and the dual nature of the firm". 24 *Journal of Corporation Law*, p. 819 e segs., 1998.
105. A solução societária pode ter limitações, como a relação imperfeita e indireta entre remuneração e esforço ou produtividade, as dificuldades de identificar custos internos, a falta de informações para a tomada de decisões pelo órgão central da sociedade, a perda de flexibilidade (CUEVAS, op. cit., 1993, p. 67-8, v. 1).
106. A esse respeito, além de toda a obra de Williamson indicada na bibliografia, *v*. MÉNARD, op. cit., 2008.

Coase enxergava a firma como alternativa de organização em relação ao planejamento estatal, em um contexto internacional de ampla intervenção pública, nos anos 1930. A firma permitiria um planejamento interno, mas disciplinado pelo mercado competitivo. Já em *The problem of social cost*, Coase reconhece que a relação entre firma e mercado ocorre em moldura estabelecida pelo Estado, mas essa interação não é desenvolvida teoricamente. De certa forma, a ênfase no conceito econômico da firma tem sido acompanhada pela desconsideração dos vetores do direito societário, de evidente impacto sobre a interação dos agentes.[107] Tampouco se pode atribuir essa falta de atenção da teoria da firma pelo direito societário à noção da maleabilidade ou flexibilidade deste, pois tal afirmação choca-se com a imperatividade estrutural das sociedades.

Oliver Williamson reconhece a divisão estanque dos estudos da nova economia institucional entre o ambiente institucional (regras básicas políticas, sociais e jurídicas) e os arranjos institucionais (governança), afirmando que a incipiente ciência da organização "abrange a ambas mas põe principal ênfase nas estruturas de governança (que implicam economia e organização) em detrimento do ambiente institucional (em que do Direito é mais saliente)".[108] Defende Williamson que se desenvolvam estudos buscando vincular a estrutura interna com as instituições externas com que interage a firma. Alguns estudos têm sido realizados para se cobrir esse espaço vazio.[109]

De certa forma, o presente livro pretende enquadrar-se nessa área de investigação: conectar os aspectos internos da firma (*rectius*: sociedade empresária) às explícitas exigências postas pelo Estado, no contexto institucional de mercados setoriais regulados.

---

107. Nesse ponto, mostra-se pertinente a crítica de Scott Masten: "Ironically, economists have either downplayed or rejected outright the role of the law in defining the firm, divorcing the economic concept from the 'legal fiction'" (MASTEN, Scott. "A legal basis for the firm", 1993, p. 199).
108. WILLIAMSON, Oliver. *The mechanisms of governance*, 1996, p. 30.c
109. Dê-se um exemplo. Em resposta ao desafio de Williamson, Manuel Gonzalez, Benito Arruñada e Alberto Fernandez estudaram a relação entre a regulação e a estrutura de governança das firmas de construção espanholas, concluindo que a regulação trabalhista e fiscal conduziu a uma fragmentação das firmas nesse mercado setorial, aumentando seu número e diminuindo seu tamanho (GONZALEZ, Manuel; ARRUÑADA, Benito; FERNANDEZ, Alberto. "Regulation as a cause of firm fragmentation: The case of the Spanish construction industry". *International Review of Law and Economics*, v. 18, p. 433-50, 1998).

Interesse social e procedimentalização do direito societário

Participatory, Democratic Corporate Governance is the best way to ensure the sustainable creation and equitable distribution of corporate wealth.
Kent Greenfield

Like euthanasia or eugenics, the idea of direct participation by client-groups (in the corporate decision process) is susceptible of meaningful discussion only at the level of execution.
Melvin Eisenberg

Todas las doctrinas del 'interés social' incurren en el vicio de comenzar por la elaboración abstracta de un regla general teórica, para aplicar luego, esa regla, al régimen legal. Tal camino debió haber sido inverso: partir de las normas del derecho positivo para configurar la regla.
Gervasio R. Colombres

A reflexão sobre o interesse social constitui a filosofia das sociedades anônimas, na dicção de Galgano. Para A. Pirovano, é a "bússola da sociedade". Tal noção propicia um critério de avaliação da legitimidade dos rumos da empresa, e, nesse sentido, pode se contrapor e contornar a Business Judgement Rule, permitindo a crítica externa às decisões de mérito dos sócios e gestores.

Na conceituação do interesse social debatem-se há décadas o contratualismo e o institucionalismo. Neste tópico, defenderemos que essa contraposição deve ser superada pelo institucionalismo integracionista, que, em lugar da afirmação de valores absolutos, fixa procedimentos participativos para que os interessados influam, em maior ou menor grau, nos rumos da empresa. Estruturas participativas com esse propósito têm sido muito empregadas na regulação setorial, consoante as peculiaridades de cada mercado. Além disso, a fixação do interesse social, do ponto de vista substantivo, deve se dar dentro dos parâmetros e objetivos da matriz regulatória setorial fixada democraticamente pelo poder político.

O contratualismo identifica o interesse social com os dos sócios. Isso não implica ignorar a conflituosidade ínsita à relação entre sócios (que por vezes faz a expressão *affectio societatis* parecer uma contradição em termos, ou uma ironia): o que importa é o interesse comum dos sócios, ou, como esclarecia Ascarelli,[110] o interesse comum de todos os sócios enquanto em tal condição: o chamado interesse interno.[111] Ele é, em geral, definido como um mínimo denominador comum: a maximização dos lucros no longo prazo. Sobre o prazo a se considerar, discute-se se o interesse relevante é o dos sócios atuais ou dos futuros – o que implicaria dar relevância à perpetuidade da empresa, aproximando-se das doutrinas institucionalistas. Em uma abordagem contratualista, o ato contrário ao interesse social implicaria a ruptura da igualdade entre os sócios – com a privilegiação dos interesses particulares de alguns deles –, em um exercício anômalo do poder majoritário. O interesse social teria uma função de tutela dos sócios, e seria o fundamento da legitimidade para a intervenção judicial na empresa.[112]

Já o institucionalismo vislumbra um interesse social distinto daquele dos sócios. Sob tal rubrica, abrigam-se autores e escolas com concepções diversas. Erasmo Valladão Azevedo e Novaes França distingue entre várias linhas de teorias institucionalistas: 1) Rathenau aponta a substituição da empresa familiar pela grande empresa como elemento chave da economia nacional; 2) *Unternehmen an sich* (Geiler, Goppert), com uma visão publicística da sociedade anônima, buscando a estabilidade da diretoria para que se contraponha aos acionistas; 3) Teoria da Pessoa em Si, inspirada na obra de Gierke, que não foca os interesses externos à sociedade, mas os da organização, protegendo, destarte, os minoritários; 4) Teoria do Direito da Empresa Acionária (Haussman), que vê o interesse da empresa como um vetor resultante da coordenação dos vários interesses que sobre ela convergem, inclusive credores e trabalhadores; 5) Teoria da Instituição (Hauriou, Santi Romano), que enxerga a sociedade como organização social estável.[113]

---

110. ASCARELLI, Tullio. *Studi in tema di società*, 1952.
111. O interesse interno do sócio é aquele que lhe advém enquanto for sócio (*ut socii*) – em convergência com a sociedade, distinguindo-se do interesse externo, de índole particular – e alheio e potencialmente divergente em relação à sociedade. Mesmo que todos os sócios estejam de acordo com o sacrifício social em favor de um eventual interesse externo que lhes seja comum, tal ação será ilícita.
112. Essas ideias são aprofundadas em MOUTHIEU, Épouse; NJANDEU, Monique Aimée. *L'intérêt social en droit des sociétés*, 2009.
113. FRANÇA, Erasmo Valladão Azevedo e Novaes. *Conflitos de interesse nas assembleias de S/A*, 1993.

Com referências teóricas diferentes, debate parecido ocorreu nos Estados Unidos, nos anos 1930.[114]

Como já se expôs no princípio deste capítulo, o direito societário tradicionalmente tem a marca do contratualismo. A sociedade fecha-se sobre si mesma e é vista como "coisa de sócio". Tal concepção subjaz ao direito societário norte-americano (sobretudo o de Delaware) e é tomada como premissa pela análise econômica do Direito. Já o institucionalismo tem matriz alemã: suas doutrinas influenciaram a *Aktingesetz* de 1937, que foi fonte do § 7º do art. 116 do Decreto-lei n. 2.627/40[115] (nossa antiga Lei das S/A), assim como a reforma germânica de 1965 inspirou vários dos institutos da Lei n. 6.404/76.[116]

O problema com ambas as linhas doutrinárias é como nelas encaixar a figura dos *stakeholders*. Para que a sociedade possa estar alinhada com as políticas públicas, ela deve ser capaz de processar e levar em conta os interesses extrassocietários tutelados por essas políticas.

Em uma perspectiva contratualista, a fixação do interesse social na "maximização da riqueza agregada dos acionistas (da companhia-alvo e da adquirente) em termos de longo prazo"[117] pode alinhar interesses de *stakeholders* ou ao menos não comprometê-los de antemão. Mas defende-se que a tutela dos interesses externos se faça preferencialmente por mecanismos regulatórios específicos. Assim, por exemplo, seria mais eficiente tutelar o consumidor diretamente ou por meio do direito concorrencial do que internalizando esse objetivo na estrutura da companhia.[118]

---

114. Adolf Berle, constatando o aumento do poder gerencial, pretendia mecanismos para reforçar os deveres fiduciários dos gestores frente aos acionistas (BERLE, Adolf. "Corporate powers in trust". *Harvard Law Review*, n. 44, p. 1.049 e segs., 1931). Em contraste, E. Merrick Dodd Jr. enxergava a capacidade produtiva da S/A como parte do processo mais amplo de produção econômica coletiva e defendia que gestores atendessem aos interesses da coletividade e dos empregados (DODD Jr. E. Merrick. "For whom are managers trustees". *Harvard Law Review*, n. 45, p. 1.145 e segs., 1932).

115. "Os diretores deverão empregar, no exercício de suas funções, tanto no interesse da empresa como no do bem público, a diligência que todo homem ativo e probo costuma empregar na administração de seus próprios negócios."

116. Isso não implica, no entanto, subestimar o peso da tradição contratualista na LSA. Para Calixto Salomão Filho, o direito brasileiro situa-se entre os dois polos, pois valoriza o direito de recesso como instrumento de proteção ao minoritário, segundo um princípio contratualista.

117. MUNHOZ, Eduardo Secchi. *A aquisição de controle na sociedade anônima*, 2013, p. 164.

118. Ibidem, p. 165-6.

Na perspectiva institucionalista, confere-se um mandato aos gestores da companhia para que levem em conta os interesses de terceiros e o bem público, no direcionamento dos interesses sociais. Mas há uma série de insuficiências e fraquezas nessa solução: a) a falta de clareza sobre onde residiria o interesse social dificulta o monitoramento da administração e confere a ela uma excessiva discricionariedade;[119] b) não se pode colocar a tutela de interesses alheios em posição sobranceira em relação à realização do objeto social e à obtenção de lucros;[120] c) não há, *ex ante*, uma internalização dos interesses dos *stakeholders* que permitam que eles acompanhem e influenciem os procedimentos decisórios da sociedade; d) não há um regime *ex post* efetivo de responsabilização de controladores e administradores pela violação a direitos e interesses externos: o único remédio para os prejudicados é, eventualmente, pleitearem a responsabilidade da sociedade, dada a responsabilidade limitada a proteger sócios e gestores.

Em síntese, conclui Calixto Salomão Filho que a afirmação retórica de que a companhia atenda ao bem comum não encontra tradução em regras organizativas. Pode-se questionar "se não acaba servindo, como ocorreu na Alemanha, para justificar atuações dos acionistas majoritários e seus representantes no interesse próprio, em nome de um mal definido interesse social".[121]

A regulação econômica setorial pode ser um instrumento importante para impulsionar o direito comercial a fortalecer e ampliar o seu papel de conciliação entre todos os interesses que se cruzam no interior da empresa ou no dia a dia do mercado,[122] de duas distintas formas: a) conferindo objetivos concretos e pa-

---

119. Duas citações bem sintetizam as dificuldades de monitoramento e controle da administração, quando ausente clareza sobre o objetivo da sociedade. Para Clark, "a single objective goal like profit maximization is more easily monitored than a multiple, vaguely defined goal like the fair and reasonable accommodation of all affected rights". Para Easterbrook e Fischel, "A manager told to serve two masters (a little for the equity holders, a little for the community) has been freed of both and answerable to neither" (apud MUNHOZ, Eduardo Secchi. *Empresa contemporânea e direito societário*. Poder de controle e grupos de sociedades, 2002, p. 43-4).

120. Munhoz refere-se à jurisprudência da Corte de Delaware, que impõe que, na consideração de interesses externos, como de fornecedores ou trabalhadores, deve haver "some reasonable relationship to the general shareholder interests" (ibidem, p. 47-8).

121. SALOMÃO FILHO, op. cit., 2011, p. 37.

122. "(L)e ragioni del diritto commerciale non sono, come si diceva, solo nel rapporto e nella conciliazione tra interesse dell'impresa e interessi generali dell collettività: sono anche nella conciliazione de gli interessi dei soggetti concretamente coinvolti nell'organizzazione e nell'attività dell'impresa: interessi che si incontrano e scontrano con

râmetros a serem alcançados pela empresa, dentro do mercado setorial, em lugar de um discurso vago sobre a responsabilidade social da empresa; b) incentivando ou impondo mecanismos de procedimentalização do direito societário.

A regulação setorial, quando bem estruturada – com a explicitação de princípios e objetivos para o mercado – pode representar um piso firme para a caminhada dos gestores e sócios ao encontro do interesse público.

Há uma preocupação histórica nos EUA com a responsabilidade social da empresa,[123] a qual se nutre da tradição puritana e segue trilha independente do governo. Um marco para os estudos acadêmicos foi o livro *Social responsibilities of the businessman*, de Howard Bowen, publicado em 1953. Depois, nos anos 1980, desenvolve-se a teoria dos *stakeholders*, e no anos 2000, entra em voga o conceito de cidadania corporativa.

Em sua relação com o Estado, a responsabilidade social corporativa pode ser: 1) autônoma e independente do governo, como ocorre com a filantropia; 2) endossada pelo governo, sendo admitida, por exemplo, como critério nas contratações públicas; 3) incentivada pelos governos, mediante subsídios; 4) exercida em parceria com o governo, por meio de mecanismos de *soft law*; 5) tornada obrigatória pelo governo; 6) uma forma de governo, substituindo-o onde ele está ausente.[124]

Em nosso entendimento, essa relação com o Estado regulador é importante para fixar parâmetros claros a serem perseguidos pelos gestores, e com isso superando as críticas que se fazem tradicionalmente às abordagens institucionalistas.

No maior clássico sobre o assunto, Bowen afirmava que desde que o governo "se tornou, e necessariamente continuará a ser, um parceiro nos assuntos econômicos, espera-se do homem de negócios que coopere com o governo na formulação e execução das políticas públicas".[125] Afinal, o homem de negócios

---

quelli dell'imprenditore (o dell'impresa in sé) vuoi nell'organizzazione, e in questo senso all'interno dell'impresa (interessi di collaboratori, dipendenti e autonomia, e in genere dei coprotagonisti del processo produtivo), vuoi all'esterno dell'impresa nella sua attività di mercato (interessi delle imprese concorrenti, delle controparti contrattuali, dei creditori, dei consumatori e in genere dei soggetti presenti nel mercato)" (OPPO, Giorgio. *Principi e problemi del diritto privato*. Scritti giuridici, 2000, p. 151, v. VI).

123. Para parte relevante da doutrina, a única responsabilidade social da empresa é produzir lucros e rateá-los. Por todos, cite-se Friedman: "The social responsibility of business is to increase its profits" (apud DOBSON, op. cit., 2010, p. 353).

124. MOON, Jeremy; KANG, Nahee; GOND, Jean Pascal. "Corporate social responsibility and government", 2011.

125. BOWEN, Howard R. *Social responsibilities of the businessman*, 2013, p. 28.

"vive na sociedade e compartilha os valores e atitudes dessa sociedade [...]. Ele reconhece crescentemente que seu autointeresse de longo prazo exige o ajuste de suas decisões e ações mirando seus efeitos sociais".[126] Conclui que "o dever da empresa em uma democracia não é simplesmente atender suas responsabilidades sociais tal como definidas pelos empresários, mas sim cumprir as obrigações sociais que sejam definidas por toda a comunidade através da barganha da discussão e dos compromissos públicos".[127]

Aceitar-se que a missão pública das empresas tem de ser harmoniosa com objetivos regulatórios democraticamente fixados contribui para legitimar a atuação da sociedade empresarial e de seus gestores, além de viabilizar um mais intenso impacto social dessas iniciativas, por força da coordenação e concatenação de todos os agentes de dado setor.

Além disso, o acatamento dos objetivos regulatórios setoriais como norte para a atuação da empresa retira dos gestores o papel de plena discricionariedade ao equilibrar as reivindicações contrastantes.[128] Impede também que o poder do executivo de efetivar a responsabilidade social da empresa transforme-se em um "instrumento para reter seu poder e para justificar seu poder", pois os homens de negócios "influenciam fortemente as escolhas dos consumidores, a formação da opinião pública e exercem grande influência, direta ou indiretamente, sobre os governos". Adverte o autor: "quando os empresários enunciam a doutrina da responsabilidade social, são eles que devem definir o interesse público e indicar as responsabilidades da empresa".[129]

A segunda contribuição regulatória para a determinação do interesse social não é de atribuição de objetivos ou fins, mas a estruturação de meios. A empresa, tida como agente de implementação de políticas públicas e de convergências de interesses,[130] abre-se ao diálogo e à negociação entre os vários afetados pela atividade empresarial. A definição do interesse social não deve mais ser

---

126. Ibidem, p. 116.
127. Ibidem, p. 140.
128. Era a crítica feita ao "*managerialism*" por EISENBERG, op. cit., 1989, p. 25.
129. BOWEN, op. cit., 2013, p. 118. Destaque no original. Prossegue o autor: "Certainly, the doctrine of social responsibility can easily become no more than a pretense or a rationalization or a propaganda device; and insincerity, hypocrisy, and subtle persuasion are in fact often present when the doctrine is advocated" (p. 120).
130. "O problema do conflito entre os vários interesses envolvidos pela sociedade (sócios, credores, trabalhadores, comunidade etc.) é algo conatural a ela mesma [...]. [É] em verdade, para muitos teóricos a própria função da pessoa jurídica" (SALOMÃO FILHO, op. cit., 2011, p. 79).

atribuída a um chefe de empresa, mas emergir de sua própria organização, mediante políticas de participação e transparência.

É o que Calixto Salomão Filho chama de "institucionalismo integracionista ou organizativo", no qual se transcende a busca de um interesse social representado por uma coincidência entre os interesses de todos os sócios, ou o interesse de autopreservação da sociedade: o que se busca é o "melhor ordenamento dos interesses nela envolvidos e a solução dos conflitos entre eles existentes".[131]

Alcança-se tal integração por meio da "procedimentalização do direito das sociedades". O direito das sociedades ingressou na era da procedimentalização, reavivando a racionalidade procedimental como mecanismo para a resolução de conflitos. Por essa via regulatória, de uma "intervenção minimalista", concede-se uma parte do poder normativo aos agentes privados, com a consequente "dessubstancialização" da norma.[132] O direito societário tem esse poder de "construir a cooperação por meio da justiça".[133]

O procedimento organiza e coordena as várias vozes a se manifestarem no diálogo societário; permite construir consensos e documentar divergências. A conversação permite superar perspectivas parciais, colocar-se na posição da contraparte, ampliar as informações para que se construa uma deliberação a partir do maior volume de dados disponível.[134] Termina por legitimar a decisão perante todos os que dele participem, na lição de Niklas Luhmann.[135] Isso implica que a sociedade se abra à própria comunidade em que se insira e que dela pode ter profunda dependência, como ocorre nas comunidades à volta de atividades extrativas, nas "economias de enclave".[136]

---

131. Ibidem, p. 34 e 45.
132. BENNINI, Aïda. "La proceduralisation du droit des societés". *Revue Trimestrielle du Droit Commercial et de Droit Économique*, n. 3, p. 499-512, jul./set. 2010, p. 499.
133. GREENFIELD, op. cit., 2006, p. 158.
134. "In everyday life the exchange of opinion with others checks our partiality and widens our perspective; we are made to see things from the standpoint of others and the limits of our visions are brought home to us [...] The benefits from discussion lie in the fact that even representative legislators are limited in knowledge and the ability to reason. No one of them knows everything the others know, or can make all the same inferences that they can draw in concert. Discussion is a way of combining information and enlarging the range of arguments" (RAWLS, John. *A Theory of Justice*, 1971, p. 358-9).
135. LUHMANN, Niklas. *Legitimation durch Verfahren*, 1983.
136. "E é, exatamente, nesse momento, de institucionalização da participação das comunidades, que tem de entrar em cena a questão societária. Essa necessidade de participação nas decisões leva (ou deverá levar) a um reconhecimento da necessidade de participação da comunidade afetada no processo decisório da empresa que, por hipótese,

Pois, como abordaremos mais adiante, a regulação econômica setorial serve-se amplamente desses instrumentos, sendo comum a exigência de criação de órgãos e procedimentos com a participação de *stakeholders* – sejam consumidores ou usuários. Trata-se de um importante impulso do regulador à abertura e à procedimentalização do direito societário. Os limites e formas adotados serão aprofundados em capítulos subsequentes.

Por ora, advirta-se que a criação regulatória de órgãos participativos, no entanto, não transforma os titulares de direitos externos em partícipes da sociedade. A relação não é propriamente societária: aproxima-se do direito público, de um ato coletivo.[137] Participam de um órgão por força de ato administrativo ou de ato societário resultante de norma administrativa. Seus poderes e direitos são estritamente os ali previstos. Os remédios de que devem se servir, se afetadas suas prerrogativas, são os de direito público.

De outra parte, a tais conselhos participativos não se podem atribuir poderes próprios de órgãos administrativos típicos – como de representação ou deliberação vinculante –, competindo-lhes apenas funções consultivas ou fiscalizadoras.

Finalmente, observe-se que a busca do interesse social, pela fixação de metas ou parâmetros substantivos, ou pela estruturação de procedimentos participativos, encontra no regime societário alguns limites intransponíveis.

Em primeiro lugar, a sociedade tem de se pautar pelo seu objeto social. "Na busca da harmonização ou equilíbrio dos distintos interesses sociais dos sócios, é a funcionalidade do objeto social o elemento concreto que determinará os limites de uns e outros".[138] O interesse social vincula-se ao objeto da sociedade,

---

domina a extração dos recursos naturais da área afetada, por monopólio legal ou de fato" (SALOMÃO FILHO, op. cit., 2011, p. 25).

137. Tratando da diferenciação entre o contrato associativo e o ato administrativo praticado por uma pluralidade de agentes, observa Paolo Ferro-Luzzi que "un pluralità di soggetti, ponendosi da una medesima parte, necessariamente collaborano alla produzione di un effetto non fra loro, ma all'esterno, sussitono, la situazione ci sembra però propria, se non exclusiva, del diritto pubblico, ed in parti colare amministrativo. È la diversa struttura posizione, relazione in cui si trovano nei due campi le entità operante che spiega tale stato di cose. In diritto privato titolare del potere è tipicamente il soggetto singolo, in posizione di autonomia, e in rapporto di indipendenza rispetto a gli altri soggetti. In diritto pubblico invece non solo è frequente il caso di titolarità congiuntamente attribuita a più figure soggetive, ma anche il caso di esercizio non libero e in rapporto di autoritá" (FERRO-LUZZI, Paolo. *I contratti associativi*, 1976, p. 53).

138. A citação é de Cohen de Roimiser, apud DOBSON, op. cit., 2010, p. 203.

ao qual estão afetos e adstritos os administradores e sócios. Dele não se podem desviar para quaisquer propósitos ou objetivos, por mais meritórios e impactantes, do ponto de vista social, que sejam.

O segundo limite inafastável é o da preservação da lucratividade da empresa. A atividade empresarial implica a criação de valor de modo consistente e sustentado. Os sócios, administradores e *stakeholders* devem cooperar para tal fim, impedindo que a forma de rateio desse *plus* termine por impedir a contínua produção da riqueza ou a perda de competitividade da empresa.[139]

139. "La interdependencia mutual existente entre los accionistas y los terceros interesados (los *stakeholders*) hace necesario que todos se integren en un esfuerzo común creador de valor. Para ello resulta indispensable que todos los involucrados en la compañía perciban que el proceso de compartimiento es justo. [...] (L)as empresas tienen que ser competitivas si quieren sobrevivir y continuar atendiendo a todas las partes interesadas (*stockholders y stakeholders*)" (ibidem, p. 299-300).

SEGUNDA PARTE

Regulação econômica setorial por instrumentos societários (RIS) – conceito, funcionamento e limites

CAPÍTULO IV
RIS: um conceito e sua contemporaneidade

The greatest need in administrative regulation today is to focus attention on strategies of regulation.
Marver Bernstein

New markets do not emerge. They are made by the activities of firms.
Erin Anderson e Hubert Gatignon

O conceito de regulação econômica setorial por instrumentos societários (RIS) e seus elementos

Neste tópico, será retomado o conceito de regulação econômica setorial por instrumentos societários apresentado na abertura do livro,[1] e discutidos os seus propósitos e sentidos. Nos itens subsequentes,[2] serão analisados e aprofundados os elementos do conceito.

O conceito e seus sentidos

Para os fins do presente livro, a regulação econômica setorial por instrumentos societários (RIS) é a técnica pela qual o regulador, incorporando ou se referindo em norma legal, infralegal ou contratual, ou em orientações não vinculantes, a institutos societários, com ou sem mudança de seu respectivo regime jurídico, impõe ou recomenda a adoção de determinada forma, estrutura ou procedimento administrativo ou deliberativo (ou define parâmetros e objetivos gerais para que sejam eles estabelecidos), cerceia ou modifica direitos e poderes de sócios e administradores, ou regra de modo específico a composição pa-

1. *V.* "O conceito e seus sentidos", infra.
2. *V.* "RIS como técnica regulatória", "Variedades da forma de veiculação da RIS", "Referência normativa a institutos societários", "Modo de operação", "Objetivo imediato: induzimento da atividade social" e "Objetivo mediato: moldagem de determinado mercado setorial", neste Capítulo.

trimonial ou qualquer outro elemento interno da sociedade, com a finalidade de induzir, condicionar e direcionar indiretamente sua atividade empresarial, mirando objetivos regulatórios setoriais, ou seja, a conformação de determinados mercados e a implementação de políticas públicas.

Ao conceituar, não buscamos desvelar nenhuma essência, nem postulamos que o conceito tenha uma identificação inconsútil com o fenômeno. Não pretendemos, como no poema de Jorge Luis Borges, que "el nombre es arquetipo de la cosa/en las letras de 'rosa' está la rosa/y todo el Nilo en la palabra 'Nilo'."

Nossa definição é uma construção teórica provisória, que busca abrigar, sob um mesmo manto, várias regras e formas regulatórias, todas afetas e pertinentes a institutos próprios das sociedades comerciais. Ao iniciar nossas reflexões, suscitamos a hipótese de que entre todas essas regras pudessem ser estabelecidos alguns liames: não é fortuita ou casual a sua existência simultânea, nos vários ordenamentos. Essas técnicas têm uma mesma origem histórica, um mesmo encaixe nos debates atuais da teoria da regulação e da doutrina societária, uma similitude de funcionamento, uma mesma configuração de seus limites. Parece-nos parte de um mesmo processo, apto a ser estudado de modo conjunto e unitário.

O fluir da regulação econômica poderá trazer novas dimensões ao emprego de institutos societários para moldar setores econômicos, ou poderá suprimi-lo. A regulação, como a pedra de Sísifo, é tarefa inesgotável. Mas acreditamos que a definição ora posta, fruto de um recorte teórico intencional, sustente-se em pé na nossa quadra histórica e permita uma teorização apta a confirmar nossa hipótese de ser a RIS um movimento coerente e dotado de certa unidade, aprofundando a pesquisa sobre suas consequências.

Passamos, nos itens subsequentes, a explorar cada um dos componentes da definição.

RIS como técnica regulatória

A caracterização da RIS como técnica regulatória denota uma visão instrumental da regulação, cujos contornos e críticas foram esboçados no primeiro capítulo.[3]

---

3. *V.* "Regulação econômica como metáfora: regulação como instrumento e como característica sistêmica", neste Capítulo.

Por todos, invoque-se Ariño e Cuétara, para quem a regulação é uma técnica que "se assenta sobre o Direito mas não é propriamente Direito", que "funciona igual a um regulador físico, como de uma caldeira de vapor".[4]

A RIS pode ser considerada um instrumento à disposição do regulador, em uma caixa de ferramentas com as mais diversas funcionalidades (é o que a doutrina britânica chama de "*toolbox approach*"). O instrumento é um "método pelo qual a ação coletiva é estruturada para atender a um problema público".[5] De outra parte, teorias também têm uma finalidade instrumental e positiva na regulação, servindo ao enfrentamento de problemas concretos.[6]

A escolha de instrumento não é uma decisão "apenas técnica", mas "profundamente política":[7] não se pode olvidar a advertência habermasiana de que, quando a técnica esvazia a política, a democracia transforma-se em tecnocracia.

Por fim, registre-se que a menção no conceito a regulador não implica necessariamente o Estado ou uma agência reguladora estatal: tal ideia abarca redes regulatórias e entes transnacionais.[8]

Variedades da forma de veiculação da RIS

O segundo elemento do conceito a merecer aprofundamento é a referência ao emprego de "norma legal, infralegal ou contratual, ou orientação não vinculante" para veicular a regulação setorial por instrumentos societários.

Neste ponto, devemos nos socorrer de uma visão sistêmica, e não meramente instrumental, da regulação: ela permeia a vida social e a esfera econômica,

---

4. ARIÑO ORTIZ, Gaspar; CUÉTARA, Juan Miguel de la. "Algunas ideas sobre regulación de sectores estratégicos. *Cuadernos de Derecho Público*, n. 9, 2000, p. 9 e segs., p. 11 e 26.
5. SALAMON, Lester M. (ed.). *The tools of government*: A guide to the new governance, 2002, p. 19.
6. Nesse ponto, concorda-se com a visão de Carlos Ari Sundfeld do direito administrativo como "uma caixa de ferramentas". Os profissionais extraem dos livros de doutrina "argumentos, para usar nos casos que têm que resolver ou discutir. Aí, as afirmações dos livros, devidamente extraídas e recortadas, viram ferramentas para resolver problemas pragmáticos, na medida do necessário" (SUNDFELD, Carlos Ari. *Direito administrativo para céticos*, 2012, p. 39).
7. SALAMON, op. cit., 2002, p. 11.
8. *V.* "Regulação transnacional e redes regulatórias", no Capítulo I.

infiltrando-se por diferentes canais e manifestando-se por diferentes atos. O que releva é a efetiva potencialidade para influir no mercado a regular.[9]

Egon Bockmann Moreira enfatiza a multiplicidade de fontes do fenômeno regulatório:

> O direito da regulação econômica pode ter origem nos mais variados diplomas legais (Constituição, leis, regulamentos administrativos, códigos de conduta, códigos de boas práticas, contratos), bem como decorrer de atos de vontade dos agentes econômicos envolvidos (contratos, os mais variados: associativos, cooperativos, administrativos etc.). O que de fato se dá é a atribuição de níveis de densidade normativo-regulatória, a depender da hierarquia da fonte: desde a mais geral e abstrata norma constitucional até o contrato administrativo, passando pela lei geral, lei setorial, regulamentos administrativos e códigos de conduta. O regime estatutário da regulação é essencialmente dinâmico, com fontes que devem obediência a parâmetros fixados no nível superior. Fontes, essas, que podem produzir normas transversais (atingem vários setores econômicos, cortando-os, todos, em níveis diferentes - por exemplo, normas ambientais) e setoriais (incidem apenas no setor regulado - por exemplo, os regulamentos da Agência Nacional de Telecomunicações (Anatel), que atingem só as empresas e a atividade de telecomunicações).[10]

A menção a normas legais - no sentido de leis em sentido formal - suscita reflexões sobre sua natureza geral. Regras legais podem ser super ou subinclusivas, implicando, no primeiro caso, um excesso de intromissão, e no segundo, o erro no alvo,[11] o que pode ser corrigido quando da concretização e aplicação do comando normativo, por normas infralegais ou decisões individuais. Podem ser indeterminadas[12] e terem textura aberta, e, nessas hipóteses, Julia Black, de modo lapidar, afirma que "uma regra, então, é tão boa quanto sua interpretação".[13]

---

9. "É indiferente que a referida intervenção (estatal) se leve a cabo mediante uma lei, um regulamento, uma resolução ou uma sentença. É indiferente a forma escolhida. O importante é quem atua (o Estado) e que efeitos tem sobre a atividade econômica" (BETANCOR, Andrés. *Regulación*: mito y derecho. Desmontando el mito para controlar la intervención de los reguladores económicos, 2010, p. 31).
10. MOREIRA, Egon Bockmann. "Qual é o futuro do direito da regulação no Brasil?", 2014, p. 114.
11. BLACK, Julia. *Rules and regulators*, 1997, p. 8-9.
12. Aqui a referência necessária é a Herbert Hart, para quem as normas podem ter um núcleo de significado e uma penumbra de incerteza.
13. BLACK, op. cit., 1997, p. 13.

A abertura e indeterminação da norma sujeita-a ao risco de "cumprimento criativo" por seus destinatários – ou seja, o atendimento à forma, e não à substância de seu comando.

A proliferação de normas infralegais é uma marca do campo regulatório – fazendo com que alguns imaginem que o significado da palavra resida na produção intensa de regulamentos, e não na ideia de estabilização e governança de atividades econômicas. Na realidade, é a complexidade da gestão econômica que leva à criação diuturna de normas, em geral as de "mínima hierarquia, que são fáceis de mudar".[14] Muitas vezes, as normas terminam por ter tal nível de especificidade que praticamente se tornam decisões individuais.[15] Neste ponto, a grande questão que se coloca é a da solução de antinomias, para além do mero juízo de legalidade. Como adverte Carlos Ari Sundfeld,

> há invalidade no ato administrativo concreto incompatível com o regulamento, mesmo que esse ato não seja diretamente contrário à lei. A invalidade, na hipótese, nada tem a ver com a vinculação da Administração ao legislador, mas sim com a vinculação da Administração às suas próprias normas (princípio da inderrogabilidade singular dos regulamentos).[16]

A norma contratual, celebrada entre o Estado ou a agência e a empresa regulada, atinente em geral à delegação de um serviço público, constitui também fonte tradicional de regulação. No caso de concessões, o contrato pode ser o principal instrumento de regulação.[17]

Além disso, conquanto desprovida de caráter geral, a práxis contratual vai constituindo cláusulas de estilo, equacionando novos problemas à medida em que surgem, aprimorando a identificação de uma matriz de risco e de sua distribuição entre particular e Estado, e tudo isso se dissemina para o setor como

---

14. ARIÑO ORTIZ, Gaspar; CUÉTARA, Juan Miguel de la; CASTIELLA, Íñigo del Guayo. *Regulación económica.* Lecturas escogidas, 2012, p. 154.
15. "A realidade jurídica passou a ser captada por novos métodos que implicaram [...] a indistinção entre a regra geral e a decisão individual do Poder Público [...]. No Estado de Direito somente possuíam eficácia normativa as medidas gerais, condensadas, em princípio, sob a forma específica de preceitos legais. No Estado econômico, as decisões individuais têm, frequentemente, efeito normativo. Entre umas e outras (medidas gerais e particulares) desapareceu a distinção (Fortshoff)" (GOMES, Orlando; VARELA, Antunes. *Direito econômico,* 1977, p. 20-1).
16. SUNDFELD, op. cit., 2012, p. 138.
17. OGUS, Anthony. *Regulation.* Legal: Legal form and Economic Theory, 2004, p. 330.

um todo, constituindo modelos para novas contratações e transmutando-se em componente estrutural de sua regulação. O maior problema que se coloca é como compatibilizar a rigidez e a estabilidade do vínculo contratual com o dinamismo exigido pelo enfrentamento conjuntural dos problemas pelo regulador e a repercussão que tais mudanças possam acarretar ao equilíbrio econômico-financeiro da concessão, resguardado constitucionalmente.[18]

O último veículo da RIS, indicado na conceituação, é a edição de orientações não vinculantes, mas de ampla eficácia social, pelas múltiplas formas adotadas para a *soft law*,[19] como *guidelines,* códigos de condutas e melhores práticas, regras de certificação etc.

Referência normativa a institutos societários

Ao observar o interior da organização societária e incorporar um instituto societário na norma regulatória, seja na *fattispecie*, seja em seu comando, constata-se que:

a) O regulador pode se servir dos institutos societários sem alterar-lhes o regime jurídico, apenas empregando-os segundo seus fins próprios, que podem diferir dos usos típicos do instituto na vida empresarial: nesses casos, a incorporação, na norma regulatória, de um instituto societário simplifica o próprio processo de produção e compreensão da norma. Ao impor a adoção de um determinado tipo societário, o regulador define de modo simples e objetivo o nível de institucionalização que necessita para a sociedade regulada; ao incluir no comando da norma um conceito de direito societário – por exemplo, a previsão de como deve ser explicitado o objeto social da sociedade, ou ao regrar a formação de sua denominação social –, o regulador se serve de toda uma disciplina já consolidada e precisa, dirigindo-a a seus propósitos. O próprio processo regulatório simplifica-se e ganha maior segurança jurídica.
b) Em outros casos, o regulador altera o conceito societário, ampliando-o ou modificando seu regime, ou acresce às regras societárias exigências novas

---

18. Para impedir excessiva rigidez, constituições estaduais nos Estados Unidos atribuíram ao legislativo o poder de emendar contratos de concessão (CLEMENS, Eli Winston. *Economics and public utilities*, 1950, p. 74-80).
19. *V.* "Desafios à "regulação de comando e controle": regulação suave (*soft*) e responsiva", no Capítulo I.

ou requisitos extravagantes. É o caso da adoção de regimes especiais de deveres e responsabilidade de administradores e/ou controladores, criação de tipos societários específicos para dadas atividades, conceitos diferenciados de controle ou grupo para fins regulatórios, ou a imposição de regras adicionais sobre a estrutura orgânica ou de capital da sociedade. Nesses casos, a imposição de conceitos e regras distintas da lei societária pode reduzir a segurança jurídica ao suscitar discussão sobre afronta à liberdade contratual, à legalidade ou conflitos sistêmicos.

Modo de operação

A conceituação proposta contém o *modus operandi* dessa técnica regulatória: a conformação obrigatória ou recomendada da estrutura orgânica e patrimonial da sociedade, a fixação de procedimentos administrativos ou deliberativos, a restrição a direitos e poderes de sócios e administradores. O detalhamento dessas modalidades, com maior especificidade e ilustrações, será feito nos vários itens dos Capítulos VII, VIII e IX deste livro.

O conceito inclui ainda a ideia de que os elementos dessas estruturas e processos internos possam ser detalhadamente colocados pelo regulador (sem margem à discricionariedade da sociedade, em manifestação de hétero-organização) ou desenhados com maior liberdade auto-organizativa, segundo parâmetros e objetivos gerais para que sejam eles estabelecidos. Essa distinção, com uma pesquisa sobre os determinantes de uma e outra forma, será aprofundada no Capítulo V.

Objetivo imediato: induzimento da atividade social

Neste ponto do conceito, descreve-se um efeito mecânico: a estrutura organizacional determinaria as características da atividade, assim como o *design* de um equipamento dá forma a seu produto.

A reflexão sobre o vínculo entre causa organizativa e atuação da sociedade no mercado, nascida na teoria da organização, tem marcado também a nova economia institucional e a obra de comercialistas italianos.[20]

---

20. *V.* "Regramento de atividades como regramento de processos: o papel da organização societária", no Capítulo V.

Objetivo mediato: moldagem de determinado mercado setorial

Firms perform an essential economic role
by creating markets and organizations.
Daniel F. Spulber

A organização pauta a atividade, que pauta o mercado. Esta é a mecânica da RIS.

Há, portanto, de explicar o que se entende por moldagem do mercado (que já abarca a implementação da política pública setorial a ele dirigida).

A moldagem implica agir sobre suas condutas e estruturas. Devem ser estabelecidas e estabilizadas determinadas práticas, assecuratórias do atingimento de um dado padrão de qualidade, de manutenção de condições competitivas, de transparência na formação de preços de seus agentes, de viabilização de formas de coordenação para o enfrentamento dos problemas regulatórios. Pode subjazer ao esforço regulatório um objetivo de se alcançar, por meios indiretos, um dado padrão de organização industrial: dada a vedação do planejamento compulsório, este último objetivo só pode ser perseguido por regramento vinculante em relação aos monopólios e serviços públicos de titularidade exclusiva do Estado.

De fato, em que pese uma relativização entre a regulação da atividade econômica e dos serviços públicos, não se pode suprimir por completo essa fronteira.[21]

Os serviços públicos pautam-se por um regime jurídico de direito público, não obstante possam ser delegados ou liberalizados pelo Estado - que pode mesmo submetê-los a regime privado -, consoante a política pública adotada.

As atividades privadas, por sua vez, distinguem-se entre: a) aquelas que servem primordialmente a interesses privados, sendo limitadas pelo interesse público, de modo limitado e circunscrito, por uma regulação eventual e extensiva;

---

21. "[A] Constituição de 1988 aparta, a ambos conferindo tratamento peculiar, atividade econômica e serviço público. No art. 173 enuncia as hipóteses em que é permitida a exploração direta de 'atividade econômica' pelo Estado, além de, no § 1º deste mesmo art. 173, indicar regime jurídico a que se sujeitam empresa pública, sociedade de economia mista e suas subsidiárias que explorem atividade econômica de produção ou comercialização de bens ou de prestação de serviços. No art. 175 define incumbir ao Poder Público a prestação de 'serviços públicos'. Além disso, o art. 174 dispõe sobre a atuação do Estado como agente normativo e regulador da atividade econômica. A necessidade de distinguirmos atividade econômica e serviço público é assim, no quadro da Constituição de 1988, inquestionável" (GRAU, Eros Roberto. *A ordem econômica na Constituição de 1988*, 2012, p. 99).

b) as atividades privadas de interesse público, que são dirigidas à luz desse interesse, por uma regulação contínua e intensiva.[22]

Observe-se ainda que o objetivo de moldagem do mercado é influenciado também por outros mecanismos não estritamente regulatórios de gestão econômica, como política monetária e compras públicas.[23]

A RIS na norma societária

Os diplomas societários abrem-se para a regulação econômica, prevendo e ressalvando, em vários dos dispositivos do Código Civil[24] e da Lei das Sociedades Anônimas, a possibilidade de regramento diverso da forma, estrutura ou processo societário por leis especiais. Há "acoplamento" do regime social ao regime regulatório.

Os hermeneutas não se debruçam sobre os objetivos dessas normas extravagantes e sua relação com o sistema societário, afirmando apenas seu caráter de normas especiais e excepcionais. Por vezes, os comentaristas limitam-se a parafrasear a lei societária, sem qualquer destaque ou inovação reflexiva; outros chegam a atentar a essa abertura do diploma comercial, mas se limitam, em suas notas, a elencar, a título exemplificativo, algumas exigências atinentes a setores econômicos específicos.

O mero exame das normas societárias que se fará a seguir evidencia como ela já se dá conta da multidimensionalidade do fenômeno. A ressalva explícita quanto a normas especiais abarca vários temas e questões do regime social: o tipo societário, a formação do capital social, as competências dos órgãos administrativos.

Código Civil

As normas societárias do Código Reale que fazem referência à regulação econômica setorial são as seguintes:

22. BETANCOR, op. cit., 2010, p. 307.
23. PROSSER, Tony. "Conclusion: Ten lessons", 2010, p. 313.
24. *V.* "Código Civil", infra.

a) O art. 983 do CC, após dispor, no *caput*, que a sociedade empresarial deva constituir-se segundo um dos tipos regulados nos arts. 1.039 a 1.092 – o que implica a liberdade de eleição do tipo que melhor convier aos fundadores ou sócios –, ressalva, em seu parágrafo único, as disposições "constantes de leis especiais que, para o exercício de certas atividades, imponham a constituição da sociedade segundo determinado tipo". A imposição de tipo societário é uma das mais antigas e disseminadas práticas abrangidas pelo tema de nosso livro.[25]
b) O art. 1.033 do CC, ao prever, em seu inciso V, a dissolução da sociedade, quando da extinção, na forma da lei, de sua autorização para funcionamento. A autorização é um mecanismo clássico de controle de acesso ao mercado, e é necessário regrar, no âmbito da sociedade, as interfaces entre o ato administrativo e o negócio societário.
c) O art. 1.069 do CC, ao prever a possibilidade de outras atribuições por lei aos membros do conselho fiscal. O conselho fiscal, por sua função de *compliance*, é peça importante dos esforços regulatórios e pode ser instrumentalizado pelo regulador para fins de supervisão de regras setoriais.[26]
d) O art. 1.081 do CC, ao prever a possibilidade de aumento do capital uma vez integralizadas as quotas, "ressalvado o disposto em lei especial". Todos os aspectos do capital social – seus valores mínimos ou máximos, sua formação e composição, além de sua preservação –, têm sido considerados relevantes pelos reguladores.[27]
e) O regramento do tema da autorização de funcionamento pelos arts. 1.123 e seguintes do CC, "sem prejuízo do disposto em lei especial".[28]

Lei das Sociedades Anônimas

Em mais uma mostra de sua capacidade de antecipar temas e problemas que teriam relevância futura,[29] a Lei das Sociedades Anônimas, nosso verdadeiro

25. *V.* "Imposição de tipo societário", no Capítulo VII.
26. *V.* "Funcionamento permanente de órgãos de controle", no Capítulo IX.
27. *V.* "Regras sobre capital social", no Capítulo VIII.
28. *V.* "Aprovação administrativa dos eventos societários", no Capítulo VII.
29. Como a quase totalidade dos comercialistas, somos pródigos em louvar a obra de Alfredo Lamy e Bulhões Pedreira, estimulada por Mario Henrique Simonsen. A LSA mescla, em uma combinação altamente funcional, elementos de matrizes norte-americana e

"Código Societário", contém dispositivos que abordam o uso de instrumentos societários na regulação econômica. São eles:

a) O art. 21 da LSA, estipulando que, "além dos casos regulados em lei especial", as ações terão obrigatoriamente forma nominativa ou endossável até o integral pagamento do preço de emissão. Embora essa norma tenha sido revogada, por conta da obrigatoriedade da forma nominativa em todos os casos, ela se abria, à época de sua edição, para que se fixasse a tradicional vedação regulatória das ações ao portador,[30] como forma de assegurar o respeito ao *intuitu personae* legal nas sociedades reguladas, bem como seus regimes especiais de vedações relacionadas à pessoa dos acionistas.
b) O parágrafo único do art. 80 da LSA, ao prever a possibilidade de que, na constituição da companhia, exija a lei realização inicial de parte maior do capital social do que o previsto na norma societária. Isso amplia a capacidade financeira da sociedade regulada, no início de seu funcionamento, servindo aos propósitos regulatórios.[31]
c) O art. 147 da LSA, ao dispor que, "quando a lei exigir certos requisitos para a investidura em cargo de administração da companhia, a assembleia-geral somente poderá eleger quem tenha exibido os necessários comprovantes, dos quais se arquivará cópia autêntica na sede social". Novamente, cuida-se de compatibilizar os procedimentos internos societários com as formalidades administrativo-regulatórias externas,[32] acoplando e harmonizando ambos os sistemas.
d) O § 2º do art. 177 da LSA, com a seguinte redação sobre escrituração contábil: "a companhia observará exclusivamente em livros ou registros auxiliares, sem qualquer modificação da escrituração mercantil e das demonstrações reguladas nesta Lei, as disposições da lei tributária, ou de legislação especial sobre a atividade que constitui seu objeto, que prescrevam, conduzam ou incentivem a utilização de métodos ou critérios contábeis diferentes ou determinem registros, lançamentos ou ajustes ou a elaboração de ou-

germânica, ajustando-os à nossa realidade econômica e à nossa experiência com a anterior lei do anonimato.

30. *V.* "*Golden share*", no Capítulo VIII.
31. *V.* "Capital mínimo", no Capítulo VIII.
32. *V.* "Regras especiais para conflitos de interesses", no Capítulo IX.

tras demonstrações financeiras". As especificidades setoriais dos regimes contábeis, para propósitos que serão discutidos infra.[33]

e) O art. 206 da LSA, ao prever a dissolução de pleno direito da sociedade "pela extinção, na forma da lei, da autorização para funcionar", e "por decisão de autoridade administrativa competente, nos casos e na forma previstos em lei especial" (inciso III), novamente permite o encaixe entre o regime societário e o regime administrativo de autorização.[34]

Manifestações da RIS na história

Tudo está no presente, entenda isto. Ontem só acabará amanhã, e amanhã começou há dez mil anos.
William Faulkner

Um levantamento histórico das várias situações em que o Estado, ao longo do tempo, buscou regrar componentes internos das sociedades comerciais mirando seus próprios interesses e a sua própria agenda, se completo, constituiria por si um extenso livro. Não temos tal pretensão. Ademais, parece-nos mais relevante - do ponto de vista prático - compreender as razões contemporâneas da disseminação das técnicas da RIS, o que faremos infra.[35]

Selecionamos apenas três cenas, que nos pareceram relevantes para evidenciar tal interesse estatal - pondo por terra a ideia de um espontânea e autônomo brotar dos institutos societários no seio das comunidades comerciais. Em primeiro lugar, a Companhia Holandesa das Índias Orientais - tida como a precursora das sociedades anônimas - foi estruturada pelos Estados Gerais em uma verdadeira "queda de braço" com os investidores. Os traços característicos da companhia - a limitação de responsabilidade e a transferibilidade das ações - não foram criação *ex Deus Machina* dos mercadores envolvidos naquela empreitada, mas fruto de um complexo processo de articulação de interesses, no qual os capitalistas tiveram de abdicar de maior poder de gestão na companhia

33. *V.* "Regras especiais de escrituração e de segregação de custos", no Capítulo VIII.
34. *V.* "Aprovação administrativa dos eventos societários", no Capítulo VII.
35. *V.* "Determinantes contemporâneos da ampla difusão da RIS", neste Capítulo.

e do poder de resgate antecipado de seus capitais – o que atendia aos objetivos militares do Estado holandês na Ásia. Tudo isso ocorreu em um impressionante momento de renovação institucional, com a criação, paralela à da companhia, de uma nova forma republicana e de uma nova igreja.[36] A segunda cena histórica que exporemos é a do surgimento do conceito jurídico de controle:[37] curiosamente, essa noção – que constitui uma das pedras de toque do direito societário de nossa época – desenvolve-se fora do direito privado, para atender uma exigência do direito público, ao ensejo das guerras mundiais: havia a necessidade de identificação do titular efetivo do poder sobre a empresa, para a aplicação do regime dos bens dos súditos inimigos. Isso novamente leva o Estado a perquirir sobre as relações internas às sociedades. A terceira manifestação histórica que cumpre indicar, por seu caráter emblemático, é a edição do Public Utility Holding Company Act,[38] promulgado em 1935, durante o *New Deal*. Esse importante diploma legal norte-americano buscou regrar atividades reguladas atuando de modo específico sobre a estrutura dos grupos que a elas se dedicavam, além de legitimar a atuação regulatória sobre aspectos internos das sociedades afetas às *public utilities*, autorização para a definição administrativa de padrões contábeis, proibições de operações em conflito de interesses, restrições à distribuição de dividendos etc.

Antiguidade da preocupação estatal na moldagem societária: a Companhia Holandesa das Índias Orientais

A história das sociedades comerciais revela que o surgimento das estruturas mais institucionalizadas e complexas fez-se, no mais das vezes, de forma coordenada com o Estado e para atender a interesses econômicos e políticos do Estado, convergentes em parte, com os dos investidores. Não se pode atribuir tais institutos nem ao gênio dos comerciantes, nem à providência do legislador estatal. Mais do que um *design* intencional e abrangente, os institutos resultaram de convergências, negociações e conflitos entre os propósitos lucrativos particulares e os objetivos políticos e econômicos estatais.

36. *V.* "Antiguidade da preocupação estatal na moldagem societária: a Companhia das Índias Orientais Holandesas", infra.
37. *V.* "Surgimento do conceito de controle e regramento societário", infra.
38. *V.* "Estruturas societárias e concessões: o Public Utilities Holding Act", infra.

No direito romano, o contrato de sociedade tinha natureza consensual, fundando-se na *bona fide*. Mas o vínculo societário tinha pequeno papel estruturante na economia: a relação societária só tinha eficácia entre os sócios, não implicando a personalidade jurídica unificada. Tampouco era essencial o fim de lucro ou atividade econômica, havendo sociedades apenas voltadas ao gozo de um bem comum. No entanto, por volta do século III a.C., desenvolvem-se as *societas publicanorum*, companhias formadas por aqueles que tinham adjudicado em seu favor contratos de obras públicas e recolhimento de impostos. "Estas companhias contavam com vastas organizações e dispunham de relevantes capitais, com um ordenamento quase burocrático", e eram fundamentais dada a ausência de suficientes quadros administrativos no Estado romano.[39] Sua atividade foi marcada por exemplos de impiedade: vendiam os devedores de impostos como escravos e causavam a morte de milhares de escravos nas obras públicas. Nelas estava o germe da personalidade jurídica societária.[40]

Na Idade Média, as companhias eram criadas para desempenhar atividades de grande importância pública para as cidades. Por exemplo, os credores de Gênova fundiram-se em um único organismo para orientar todo o serviço da dívida pública, fundando em 1407 a Casa di San Giorgio, tida como a primeira sociedade por ações.[41]

Dois séculos depois, as companhias coloniais mesclavam traços de direito público e privado,[42] e por essa razão foram ignoradas nas grandes obras con-

39. LANDES, David S.; MOKYR, Joel; BAUMOL, William. *A origem das corporações*, 2010, p. 28.
40. As *societas publicanorum* lograram a personalização jurídica (CANCELLI, Filippo. "Società (diritto romano)", 1970, p. 497, v. XVII), sendo essa uma diferença importante em relação à *societas*, que implicava apenas relações internas entre sócios – havendo solidariedade nas externas – e se dissolvia com a morte de qualquer um deles. Tais características impediam que fossem usadas para grandes empreendimentos.
41. MARCOS, Rui Manuel de Figueiredo. *As companhias pombalinas*. Contributo para a história das sociedades por ações em Portugal, 1997, p. 29-31.
42. "Fondate suun atto della Pubblica Autorità chele costituisce e ne disciplina da struttura, esse traggono da questo la concessione della loro personalità giuridica e si presentano contratti pubblicistici i privatistici, di istutizione pubblica e di formazione associativa, strumento di espansione coloniale e impresa speculativa. Garantite dalla exclusiva loro concessa, quase sovrane nel territorio coloniale riservato al loro sfruttamento, con partecipazione spesso ai loro profitti dello Stato, che poi la regola e le controla, esse si presentano (e dato appunto il loro carattere pubblicistico) come persone giuriche, il cui patrimonio è cosí distinto da quello dei partecipanti e sottratto ai creditori di questi" (ASCARELLI, Tullio. "Il diritto commerciale nel periodo mercantilista", 2007, p. 88).

temporâneas dos civilistas e comercialistas, como Savary e Pothier.[43] Por sua complexidade, jamais teriam surgido a partir da mera liberdade de contrato,[44] ou por criação voluntarista de um estado arbitrário. Houve um processo evolutivo de construção institucional.

A pioneira – e de certo mais paradigmática delas – foi a Companhia Holandesa das Índias Orientais, constituída em 1602. Ela surge em um momento de intensa criatividade e inovação institucional. Entre 1560 e 1610, uma sequência impressionante de novas figuras organizativas emerge: cria-se um novo tipo de federação, a que se dá o nome de Províncias Unidas; organiza-se uma nova igreja estatal, de linha calvinista – a Igreja Holandesa Reformada, bastante descentralizada. Essas entidades se coordenavam com a companhia, e parte de seus membros dela participavam. Havia mecanismos institucionais e redes que ligavam os elementos dessas estruturas políticas, econômicas e religiosas, sem o que a nascente Holanda, sob a pressão da maior potência do mundo, teria se desintegrado.[45]

Essa necessidade de articulação entre instituições e a compatibilização dos interesses particulares e estatais provocaram uma evolução gradual da estrutura da Companhia e dos direitos de seus acionistas, dando-lhe feições bastante diversas das que tinha segundo o seu estatuto original.

---

43. RIPERT, Georges. *Les aspects juridiques du capitalisme moderne*, 1951, p. 57.

44. "O caráter artificial da sociedade basta para estabelecer que a liberdade contratual não teria logrado criar um tal mecanismo" (ibidem, p. 111).

45. John Padgett descreve em detalhes esse processo de articulação entre as entidades. A constituição, em 1602, da Companhia das Índias Orientais ocorreu no mesmo contexto de construção do federalismo holandês. Paralelamente à negociação entre as municipalidades e províncias sobre a forma do Estado – discutindo-se o rateio dos encargos vitais e dos votos no corpo legislativo –, a Companhia surgiu da união de várias outras sociedades comerciais anteriores, que se fundiram em seis câmaras autônomas baseadas em cidades diversas (Amsterdam, Middleburg, Rotterdam, Delft, Hoorn e Enkhuizen), após negociação árdua para vencer a rivalidade entre elas. O diretor de cada câmara era indicado pelo regente de cada cidade, e não pelos acionistas. Cada uma dessas câmaras era representada em um conselho geral (Heren Zeventien), como órgão supremo da companhia. "O resultado foi uma gigantesca e militarizada companhia comercial privada pertencente a seus acionistas. O resultado foi também uma província ultramarina dentro das Províncias Unidas da Holanda – essencialmente a nova província colonial da Indonésia. Tanto as sociedades anônimas holandesas quando o próprio Estado Federal holandês eram organizações híbridas público-privadas" (PADGETT, John F. "Country as global market. Netherlands, calvinism and the joint-stock company", 2012, p. 211). Sobre o assunto, *v.* também MARCOS, op. cit., 1997, p. 63 e segs. e JACOBS, Els M. *In pursuit of pepper and tea*: The story of the Dutch East India Company, 1991.

Esse processo é descrito de modo sintético por Giuseppe Dari-Mattiacci et al.:

> A Companhia Holandesa das Índias Orientais (VOC) é geralmente vista como a primeira sociedade anônima moderna, mas sua carta de 1602 não introduziu todas as características da personalidade jurídica. Uma análise histórica detalhada revela como seu estatuto se mostrou inadequado para manter o alto investimento militar necessário para assegurar uma forte posição comercial na Ásia. Em resposta, inovações jurídicas foram introduzidas nos vinte anos subsequentes. Em 1612, a intervenção estatal derrubou os direitos dos acionistas e criou o bloqueio (*lock-in*) do capital. A correspondente perda de controle pelos acionistas foi em última instância compensada por lucros de longo prazo, à medida que o elevado compromisso com a Ásia permitiu à VOC superar seus concorrentes. Uma vez que o capital tornou-se permanente, os diretores da VOC necessitaram e ganharam o traço final da personalidade jurídica - a responsabilidade limitada -, em 1623.[46]

A participação dava-se pela titularidade da ações - e "o nome deriva da ação que tutela o participante em seus direitos face à companhia".[47] As ações circulavam, transformando-se em forma de investimento. As ações da companhias eram vistas de modo similar a títulos de dívida pública: ambos os títulos eram negociáveis no mercado secundário, sendo a sua principal diferença a incerteza quanto aos rendimentos das ações no confronto com os juros seguros - mas bastante baixos - dos títulos de dívida do Estado holandês. Naquele que é considerado o primeiro litígio envolvendo uma companhia, o acionista Isaac le Maire pretendeu, em 1602, o resgate de seus investimentos, afirmando que a retenção dos valores representava uma "tirania". Esse modelo difundiu-se pelo mundo, vindo a desembocar na moderna sociedade anônima.[48]

---

46. DARI-MATTIACCI, Giuseppe et al. "The emergence of the corporate form", 2013, p. 1.
47. ASCARELLI, op. cit., 2007, p. 88.
48. Mignoli contrapõe a organização democrática da East India Company inglesa à "estrutura rigidamente oligárquica da contemporânea Companhia Holandesa das Índias Orientais", "um Estado dentro do Estado" (MIGNOLI, Alberto. "Idee e problemi nell'evoluzione della 'Company' inglese", 2007, p. 183), enfatizando os poderes absolutos dos administradores, a nenhuma influência de parte dos acionistas - estes eram divididos em principais - que participavam da escolha de gestores e tinham limitados poderes de supervisão - e os subprincipais, na prática meros credores da companhia, sem ingerência. No entanto, atribui às companhias holandesas, e não às inglesas, o papel de precursoras, pois que as primeiras eram abertas a todos os investidores e apelavam a uma larga participação, enquanto as inglesas tinham quadros societários mais restritos.

O Estado regrava um setor do mercado, ao aprovar a constituição de companhia monopolística, e dava grande importância à sua estrutura interna, ao dela se servir para seus fins militares, políticos e econômicos. Coordenavam-se a ordem societária, a licença para o exercício exclusivo da atividade e a própria regulação do setor (usando-se essa expressão *avant la lettre*).[49]

Em outra quadra histórica – já no Brasil do século XIX –, observa Mariana Pargendler que o Conselho de Estado "condicionava sistematicamente a aprovação dos pedidos de constituição [das companhias] à adoção de normas específicas de governança interna", em especial estabelecendo limites de número de votos em favor dos pequenos acionistas: das 494 sociedades anônimas constituídas entre 1850 e 1882, apenas 5% tinham relação direta entre a titularidade de capital e o direito de voto. Esse mecanismo, segundo Aldo Musaccio, substituía a falta de um regime legal efetivo de tutela dos direitos dos minoritários. Outras medidas eram a elevação do valor da ação para impedir investimentos pelos mais pobres, aumento de quórum para deliberações e exigências de participações mínimas para diretores.[50] Mais uma vez, o Estado se preocupava com o tema da organização interna, e não apenas com as consequências externas da projeção da personalidade jurídica da companhia a autorizar.

Segundo a mesma autora, a privatização revive a teoria das companhias como concessões e rechaça a ideia de que a governança corporativa é assunto interno das companhias. "[A privatização] repolitizou a regulação" e "pôs a forma societária e a finalidade da companhia de volta na agenda política".[51]

Conclui-se pela íntima ligação entre a organização societária e o atingimento de seus fins sociais (*rectius*: das políticas públicas a que sirva como instrumento).

Surgimento do conceito de controle e regramento societário

Outro exemplo histórico da preocupação estatal com as relações internas da sociedade, para seus próprios fins e propósitos, deu-se com o advento do conceito jurídico de controle societário, aspecto central do direito das companhias contemporâneo.

---

49. Sobre a atuação do Parlamento Britânico em determinados setores nos séculos XVIII e XIX, *v.* BALDWIN, Robert; CAVE, Martin. *Understanding regulation*: Theory, strategy and practice, 1999, p. 66.
50. PARGENDLER, Mariana. *Evolução do direito societário*. Lições do Brasil, 2013, p. 72-3.
51. MORAN, Michel. "The rise of the regulatory State", 2011, p. 113-8.

Ao tempo da Primeira Guerra Mundial, o Estado passa a focar o interior da organização societária para atribuir-lhe uma nacionalidade, ou permitir-lhe ou vedar-lhe a prática de determinada atividade, por razões militares. O sequestro dos bens dos súditos inimigos e a previsão, pelo art. 29-B do Tratado de Versalhes, do benefício da liquidação de bens e interesses de sociedades controladas por alemães levam a doutrina a debruçar-se sobre o conceito de controle.[52]

O movimento doutrinário e legislativo é bem descrito por João Grandino Rodas:

> Por teoria do controle, entende-se a desconsideração da estrutura corporativa, para se verificar, por detrás da mesma, a nacionalidade dos diretores, dos administradores e dos acionistas, a nacionalidade dos titulares do capital social ou da maioria acionária votante, a nacionalidade dos destinatários das remessas, enfim, a procedência da direção e dos destinatários dos benefícios. Após alguma tergiversação inicial, acabaram por sufragar tal teoria a França, a Itália, a Alemanha e a Inglaterra, tendo esta fornecido o genuíno *leading case*: caso Daimler. Note-se que o objetivo dessa teoria era detectar as sociedades merecedoras de serem tratadas como inimigas, em virtude de materializarem predominantemente o interesse dos súditos inimigos, e não simplesmente a indicação da nacionalidade das sociedades. Os Estados Unidos da América não aceitaram, nesta altura, o levantamento do véu corporativo, a influência da nacionalidade dos membros no *status* da companhia (caso Behn), nem ensejaram a possibilidade de sociedade norte-americana ser considerada como inimiga, consoante precedente inglês. O Brasil evoluiu da não consideração dos componentes da sociedade, enquanto esteve na neutralidade, para a adoção da teoria do controle, a partir do momento em que entrou em guerra. Isso demonstra: quanto à doutrina do controle, relaciona-se com o Estado bélico; que sua teleologia é delimitar a sociedade inimiga; e que sua aceitação, em princípio, restringe-se a períodos de anormalidade.[53]

---

52. PAILLUSSEAU, Jean. *La société anonyme*. Technique d'organisation de l'entreprise, 1967, p. 56-7.

53. RODAS, João Grandino. *Sociedade comercial e Estado*, 1995, p. 156-7. No mesmo sentido, a lição de Rafael Manóvil, após destacar que, durante a Primeira Guerra Mundial, leis estabeleceram proibição de comércio e sequestro de propriedade inimiga: "A utilização do conceito de controle neste contexto nasce, pois, vinculada à questão da atribuição de nacionalidade às sociedades, porque nenhuma das doutrinas enunciadas, nem a nacionalidade da maioria dos sócios ou acionistas, nem a do lugar de constituição, nem da sede

Isso implica a concomitante necessidade de se adaptar a regra societária, para dar transparência à titularidade do capital. Assim, por exemplo, no Brasil, o parágrafo único do art. 60 do Decreto-lei n. 2.627/40 - antiga Lei das S/A, ainda parcialmente vigente - dispõe que "quando a lei exigir que todos os acionistas ou certo número deles sejam brasileiros, as ações da companhia ou sociedade anônima revestirão a forma nominativa".

Novamente, fins extrassocietários, ligados a políticas e objetivos estatais, focam o ambiente interno da sociedade comercial e impactam sua conformação.

Estruturas societárias e concessões: o Public Utilities Holding Act

Um derradeiro exemplo da conexão entre o interesse estatal em atuar sobre um dado setor econômico e o uso de regras societárias para tal propósito reside na edição, durante o *New Deal*, do Public Utilities Holding Act.

Para aumentar o controle governamental sobre as prestadoras de serviços públicos, a lei norte-americana estabeleceu restrições quanto às estruturas dos grupos de *public utilities*, buscando dar-lhes maior transparência. Ao mesmo tempo, autorizam-se normas administrativas para o regramento de procedimentos internos - em especial, para a uniformização de procedimentos contábeis -, e veda-se uma série de atos caracterizadores de conflito de interesse.

A American Bell Telephone Company foi a primeira *holding* pura do setor de serviços públicos dos EUA, criada nos anos 1880. O objetivo das *holdings* era contornar exigências regulatórias locais, como a que estabelecia que a prestadora de serviço estivesse sediada no Estado.[54] Com isso, impedia-se, na prática, que as autoridades estaduais supervisionassem o núcleo de poder da empresa regulada, pois a sede real, onde se refletiam e se concentravam as informações contábeis e gerenciais centralizadas, escapava à sua jurisdição. Isso deu margem a estruturas complexas, de vários níveis piramidais, o que tornou extremamente complexo aferir o equilíbrio das tarifas praticadas e impedir a ocorrência de fraudes.[55]

---

social principal permitiram tal detecção, pois não apontavam quem dominava a sociedade" (MANÓVIL, Rafael M. *Grupos de sociedades en el derecho comparado*, 1998, p. 258).

54. CLEMENS, op. cit., 1950, p. 496.
55. "The sheer magnitude of the holding company systems placed them beyond the reach of the state commissions" (ibidem, p. 503).

A massificação dos serviços públicos - em especial do fornecimento de gás, eletricidade, telefones e transportes públicos -, nos anos 1920, repetiu os embates entre as grandes corporações e os agentes públicos que tinham marcado, décadas antes, os setores de petróleo e ferrovias. Samuel Insull buscou replicar no setor elétrico as estruturas piramidais originalmente criadas por Rockefeller no petróleo. A casa de Morgan constituiu a United Corporation, uma *superholding* que objetivava fomentar "relações mais próximas entre os grandes sistemas de serviços públicos" do leste do EUA. A reação governamental se iniciou no âmbito estadual, destacando-se o papel de Franklin Roosevelt ainda como governador de Nova York.

Essas estruturas financeiras frágeis sucumbiram na Grande Depressão após 1929, derrubadas pelo peso de suas dívidas e dos escândalos financeiros e políticos.[56]

Isso levou a investigações da Federal Trade Comission e à propositura de nova legislação dentro do marco do *New Deal* - mais uma vez, a preocupação com a reforma societária deu-se em contexto de intensa inovação institucional e reflexão sobre o interesse público. O projeto do Public Utility Holding Company Act gerou polêmica e meses de debates,[57] entrando em vigor em 1935.

As empresas prestadoras de serviços públicos passaram a ser supervisionadas pela Securities Exchange Commission, criada em 1934 e que já tinha jurisdição sobre os valores mobiliários por elas vendidos.

O Public Utilities Holding Act aplicava-se à *holding* e suas controladas, bem como a pessoas que prestavam serviços de vendas ou construção para elas. Para os fins da lei, considerava-se *holding* a sociedade que controlava 10% ou mais do capital votante de um empresa de serviços públicos e toda pessoa exercendo influência de controle sobre ela. Esse texto legal: a) exige o registro das *holdings*; b) proíbe a aquisição de participação nos setores de gás e eletricidade sem aprovação estatal; c) fixa a famosa "*death sentence clause*", segundo a qual só se admitiriam dois níveis de *holdings* acima da empresa operacional, e desde que compusessem um sistema integrado: as demais estruturas deveriam ser desmembradas. A Comissão podia regrar a estrutura do grupo "para evitar que seja ela indevida e desnecessariamente (*unduly and unnecessarily*), complicada,

---

56. KELLER, Morton. "The pluralist State: American economic regulation in comparative perspective, 1900-1930", 1981, p. 85-6.
57. McCRAW, Thomas. *Prophets of regulation*. Charles Francis Adams, Louis D. Brandeis, James M. Landis, Alfred E. Kahn, 1984, p. 190.

simplificando-a"; d) permite que a comissão regule o pagamento de dividendos, empréstimos entre companhias e transações com partes relacionadas; e) proíbe doações políticas; f) permite que a comissão fixe regras contábeis uniformes; g) admite que se possa evitar o desmembramento de estrutura que não componha um único sistema integrado se os sistemas não puderem ser operados independentemente sem perdas econômicas, se estiverem localizados em um mesmo Estado ou Estados adjacentes e se houver vantagens para "a gestão local, a operação eficiente ou para a efetividade da regulação".

O Public Utilities Holding Act evidencia o íntimo liame entre, de um lado, a questão da forma e dos procedimentos societários e, de outro, os objetivos públicos regulatórios. Uma norma como essa, revolucionária e de grande impacto regulatório, é fruto do pragmatismo norte-americano – com seu destemor em relação a inovações – e da falta de uma nítida divisão, nos Estados Unidos, entre direito público e privado, direito societário e regulação. No entanto – mais do que tudo – é principalmente resultado de uma clara percepção do imperativo do controle democrático sobre o poder econômico e da efetividade da pressão da opinião pública e da imprensa livre sobre o Estado regulador.

Determinantes contemporâneos da ampla difusão da RIS

Os instrumentos estatais de conformação interna da sociedade para a tutela de interesses extrassocietários não são novidades, como se evidenciou pela descrição das três cenas históricas dos itens anteriores.

O tema deste livro ganha relevância, no entanto, por se identificar uma ampliação no uso da RIS em décadas recentes. Esse fenômeno se explica pela ligação entre a técnica e as características e exigências atuais da regulação e do direito societário, detalhadamente expostas nos Capítulos I, II e III. Neste ponto de nossa exposição, cumpre fazer o encaixe entre a primeira e a segunda parte de nossa obra, situando a RIS nos movimentos mais amplos que têm exigido o *aggiornamento* dos direitos regulatório e empresarial, aumentado sua interconexão e diversificado seus instrumentos.

Postulamos que o emprego dos institutos societários nos esforços regulatórios setoriais têm se difundido e ganhado saliência, com a ampliação de seu âmbito e alcance, pela sua ligação com os seguintes vetores da regulação e do direito societário, como se infere dos exemplos que seguem:

a) No que toca aos objetivos da regulação, a RIS, ao abarcar mecanismos de participação ou representação de interesses externos, põe em debate questões redistributivas.[58] De outra parte, por consistir em mecanismos permanentes e não meramente transitórios, a RIS evidencia o papel constitutivo desempenhado pela regulação no mercado.[59] Sendo a neutralização do poder econômico privado um dos requisitos institucionais do desenvolvimento econômico,[60] seu combate deve se iniciar já no seio da sociedade empresarial, onde ele se organiza.
b) Quanto aos problemas regulatórios, a RIS contribui ao incremento da transparência necessária ao processo tarifário das atividades caracterizadas como monopólio natural[61] ou em qualquer setor de acentuada assimetria informacional,[62] permite a coordenação de *stakeholders* no seio da própria sociedade regulada,[63] mercê de procedimentos de participação organizada, o que ganha relevância à medida que maiores sejam as externalidades produzidas pela atividade da sociedade regulada.[64] No entanto, o mais importante fator de aumento do uso de técnicas da RIS foi a ascensão da regulação de risco.[65] A centralidade do tema do risco e da importância de sua prevenção, além de espraiar a atividade regulatória para novos setores, impõe, no plano organizacional, a criação de órgãos e procedimentos voltados à prevenção de riscos; no plano patrimonial, a constituição de reservas ou a manutenção de determinada estrutura de capitais; no que toca ao regime jurídico dos administradores e sócios, pode impor-lhes regra de responsabilidade agravada como mecanismo de desincentivo à assunção de riscos excessivos, ou determinar a constituição de reservas ou de uma gestão permanente focada no risco. Por isso, uma atividade de risco por excelência – a bancária, pioneira da regulação intensiva desde o século XIX – apresenta exemplos antigos de regras de natureza societária adotadas para induzir condutas e assegurar uma estrutura patrimonial adequada. O risco sempre

58. *V.* "Poder econômico e monopólio natural", no Capítulo I.
59. *V.* "Disfunções da ação coletiva", no Capítulo I.
60. *V.* "Imperfeições da informação", no Capítulo I.
61. *V.* "Poder econômico e monopólio natural", no Capítulo I.
62. *V.* "Disfunções da ação coletiva", no Capítulo I.
63. *V.* "Imperfeições da informação", no Capítulo I.
64. *V.* "Externalidades e bens públicos", no Capítulo I.
65. *V.* "A ascensão da regulação de risco", no Capítulo I.

foi um fator-chave para o desenvolvimento do direito comercial e do direito societário. O uso de instrumentos societários no esforço da regulação de risco, com a consequente mudança funcional e até estrutural desses mesmos instrumentos, nada mais é do que um novíssimo capítulo em uma história secular.

c) Quanto aos remédios regulatórios, a regulação de preços exige que sejam vedadas operações em conflito de interesse, que possam distorcer o cálculo dos custos, e impõe igualmente regras detalhadas de escrituração para obstar subsídios cruzados internos; as políticas de transparência implicam desvelar informações que são produzidas no interior da empresa.

d) A privilegiação da regulação pela competição[66] exige que se atente ao interior das empresas incumbentes e ingressantes, de modo a impedir vínculos e colusões. Para isso, os regimes regulatórios podem alterar a própria definição de controle societário, ampliando seu alcance e flexibilizando os requisitos para sua caracterização.

e) A utilização de mecanismos de *soft law*,[67] tais como a disseminação das melhores práticas por recomendações, foca, em geral, aspectos organizativos internos da empresa, sendo tais padrões muitas vezes estabelecidos no âmbito de redes transnacionais.[68]

f) A RIS veicula forma de autorregulação interna à empresa,[69] sobretudo quando o legislador fixa parâmetros e objetivos e deixa ao talante dos sócios alcançá-los, exercendo sua capacidade de auto-organização. Parte dessas estruturas implica a criação, no interior da sociedade, de fóruns e procedimentos para a articulação de interesses societários e extrassocietários e canais de comunicação direta entre órgãos societários e autoridades administrativas, em permanente diálogo.[70] Essa abertura da empresa, com maior participação e transparência, pode ampliar as informações e a coordenação necessárias para a propositura de ações coletivas, se necessárias.[71]

---

66. *V.* "Espaços regulatórios competitivos e quase-mercados", no Capítulo I.
67. *V.* "Desafios à 'regulação de comando e controle': regulação suave (*soft*) e responsiva", no Capítulo I.
68. *V.* "Regulação transnacional e redes regulatórias", no Capítulo I.
69. *V.* "Critério da autonomia: o papel da autorregulação", no Capítulo II.
70. *V.* "Critério do interesse: diálogo regulatório e convergência dos interesses públicos e privados", no Capítulo II.
71. *V.* "Critério da forma de efetividade da regra: o papel do contencioso privado no esforço regulatório", no Capítulo II.

g) O direito societário, de sua parte, está conceitualmente preparado para sua atualização, perdendo seu caráter ensimesmado e vendo a empresa como um sistema aberto, integrado ao mercado,[72] que se coordena com os esforços regulatórios estatais mesmo no tocante à montagem interna da sociedade comercial[73] e que cria procedimentos participativos que internalizem ou ao menos deem voz a interesses extrassocietários e aos objetivos regulatórios.[74]

A expressão "regulação econômica setorial por instrumentos societários" não reúne artificial e aleatoriamente, em um mesmo "saco", regras dispersas, desconectadas, fortuitamente coexistentes no sistema jurídico. Cuida-se de um fenômeno unitário, com coerência interna e que lança raízes profundas no solo de uma visão moderna e inovadora da regulação e da sociedade comercial.

72. *V.* "Dos perfis da empresa para a empresa como sistema aberto", no Capítulo III.
73. *V.* "Teorias da firma e Estado", no Capítulo III.
74. *V.* "Interesse social e procedimentalização do direito societário", no Capítulo III.

CAPÍTULO V

O funcionamento da RIS

Regramento de atividades como regramento de processos: o papel da organização societária

A dogmática jurídica muitas vezes desconsidera as dificuldades e peculiaridades da normatização de uma atividade. De fato, a estrutura binária da norma jurídica melhor se ajusta aos atos isolados – o Direito tem técnicas milenares para lidar com eles. Pode autorizá-los, impor a eles consequências jurídicas, proibi-los. A *fattispecie* normativa descreverá um evento determinado, e o comando normativo é de aplicação relativamente direta.

Um dos poucos teóricos a se debruçarem sobre as normas atinentes a atividades, o lógico finlandês Von Wright, autor de *Norm and action*, observa que na atividade não se busca uma mudança única no mundo – a realização de um determinado evento –, mas um processo contínuo de mudanças.[1] A regra sobre ati-

1. Para o finlandês Von Wright, o conteúdo das normas – as mudanças que se pretende implementar – pode consistir em um evento (logicamente relacionado a uma ação, que ocorre em dado momento) ou em uma atividade (relacionada com um processo contínuo). "The type of fact which Caesar's death exemplifies is ordinarily called an event. Like processes, events are facts which happen. But unlike the happening of processes, the happening of events is a taking place and not a going on" (VON WRIGHT, Georg Henrik. *Norm and action*. A logical enquiry, 1963, p. 26). Prossegue o autor: "We shall distinguish between act and activity. To close a window or to kill a person is to perform an act. To smoke or to run or to read is to be engaged in an activity [...]. As acts are related to events, so are activities related to processes. Events happens, processes go on. Acts effect the happening of events, activities keep processes going [...]. The beginning and the ending of activities have, sometimes at least, the character of acts" (p. 41).

vidade termina por possuir uma natureza de norma secundária, em que a regra principal versa sobre atos específicos, como o de começar ou cessar a atividade.[2]

No entanto, é pobre a ideia de que o regramento da atividade limite-se a incidir sobre atos concretos que a componham ou a encetem. A nosso sentir, regrar atividades implica regrar processos, o que, por sua vez, implica regrar estruturas.

De fato, a única forma efetiva de se domar e direcionar um fluxo contínuo de atos sequenciais é formatar o processo pelo qual as decisões a ele atinentes são tomadas e as ações que o compõem são efetivadas. A formatação de tal processo, por sua vez, pressupõe uma organização composta por pessoas, em interação e coordenação.

A regulação da atividade exigirá a regulação de processos. Por sua vez, os processos iniciam-se no interior da própria sociedade, onde já devem ser formatados em conformidade com os objetivos regulatórios.[3]

A doutrina afirma ser a sociedade comercial, na essência, um instrumento de cooperação.[4] Mas essa coordenação dos agentes não ocorre espontânea e automaticamente: é função direta da organização societária. O direito societário é simultaneamente um direito de cooperação e de organização.[5]

---

2. "From the point of view of their contents, norms [...] can be divided into two main groups: norms concerning action (acts and for be rance) and norm as concerning activity [...]. It seems that prescriptions (and maybe other norms too) concerning activity are in an important sense secondary to prescriptions (norms) concerning action [...]. Thus, at least in some cases, prescriptions (norms) concerning activity may become translated into prescriptions (norms) concerning action" (ibidem, p. 71-2).
3. "Process Regulations can also be based on requiring organizations to take a systematic approach to identifying, controlling and minimizing risks. This form of regulation forces companies to go through their own internal learning process about the risks or hazards they face and how to control them [...]. Process regulations give firms the opportunity to incorporate regulatory goals into other business goals and operating procedures, and their flexibility may make controversial regulation more politically palatable" (PARKER, Christine. *The open corporation*. Effective self-regulation and democracy, 2002, p. 268).
4. Karsten Schmidt afirma que "o direito societário é o direito privado da cooperação" (SCHMIDT, Karsten. *Gesellschaftsrecht*, 2002, p. 3). Para Menezes Cordeiro, "substancialmente as sociedades dão corpo a fenômenos privados de cooperação e organização" (MENEZES CORDEIRO, Antonio. *Direito europeu das sociedades*, 2005, p. 13). "Na cooperação reside a *idea-mater* de toda a sociedade, sendo, ao mesmo tempo, o elemento que a distingue da comunhão, da participação e do empréstimo" (VAMPRÉ, Spencer. *Tratado elementar de direito comercial*, s/d, p. 348). "O fenômeno da cooperação [...] constitui o cerne do direito societário" (ADAMEK, Marcelo Vieira Von. *Abuso de minoria em direito societário*, 2014, p. 43).
5. WINDBICHLER, Christine. *Gesellschaftsrecht*, 2009, p. 1.

O contrato de sociedade é contrato organizativo, tal como teorizado por Ferro-Luzzi.[6] De modo similar, no Direito norte-americano, afirma Melvin Eisenberg que "corporate law is constitutional law", pois regula a constituição e funcionamento da sociedade e os direitos de seus participantes.[7] No Direito francês, Paillusseau igualmente enfatiza o componente organizacional, considerando a sociedade "o conjunto de regras jurídicas, de técnicas e de mecanismos destinados a permitir a organização jurídica e a vida de uma forma de produção ou de distribuição, de um organismo econômico: a empresa".[8]

Cabanellas de Las Cuevas vê perigo em se qualificar a sociedade como contrato de organização, pois isso implicaria incluir no conceito redes de produção ou distribuição, por disporem de estrutura organizativa. É certo que "todo fenômeno contratual é fenômeno de organização",[9] mas, na sociedade, esse é um elemento essencial e permanente, além de ser a pedra de toque de todo o regime societário e o critério chave para a distinção entre as sociedades de pessoas e capitais.[10]

Deve-se distinguir a organização de fato (o aparato organizacional) e a organização em sentido normativo (o ordenamento da organização).[11] Por outro lado, a organização dos fatores de produção, componente do conceito de em-

---

6. Regelsberger já falava de *Organizationsvertrag*, em suas "Pandekten". O termo "contrato organizativo" é empregado igualmente por Wieland, Auletta, Dalmartello e Asquini. Após apontar que já a pandectística percebia a especial posição dos contratos sociais entre os esquemas contratuais, Ferro-Luzzi observa que a doutrina francesa assenta como elemento diferenciador a *affectio societatis*, enquanto a doutrina alemã, em consonância com o BGB, toma como marca da sociedade o escopo comum. Para o autor, o elemento diferenciador do contrato social é sua eficácia específica: a criação de organização, que, quando revestida de personalidade jurídica, exigirá um regime diferenciado para o tema das invalidades, tutelando os terceiros de boa-fé. Esse fenômeno permite o exercício organizado da atividade, com a imputação à sociedade de relações obrigacionais e patrimoniais.
7. EISENBERG, Melvin Aron. "The structure of corporation law". *89 Columbia Law Review*, 1989, p. 1. Em sentido análogo – mas mais amplo –, Ascarelli via na Lei das Sociedades Anônimas o direito constitucional da atividade econômica.
8. PAILLUSSEAU, Jean. *La société anonyme*. Technique d'organisation de l'entreprise, 1967, p. 4.
9. CORAPI, Diego. *Gli statuti delle società per azioni*, 1971, p. 61.
10. As sociedades de capitais e de pessoas diferenciam-se pelo seu grau de complexidade organizacional. A S/A tem robusta estrutura orgânica, apta a compatibilizar interesses múltiplos e diversos (de onde a afirmação legal de ser sociedade empresária pela forma); nas sociedades de pessoas, "o momento organizativo resulta da imposição de situações subjetivas (em geral, poderes ou poderes-deveres) aos próprios sócios, que são administradores" (ibidem, p. 72).
11. Ibidem, p. 22.

presário do art. 966 do Código Civil,[12] não se confunde com a organização estrutural da sociedade como pessoa jurídica.[13]

No entanto, a doutrina do contrato-organização muitas vezes resvala para uma visão estática desse conceito: a sociedade empresarial não pode ser estudada como um mero organograma, com hierarquia de funções e divisões de competências. Ela é um aparato voltado a produzir um efeito concreto: encetar e manter em bases constantes uma atividade. Isso exige uma visão dinâmica da organização, que a enlace à atividade e estude como as características de uma impactam e se refletem nas características da outra.

Diego Corapi foi um dos pioneiros, na doutrina italiana, em enfatizar a intensa relação entre organização e atividade. Para o autor,

> ao elemento funcional da atividade é devida, por isso, a presença de uma organização na estrutura das relações associativas [...]. Embora a constatação da relevância nas relações associativas das categorias da atividade e da organização seja difundida, raramente são tratadas as consequências no plano da reconstrução jurídica de tais relações.[14]

Isso é atribuído à pouca reflexão sobre a atividade: "Em uma situação na qual os problemas relativos à atividade são postos em segundo plano em relação àqueles relativos ao ato, a contribuição para sua solução de um estudo do perfil organizativo da ação dos particulares seja pequena ou mesmo insignificante".[15]

Conclui o autor, de modo lapidar: "A organização é assim a preordenação de uma atividade para a satisfação de um interesse. Os dois polos da organização-atividade se apresentam propriamente coligados em vista dos interesses que realizam".[16]

---

12. E também da fonte dessa norma brasileira, que foi o art. 2.082 do Codice Civile.
13. "L'organizzazione, come elemento del concetto di impresa, significa soltanto che l'attività (econômica) deve essere organizzatta al fine della produzione o dello scambio di beni o servizi (art. 2.082); e con questo elemento (non sufficiente per la qualifica di imprenditore, per definizione ocorrendo, in piú, la professionalità) non deve essere confusa l'organizzazione strutturale della società, l'organizzazione e l'attivitá imprenditrice riguardano la vita di relazione del soggeto e non quindi, la struttura interna, anche, se si trattidi persona giuridica, fato questo che non deve indurre in equivoco" (ROMANO-PAVONI, Giuseppe. *Teoria delle Società*. Tipi. Costituzione, 1953, p. 188).
14. CORAPI, op. cit., 1971, p. 12 e 14.
15. Ibidem, p. 16.
16. Ibidem, p. 23.

Para que se desenvolva essa visão dinâmica - a ligar estrutura e atividade, forma e função -, é preciso incorporar à reflexão do direito societário as lições da teoria das organizações.[17]

A organização societária: a) é fruto do processo de racionalização da vida social e serve à legitimação do poder (Weber);[18] b) justifica ideologicamente a remuneração do empresário, pois a ele compete a sua montagem (Galgano);[19] c) permite, entre outros objetivos, a redução de custos de transação (Coase);[20] d) exige análises comparativas para se estudar os condicionamentos e determinantes de sua forma (Williamson);[21] e) apresenta em seu interior tendências oligárquicas (Michels);[22] f) pode ser centralizada ou descentralizada, conforme sua estratégia para a conquista do mercado (Chandler);[23] g) tem seu *design* condi-

---

17. A ciência administrativa teve grande desenvolvimento nos Estados Unidos por causa da proibição dos cartéis, o que levou a integrações verticais, a exigirem inovações organizacionais e fomentando a ciência administrativa.
18. Weber fez pouca distinção entre organizações burocráticas privadas e públicas (NOLL, Roger. "Government regulatory behaviour", 1985, p. 19).
19. GALGANO, F. "L'impresa", p. 51, citado por JAEGER, Pier Giusto. *La nozione di impresa das codice allo statuto*. Quaderni di Giurisprudenza Commerciale, 1985, p. 2.
20. "Economic organization serves many purposes, of which transaction cost economizing is only one [...] A general theory (of organization) is presently beyond our reach" (WILLIAMSON, Oliver; WINTER, Sidney (eds.). *The nature of the firm*. Origins, evolution and development, 1993, p. 94). No mesmo sentido, idem. *The economic institutions of capitalism*, 1985, p. 273.
21. Williamson observa que "o principal propósito de estudar a organização interna é melhor compreender a eficácia comparativa de processos de organização interna. Quais são as ramificações - para economizar racionalidade limitada, para atenuar oportunismo, para implementar um programa sequencial e adaptativo de tomada de decisões - de se organizar a firma desta maneira e não daquela?" (idem. *The mechanisms of governance*, 1996, p. 82).
22. Robert Michels - contemporâneo de Weber - apontou que todas as organizações tenderiam à oligarquia (FUCITO, Felipe. *Sociologia del derecho*. El orden jurídico y suas condicionantes sociales, 1993, p. 450).
23. Em *Strategy and structure*, Chandler distingue entre: a) a forma U (ou unitária) para a organização da empresa, com uma estrutura centralizada e funcionalmente departamentalizada, na qual cada departamento tivesse uma função especializada (como *marketing* ou finanças), para atendimento a todos os produtos; b) a forma M (multidivisional), caracterizada pela criação de divisões operacionais semiautônomas, afetas a diferentes linhas de produtos, marcas ou mercados geográficos, mas com gestão financeira e fiscalização centralizadas; c) forma H, com o uso de uma empresa *holding* meramente formal, sem estrutura de administração central. Com o princípio de que "*structure follows strategy*", Chandler defendia que as firmas que buscassem crescer em apenas um mercado usassem estrutura centralizada, e as que atacassem vários mercados implementassem estruturas descentralizadas. Na leitura de Chandler feita por Oliver Williamson, as formas multidivisionais existem pela complexidade do processo de informação (racionalidade

cionado pelos processos de tomada de decisão e de fluxo de informações que forem necessários a seu funcionamento (Galbraith);[24] h) passa por um processo de diferenciação estrutural interna à medida que cresce (Blau);[25] i) convive com uma organização informal em seu interior (Barnard);[26] j) necessita lidar com os conflitos internos,[27] envolvendo sócios e administradores (mais comuns nos países em que há dispersão de capital acionário) e entre acionistas majoritários e minoritários. Sobre esse último aspecto, é precisa a metáfora de Alfredo Lamy: "Toda lei das S/A é um tratado de paz entre a minoria e a maioria".

De modo específico, a avaliação da adequação da estrutura organizativa à atividade social exige verificar: a) a conformidade do tamanho da empresa e dos meios organizativos de que dispõe com os desafios de seu objeto social; b) um organograma claro, com nítida separação de funções e responsabilidades; c) eficácia da direção empresarial; d) existência e respeito aos procedimentos inter-

---

limitada) e têm como consequência que gestores passem a favorecer a aquisição de novas linhas, pois é fácil agregá-las por mera justaposição. Isso também permite a venda fácil dos ativos e estruturas ligadas a determinadas atividades, se a empresa como um todo crescer demais (WILLIAMSON, Oliver. "The logic of economic organization", 1993).

24. Galbraith propôs modelos alternativos de *design* organizacional conforme os processos de informação e decisão. Pode-se querer reduzir a quantidade de informação processada – e para isso se adotar uma estratégia de descentralização e autonomia dos setores da empresa, para conterem a subida de informações à direção – ou aumentar a capacidade de processamento dessa informação pela organização, por meio de uma descentralização horizontal (apud STEVENS, Douglas F. *Corporate autonomy and institutional control.* The crown corporation as a problem in organization design, 1993, p. 8). A comunicação dentro da organização é bastante específica, tanto em relação aos canais pelos quais flui como quanto a seu conteúdo e forma (MARCH, James; SIMON, Herbert. *Organizations*, 1993, p. 22).
25. O crescimento da organização leva à diferenciação estrutural, com crescente subdivisão de responsabilidades, o que, por um lado, gera economias de escala na supervisão e, de outro, custos adicionais de coordenação (BLAU, Peter. "A formal theory of differentiation in organizations". *American Sociological Review*, v. 35, n. 2, p. 201 e segs., abr. 1970). A extensão do desenvolvimento hierárquico e da organização funcional das tarefas da organização deve se fazer até que atendam satisfatoriamente às necessidades de coordenação, informação e aprendizado (NOLL, Roger. "Government regulatory behaviour", 1985, p. 54). A departamentalização impõe um problema de atribuição de competências (MARCH; SIMON, op. cit., 1993, p. 41).
26. *V.* BARNARD, Chester. *The functions of the executive*, 1971.
27. "A teoria organizacional moderna enfatiza a diversidade interna das organizações e a presença em organizações de todos os tamanhos de facções conflitantes e propósitos inconsistentes" (CAPLOW, Theodore. "Conflicting regulations", 1985, p. 288).

nos de gestão; e) adequação do preparo e das competências das pessoas para as funções administrativas que ocupem.[28]

Toda a lógica da RIS assenta-se na premissa da relevância da organização para o condicionamento da atividade. Mas ela busca impactar todos os aspectos internos da sociedade, para tal propósito: da imposição de tipos societários com maior nível de complexidade, à exigência de órgãos e procedimentos; do regramento minucioso do capital social à escrituração contábil; dos poderes e competências dos sócios e gestores.

Dois modos de emprego da RIS: hétero-organização vs. *auto-organização*

Existem ordens e ordens. Como Warren Bennis observa, uma ordem não precisa ser: "Não pense, seu burro – faça o que for mandado a você!". Uma ordem pode ser: "Pense! Eu não vou contar a você o que fazer".
Christopher K. Leman

A teoria da regulação ensina-nos que a norma fixadora de padrão de comportamento pode ser construída de modo a se conferir maior ou menor discricionariedade ao seu destinatário.

Podem ser fixadas metas e objetivos a serem alcançados pelo ente regulado, conferindo-se a ele liberdade para escolher os meios, estruturas e procedimentos de que se servirá para atingi-los (observe que as metas, por vezes, podem ter um grau de maior ou menor determinação e detalhamento). Em outras situações, os procedimentos, protocolos e requisitos organizacionais são predispostos pelo regulador, limitando-se o ente regulado a adotá-los. Finalmente, podem ser combinadas ambas as formas: meios e fins, estruturas e resultados são todos fixados de modo rígido na norma regulatória.[29]

---

28. FELLEGARA, Anna Maria. *Strutture d'impresa e tutela de gli interessi istituzionali*, 2005, p. 61.
29. A prática regulatória oscila entre padrões de produtos (qualidade) e padrões de processos (como deve ser a produção), muitas vezes fixados por entidades não governamentais, como a ISO, associações nacionais de contabilidade e de normas técnicas. Ogus apresenta uma escala de graus de intervenção do regulador. No extremo de baixa inter-

Essa distinção pode ser utilizada para se classificar as formas de que possa se revestir a RIS.

Por vezes, o regulador econômico setorial imporá uma solução organizacional formal e rígida, exigindo sua incorporação nas práticas societárias internas. A nosso sentir, tal proceder tem similitude com a chamada regulação de *design*,[30] ao menos em um nível metafórico: confia-se que uma determinada forma terá *per se* uma eficácia preventiva de riscos, ou induzirá determinada conduta, de modo necessário. Um exemplo simples de regulação de *design* dá-se quando a autoridade de trânsito, em lugar de fiscalizar a velocidade dos veículos em dado local, ali constrói uma lombada de trânsito. Da mesma forma, ao exigir a adoção, pelo ente regulado, da forma de sociedade anônima, o regulador confia que a maior permitirá um processo mais estruturado de tomada de decisões e uma maior transparência sobre a gestão. Pode também impor determinados órgãos ao ente regulado – por exemplo, um comitê de auditoria ou um conselho consultivo de usuários, regrando em minúcias sua constituição, poderes e competências, pressupondo que tal estrutura terá uma dada funcionalidade. Em todos esses casos, temos mostras de hétero-organização.

Em outras situações, serão definidos apenas parâmetros, exigindo-se que a própria sociedade regulada implemente estruturas e procedimentos, por ela de-

venção, encontram-se as medidas de *disclosure*; no extremo de alta intervenção, a exigência de prévia autorização. Entre esses polos, situam-se os padrões de conduta, que, em um crescendo de intervencionismo, podem ser classificados em padrões-alvos – não estabelecem processos nem exigências de qualidade, mas proíbem que ocorram determinados resultados danosos –, padrões de *performance* ou desempenho – em que se exige o atingimento de determinada qualidade, mas se deixa a cargo do regulado a definição dos meios – e padrões de especificação – em que são regrados os métodos e os materiais (OGUS, Anthony. *Regulation*. Legal: Legal form and Economic Theory, 2004, p. 151/1). "The amounts and kinds of discretion available to the organizational participant are a function of his performance program and in particular the extent to which the program specifies activities (means) and the extent to which it specifies product or outcomes (ends)" (MARCH, op. cit., 1993, p. 168-9). Steven Shavell observa que são três formas distintas de intervenção: uma preventiva – nas especificações, ou no *design*, uma baseada no ato (estabelecendo padrões de *performance*) e outras focando nos resultados ou riscos de danos (p. ex.: níveis máximos de poluição). Peter May classifica os padrões regulatórios em: a) padrões de especificação ou *design*, que definem material ou meios que devem ser utilizados; b) padrões de desempenho: especifica níveis de *performance* (exemplo, padrões máximos de determinadas substâncias nos produtos alimentícios); c) padrões de referência; padrões de *design* ou *performance* desenvolvidos por organizações de padronização públicas ou privadas (MAY, Peter. "Social regulation", 2002, p. 166).

30. *V.* "RIS como regulação de *design*", infra.

finidos discricionariamente, para tal atingimento. Trata-se de exercício de autorregulação compulsória,[31] ou seja, é obrigatório que o ente regulado empreenda esse esforço de auto-organização, para determinados fins. Dê-se o exemplo da exigência, pela autoridade bancária, da constituição de sistemas internos nas instituições financeiras para a gestão de riscos operacionais e de crédito. O Bacen não fixa as feições dessas estruturas de comitê, embora sejam elas imperativas.

No tópico "Variáveis da escolha por formas rígidas ou flexíveis", neste Capítulo, serão analisados os determinantes da opção por uma ou outra dessas duas modalidades.

RIS como regulação de *design*

Form follows function.
Louis Sullivan

Code is law.
Lawrence Lessig

O caráter contínuo da atividade faz com que seja particularmente eficiente para sua direção a chamada "regulação de *design*". Esse conceito tem sido muito discutido nas reflexões sobre Direito e tecnologia: a melhor forma de induzir o uso adequado de um bem pode estar no próprio *design* de que ele se revista, em uma atuação regulatória *ex ante*. Morgan e Yeung abarcam nesse conceito as técnicas que buscam alterar o comportamento indesejado, impossibilitando sua ocorrência pelo recurso ao *design*. Não é um comando voltado diretamente à atividade, pois prescinde de obediência. Isso implica uma visão institucionalista, pois tem de atentar para a realidade empírica a aferir da funcionalidade da solução formal proposta.

Isso pode implicar uma modificação na forma ou na operação de uma máquina – por exemplo, a exigência de que o veículo tenha um alarme que não cessa de apitar enquanto não se coloca um cinto de segurança é muito mais eficiente para garantir a segurança do motorista do que a mais elevada das multas de trânsito. Pode também relacionar-se com a organização do espaço – citando-se o caso clássico da ampliação dos *boulevards* de Paris por Hausmann para

31. *V.* "RIS como autorregulação supervisionada", infra.

evitar barricadas. Os códigos de *software* igualmente obstam determinadas ações de seus usuários.

As vantagens dessa técnica regulatória são o baixo custo de implantação e fiscalização, o qual pode ser calculado de antemão. Sua grande desvantagem deriva de ser altamente intrusiva e inibir a criatividade: quem termina por liderar o caminho da inovação é o próprio legislador. Além disso, pode haver dificuldade em se prever ou mensurar os riscos que decorrem dos processos e formas impostas pelo regulador.[32]

De certo modo, a internet funciona em escala global por conta de seu *design*, o que explica a epígrafe de Lawrence Lessig de que o Código (dos sistemas) é o seu direito. A gestão mundial da internet faz-se por sua arquitetura, seus códigos e protocolos. Com isso, estabeleceu-se um sistema de compatibilidade (conformidade com padrões técnicos), identificação (endereços únicos) e interconectividade entre redes. Em 1992, David Clark caracterizou a Internet Engineering Task Force com a célebre frase: "Nós rejeitamos reis, presidentes e votações. Nós acreditamos em um consenso genérico e um código que rode".[33]

A nosso sentir, a RIS pode ser considerada uma forma de regulação por *design*, conquanto em um plano mais abstrato, em uma quase metáfora.

> O direito é uma das disciplinas do *design* [...]. O processo de projetar dispositivos jurídicos tem paralelos impressionantes com o processo de engenharia de *design*, embora seja correto dizer que os engenheiros têm sido muito mais reflexivos e precisos nesse processo do que os advogados.[34]

Ao se exigir um dado nível de institucionalização, ou ao se montarem estruturas e processos decisórios com múltiplos órgãos com competências complementares, demandando-se a participação de técnicos ou de representantes dos envolvidos, com requisitos extraordinários de monitoramento, publicidade e fiscalização, aumenta a chance de que as deliberações que daí surjam estejam em conformidade com as políticas públicas e a normatização daquela atividade. E essa procedimentalização supre os constrangimentos que a Business Judgement Rule coloca mesmo para autoridades administrativas.

---

32. BALDWIN, Robert; CAVE, Martin. *Understanding regulation:* Theory, strategy and practice, 1999, p. 119.
33. FEICK, Jürgen; WERLE, Raymund. "Regulation of cyberspace", 2012, p. 529.
34. HOWARTH, David. *Law as engineering*. Thinking about what lawyers do, 2013, p. 74.

Assim, o desenho da organização societária e o delineamento de seus procedimentos são feitos pelo regulador, que pressupõe uma relação funcional entre tais estruturas e determinados objetivos regulatórios.[35]

Esse mecanismo pode gerar disfunções. A relação de adequação entre meios e fins imaginada pelo regulador pode inexistir, ou a solução formal proposta ser incompatível com o *design* societário previamente estruturado pelos sócios (o que pode ocorrer, por exemplo, se o regulador impuser uma série de órgãos formais a uma sociedade limitada). Além disso, não há razões para pressupor que o regulador será sempre mais eficiente do que os próprios sócios para montar uma estrutura voltada a um determinado fim regulatório, podendo ser mais conveniente deixar-se a tarefa auto-organizativa a cargo dos sócios. Finalmente, o *design* pode demorar para produzir efeitos indutivos sobre a atividade do ente regulado, a qual pode ser diretamente impactada por uma regulação direta que paralise de imediato o comportamento indesejável.

RIS como autorregulação supervisionada

Firms serve as regulators.
P. Grabowsky

Self regulation is an oximoron [...]. *Banks are told to have good risk management systems, to regulate their own risks. But what else would one expect a bank to do?*
Edward Balleisen e David Moss

As empresas regem a si mesmas e eventualmente também a sua rede de fornecedores e distribuidores, conforme seu poder. Na fixação de seus rumos, deverão naturalmente levar em conta a regulação de seu setor, que se lhes imporá com maior ou menor coatividade. "Praticamente todos os mecanismos regulatórios incorporam alguns elementos de autorregulação, seja uma contribuição

35. Baldwin e Cave, ao tratarem da regulação dos riscos, apontam que uma primeira decisão é entre sistemas baseados em culpa (que incentivam ou desincentivam condutas preventivas) e no *design* corporativo (BALDWIN; CAVE, op. cit., 1999, p. 144).

para a elaboração de regras, seja um monitoramento pela firma de seu próprio cumprimento."[36]

Quando o regulador quer afetar as estruturas internas da própria empresa regulada, ele pode contar com essa capacidade de auto-organização e autorregulação da sociedade, limitando-se a fixar determinados objetivos e confiando que a moldagem societária a ser implementada pelos sócios, mesmo que com relevante margem de autonomia e discricionariedade, seguirá tais linhas gerais.[37] Isso legitima a própria regulação, dando-lhe maior valor - eis que fruto de cooperação -, além de permitir medidas ajustadas de modo específico à realidade de cada empresa, em lugar de normas gerais demasiadamente amplas ou regras excessivamente detalhadas.

Esse fenômeno foi bem captado por Philipp Selznick:

> Tenho em mente a implementação de uma política regulatória que requeira o estabelecimento de procedimentos administrativos ou técnicos e/ou unidades organizacionais que vinculem a empresa a uma preocupação permanente e efetiva com os valores em risco. A estratégia de desenho institucional é uma forma de obrigar autorregulação. A empresa é vinculada a padrões racionais de tomada de decisões, mas detalhes são deixados para o juízo autônomo. O modelo implícito é o profissionalismo empresarial [...]. O objetivo fundamental é criar organizações responsáveis, ou seja, construir, na estrutura operacional da empresa, as condições que permitam o autocontrole. Minha impressão é que a atenção permanente para com esse problema possa ser um foco promissor para a teoria da organização, bem como para os estudos de regulação.[38]

---

36. BALDWIN; CAVE, op. cit., 1999, p. 136.
37. "Management-based approaches seek to take advantage of private actors' understanding of the relationships between behaviors and their outputs, compelling regulated parties to conduct their own evaluations, find their own control solutions, and document all the steps they take" (COGLIANESE, Cary; LAZER, David. "Management-based regulation: Prescribing private 'Management to achieve public goals'". *Law & Society Review*, v. 37, n. 4, p. 691-730, dez. 2003).
38. SELZNICK, Philipp. "Focusing organizational research on regulation", 1985, p. 367. *V.* também SELZNICK, Philipp. "An approach to a Theory of Bureaucracy". *American Sociological Review*, 8, p. 47-59, 1943, e THOMPSON, James; McEWAN, Willem. "Organizational goals and environmental goal setting as an interaction process". *American Sociological Review*, v. 23, p. 23-31, 1958.

A RIS assenta-se na ideia de reforçar a regulação de direito público com o uso de ferramentas societárias criadas, mantidas e operadas pela própria empresa regulada. Tem-se um exemplo paradigmático do uso forte do direito privado nos esforços regulatórios: uma autorregulação interna à empresa, convergente com a regulação estatal, e não alternativa a ela.

Tal proceder comporta variantes – por exemplo, pode ser exigida a prévia aprovação estatal dos mecanismos internos criados pelas empresas. Vários teóricos buscam compreender e abordar diferentes aspectos da relação entre essa autorregulação societária e o Estado, desenvolvendo sucessivos conceitos, muitas vezes coincidentes e sobrepostos:

a) "Autorregulação imposta" (*enforced self-regulation*) (Ayres e Braithwaite): o conceito corresponde a situações em que as companhias redigem regras adequadas às suas contingências, e estas são aprovadas pela agência regulatória. Há uma negociação entre o Estado e as firmas para que se estabeleçam regulações particularizadas para cada uma delas. É uma forma de delegar funções regulatórias para agentes privados: "como legisladores autorregulatórios, as firmas criariam suas próprias regras regulatórias; como executivos autorregulatórios, as firmas monitorariam elas próprias o seu descumprimento; como juízes autorregulatórios, as firmas puniriam e corrigiriam episódios de descumprimento".[39] Em sentido similar, Julia Black fala em "*supervised rule formation*", dando como exemplo os controles estabelecidos pelo Comitê da Basileia.[40]
b) "Regulação interna" (Bardach e Kagan): o "governo pode editar leis e regulações compelindo administradores a enfrentar determinados problemas, exigindo a instalação de reguladores e sistemas de fiscalização intraorganizacionais e fortalecendo os poderes do regulador privado dentro das organizações". Assim, a "regulação governamental seria indireta, não prescrevendo determinadas instalações e medidas preventivas, mas assegurando a criação de um sistema de gestão que por sua vez conceberia e implemen-

---

39. AYRES, Ian; BRAITHWAITE, John. *Responsive regulation*: Transcending the deregulation debate, 1992, p. 103.
40. MORGAN, Bronwen; YEUNG, Karen. *Introduction to law and regulation*. Text and materials, 2007, p. 179.

taria os padrões apropriados para cada empresa".[41] Esses sistemas regulatórios poderiam monitorar até mesmo o comportamento de agentes externos à empresa, como ocorre no monitoramento de produtos perigosos vendidos até a eventual disposição final dos resíduos a eles relativos.

c) "Corregulação": a autorregulação de um setor conduzida por uma associação de empresas, paralela e complementarmente à regulação estatal.

d) "Metarregulação": o setor ou o ente regulado assume ele próprio o papel de regulador substituto (*surrogate regulator*), mas há um regramento dessa função e um controle do Estado sobre o exercício privado desse poder. Em outras palavras, em lugar de regular diretamente a atividade, o Estado "regula a autorregulação",[42] produzindo uma regulação de segundo grau pela qual disciplina a atividade regulatória desempenhada pelas empresas. Fala-se em "supervisão pelo Estado dos arranjos autorregulatórios"[43] e em "validação oficial de sistemas de autorregulação".[44] O papel do Estado não é fiscalizar o cumprimento de normas, mas "encorajar a indústria a estabelecer seus próprios sistemas de controle interno e gestão, que são então examinados pelo regulador", com a pressuposição de que a empresa, por se conhecer melhor, mais condições terá de estabelecer procedimentos adequado à sua situação.

e) "*Smart regulation*":[45] uma das dimensões dessa linha teórica é a defesa do pluralismo regulatório, o que inclui a operação de mecanismos de regulação no interior da própria empresa regulada, por exemplo, nos sistemas internos de gestão ambiental.[46]

f) "Regulação reflexiva" (Hugh Collins): é uma espécie de autorregulação pelas partes, semelhante à autorregulação coletiva e combinando aspectos de direito privado e público. A autorregulação dá às partes flexibilidade, permite experimentações na busca de soluções e evita ruídos na comunica-

41. BARDACH, Eugene; KAGAN, Robert A. *Going by the book*: The problem of regulatory unreasonableness, 1982, p. 224.
42. PARKER, op. cit., 2002, p. 245.
43. A citação é de Hutter, apud COGLIANESE, Cary; MENDELSON, Evan. "Meta-regulation and self-regulation", 2012, p. 147.
44. RAWLINGS, Richard. "Introduction: Testing times", 2010, p. 2.
45. O tema foi abordado supra, no tópico "Desafios à 'regulação de comando e controle': regulação suave (*soft*) e responsiva".
46. GUNNINGHAM, Neil. "Enforcement and compliance strategies", 2012, p. 131.

ção.[47] Ligando o tema à teoria dos sistemas,[48] diz Collins que "o problema fundamental da regulação consiste na interação entre os sistemas de regulação jurídica operacionalmente fechados e os acordos contratuais".[49] Por isso fala no trilema de Teubner: ou regras não impactam vida social, ou fazem demandas inviáveis, ou o Direito perde sua coerência.

g) "Regulação baseada na gestão" (*management-based regulation*) (Coglianese e Lazer): "abrange uma série de processos, sistemas e práticas internas de gestão que o governo exige de empresas privadas [...]. A regulação baseada na gestão dirige as organizações reguladas a se engajarem no processo de planejamento que visa o atingimento de objetivos públicos, oferecendo às firmas flexibilidade em como elas devam atingir os objetivos públicos". Isso implica foco especial na etapa do planejamento das ações da empresa regulada, quando se deve fazer uma correta identificação dos riscos e definir as ações mitigadoras pertinentes, podendo haver ou não exigência de aprovação desses planos pela autoridade pública.[50]

---

47. COLLINS, Hugh. *Regulating contracts*, 2003, p. 67.
48. A ideia de autorregulação supervisionada pelo Estado encontra paralelismo na teoria dos sistemas de Luhmann e na teoria dos sistemas de Teubner. Os subsistemas sociais de comunicação, encapsulados, passam por processos de diferenciação funcional, com suas lógicas internas – no caso do Direito, distinção binária entre certo e errado. Cada sistema é parte do ambiente dos outros, e há a necessidade de acoplagem estrutural entre eles para suas interações. Por isso, a autorregulação, em termos autopoieticos e autorreferenciais, encapsula o subsistema representado por dado mercado, indústria ou setor. E isso é fundamental para que continuem a existir: sistemas abertos fazem trocas com o ambiente, sistemas fechados tendem à entropia. A crítica cabível à teoria dos sistemas é consistir em construção teórica de alto grau de abstração e que, principalmente no caso de Luhmann, evita referências empíricas ou históricas.
49. Ibidem, p. 65.
50. "Management-based approaches intervene at the planning stages, compelling regulated organizations to improve their internal management so as to increase the achievement of public goals [...]. Under management-based regulatory strategies, firms are expected to produce plans that comply with general criteria designed to promote the targeted social goal. Regulatory criteria for management planning specify elements that each plan should have, such as the identification of hazards, risk mitigation actions, procedures for monitoring and correcting problems, employee training policies, and measures for evaluating and refining the firm's management with respect to the stated social objective. These plans sometimes are made subject to approval or ratification by government regulators [...]. Similarly, under some management-based regulations (but not others), firms are required to produce documentation of subsequent compliance or are subjected to reviews by regulators or third-party auditors to certify compliance. [...] Specially with respect to problems that arise from breakdowns in complex systems or that require coordination among a large number of interactive human and technological processes, clear

Todas essas teorias e conceitos - que por vezes se atropelam - coincidem em parte com o que chamamos de regulação econômica setorial por instrumentos societários: elas, no entanto, tendem a se limitar a aspectos atinentes aos procedimentos e sistemas de gestão da empresa. O conceito de RIS, tal como o postulamos, é mais amplo, abarcando também a regulação de aspectos estruturais - como a própria obrigatoriedade da personalidade jurídica societária e a imposição de tipo -, bem como a dimensão patrimonial e o complexo de poderes, direitos e obrigações dos sócios e administradores.

Variáveis da escolha por formas rígidas ou flexíveis

Nos tópicos anteriores, assentou-se que o regulador poderá impor de modo detalhado determinada estrutura à empresa regulada - no que se aproxima da regulação de *design* -, ou pode indicar-lhe determinados parâmetros e objetivos, deixando-lhe margem discricionária para a conformação dos órgãos e procedimentos e que se servirá para atingi-los.

Registre-se que as hipóteses mencionadas não são dicotômicas e binárias - entre dois extremos há um *continuum* de cores intermediárias, com maior ou menor liberdade de ação para as empresas.

Elencaremos algumas variáveis que, em nosso entender, são relevantes para determinar a tendência regulatória rumo à maior rigidez ou flexibilidade:

i) Nível de gravidade das externalidades: quanto mais severos forem os efeitos sobre terceiros das atividades da sociedade, menos se justifica a adoção de formas flexíveis, que prestigiem sua auto-organização. Os riscos corridos implicam medidas rigorosas no âmbito interno para preveni-los, e a empresa regulada não tem o incentivo para arcar com esses custos organizacionais elevados, podendo preferir a insolvência, na hipótese do sinistro, ao dispêndio elevado imediato para impedi-lo. Deve haver um controle mais estrito dos procedimentos e da organização nesses casos. Os casos mais emblemáticos foram os do fracasso dos mecanismos de autorregulação do sis-

---

planning, monitoring, and procedures within a firm can be an important factor in preventing or reducing the social harms that motivate regulation in the first place [...]" (COGLIANESE; LAZER, op. cit., v. 37, n. 4, p. 691-730, dez. 2003).

tema financeiro, levando à crise de 2008, além de um sem-número de catástrofes ambientais.

ii) Capacidade de coordenação coletiva dos *stakeholders*: quanto menor a capacidade dos interessados externos de se articularem para participar do processo interno da empresa, mais rígida deve ser a estruturação dessa participação, para impedir que ela seja falseada. Assim, por exemplo, os conselhos de usuários de serviços públicos costumam ser minuciosamente regrados pelo regulador, para impedir que se tornem uma brincadeira de "faz de conta".

iii) Heterogeneidade dos entes regulados e dificuldade de monitoramento dos resultados regulatórios: essas situações justificam o recurso a formas mais flexíveis e autônomas de organização societária para fins regulatórios.[51]

iv) Grau de competitividade do mercado: segundo Prosser, quanto mais competitivos os mercados, maior deve ser o grau de autonomia das empresas. A pressão empurra-as para uma maior eficiência organizacional, devendo ter a liberdade de assim proceder.[52]

Ressalte-se, por fim, que ao optar por estratégias de autorregulação supervisionada, o Estado não pode renunciar a seu papel garantidor (*Gewährleistungsstaat*). Não pode lavar as mãos: é seu dever definir padrões para avaliar os planos regulatórios internos, identificar melhores práticas, fazer inspeções periódicas e dar poderes de fiscalização suplementares para agentes não governamentais, além de "manter a autoridade e a capacidade crível de impor obrigações regulatórias de maior alcance se os esquemas de autorregulação fracassarem".[53]

---

51. Ibidem, v. 37, n. 4, p. 691-730, dez. 2003.
52. MORGAN; YEUNG, op. cit., 2007, p. 41. A competição leva as empresas a ganhos de eficiência X (*v.* Leibenstein, Harvey, 1966. "Allocative efficiency *vs.* X-efficiency". *American Economic Review*, v. 56, p. 392-415), o que deve incluir a inovação organizacional por pressão competitiva.
53. BALLEISEN, Edward J. "The prospects of effective coregulation in the United States", 2010, p. 471.

CAPÍTULO VI
Os limites da RIS

Limites jurídicos

The viability, profitability, and indeed survival of the organizations of a society tipically depend on the existing institutional matrix.
Douglass North

In some ways, the entire history of responsible regulation is encapsulated in the on-going effort to strike a proper balance between economic efficiency and due process.
Thomas McCraw

Tendo estudado, no capítulo anterior, a funcionalidade da RIS, cabe agora demarcar seus limites: as condicionantes jurídicas e econômicas que podem obstar o seu emprego. Desrespeitadas as primeiras, viola-se a institucionalidade necessária para que possam florescer as sociedades comerciais nos mercados regulados; desrespeitadas as segundas, ou a RIS não funcionará, ou produzirá efeitos inversos aos desejados, agravando os problemas-alvo, no "paradoxo do Estado regulatório".[1]

1. Os "paradoxos do Estado regulatório" são definidos como "estratégias regulatórias que se autoderrotam – estratégias que atingem um fim precisamente oposto àquele que se intencionava" (SUNSTEIN, Carl. *Free markets and social justice*, 1997, p. 271).

Por outro lado, deve ser estudada a forma pela qual podem ser empregados remédios de direito público para fazer valer as regras da RIS.

Autonomia privada e auto-organização societária como funções

Le libertà - di particolare ampiezza e significatività quelle imprenditoriali - costituiscono il solo humus nel quale può nascere e vivere l'autonomia d'impresa.
Vincenzo Buonocore

A autonomia privada é um poder jurídico, o que implica a capacidade de tomar decisões sobre o que uma pessoa deve ou não fazer, ou o poder de criar novos arranjos institucionais, "constelações de relações jurídicas".[2] "Todos os poderes jurídicos são relacionais e relativos": relacionais porque referem-se a pessoas determinadas e relativos pois podem operar em relação a determinadas instituições jurídicas.[3] No âmbito societário, a autonomia privada implica o poder de auto-organização.[4]

A autonomia privada é veículo da livre-iniciativa, embora não se confunda com ela: a primeira serve de meio para a expressão da segunda.[5] Por sua vez, na lição de Eros Grau, o princípio da livre-iniciativa tem uma dupla face: a) liberdade de comércio e indústria (não ingerência do Estado no domínio econômico), implicando as liberdades públicas de criar e explorar uma atividade econômica a título privado e de não sujeição a qualquer restrição estatal senão em virtude de lei; e b) liberdade de concorrência, que implica a liberdade privada de conquistar a concorrência, excetuadas a prática de atos de concorrência desleal ou de afronta à lei antitruste e a liberdade pública de "neutralidade do Estado diante do fenômeno concorrencial".[6]

---

2. MACCORMICK, Neil. *Institutions of law*. An essay in Legal Theory, 2009, p. 159.
3. Ibidem, p. 172.
4. Para Ferro-Luzzi, no contrato associativo, "il momento precettivo dell'autonomia privata è diretto ad un organizzazione di attivitá".
5. "La libertà di iniziativa è libertà di determinazione, di scelta, di organizzazione e articolazione de gli strumenti operativi, libertà di continuare o cessare" (OPPO, Giorgio. *Diritto dell'impresa*. Scritti giuridici, 1992, p. 31, v. I).
6. GRAU, Eros Roberto. *A ordem econômica na Constituição de 1988*, 2012, p. 201-2.

De um ponto de vista estritamente econômico, todos esses poderes jurídicos significam a liberdade para a maximização de utilidades no mercado.[7] Isso vale também para a liberdade organizativa, que é uma arma competitiva, sendo por isso preconizada pelos liberais uma mínima intervenção nessa seara.[8]

Nesse enfoque liberal, a liberdade econômica e seus reflexos - autonomia privada, liberdade de auto-organização, livre-iniciativa - preexistem ao Direito e ao Estado. A premissa é que "as liberdades econômicas do mercado são a regra, não a exceção".[9] As normas jurídicas limitam-se a servir a essa liberdade, ampliando-a e não restringindo-a sem razões legítimas. "No fim do século XIX, princípios de Direito comum passaram a ser vistos como largamente neutros e pré-políticos, e de fato como puramente facilitadores - mais do que constitutivos - dos arranjos privados."[10]

Como expressão desse posicionamento liberal sobre a autonomia privada no campo societário, atente-se à posição de Antonio Menezes Cordeiro:

> Na ausência de limites, a autonomia privada recupera toda a sua margem de aplicação. Por isso, perante o Direito das Sociedades, requer-se uma postura do tipo liberal. O intérprete aplicador deve ter presente que se movimenta numa área de liberdade e de igualdade. Não se exige qualquer norma legitimadora, salvo se nos colocarmos, já, no campo das restrições à autonomia privada. Na falta de proibições, tudo é permitido: seja às partes, seja aos sócios, seja à sociedade.[11]

Essa visão da liberdade econômica desloca-a e aparta-a do campo da regulação: são como elementos opostos e antípodas. No entanto, os mercados são

---

7. CREMER, Hans-Joachim. „Regulierung und Freiheit", 2010, p. 214.
8. Breyer, em *Regulation and its reforms*: "Quando mecanismos competitivos dessa natureza estão dispostos como meio para organização interna, tanto para a burocracia pública como privada, a influência do Direito recua para o nível da permissão, mais do que da facilitação ativa. Nesses contextos, o papel do Direito é meramente prover um enquadramento permissivo que autorize que tanto as organizações públicas como privadas tenham a liberdade de arranjar seus assuntos internos como desejem, desde que atendidos os requisitos legais (e os constitucionais aplicáveis ao setor público) para assegurar a fiscalização externa" (apud MORGAN, Bronwen; YEUNG, Karen. *Introduction to law and regulation*. Text and materials, 2007, p. 92).
9. BETANCOR, Andrés. *Regulación*: mito y derecho. Desmontando el mito para controlar la intervención de los reguladores económicos, 2010, p. 280.
10. SUNSTEIN, Carl. *After the rights revolution*. Reconceiving the regulatory State, 1990, p. 18.
11. CORDEIRO, Antonio Menezes. *Manual de direito das sociedades*, 2007, p. 257.

construídos pelo exercício desses dois poderes - público e privado -, de modo coerente, simultâneo e compatível.

A visão que postulamos para a autonomia privada e a livre-iniciativa, no contexto do Estado regulatório, tem os seguintes traços:

a) A liberdade econômica e seus reflexos - autonomia privada, liberdade de auto-organização, livre-iniciativa - não têm natureza absoluta, mas devem ser entendidos como funções. Isso significa afirmar que esses poderes jurídicos são conferidos para um fim: *in casu*, a implementação dos objetivos da ordem econômica.[12]
b) A lei, ao regrar os mercados, permite a expansão da atividade empresarial como um todo, não obstante eventual restrição a determinado ato individual. Como já ensinava Montesquieu, "a liberdade de comércio não é uma faculdade atribuída aos negociantes para fazer o que queriam; isso seria antes sua servidão. Aquilo que incomoda o comerciante não atrapalha por isso o comércio". De outra parte, a regulação permite que os indivíduos implementem suas vontades, além de facilitar o exercício da liberdade de escolha.[13]
c) A liberdade de empresa deve ser compatibilizada com as liberdades de todos os *stakeholders* por ela afetados, o que legitima os mecanismos de procedimentalização interna à sociedade, contra os quais não se pode invocar, *in abstrato*, um direito à livre auto-organização.[14]

Se é uma função, e não um direito absoluto, os contornos da autonomia privada e da liberdade de auto-organização não podem ser afirmados abstratamen-

---

12. À luz da Constituição portuguesa, Ana Prata adverte que "a funcionalização destes dois direitos (empresa e propriedade) tem, pois, um quadro de finalidades constitucionalmente definido e perante ele parece inevitável concluir que já não se podem considerar - como na concepção liberal - como instrumentos de exclusiva satisfação dos interesses privados dos seus titulares [...]. Não apenas a ordem econômica e social não é concebida como consequência automática da discricionária atuação privada, mas expressamente se exclui o caráter neutro dos instrumentos econômicos atribuídos aos sujeitos privados" (PRATA, Ana. *A tutela constitucional da autonomia privada*, 1982, p. 216).
13. "A regulação não elimina em absoluto as escolhas privadas; as restrições revelam-se habilitadoras (*enabling*)" (SUNSTEIN, op. cit., 1990, p. 3).
14. "[L]a libertá di iniziativa economica, recte la libertá d'impresa, è un valore e uno strumento di crescita economica che deve coesistire con altre libertà dei lavoratori, dei consumatori e delle altre imprese" (BUONOCORE, Vincenzo. *L'impresa*, 2002, p. 9-10).

te, *ex ante*. Devem ser delimitados e demarcados diante de situações concretas e contextos específicos, mediante um juízo de ponderação e proporcionalidade.

O princípio da proporcionalidade no emprego da RIS

> *If I were asked to offer one single piece of advice to would-be regulators, on the basis of my own experience, it is that as they perform every single regulatory action they ask themselves: "Why am I doing this? Is it really necessary?".*
> Alfred Kahn

O princípio da proporcionalidade é parte integrante de uma "gramática comum" global, sendo amplamente adotado no direito comparado, com o papel de sustentar teoricamente a tarefa de conciliação entre interesses, valores e direitos contraditórios. Ao exigir que haja uma relação razoável entre um fim perseguido e os meios empregados para alcançá-lo, pretende-se que tal razoabilidade seja aferida segundo a concordância de quatro critérios: a) legitimidade, devendo o fim perseguido ser legítimo; b) necessidade, evitando-se a prática do ato, se desnecessário, para não malferir injustificadamente direitos alheios, ou se os benefícios que dele advierem forem inferiores aos malefícios, ou se houver outra alternativa que alcance o mesmo resultado com menos sacrifício; c) adequação, para verificar se o ato pode alcançar o objetivo; d) proporcionalidade em sentido estrito, a verificar se o resultado alcançado justifica a prática do ato, ponderando-se, na doutrina de Robert Alexy, a intensidade do impacto sobre um direito fundamental em confronto com os benefícios sociais do fim visado. Todos esses critérios podem ser considerados exigências de otimização. Existem modelos que se assentam na ideia de conciliação de interesses, pondo-os no mesmo nível, e outros que conferem peso diferenciado aos direitos subjetivos.[15]

15. KLATT, Matthias; MEISTER, Moritz. *The constitutional structure of proportionality*, 2012, p. 1-16. O Direito europeu exige proporcionalidade para a regulação dos serviços de interesse econômico geral, em suas três dimensões: a) juízo de adequação, da compatibilidade entre meios e fins; b) juízo de necessidade: a medida prevista é a menos lesiva; c) juízo de proporcionalidade em sentido estrito: verifica-se se a medida concreta não restringe interesses particulares de modo desproporcional à vista dos benefícios gerais (PARDO, José Esteve. "El encuadre de la regulación de la economía en el derecho público", 2009, p. 503 e segs.).

A questão da proporcionalidade coloca-se tanto ao ensejo da criação da norma legal ou administrativa como no de sua interpretação, ou aplicação.[16] As regras devem ser interpretadas de forma que benefícios sociais agregados sejam proporcionais ao custo social agregado, evitando-se a sub e a superregulação.[17] Ademais, medidas restritivas devem ser objetivas, passíveis de controles, não discriminatórias e conhecidas de antemão.[18] Exige-se igualmente alguma margem de tolerância (*forebearance*), relevando-se violações formais das quais não advenham prejuízos, permitindo-se tempo suficiente para a adoção das medidas de conformidade com a regulação e levando em consideração os esforços de boa-fé empreendidos pela empresa regulada.[19]

A questão que se coloca é se a RIS, sobretudo no que diz respeito à montagem da estrutura orgânica interna da sociedade regulada, pode ser facilmente categorizada como intervenção desproporcional.

Essa é, em alguns casos concretos, a posição defendida por Carlos Ari Sundfeld, em pareceres em que discutia normas editadas pela Anatel. Após afirmar que "o poder regulamentar da agência se vê limitado pelo dever genérico de se ater aos princípios da proporcionalidade e da razoabilidade", o Professor da Fundação Getulio Vargas defende que "havendo mecanismos mais brandos para alcançar o fim almejado [...] estes deveriam ser adotados em lugar daqueles que importassem maiores ônus" e conclui pela existência de um "direito à mínima intervenção regulatória".[20] Em outra oportunidade, Carlos Ari Sundfeld reiterou que

> a regulação não pode onerar os regulados com intervenção sem causa em sua organização empresarial. Falta causa à intervenção que tem o mesmo objetivo de outra, menos onerosa, feita anteriormente, especialmente se a nova intervenção

---

16. Bardach e Kagan distinguem entre irrazoabilidade no nível da regra ("*rule-level unreasonableness*") e no nível local ("*site level unreasonableness*"), caracterizando-se a última pelos desdobramentos da relação entre a fiscalização e o regulado. São dimensões independentes. Se a regra for irrazoável, há um impacto social maior da sua ineficiência. Mas os problemas podem surgir da interação, em um nível pessoal, entre fiscais e fiscalizados, escapando ao controle dos estudos de impacto regulatório (BARDACH, Eugene; KAGAN, Robert A. *Going by the book*: The problem of regulatory unreasonableness, 1982, p. 7).
17. SUNSTEIN, op. cit., 1990, p. 181.
18. BETANCOR, op. cit., 2010, p. 238.
19. BARDACH; KAGAN, op. cit., 1982, p. 134.
20. SUNDFELD, Carlos Ari. "Direito à mínima intervenção regulatória", 2013, p. 39, v. 1.

não está motivada em estudos técnicos, capazes de demonstrar a necessidade e avaliar os impactos da medida.[21]

A respeito da compatibilidade entre a regulação econômica setorial por institutos societários e o princípio da proporcionalidade, postulamos que:

a) Não se justifica colocar em patamar diferenciado a organização interna da empresa em relação ao regramento direto da atividade, pretendendo que a primeira só pudesse ser objeto de intervenção regulatória caso não fosse viável a segunda. O regramento da atividade pode começar dentro da organização societária, e não há por que a norma regulatória não deva incidir nesse momento, se isso se mostrar conveniente. Tudo implica uma avaliação neutra sobre a eficiência e a adequação de uma ou outra atuação regulatória.
b) Não há direito, nem da sociedade, nem dos acionistas, nem de seus administradores, a uma determinada configuração estrutural, ou à conservação de determinados procedimentos: essas são questões institucionais, passíveis de intervenção regulatória justificada, que os altere ou modifique, sempre que houver benefício líquido em favor da efetivação de objetivos regulatórios. Entendemos que isso pode chegar ao ponto de se determinar a transformação do tipo societário da empresa exercente da atividade regulada, para que possa ela continuar a operar. As regras estatutárias não são dotadas de inflexibilidade, e nem podem ser consideradas atos jurídicos perfeitos para impedir sua sujeição a marcos regulatórios futuros, pois do contrário a norma econômica não produziria efeitos imediatos.
c) A situação será diferente sempre que houver afronta direta a direitos essenciais dos acionistas ou sócios. Nesses casos, as medidas regulatórias não podem prosperar, mesmo se veiculadas por lei em sentido formal. É o caso hipotético de atribuição a *stakeholders* de poderes não meramente consultivos ou fiscalizatórios, mas decisórios sobre os rumos da companhia (ferindo o direito de propriedade dos sócios). Mariana Pargendler dá um exemplo de grave violação dos direitos de acionistas, durante a ditadura Vargas: pelo Decreto-lei n. 2.055/40, sob o pretexto de impedir abusos de minoria, nas sociedades anônimas sujeitas a autorização (ou seja, nas empresas reguladas), acionistas detentores de 40% do capital podiam pedir a conversão das

21. Idem, "A falta de causa como vício da regulação", 2013, p. 49, v. 1.

demais ordinárias em preferenciais sem direito a voto, submetendo tal pleito à aprovação discricionária do governo. Para Trajano de Miranda Valverde, essa norma atendia a interesses especiais.[22]

Em síntese, o princípio da proporcionalidade não deve ser invocado retoricamente para obstar a efetivação de medidas regulatórias sobre aspectos organizacionais e patrimoniais da sociedade. Tampouco devem elas ser preteridas ou discriminadas *ex ante*, relativamente a formas mais tradicionais de regulação, incidentes diretamente sobre a atividade. Tudo dependerá de um juízo de proporcionalidade neutro, abrangente e devidamente motivado. Sem isso, limitar-se-á indevidamente os poderes das agências reguladoras, recaindo-se na soberba do "sentimento constituinte" e na "farra dos princípios", tão percucientemente denunciados por Carlos Ari Sundfeld.[23]

A questão da exigência de lei em sentido formal

Outra questão relevante, a respeito dos limites jurídicos da RIS, diz respeito à necessidade de lei em sentido formal para veiculação de suas exigências, ou da suficiência de norma administrativa.

As tendências autoritárias e hegemônicas do Poder Executivo levaram à construção de um direito administrativo que sacraliza a lei em sentido formal. Uma obra paradigmática, como *O controle dos atos administrativos pelo Poder Judiciário*, de Seabra Fagundes, foi editada em plena ditadura varguista.

Há uma concepção monista que nega qualquer autonomia ao executivo e que enxerga a lei metaforicamente como o estreito caminho sobre o qual deve

22. PARGENDLER, Mariana. *Evolução do direito societário*. Lições do Brasil, 2013, p. 103. O posterior Decreto n. 8.563/46 permitiu que os prejudicados pela conversão compulsória requeressem sua reconversão em ações ordinárias.

23. "O sentimento constituinte é, em suma, uma atitude de soberba na base do desprezado aos políticos ('os impuros'), que autoriza os homens do Direito ('os puros') a elaborar, no interior do seu próprio mundo (as Academias e os Tribunais), soluções jurídicas para problemas administrativos, econômicos, sociais e de organização política, com relativa autonomia frente à ordem legal editada pelo Poder Legislativo [...] A Constituição vale muito mais pela aura que por seus preceitos: os homens do Direito a sacralizaram, e, como sacerdotes, assumiram sozinhos o poder de revelá-la" (SUNDFELD, Carlos Ari. *Direito administrativo para céticos*, 2012, p. 54-5). O mesmo autor denuncia a "farra dos princípios", afirmando que "princípio é preguiça" quando usado pelos magistrados "para não decidir ou motivar", ou pode ser arma de espertos, para aqueles que querem fugir a seus deveres, ou ampliar retoricamente seus poderes (p. 60 e segs.).

andar o administrador, que, dele se desviando, resvala para o arbítrio e a afronta a direitos.[24]

Tal metáfora, no entanto, deve ser substituída pela visão da lei como uma placa indicando um rumo, a ser seguido pelo administrador em sua própria produção normativa.

Nesse sentido, aponta Carlos Ari Sundfeld que, nos campos regulatórios, está ocorrendo um processo de legalização, e não de deslegalização - pois os serviços que eram objeto de regulamento ou regrados pela via dos contratos são hoje regidos por um "marco normativo estável, coerente e seguro"[25] -, bem como um processo de intensificação e concorrência normativa, com a ampliação da competência regulatória da Administração Pública. Reconhece o STF uma "reserva da Administração, derrubando leis que invadam a autonomia do executivo".

No mesmo sentido, Ingeborg Maus afirma que "a institucionalização do Estado de Direito tem seu princípio constitutivo na absoluta supremacia da legislação em relação a todas as outras funções estatais". No entanto, há uma crescente diluição do "conteúdo normativo, com o recurso a cláusulas gerais e normas de textura aberta. Isso permite maior flexibilidade para a administração pública na implantação de suas políticas, mas pode igualmente ser fonte de oportunismo e abusos".[26]

Sobre a relação entre a lei e a norma administrativa, Sundfeld distingue três situações: a) primazia da lei, não se admitindo que a atividade administrativa ultrapasse vedações e limites expressamente impostos pelo legislador, com maior ou menor abrangência; b) "genérica dependência da lei para a Administração", o que significa que, "para agir, o administrador deve contar com algum tipo de outorga de competência feita por lei, ainda que de modo relativamente amplo";[27]

24. "A vinculação ao Parlamento é o eixo central da engrenagem que assegura a submissão da Administração ao Direito [...]. Em coerência, essa linha de pensamento adota uma postura de combate. Ela envolve a defesa de que as leis sejam maximalistas, não podendo deixar espaço para deliberações próprias do administrador [...]. [O] direito administrativo é o direito de execução das leis". Já Carlos Ari Sundfeld vê o direito administrativo como aquele "que condiciona a criação e a execução de soluções, políticas e programas pela Administração Pública". O Direito, em "suas múltiplas formas", deve influir "sobre o espaço da deliberação administrativa, mas sem monopolizá-lo", pois "administrar é também criar, a partir da lei" (SUNDFELD, op. cit., 2012, p. 135-7).

25. Ibidem, p. 151.

26. MAUS, Ingeborg. *Rechtstheorie und Politische Theorie im Industrie Kapitalismus*, 1986, p. 281.

27. SUNDFELD, op. cit., 2012, p. 155.

c) reserva específica de lei, quando a Constituição exige que certa definição normativa faça-se pela via de lei em sentido formal.[28] Sobre o tema da existência ou não de uma reserva específica de lei quanto à atribuição de direitos e deveres, Sundfeld coloca a questão em outros termos: do grau de suficiência da norma legal, apta a guiar a ação normativa.[29] A definição legal dos "direitos e deveres das pessoas só é exigível quando decorrer de reserva específica de lei prevista na Constituição e ainda quando, em função das circunstâncias, não houver outro modo de a lei dirigir consistentemente a ação administrativa".[30]

Deve-se evitar a discricionariedade excessiva, que esvazia o sistema jurídico, pois a norma deixa de servir de guia para os indivíduos, como denuncia Raz.

Por outro lado, o exame da validade do ato regulatório exige não apenas o confronto com uma norma específica, mas a referência a um "bloco de legalidade, entendido como o conjunto dos atos condicionando a *fattispecie* e com respeito a esses vai ser avaliada".[31] Isso implica o respeito da administração às suas próprias normas: "[A administração] está sujeita não à lei (expressão do ato legislativo), mas à norma que fez, no exercício da função normativa. Daí a vinculação não à lei, mas às normas jurídicas".[32]

A partir dessas premissas, concluímos, a respeito da exigência de lei em sentido formal,[33] o seguinte:

---

28. Assim, por exemplo, o parágrafo único do art. 170 da CF determina que a lei preveja os casos em que a atividade econômica dependerá de autorização.
29. A questão é resolvida pelo mesmo critério do debate sobre a legalidade de regulamentos que transcendam o mero detalhamento de disposições legais – os regulamentos autorizados. Para Sundfeld, exige-se do "legislador a fixação de parâmetros substantivos (normas de conteúdo) e adjetivos (normas de processo e de organização administrativa) que, em seu conjunto, orientem de modo consistente a organização normativa administrativa" (ibidem, p. 169-70).
30. MAUS, op. cit., 1986, p. 180.
31. VALENTINI, Stelio. *Diritto e istituzioni della regolazione*, 2005, p. 36. Sobre bloco de legalidade, *v.* também CAMILO JUNIOR, Ruy Pereira. "A polêmica sobre a IN-CVM 480/2009. Comentários ao agravo regimental na suspensão de liminar e de sentença 1210 RJ". *Revista de Direito Bancário e Mercado de Capitais*, v. 51, p. 261-81, 2011.
32. GRAU, Eros Roberto. *O Direito posto e o Direito pressuposto*, 2008, p. 180-1.
33. Cumpre advertir que "a sujeição de todos os atos administrativos à reserva de norma jurídica, independentemente das matérias sobre que versem, não significa que tenha de ser sempre o mesmo o grau de conformidade entre eles e as normas que constituem a sua base necessária" (CORREA, José Manuel Sérvulo. *Legalidade e autonomia contratual nos contratos administrativos*, 1987, p. 293).

a) No que toca às atividades econômicas, sempre que houver lei prevendo necessidade de autorização administrativa para o exercício da atividade, deve ser reconhecida à Administração plena competência normativa para fixar os requisitos para tanto (respeitado sempre o imperativo da proporcionalidade), inclusive no que tange a elementos societários ou organizativos da empresa regulada. Em nosso entendimento, o art. 1.130 do Código Civil, ao estipular que "ao Poder Executivo é facultado recusar a autorização, se a sociedade não atender às condições econômicas, financeiras ou jurídicas especificadas em lei", emprega a palavra "lei" no sentido amplo de norma geral – mesmo que administrativa –, e não de lei em sentido formal.
b) Quando houver regulação legal de determinados aspectos da atividade empresarial, com delegação explícita ou implícita de poder regulamentar, pode a norma administrativa também se servir da incidência sobre aspectos internos à sociedade, pois não há porque distinguir entre tais elementos e o regramento direto da atividade externa: de certa forma, o exercício da atividade nasce dentro da sociedade, nas deliberações e planos que ali são produzidos.
c) No tocante aos serviços públicos, não há exigência de lei em sentido formal para a fixação de elementos da RIS, pois sua organização compete ao executivo independentemente de norma autorizativa.
d) O regramento administrativo não pode contrariar expressas vedações ou limitações previstas em lei em sentido formal, nem se chocar com outras normas e marcos normativos do setor.
e) A determinação de adoção de um elemento societário interno não implica afronta a direitos adquiridos ou ato jurídico perfeito, pois os elementos organizacionais e patrimoniais não integram um contrato. São atos de natureza institucional que admitem livre alteração pela maioria, inexistindo vinculação das deliberações presentes às anteriores.[34] Da mesma forma, há de se reconhecer a possibilidade de imposição de novas estruturas, órgãos e procedimentos a serem incorporados para o futuro. Sem isso, haveria rigidez excessiva dos entes regulados, frustrando-se os objetivos regulatórios.
f) A restrição a direitos ou imposição de obrigações não exigirá lei em sentido formal, se houver parâmetros claros sobre a atuação administrativa a serem seguidos na produção da norma infralegal.

---

34. CARVALHOSA, Modesto. *Acordo de acionistas*, 1984, p. 119.

g) Em todos os casos, a edição da norma administrativa veiculadora da RIS deve ser motivada, com base em estudos técnicos e argumentos precisos, e se afetar interesses de entes regulados ou *stakeholders*, exigirá procedimento participativo e transparente prévio.

Riscos sistêmicos: unidade do sistema jurídico, mutação regulatória de institutos societários e uso de remédios de direito público

By redefining what is seen as normal, reasonable, rational and compliant in terms of internal business grievance procedure created in response to public law, internal business law and practice can colonize public law.
L. B. Edelman e H. C. Suchman

O entrechoque e a convergência entre raciocínios e princípios de direito privado e público e entre interesses particulares e coletivos, por força da regulação econômica setorial por instrumentos societários, lançam um desafio à integridade e à funcionalidade do sistema jurídico.[35]

Cumpre dar alguns exemplos. Sendo a noção de controlador definida de modo expresso em lei em sentido formal (o art. 116 da LSA), pode o regulador, em norma administrativa, fixar conceito diverso, para fins regulatórios? As variações semânticas são admissíveis até que limites, sem comprometerem a unidade do sistema e a própria segurança jurídica? Pode o regulador moldar os institutos societários da forma como queira, arbitrariamente? Em outra dimensão, se se admitir a participação de *stakeholders* no seio da sociedade, quais são os seus direitos frente a ela? Podem impugnar judicialmente, em nome próprio, atos societários? Devem se servir de instrumentos de direito público para tutelar sua posição?

---

35. Kelsen nega que o Direito seja um sistema dedutivo e estático. Caracteriza-o como um "sistema dinâmico, ou seja, uma pirâmide constituída por mais graus de normas, onde a relação entre as normas de vários graus não é uma relação de desenvolvimento lógico, mas uma simples delegação". Além disso, a ideia de sistema dedutivo não poderia abarcar as normas particulares, como as relações obrigacionais criadas pelas partes (LAZZARO, Giorgio. "Sistema giuridico", 1970, p. 462, v. XVII).

A afirmação da sistematicidade do Direito não implica uma afirmação de fato, ou o apontar para uma essência ontológica das normas jurídicas. Postulamos que a sistematicidade é uma categoria metodológica, devendo pautar a aplicação do Direito a busca de uma coerência e compatibilidade entre as normas, para assegurar maior estabilidade e segurança jurídica. Trata-se de uma reconstrução hermenêutica permanente, agregando e compatibilizando elementos divergentes, produzidos em épocas distintas, para atender a exigências presentes de implementação de políticas públicas.[36]

O imperativo da sistematicidade não chega ao ponto de se exigir uma coerência terminológica.[37] Os conceitos jurídicos são dotados de maleabilidade, não recebendo definição unívoca. "Eles são, a todo momento, suscetíveis de várias definições verdadeiras, ou seja, mais ou menos adequadas à função que lhes é atribuída pelo sistema jurídico considerado".[38] Mas o Direito é linguagem e tem vocabulário. Sempre que se usam as mesmas palavras em sentido diverso, em textos normativos, maltrata-se aquela infraestrutura teórica de que se utilizará o intérprete no esforço hermenêutico.[39]

No entanto, mais importante do que empregar uma palavra sempre no mesmo sentido é respeitar os princípios que caracterizam cada um dos ramos do Direito. "A conexão aglutinadora das normas que compõem o sistema jurídico – daí a sua unidade – encontra-se nos princípios gerais do Direito (de cada Direito)".[40]

---

36. "O ordenamento jurídico não é um sistema coerente e coeso, mas um caos de normas antagônicas, estranhas umas às outras, de eras distintas, imponentes ou incompletas e com linguagem incoerente. Nada de estranhar, visto que elas surgem em momentos distintos para atender a desafios e problemas específicos; normalmente não há sistematicidade e planejamento na construção normativa. Assim, o grande desafio passa a ser interpretar esse emaranhado normativo de modo a construir narrativas que façam sentido em face dos objetivos perseguidos pelas políticas públicas" (SUNDFELD, Carlos Ari; ROSILHO, André. "Direito e políticas públicas: dois mundos?", 2014, p. 58).
37. "Assai recorrente, seppur molto contrastato, è poi l'appello alla coerenza terminológica del dettato legislativo (che può anch'essa intendersi come modelo di sistema instrinseco). Torna spesso comodo, a fini interpretativi, pressuporre che il legislatore abbia usato i termini, dicui si serve per detta reprecetti, sempre con un identico significato" (LAZZARO, op. cit., 1970, p. 463, v. XVII).
38. SUEUR, Jean-Jacques. "Droit économique et méthodologie du Droit", 1999, p. 304. Prossegue o autor: "O direito econômico procura ainda imperfeitamente uma linguagem comum porque relativamente abstrata para aplicar às diversas esferas da atividade do mercado (pública e privada)" (p. 308).
39. A expressão "infraestrutura pré-positiva do sistema" é de Esser (BARRETO, Vicente de Paula. *Dicionário de filosofia do Direito*, 2006, p. 285).
40. GRAU, op. cit., 2008, p. 22.

A questão passa a ser, portanto, como dar coerência à incidência, no seio das sociedades empresariais, de princípios privatísticos e publicísticos por força da atuação regulatória, bem como solucionar antinomias.

Se houver uma norma que exija um capital mínimo integralizado para a sociedade dedicada a certa atividade, não haverá conflito lógico com a regra geral da liberdade de fixação e forma de integralização de capital, pois trata-se de apenas uma situação específica, e o especial prevalece sobre o geral, para permitir os ajustes e o desenvolvimento do ordenamento.[41] Mas há um conflito valorativo e principiológico, que não impede a aplicação da norma especial, mas cria algum ruído no sistema.

A edição de normas regulatórias em conflito com outras normas regulatórias ou que tratem de temas não econômicos, mesmo que solucionáveis pelas regras de conflitos, gera disfuncionalidades, ineficiências e ineficácia.[42] "Algumas leis falham porque se ajustam de modo imperfeito ou não se ajustam com outras leis regulando o mesmo assunto. O resultado é inconsistência e incoerência na lei."[43]

Colocam-se, de um lado, as exigências da sistematicidade, que permitem a justificação racional do Direito, a aplicação consistente da lei e a integridade e coerência da doutrina; do outro lado, a necessidade de implementar objetivos regulatórios, que não pode ser sacrificada no altar da pureza dos conceitos.

Teubner, em *Dilemmas of law in the Welfare State*, afirma que o sucesso da regulação depende da compatibilidade entre três sistemas: o Direito, a política e o sistema regulado. É o trilema regulatório. A regulação pode falhar – não produzindo nenhum efeito, ou gerando efeitos de desintegração – de três modos

---

41. O prevalecimento da norma especial sobre a geral "representa um momento ineliminável do desenvolvimento do ordenamento. Bloquear a lei especial frente à geral significaria paralisar esse desenvolvimento. É um processo natural de diferenciação das categorias" (citação de Norberto Bobbio, apud BARRETO, op. cit., 2006, p. 153).
42. DOLFSMA, Winfred. *Government failure*: Society, markets and rules, 2013, p. 4.
43. SUNSTEIN, op. cit., 1990, p. 93. Pode-se negar que isso seja um problema, como o faz Cabanellas de Las Cuevas. Após observar que o regime jurídico do capital estrangeiro, na Argentina, tinha regras especiais sobre avaliação de bens integralizados, constituição de reservas e exigia a nominatividade das ações, o autor afirma que tais regras excepcionais não alteram o regime societário, "senão o tomam como um dado na base do qual constroem ou determinam o direito dos investidores estrangeiros" (CUEVAS, Guilhermo Cabanellas de Las. *Introducción al derecho societario*. Derecho societario. Parte general, 1993. p. 40, v. 1).

diferentes: a) a incongruência entre Direito, política e sociedade faz com que o Direito seja ineficiente para alterar comportamentos; b) superlegalização da sociedade, quando a norma jurídica, por sua intensidade, ameaça a autorreprodução do sistema regulado; c) supersocialização do Direito, que se dá quando a esfera regulada permanece inalterada, e o Direito, por sua vez, é politizado ou instrumentalizado.[44]

O último tema a abordar é como devem ser enfrentados descumprimentos de normas regulatórias incidentes sobre aspectos internos da sociedade regulada. Devem ser aplicados remédios de direito público ou de direito privado?

Neste ponto, defendemos que a integridade e coerência do sistema jurídico exige separar e manter apartadas as duas espécies de remédios. A autoridade regulatória, os *stakeholders* participantes dos processos internos societários por determinação regulatória, ou quaisquer outras pessoas afetadas pela atividade da empresa, não podem se servir das ações específicas para a tutela dos interesses dos sócios e da sociedade. Não têm legitimidade, nem interesse de agir, para requerer tutela de urgência tendo por objeto a intervenção judicial na empresa ou ações de prestação de contas, de anulação de atos sociais, de exclusão de sócio, ou ação social de responsabilidade em face de administradores e controladores.

Compete a esses interessados externos servirem-se de remédios próprios de direito público:[45] sanções administrativas, ações de exibição de documentos, ações civis públicas para declarar a nulidade de atos societários ilegais por violação regulatória, pleitos indenizatórios por danos coletivos ou difusos, ou por

44. Colin Scott, em *Regulation in the Age of Governance*, aponta que subsistemas diferenciados podem estar bem alinhados, como ocorre com o direito contratual e os princípios do mercado de trocas. "Similarmente, as formas organizacionais usadas pelas organizações empresariais estão em geral bem alinhadas com a lei societária" (MORGAN; YEUNG, op. cit., 2007, p. 130).

45. Nos chamados "mercados de clube" (*clubmarkets*), uma associação que possui o mercado gira segundo sistema de contratos próprios. Há um sistema informal de disciplina, pelo qual agentes podem ser excluídos do mercado. Defendem-se princípios de direito público para a regulação desses mercados (COLLINS, Hugh. *Regulating contracts*, 2003, p. 219). Colin Scott aponta que uma solução para a governança regulatória difusa é aplicar controles tradicionais sobre todos os atores regulatórios. Devem ser buscados valores comuns entre direito público e privado, implicando a "publicização do direito privado" e a "constitucionalização da autorregulação", para defesa de direitos individuais frente a associações, respeitada a autonomia destas (SCOTT, Colin. "Regulatory governance and the challenge of constitutionalism", 2010, p. 22-8).

condenação em obrigação de fazer. Os *stakeholders* que participem de processos internos da empresa criados por determinação e tenham suas prerrogativas e direitos violados podem impetrar mandado de segurança contra os administradores da sociedade regulada, por se tratar de situação similar à do particular delegado de autoridade pública, por exemplo, o diretor de escola privada, no que toca aos aspectos públicos do ensino.[46]

Tais mecanismos tendem a ser mais eficientes que os do direito privado para conter e regrar o poder: nas palavras de P. S. Atiyah, "a práxis publicística e o direito público em geral conferem maior grau de proteção do que o direito contratual contra tomadas de decisão arbitrárias e caprichosas".[47]

Talvez pela experiência do direito público em lidar com o poder, a doutrina societária tem tradicionalmente refletido sobre o uso de conceitos e instrumentos publicísticos para enfrentar questões relacionadas ao poder no âmbito das sociedades, em favor dos próprios acionistas. Josserand, no *L'esprit des Droits et leur relativité*, defende a adoção de conceitos como os de desvio de poder para enfrentar o tema dos poderes do administrador de sociedade. É comum equiparar-se na França o direito de voto nas assembleias e na esfera política,[48] e Savatier compara a sociedade anônima a um pequeno Estado.

Além disso, agindo a regulação no interior da sociedade, pressuposta está a existência de interesse público, a justificar a aplicação de princípios do direito administrativo.[49]

Em síntese, devem ser mantidos separados os remédios societários e regulatórios, mas os princípios de cada sistema entrecruzam-se e influenciam-se,

---

46. O tema da *accountability* na autorregulação exige definir se é "uma questão de controle privado (um assunto a ser resolvido entre membros) ou se é governamental (enquanto afeta o interesse público) e merece *accountability* democrático (ou judicial)". O Poder Judiciário tem controlado os atos de associações quando "exercitam funções de direito público, quando seu poder tem um elemento público, ou há um interesse governamental" (BALDWIN, Robert; CAVE, Martin. *Understanding regulation*: Theory, strategy and practice, 1999, p. 130-1). Um organismo pode exercer diferentes funções, agindo como órgão regulatório e como empresa comercial ao mesmo tempo, e deve-se examinar a natureza da decisão ou da ação em si.
47. ATIYAH, P. S. *The rise and fall of freedom of contract*, 2000, p. 722.
48. CARVALHOSA, op. cit., 1984, p. 102.
49. Na lição de Marçal Justen Filho, "existindo organizações estruturadas de modo estável e permanente para promover a satisfação dos interesses coletivos e dos direitos fundamentais, haverá a aplicação dos princípios de direito administrativo" (JUSTEN FILHO, Marçal. *Curso de direito administrativo*, 2005, p. 30).

por vezes enriquecendo cada um dos campos, por vezes criando disfunções e rompendo com a unidade do sistema.

Limites econômicos

Basically, "unreasonableness" involves economic inefficiency.
Eugene Bardach e Robert Kagan

O uso de instrumentos societários nos esforços regulatórios setoriais não é uma panaceia. Exige uma prévia avaliação *in concreto* de sua adequação e eficiência. Há limites econômicos que desaconselham a adoção dessa técnica.

Devem ser sopesados e comparados os fatores de eficiência da RIS,[50] verificando-se se a influência permanente da norma organizacional compensa a maior rigidez por ela imposta à estrutura,[51] comparando o baixo custo de monitoramento dessas soluções com o risco de que o controle seja meramente formal.[52] De outra parte, há elementos geradores de ineficiência na hétero-organização da sociedade, comprometendo os incentivos a que os sócios se empenhem no aprimoramento das estruturas, uma vez atendidos os requisitos normativos,[53] tornando inadequadas as regulações excessivamente uniformes das estruturas organizacionais, as quais, ao eliminarem a heterogeneidade do ambiente empresarial, aumentam os riscos sistêmicos e as chances de "efeitos manada".[54] Há ainda a dificuldade de mensuração do impacto regulatório dos mecanismos de RIS e de avaliações de custo-benefício[55] e a sujeição da RIS à competição regulatória, a esvaziar sua eficácia, uma vez que, pelas normas de direito internacional privado, a organização da sociedade sujeita-se ao Direito do local de sua constituição ou sede, e não do exercício de sua atividade.[56]

---

50. *V.* "Relatividade dos fatores de eficiência da RIS", infra.
51. *V.* "Atuação permanente da norma *vs.* rigidez", infra.
52. *V.* "Baixo custo de monitoramento *vs.* formalismo do controle", infra.
53. *V.* "Restrição à criatividade dos sócios e desincentivos", infra.
54. *V.* "Uniformidade como inadequação e como risco sistêmico", infra.
55. *V.* "Dificuldades de mensuração dos impactos regulatórios da RIS", infra.
56. *V.* "Sujeição à competição regulatória", infra.

Relatividade dos fatores de eficiência da RIS

One of the major tasks of modern public law is to develop structures to decrease the likelihood of regulatory failure.
Cass Sunstein

O uso da RIS pode se revelar o mero disparo de uma bala de festim, barulhento e vistoso, mas sem qualquer efeito concreto. Stigler apontava o risco de que o esforço regulatório nenhum resultado produzisse, ou fosse trivial, dando como exemplo de regulação irrelevante a exigência de que determinado diretor tenha um número mínimo de ações.

A RIS não pode ser só formalidade inútil, que deixa de atacar com firmeza os problemas regulatórios, favorecendo seu agravamento, com graves consequências para o bem-estar social: não pode ser o equivalente ao mero rearranjo das cadeiras no *deck* do Titanic.[57]

O foco do estudioso da regulação deve se concentrar na eficácia e eficiência do remédio regulatório e na reflexão sobre as possíveis falhas de sua atuação.

Ao discutir as possíveis causas de fracassos regulatórios, Cass Sunstein aponta, em primeiro lugar, como falhas na criação da norma regulatória: 1) a apropriação por grupos de interesse que usem a regulação para criar barreiras de entrada; 2) o diagnóstico errado e insuficiente da situação fática; 3) a desconsideração de efeitos colaterais; 4) o desajuste entre a solução regulatória e o problema enfrentado; 5) a uniformidade e a falta de flexibilidade para variações; 6) a retórica de direitos inalienáveis de agentes sujeitos à regulação; 7) os efeitos sistêmicos complexos e imprevisíveis; 8) a contradição e o desajuste entre novas normas e regras preexistentes; 9) a desconsideração das mudanças das alterações fáticas e a obsolescência das regras, por alterações no mercado ou na tecnologia; 10) a substituição de avaliações políticas por tecnocráticas.[58] Aponta ainda como causas de fracasso as seguintes falhas na implementação na norma: 1) defeitos na supervisão da atuação regulatória, com proteção inadequada contra captura ou inércia administrativa; 2) controles excessivos, com custos

57. A metáfora, aqui empregada com sentido diverso, é de Jody Freeman em *Private parties, public function and the democracy problem in new administrative law.*
58. SUNSTEIN, op. cit., 1990, p. 84-96.

desproporcionais aos benefícios; 3) redistribuição malograda ou perversa (concentração de renda).

Outros fatores de ineficiência da intervenção regulatória são a burocratização de procedimentos a reduzir a competitividade das empresas,[59] impondo-lhes custos desnecessários,[60] ou o "cumprimento criativo" das normas,[61] ou seja, o contorno de sua efetividade pelo ente regulado, pela adesão meramente formal ou literal a seus mandamentos, ou pelo aproveitamento de lacunas legais para fugir ao seu comando.[62] O mau exemplo paradigmático é o da Enron, que seguia, na literalidade, todas as normas contábeis aplicáveis, antes de sucumbir em um escândalo financeiro que foi o prenúncio de vários outros, futuros. *Compliance* não é mera atenção à letra da regra, mas deferência a seus objetivos e propósitos, mediante um esforço crescente de aprimoramento.

Ao comparar e sopesar os prós e contras da utilização de instrumentos societários para fins regulatórios, devem ser previamente questionados todos esses aspectos e riscos de falhas regulatórias. Qualquer argumento de eficiência de um instrumento regulatório é necessariamente relativo, hipotético e condicional.

Atuação permanente da norma *vs.* rigidez

O cumprimento da normatividade regulatória (*compliance*) é ao mesmo tempo evento instantâneo e processo de longo prazo. A regulação direta da atividade tem, em seu desfavor, o fato de implicar um controle diuturno de cada passo do ente regulado.

Talvez esteja aí a maior vantagem das soluções organizacionais propostas pela RIS: implantados ou conformados os órgãos societários, e estabelecidos os

---

59. FIORENZA, Annalisa; SHTINO, Holda. "Analisi de gli strumenti di semplificazione per migliorare la competitivitá delle imprese", 2007.
60. Dê-se o exemplo dos custos incorridos com a divulgação excessiva de informações (*over disclosure*), com dados pelos quais o público não tem interesse (BARDACH; KAGAN, op. cit., 1982, p. 249).
61. McBarnett e Whelan definem o "cumprimento criativo" (*creative compliance*), em *The elusive spirit of law*, como o "uso do formalismo para evitar o controle legal [...]. A combinação de regras específicas e uma ênfase na forma jurídica e no literalismo podem ser usados artificialmente, em um modo manipulativo, para contornar ou minar o propósito da regulação".
62. Sobre o risco das lacunas, MacCormick defende que juristas sempre tenham presente a advertência do serviço de metrô de Londres: *mind the gap* (MACCORMICK, op. cit., 2009, p. 70).

procedimentos e protocolos internos ao ente regulado, passam eles a induzir o rumo da atividade, de modo permanente e contínuo.

A contrapartida disso é a maior rigidez da organização, dificultando a adaptação dessas estruturas e procedimentos às mudanças do ambiente. Ao contrário da plena liberdade organizacional – que confere aos sócios e gestores a total flexibilidade de adaptação –, o abandono ou modificação das soluções organizativas exige prévia mudança na regra administrativa, acarretando o tradicional problema do *time lag* no processo regulatório.[63]

Baixo custo de monitoramento *vs.* formalismo do controle

Business observe the regulation as a cost.
Hugh Collins

Ehrlich e Posner identificam quatro categorias de custos regulatórios a serem minimizados: custos de elaboração de regras, de fiscalização, de cumprimento e danos causados pela regra.[64]

Em todas essas dimensões, os custos da RIS não tendem a ser elevados. As regras a serem elaboradas não são demasiadamente complexas ou detalhadas, nem exigem as variantes das normas técnicas sobre a atividade. A implementação tampouco implica grandes custos ou causa danos aos entes regulados: eventuais alterações estruturais ou procedimentais apenas dão novas forma e feições a elementos que, provavelmente, já existiam no seio da sociedade. A fiscalização também é simples: pode ser feita a partir do exame de documentos societários, relatórios, estudos ou organogramas, embora muitas vezes a agência regulatória se reserve a prerrogativa de efetuar diligências para aferir *in loco* a realidade das informações fornecidas.[65]

O grande risco é que se esvaziem esses controles sobre a autorregulação das empresas, degradando-os em mero *paperwork* passivo, sem a aferição da realidade e da efetividade das estruturas informadas, ou que a forma prevaleça so-

---

63. STIGLER, George. *The citizen and the State*: Essays on regulation, 1975, p. 73.
64. EHRLICH, Isaac; POSNER, Richard. "An economic analysis of legal rulemaking". *The Journal of Legal Studies*, issue 1, v. 3, p. 257-86, 1974.
65. Serão dados exemplos concretos nos capítulos em que se exemplificam as modalidades de RIS.

bre a substância.[66] Não se pode recair no "direito administrativo dos clipes", denunciado por Carlos Ari Sundfeld.[67]

Os mecanismos de RIS, se não aplicados de modo sensato, poderão se somar a formalidades e burocracias que já turvam o direito societário registral. La Pera, causticamente, afirma, a respeito do Direito argentino, que

> nosso direito societário [...] tem um ar barroco [...]. O controle que o legislador quer reservar aos tipos societários [...], o requerimento de informação nunca processada que é inútil para a administração e inútil para os demais. A ameaça de proibições, sanções e anátemas por razões de princípio; a sujeição da atividade econômica à obtenção de selos e aprovações irrelevantes; o querer fechar o mundo em pastas empoeiradas.[68]

Riscos de ineficiência da RIS

Restrição à criatividade dos sócios e desincentivos

> *The basic function of law in an economic or wealth maximizing perspective is to alter incentives.*
> Richard Posner

O tema dos incentivos econômicos das normas jurídicas é a ponta-de-lança do "imperialismo econômico" que levou a escola da *Law and Economics* a avançar sobre áreas como o direito penal e o civil. Na seara aberta por Gary Becker, nos anos 1960, e levada a extremos por Posner, busca-se identificar como os agentes respondem a incentivos e desincentivos mesmo em ambientes de não mercado. A ideia fundamental é que as regras jurídicas fixam preços, ou impõem custos, e, dessa forma, sua criação implica alterações nas estruturas de incentivos. A esses incentivos – sempre traduzíveis em preços, seja no mercado, seja em outras esferas da vida social – reagem os agentes econômicos, movidos pelo ânimo de maximização de suas utilidades.

---

66. GUNNINGHAM, Neil. "Enforcement and compliance strategies", 2012, p. 139.
67. "Documentation, by its very nature, is a declaration of innocence, and most of it is received by officials who ignore it almost entirely" (BARDACH; KAGAN, op. cit., 1982, p. 90).
68. Apud CUEVAS, op. cit., 1993, p. 45, v. 1.

No plano específico da regulação econômica, Laffont e Tirole usaram a teoria dos incentivos para construir um modelo da regulação como um problema de supervisão em uma situação de informação incompleta.[69]

A regulação sobre a estrutura interna da empresa afeta uma dimensão da concorrência no mercado, pois "as firmas competem quanto ao modo pelo qual se organizam"[70] seja no que diz respeito ao tipo societário que adotem, sua gestão ou sua estrutura patrimonial ou de capital. Uniformizar tais elementos é excluir uma dimensão da competição, o que automaticamente elimina incentivos para aprimoramentos organizacionais. De igual modo, a RIS pode dificultar transferências eficientes de controle, em que ocorram sinergias financeiras, operacionais, economias de escala ou escopo, por aumentar custos de transação (muitas vezes, há formalidades para transferência, ou exigências administrativas que têm de ser verificadas ao ensejo da *due diligence*).

A restrição à auto-organização impede que os sócios definam a melhor forma de se coordenarem, ou definam a alocação eficiente dos riscos entre si.

No entanto, por outro lado, essas maiores garantias organizacionais podem aumentar o incentivo de terceiros para negociarem com a empresa regulada, pois sentem maior segurança, havendo em relação a eles uma redução dos custos de transação. A justificativa da existência de regras cogentes nessa seara é tutelar o interesse de terceiros, alheios à sociedade e não partícipes do processo de negociação dos termos estatutários: são os *stakeholders* ou titulares de interesses "externos", como credores, consumidores e trabalhadores.[71]

Uniformidade como inadequação e como risco sistêmico

A ciência ensina que a biodiversidade dá mais estabilidade ao ambiente. Florestas com poucas espécies sofrem risco maior de dizimação por fatores naturais.

De igual modo, no ambiente regulatório, deve ser incentivada a diversidade, pois é benéfica a variedade de estruturas institucionais, como empresas gran-

69. LAFFONT, Jean-Jacques; TIROLE, Jean. *A theory of incentives in procurement and regulation*, 1993.
70. SHERMAN, Roger. *Market regulation*, 2008, p. 254.
71. BINDER, Jens-Hinrich. *Regulierungsinstrumente und Regulierungsstrategien im Kapitalgesellschaftsrecht*, 2012, p. 152.

des e pequenas,[72] públicas e privadas, cooperativas,[73] associações etc.,[74] cada uma com suas características, qualidades e problemas específicos. Isso é importante para o desenvolvimento do mercado. "O crescimento econômico parece ser associado positivamente com a criação de firmas. À medida que as economias se desenvolvem, vários tipos diferentes de firmas surgem."[75]

Ian Ayres e Joshua Mitts têm defendido uma regulação contra o efeito manada (*anti-herding regulation*), em pesquisa ainda em desenvolvimento.[76] Preconizam que o regulador evite soluções uniformes para todos os entes regulados, para não aumentar riscos sistêmicos:

> Mas a tradicional resposta regulatória aos problemas de externalidade é impor ordens generalizadas [...]. Uma sociedade pode às vezes estar melhor se a regulação induzir comportamentos separados pelos entes regulados. Nós avaliamos uma variedade de mecanismos, incluindo licença, subsídios e variâncias regulatórios, bem como cardápios regulatórios e regras de mudança heterogêneas que podem incentivar um número limitado.

A compreensão da recentíssima proposta dos autores da Universidade de Yale fica simplificada quando se considera o exemplo concreto, quase metafórico, que invocam. Em 1850, soldados franceses atravessavam marchando a Ponte de Angers, que oscilava em razão dos os fortes ventos. Inconscientemente, os militares ajustaram a cadência de seus passos às oscilações da própria ponte, aumentando-as e levando a seu colapso involuntário, com significativas perdas humanas. A regulação contra riscos sistêmicos deve visar à separação de cami-

---

72. "Les problèmes des petites societés sont totalment étrangers à ceux des grandes societés" (PAILLUSSEAU, Jean. *La société anonyme*. Technique d'organisation de l'entreprise, 1967, p. 10).
73. Registre-se o curioso (e bem defendido) argumento de Henry Hansmann, no sentido de que a sociedade empresarial capitalista nada mais é do que uma cooperativa de capitais ou de emprestadores de dinheiro (HANSMANN, Henry. *The ownership of enterprise*, 2000, p. 12).
74. MELODY, W. H. "Designing utility regulation for twenty-first century markets", 2002, p. 71.
75. SPULBER, Daniel F. *The Theory of the Firm*. Microeconomics with endogenous entrepreneurs, firms, markets and organizations, 2009, p. 462.
76. AYRES, Ian; MITTS, Joshua. "Anti-herding regulation". Paper apresentado no 24º Encontro Anual da *American Law and Economics Association*, Universidade de Chicago, 8 de maio de 2014.

nhos e não a uniformidade para todos os agentes, pois comportamentos uniformes agravam riscos sistêmicos.

Outros estudiosos igualmente recomendam diferenciar as estratégias regulatórias, conforme o porte da empresa. Para Haines, regulações mais rigorosas têm mais eficácia em relação a empresas pequenas e médias do que relativamente às grandes, pois as primeiras têm pequenas estruturas de gestão, e seus gerentes são passíveis pessoalmente de responsabilização.[77] Quanto à eficácia dos mecanismos internos de *compliance*, nas situações que as firmas sejam pequenas e numerosas, poderá ser mais eficiente o controle externo, representado pela inspeção por fiscais públicos, sobretudo quando já existir *expertise* na autoridade regulatória estatal.[78]

Finalmente, uma regulação demasiadamente uniforme desconsidera a multiplicidade de riscos e problemas que devem ser enfrentados.[79]

A RIS, ao focar no ente regulado e não na atividade regulada, tende a impor essa uniformidade organizacional, com os riscos e falta de flexibilidade a ela inerentes.

Dificuldades de mensuração dos impactos regulatórios da RIS

A análise de impacto regulatório é a "avaliação sistemática e obrigatória de como as legislações primária e secundária vão afetar certas categorias de *stakeholders*, setores econômicos e o meio ambiente", fundando-se no critério de eficiência de Kaldor-Hicks. Pode avaliar também efeitos distributivos, impacto no comércio, na competitividade e na própria administração pública.[80] A avaliação pode ocorrer *ex ante* ou *ex post* e funda-se em análise de equilíbrio parcial, pois exclui o impacto em preços relativos e os efeitos de *feedback* em outros setores. Assim, por exemplo, ao avaliar o impacto da construção de uma estrada, não se considera o efeito sobre o preço do combustível.[81]

Aponta Natália de Almeida Moreno os sete principais métodos de análise do impacto regulatório: a) análise de custo-benefício; b) análise de custo-efeti-

77. Apud GUNNINGHAM, op. cit., 2012, p. 123.
78. BALDWIN; CAVE, op. cit., 1999, p. 135.
79. "Regulation by programmed application of uniform protective standards obviously runs a risk of underestimating the diversity of ways in which things can go wrong" (BARDACH; KAGAN, op. cit., 1982, p. 58).
80. RADAELLI, Claudio; DE FRANCESCO, Fabrizio. "Regulatory impact assessment", 2012, p. 279.
81. STERN, Jon. "The evaluation of regulatory agencies", 2012, p. 225.

vidade; c) análise multicritério ou análise integrada; d) análises específicas; e) modelo custo *standard* (*standard cost model*); f) análise de *compliance*; g) análise de risco.[82] São também importantes as análises econométricas, que tabulam dados comparativos de vários setores e países para tentar identificar impacto positivo ou negativo de medidas regulatórias, e os estudos de caso, os quais, complementando as avaliações econométricas, analisam contextos e fazem comparações *ex post*.

Essa avaliação é necessária para permitir o controle da autoridade regulatória, balizando sua discricionariedade, assegurando a governança democrática e transparente e garantindo que políticas públicas se pautem por racionalidade e atendam ao princípio constitucional da eficiência na administração pública e ao imperativo da proporcionalidade. Embora torne mais difícil o processo de tomada de decisão, assegura a melhor qualidade da deliberação.[83] É um instrumento de legitimação da intervenção regulatória. Corresponde também à noção weberiana de "ética de responsabilidade",[84] segundo a qual a decisão moral sobre uma conduta deve levar em consideração suas consequências previsíveis. Bruce Ackerman chega a considerar que a análise de custo-benefício possa ser o "foco institucional para um novo sistema constitucional de freios e contrapesos".[85]

A análise de custo-benefício corrige vícios do processo normativo, pois: a) permite avaliar alternativas e custos de oportunidade e evita favorecimentos; b) faz com que prevaleçam critérios universalistas em lugar de interesses paroquiais; c) tem natureza técnica;[86] d) orienta-se para resultados concretos, e não para uma mera satisfação simbólica; e) veicula visão de longo prazo, e não imediatista; f) adota raciocínio probabilístico para definir prioridades; g) permite ponderação e reflexão sobre a medida antes de sua adoção, evitando o *fait accompli*.[87]

---

82. MORENO, Natalia de Almeida. "Análise de impacto regulatório: que percurso adotar?". *Revista dos Tribunais*, ano 104, v. 951, p. 41, jan. 2015.
83. Prosser aponta duas visões sobre a análise de custos-benefícios e avaliação de impacto regulatório: a) pode ser meio de fazer decisões mais fáceis, com regulação menos onerosa a partir de quantificação; b) faz decisão mais difícil, mas com resultado melhor, aumentando o espectro dos interesses considerados (PROSSER, Tony. "Models of economic and social regulation", 2010, p. 48).
84. ZERBE, Richard O. "The legal foundations of cost-benefit analysis", 2014, p. 327.
85. ACKERMAN, Bruce. "Cost-benefits and constitution", 1985, p. 352.
86. *V.* HEYDEBRAND, Wolf. "Process rationality as legal governance". *International Sociology*, v. 18, n. 2, p. 325-49, 2003.
87. RADAELLI; DE FRANCESCO, op. cit., 2012, p. 283.

Nos EUA, a análise de custo-benefício surge nos anos 1930 para avaliar projetos de investimento público, como as represas do oeste. Um marco foi a Ordem Executiva n. 12.291, de 1981, editada pelo Presidente Ronald Reagan, que exigiu que agências, antes de promulgarem novas regras, ou reverem regras vigentes, submetam uma Regulatory Impact Analysis (RIA) para o Office of Management and Budget. Além do mero exame quantitativo de custos e benefícios, deveriam também ser analisadas alternativas para se enfrentar o problema e descrever benefícios não quantificáveis.[88] O Presidente Clinton editou uma ordem executiva adicional em 1994.

Os fundamentos intelectuais para a avaliação econômica de projetos e programas surgem nos anos 1960 e 1970 com as análises aplicadas de custo-benefício.[89] A avaliação *ex post* - como a que é feita pelo Banco Mundial em seus empréstimos - foca nos resultados diretos do projeto (por exemplo, aumento de tráfego) e compara com o que teria ocorrido se não fosse implementado. É uma avaliação contrafatual, o que sempre traz dificuldades específicas.[90]

Não se pode desconsiderar as "fronteiras cognitivas"[91] do método. São os seguintes os seus problemas: a) a dificuldade de se obter dados (a regulação tende a ocorrer em setores com falhas de mercado, e por isso não há uma ampla disponibilidade de informações de mercado para guiar a avaliação); b) não considera a resposta adaptativa dos entes regulados;[92] c) é difícil medir aumentos ou redução de custos de transação;[93] d) não antevê efeitos colaterais (por exemplo, a exigência de capacete em obra ou de cinto de segurança em carro pode induzir a comportamento de risco pela sensação maior de segurança);[94] e) os custos e benefícios efetivos dependem do grau de cumprimento e fiscalização;

---

88. BALDWIN; CAVE, op. cit., 1999, p. 87.
89. Richard Zerbe afirma que os métodos de custo-benefício foram introduzidos nos Estados Unidos pelo Corpo de Engenheiros do Exército, em princípios do século XX (ZERBE, op. cit., 2014, p. 308). *V.* também Foster and Beeley, *Estimating the social benefit of constructing an underground railway in London*, 1963.
90. STERN, op. cit., 2012, p. 223-4.
91. LEPSIUS, Oliver. „Ziele der Regulierung", 2010, p. 1.083.
92. As empresas se ajustam à regulação e concentram custos em seu atendimento, deslocando recursos de outros esforços não regulados. Acabam gastando muito com *compliance*. Cento Veljanovski dá o exemplo de empresa que trocou um engenheiro altamente especializado em segurança do trabalho por advogados, pois seu foco era atender às normas (VELJANOVSKI, Cento. "Economic approaches to regulation", 2012, p. 32).
93. ZERBE, op. cit., 2014, p. 304.
94. VELJANOVSKI, op. cit., 2012, p. 33.

f) pode atrasar a implementação da medida regulatória;[95] g) benefícios regulatórios tendem a ser mais dispersos temporal e espacialmente e mais difíceis de constatar do que custos;[96] h) medidas regulatórias podem estar em vigência há tanto tempo que fica inviabilizada a comparação com o ambiente desregulado;[97] i) é difícil mensurar o impacto da regulação na qualidade dos produtos e serviços regulados, por se tratar de elemento mais qualitativo do que quantitativo; j) dificuldade de ponderar os vários elementos de custos e benefício e colocá-los em uma mesma métrica; k) ignora questões de equidade entre gerações,[98] além de poder haver divergência sobre qual a taxa de desconto a ser utilizada para trazer os custos futuros a valor presente; l) não mensura os efeitos da regulação que decorrem de sua interação ou do seu efeito cumulativo; m) como é mais fácil a avaliação de eficiência, haverá mais dificuldade de medir resultado de regulação com propósito redistributivo;[99] n) a avaliação de ativos sem valor de mercado é arbitrária;[100] o) padrões-alvo (metas) podem ser mais efetivos em termos de custo-benefício, dada sua flexibilidade, mas é mais difícil calcular seu impacto do que padrões específicos;[101] p) pode ser comprometida pela baixa qualidade de estudos, por falta de dados e dificuldade de previsões; q) dificulta o uso combinado e simultâneo de vários instrumentos, tal como preconizado pela *smart regulation*;[102] r) dificulta a mensuração da constituição de barreiras de entrada por conta da medida regulatória; s) desconsidera que a fixação de metas dos benefícios a serem medidos gera distorções, pois deixam de ser relevantes as demais características dos serviços, e não se buscam superar as metas;[103] t) as

95. BALDWIN; CAVE, op. cit., 1999, p. 91-5.
96. Ibidem, p. 123.
97. JOSKOW, Paul L.; NOLL, Roger C. "Regulation in theory and practice: An overview", 1983, p. 5.
98. ZERBE, op. cit., 2014, p. 320.
99. BALDWIN; CAVE, op. cit., 1999, p. 89.
100. OGUS, Anthony. *Regulation*. Legal: Legal form and Economic Theory, 2004, p. 161.
101. Ibidem, p. 167.
102. BALDWIN, Robert. "Better regulation: The search and the struggle", 2012, p. 265. *V.* HAHN, Robert W. *Designing smarter regulation with improved benefit*: Cost analysis, 2008.
103. Bevan e Hood, em *What's measured is what matters*, falam das dificuldades dos sistemas de metas e *performances* do serviço nacional de saúde britânico no governo Tony Blair. Há três presunções sobre medidas: a) *performance* fora da área de interesse não é relevante; b) é uma sinédoque: toma-se a parte pelo todo. Isso implica que se evite elevar *performance* além de metas, para não causar elevação das metas nos exercícios subsequentes; c) distorção sobre aspectos não medidos. Por exemplo, a exigência de atendimento em quatro horas após entrada em hospitais levou a que se deixasse pacientes na

decisões regulatórias são tipicamente apenas um fator determinante - e muitas vezes de menor relevância - dos resultados da indústria regulada.[104]

Dada a incomensurabilidade de certos valores - por exemplo, a forma de considerar o benefício em vidas humanas salvas pela adoção de determinadas medidas de segurança -, Sunstein preconiza o uso crescente da avaliação comparativa de riscos (CRA - *Comparative Risk Assessment*), voltada a assegurar que "os riscos mais sérios sejam enfrentados primeiro".[105] Observa ainda que "é um bom argumento contra uma reivindicação de interesses a alegação de que ela custa muito, ou que os custos superam os benefícios. Esses não são bons argumentos contra uma reivindicação de direitos".[106]

Todas as dificuldades explicitadas nos parágrafos anteriores aplicam-se à RIS, e de modo agravado, pois muitos de seus custos são de difícil mensuração, e seus benefícios - como transparência, segurança e participação - são valores inestimáveis. Ademais, a regulação econômica setorial por instrumentos societários apresenta algumas peculiaridades, que tornam especialmente difícil estruturar uma metodologia adequada para submetê-la a uma análise de impacto regulatório:

a) A RIS tem várias dimensões, e a dificuldade dependerá da natureza da medida proposta. É mais fácil mensurar o custo de uma exigência relacionada com a estrutura de capitais da empresa, ou outros aspectos patrimoniais, que de medidas de natureza procedimental ou organizacional.
b) O impacto da medida regulatória variará significativamente conforme o porte da empresa. Para uma empresa pequena, será excessivamente caro adotar forma de anônima, ou incorrer em custos elevados para contratar diretor técnico ou de normas, ou estruturar mecanismos de participação de *stakeholders*.

---

ambulância, e o uso de dados de mortalidade como indicador levou a que se evitasse cirurgias de alto risco.

104. STERN, op. cit., 2012, p. 251.

105. SUNSTEIN, op. cit., 1997, p. 128 e segs. Cass Sunstein observa que a avaliação de que a "regulação falhou" é difícil, pois pode haver melhorias em várias áreas. Por outro lado, a regulação apresenta paradoxos, com algumas estratégias gerando resultados opostos aos pretendidos. Aponta ainda as seguintes dificuldades em avaliar as consequências da regulação: 1) subjetivismo da avaliação, pois o que é falha para uma pessoa pode ser sucesso para outra; 2) dificuldade de afirmar causalidades; 3) dificuldades de medir custos.

106. FRIEDMAN, Lawrence. "On regulation and legal process", 1985, p. 115.

c) Quando as mudanças organizacionais não são marginais, mas verdadeiros saltos, é mais difícil avaliar impacto. Assim, por exemplo, criar regra de capital mínimo tem impacto mais difícil de avaliar que aumentar piso de capital já prefixado.[107]

d) É difícil mensurar o impacto de mecanismos autorregulatórios, quando o Estado se limita a fixar objetivos ou parâmetros gerais, pois sua implementação varia de empresa para empresa, e uma vez implementados, ainda haverá contínuas adaptações pela empresa, segundo uma abordagem reflexiva, dinâmica e uma estratégia constantemente revista. "Tais processos contínuos não são conducentes a avaliações de processo de implantação de política de uma só tacada."[108]

Sujeição à competição regulatória

Ao regular aspectos organizacionais internos à sociedade empresária, e não diretamente a atividade, a RIS termina por se submeter à competição regulatória entre jurisdições, uma vez que, no direito internacional privado, a organização societária rege-se por sua lei nacional (que presentemente oscila entre a dos países de sua constituição ou de sua sede),[109] independentemente dos países onde se exerça a atividade.

O problema adquire maior complexidade em alguns casos de grande impacto internacional: a) grupos de sociedades, cada uma com sua autonomia formal, atuando em países diferentes e se sujeitando a diversas leis societárias; b) sociedades sediadas e atuantes em um país, com simultânea atuação direta ou indireta em outro; c) sociedades com sedes de conveniência – *off-shores* ou paraísos fiscais –,[110] mas atuantes em outra; d) sociedade com elementos estáveis em mais de um Estado; e) sociedade sediada e atuante em um Estado, mas cujo capital pertence a estrangeiros.[111]

---

107. STERN, op. cit., 2012, p. 229.
108. BALDWIN, op. cit., 2012, p. 265.
109. Há dois critérios para se definir a lei pessoal da sociedade – a sede efetiva (dominante na Europa continental) e do local da constituição (EUA e Inglaterra) (CORDEIRO, Antonio Menezes. *Direito europeu das sociedades*, 2006).
110. VitoTanzi chama os paraísos fiscais de "cupins fiscais" da globalização.
111. As situações são elencadas por Menezes Cordeiro como exemplos de multinacionais (CORDEIRO, Antonio Menezes. *Manual de direito das sociedades*. Das sociedades em geral, 2007, p. 186, v. 1).

Economistas institucionalistas já apontavam o risco de a *holding* ser usada para levar companhias para além dos controles regulatórios,[112] destacando-se a esse respeito o livro clássico de Bonbright e Means sobre *holdings*.[113]

Há duas visões contrastantes sobre a competição regulatória.

A visão positiva acredita que os diferentes países, diante da competição, criarão normas regulatórias que beneficiarão as empresas, e, assim, os consumidores, gerando uma corrida para o alto (*race to top*). As legislações seriam corrigidas para melhor satisfação dos interesses dos jurisdicionados – ou seja, a maximização de suas utilidades –, pois, do contrário, estes se mudariam para outras regiões. É esse o argumento de Charles Tiebout em *A pure theory of local expenditures*, de 1956. A competição, ademais, favoreceria a diversificação e inovação das técnicas regulatórias e preveniria a ocorrência de falhas da regulação, ao propiciar parâmetros de comparação (*yardsticks*).[114] O modelo assenta-se em determinadas premissas, tais como a capacidade de mudança física dos jurisdicionados e o poder de obter e processar informações.

A visão negativa da competição regulatória critica-a por degradar globalmente os padrões normativos, gerando uma corrida para baixo entre as várias jurisdições para atrair negócios (*race to bottom*).[115] O enfraquecimento das exigências normativas em alguns países faz com que deixem eles de enfrentar os problemas regulatórios, provocando externalidades em outros. O exemplo clássico foi a quebra, em 2008, dos bancos islandeses devido à sua frouxíssima regulação, com grave repercussão sobre a economia do Reino Unido.[116]

A competição regulatória é vista como negativa por aqueles que têm concepção positiva da regulação, vinculando-a ao interesse público. Pode dificultar a harmonização dos direitos nacionais. Já aqueles que a equiparam à defesa maquiada de interesses privados vislumbram os lados positivos da competição re-

112. SMITHE, Edithe; SAMUELS, Warren (eds.). *An institutionalist approach to public utilities regulation*, 2002, p. 9.
113. BONBRIGHT, James C.; MEANS, Gardiner C. *The holding company*: Its public significance and its regulation, 1932.
114. BALDWIN; CAVE, op. cit., 1999, p. 182-3.
115. Os defensores da ideia de *race to top* usam a expressão *California effect*, pois os outros estados norte-americanos adotaram as regras de emissão de poluentes por veículos da Califórnia para que os carros neles fabricados pudessem ser vendidos ali.
116. Quando a Organização Mundial do Trabalho (OIT) foi criada, em 1919, no contexto mais amplo dos Tratados de Versalhes, um de seus propósitos era obstar competição regulatória nesse campo.

gulatória e deploram a uniformidade dos direitos nacionais – pois a diferenciação gera ganhos de arbitragem regulatória, e a competição com outros países pela atração de investimentos pode dificultar ou impedir a captura do regulador nacional. A cooperação entre governos pode evitar que a competição cause a "corrida para baixo", podendo haver trocas de experiências entre eles, evitando a manipulação de informações pelos regulados.

Para que se estabeleça a competição regulatória, têm de estar presentes algumas precondições: a) liberdade de movimento, para se alterar a sede da empresa (o que pode ser impedido se houver *sunk costs*); b) informação disponível que permita avaliar isoladamente de outros fatores econômicos as vantagens e desvantagens de se submeter ao regime regulatório de dado país; c) efetividade da regulação em ambos os países comparados, para permitir uma comparação real.[117]

A maior ou menor sujeição dos países ao fenômeno reflete as assimetrias de poder no cenário internacional. Países hegemônicos têm mais potentes armas nesse combate.[118]

Para evidenciar o efeito que a competição regulatória pode ter sobre a RIS, basta considerar os impactos mais amplos que têm provocado nos direitos societários norte-americano e europeu.

O estado norte-americano de Delaware, com 830 mil cidadãos, é sede de 300 mil companhias, entre as quais trinta das maiores empresas dos Estados Unidos. Apenas a Walmart, sediada naquele estado, tem 50% mais empregados do que toda a população do estado. Esses funcionários, que sofrem o impacto direto da lei de Delaware, não votam nos legisladores que as editam.[119] Os demais estados respondem às pressões competitivas flexibilizando suas normas societárias, como ficou evidente da difusão da LLC (*Limited Liability Company*) por vários estados norte-americanos, nos anos 1990.[120] Esse movimento tende a ser mais louvado do que criticado na doutrina norte-americana, cumprindo citar, por todos, os louvores ao Direito de Delaware lançados por Roberta Romano em *The genius of American corporate law*.

117. BALDWIN; CAVE, op. cit., 1999, p. 180-1
118. DYSON, Kenneth (ed.). *The politics of German regulation*, 1992, p. 6.
119. GREENFIELD, Kent. *The failure of corporate law*. Fundamental flaws and progressive possibility", 2006, p. 108.
120. VERMEULEN, Erik P. M. *The evolution of legal business forms in Europe and the United States*. Venture capital, joint venture and partnership structures, 2003, p. 81.

Na Europa, o fenômeno da competição regulatória no âmbito societário é antigo. No século XIX, a exigência de autorização administrativa para constituição de sociedade anônima na França gerou a chamada "febre das comanditas", que só foi superada quando, por força do Tratado de Livre Comércio de 1862, entre o Reino Unido e a França, as *limited companies* passaram a poder operar na França, levando à flexibilização da lei francesa.

Contemporaneamente, o Plano de Ação da Comissão Europeia para o Direito das Sociedades Anônimas foca nas companhias abertas e busca aumentar a eficiência da regulação societária pela competição entre leis nacionais onde for possível, restringindo-se a harmonização às questões imprescindíveis. No entanto, apontam Günter Roth e Peter Kindler que, relativamente ao número de sociedades da Europa, poucas são de capital aberto, e o direito societário europeu não foca exclusivamente na proteção aos investidores, mas busca tutelar todos aqueles cujos interesses sejam afetados pela firma. Essa competição regulatória é viabilizada pelos precedentes da Corte Europeia de Justiça nos casos Centros (1999), Überseeing (2002) e Inspire Art (2003),[121] nos quais se assentou que o fundador de uma empresa localizada em qualquer país da União Europeia pode utilizar essa sociedade estrangeira em atividades em outros países. Isso levou a um "mercado de tipos societários"[122] e incentivou o uso, por empresários da Europa Continental, da Private Limited Company inglesa, com total liberdade de *design* organizativo e sem exigências de capital mínimo.

Tentando resistir à competição regulatória, em 2008, o legislador alemão transferiu regras que eram consideradas societárias - por exemplo, o regramento de empréstimos a sócios - para a *Insolvenzordnung*, e defende parte da doutrina que se faça o mesmo com a exigência de capital social mínimo, impedindo-se que os sócios possam se evadir dessa obrigação ao constituírem a sociedade em outra

121. No caso Centros, casal dinamarquês teve recusado registro na Dinamarca de sociedade que constituíra no Reino Unido, sob o argumento de que era forma de fraudar a lei nacional; no caso Überseeing, sociedade holandesa que mudara a sede para a Alemanha foi tida como inexistente pela corte germânica; no caso Inspire Art, sociedade inglesa que queria abrir sucursal na Holanda foi obrigada a usar a designação de sociedade estrangeira. Nos três casos, a Corte Europeia entendeu que estava sendo violada a liberdade de estabelecimento no âmbito comunitário. Menezes Cordeiro critica essa orientação (CORDEIRO, op. cit., 2007, p. 183-92, v. 1).
122. ROTH, Günter H.; KINDLER, Peter. *The spirit of corporate law*. Core principles of corporate law in Continental Europe, 2013, p. 38.

jurisdição. "Mas reclassificações dentro do sistema jurídico ou mudanças de rótulo de institutos dificilmente serão a solução."[123]

Tais exemplos bem ilustram a dificuldade em se utilizar com eficiência mecanismos de RIS, com abertura da sociedade a *stakeholders* e imposição de estruturas organizacionais, quando elas podem ser tão facilmente evadidas, no âmbito norte-americano ou europeu.

123. Ibidem, p. 1-6.

TERCEIRA PARTE

Manifestações e tipologia da regulação econômica setorial por instrumentos societários (RIS)

CAPÍTULO VII

Personalidade jurídica, tipo e forma societária, regras de constituição e funcionamento

Exigências regulatórias relacionadas com a personalidade jurídica

No presente capítulo, e nos dois subsequentes, serão ilustrados alguns empregos de instrumentos societários no bojo de normatividades setoriais.

Curiosamente, os movimentos regulatórios fazem-se de forma pragmática, dando alguns passos e recuando outros, ou adotando medidas e ao mesmo tempo relativizando-as. Como se verá, o regulador que prestigia a personalidade jurídica societária é pródigo em afastá-la, regrando a desconsideração. O regulador que exige a adoção de tipo societário altamente institucionalizado, como a forma de sociedade anônima, retira-lhe parcialmente elemento essencial, estendendo a responsabilidade dos administradores e controladores das empresas prestadoras de atividades reguladas.

Obrigatoriedade de adoção de personalidade jurídica societária

A primeira utilização instrumental de instituto societário a que nos referiremos é a exigência de que a atividade regulada seja exercida necessariamente por uma pessoa jurídica. A vedação a pessoas físicas em geral vem implícita nas normas regulatórias impositivas de determinado tipo societário, que serão abordadas infra.

Cumpre examinar as razões dessa expressão da RIS.

Já os antigos comercialistas enxergavam o surgimento de um *corpus mysticum* a partir da vontade comum dos sócios expressa no contrato de sociedade.[1] Ascarelli dizia que a personalidade jurídica é uma *regula iuris*, pois as relações se estabelecem entre "homens nascidos do ventre de mulher" Seu dileto discípulo Auleta afirmava que "a personalidade nada mais é do que uma forma de unificação das relações da coletividade dos sócios com cada sócio singular e com terceiros".[2] De certa forma, a doutrina há séculos debate-se entre os extremos da ficção e da realidade, e as teorias tradicionais retornam, sob vestes novas, na obra de autores contemporâneos. Wiedemann, ao afirmar que o patrimônio especial é sujeito de direito, retoma Brinz; Massimo Bianca, invocando a realidade social subjacente, mantém viva a teoria de Gierke; Uwe John, ao ver na personalidade jurídica estrutura com organização, centro de responsabilidade e ponto de referência, adere a uma posição de organicismo técnico, também remanescente de ideias passadas.[3]

A atribuição ou não de personalidade jurídica a determinada organização de bens ou pessoas é uma decisão de política pública. "A não personificação, pelo Direito, de certos tipos de coletividade social é muito mais uma questão de ficção do que a atribuição de personalidade no caso de outros".[4] O reconhecimento da personalidade jurídica de uma organização tem como fundamento sua "capacidade de ter interesses e sofrer prejuízos e sua capacidade de ação racional e intencional", sendo imprescindível "determinar quais atos, decisões e intenções humanas são imputáveis a quais entidades corporativas", pois a personalidade nada mais é que um "instrumento para se reconhecer a natureza unitária e intencional de vários tipos de atividades grupais".[5]

De modo específico, a *ratio* do requisito regulatório da personalidade jurídica societária, a nosso sentir, reside nas seguintes características, ínsitas à personalização: a) maior rigidez quanto ao local de operação da atividade; b) per-

1. RIPERT, Georges. *Les aspects juridiques du capitalisme moderne*, 1951, p. 52.
2. AULETA, Giuseppe Giacomo. *Il contratto di società commerciale*, 1937, p. 14.
3. CORDEIRO, Antonio Menezes. *Manual de direito das sociedades*. Das sociedades em geral, 2007, p. 274, v. 1.
4. MACCORMICK, Neil. *Institutions of law*. An essay in Legal Theory, 2009, p. 84. O autor dá como exemplo de decisão política a não atribuição, pelo Parlamento Britânico, de personalidade jurídica aos sindicatos de trabalhadores, para impedir que seus fundos fossem penhorados por danos causados no curso de greves.
5. Ibidem, p. 78 e 85.

petuidade; c) vedação da prática de negócios estranhos ao objeto social; d) maior transparência da escrituração e mais nítida separação patrimonial; e) maior institucionalização e autonomia da organização.

Ao contrário do indivíduo, que pode ter vários domicílios, ou nenhum, a sociedade é obrigada a ter uma sede social, constante de seu ato constitutivo, incontestável e estabilizada.[6]

Quanto à perpetuidade, "ente sobre-humano", a sociedade "é mestre de sua vida e de sua morte: ela pode prolongar sua vida indefinidamente".[7] De fato, ao atribuir finalidade específica a um determinado conjunto de bens, desvincula-o das vicissitudes da vida humana, conferindo-lhe a "*legal immortality*" de que falava Blackstone. A esse propósito, já em 1806, em *On the policy and expediency of granting insurance charters*, Frederick Eden defendeu que a atividade securitária fosse exercida por sociedades anônimas, dado o longo prazo das apólices.[8]

O norte do objeto social obsta dispêndios dele desvinculados e restringe as liberalidades. A sociedade "não conhece a generosidade", tampouco tem família ou obrigação de prestar alimentos.[9]

A separação patrimonial entre os ativos da pessoa jurídica e de seus sócios exerce um papel-chave. Ela propicia o ganho de eficiência que permite a criação de grandes firmas. Essa divisão de ativos tem uma dimensão afirmativa – constituir uma garantia geral para os credores da pessoa jurídica, impedindo que os credores dos sócios avancem sobre esses bens – e uma dimensão defensiva – permitir que os credores do sócio da pessoa jurídica tenham prioridade sobre seus ativos pessoais.[10]

Para Cyert e March, as organizações se desenvolvem para solucionar problemas que nenhum indivíduo consegue solucionar sozinho: embora o empresário individual tenha uma organização, esta é dependente dele, e instável por isso. E essa organização administrativa se institucionaliza e passa a ser independente dos sócios, gestores, usuários ou destinatários das atividades.

Já no século XIX, na França, as concessões de minas só podiam ser exploradas por sociedades, originalmente de natureza civil "por causa do caráter imo-

---

6. RIPERT, op. cit., 1951, p. 76.
7. Ibidem, p. 77.
8. Apud ATIYAH, P. S. *The rise and fall of freedom of contract*, 2000, p. 363.
9. RIPERT, op. cit., 1951, p. 83-4.
10. HANSMANN, Henry; KRAAKMAN, Reinier. "The essential role of organizational law". *The Yale Law Journal*, v. 110, n. 3, p. 387 e segs., Dec. 2000.

biliário da exploração",[11] reconhecendo-se sua comercialidade em 1919. Em um primeiro momento sem obrigatoriedade legal, os banqueiros individuais cedem seu lugar às sociedades bancárias. "É agora a forma que inspira a confiança."[12]

Regras especiais de desconsideração da personalidade jurídica

A desconsideração da personalidade jurídica tem sido regrada de forma geral e *ex ante* no âmbito das atividades reguladas. De fato, a personificação pode ser afastada pela norma regulatória, por pressupostos diferentes daqueles postos na lei civil, e para finalidades específicas, como evitar concentração econômica no mercado regulado ou permitir a personalização da responsabilidade administrativa.

Nesses casos, o que se pretende pelo instituto do *disregard of legal entity* não é a responsabilização,[13] mas a imputação; seus pressupostos não são a fraude ou a confusão patrimonial, mas o risco de ampliação do poder econômico ou de burla ao regime regulatório.

Assim, por exemplo, a transparência da personalidade moral, para se enxergar, em seu interior, as pessoas de seus sócios, mostra-se relevante para que não se falseie a realidade da concorrência no mercado. Paillusseau dá o exemplo de alguém que busque contornar uma obrigação de não concorrência servindo-se de uma pessoa jurídica da qual seja sócio ou administrador.[14] Isso aplica-se perfeitamente às restrições regulatórias à participação em licitações públicas.

No âmbito regulatório, tem amplo emprego a "desconsideração atributiva" (*Zurechnungsdurchgriff*), que adota uma perspectiva funcional – pois se busca a aplicação da norma conforme a função da norma, transcendendo as meras situações de abuso ou fraude. Calixto Salomão Filho cita, entre os casos típicos, aqueles em que características pessoais, conhecimentos, proibições ou comportamentos do sócio possam ser atribuídos à sociedade.[15]

11. RIPERT, op. cit., 1951, p. 68.
12. Ibidem, p. 71.
13. Sobre o uso da técnica da desconsideração para a responsabilização dos sócios por dívidas sociais, refira-se à obra de Hans Christoph Grigoleit, *Gesellschafterhaftung für interne Einflussnahme im Recht der Gmbh.* Dezentrale Gewinnverfolgung als Leitprinzip des Dynamischen Gläubigerschutzes, 2006.
14. PAILLUSSEAU, Jean. *La société anonyme.* Technique d'organisation de l'entreprise, 1967, p. 60.
15. SALOMÃO FILHO, Calixto. *O novo direito societário*, 2011, p. 244-5.

Rolf Serick já apontava que "as normas jurídicas que se fundam em qualidades ou capacidades humanas ou que considerem valores humanos também se devem aplicar às pessoas jurídicas quando a finalidade da norma corresponda a essa classe de pessoas".[16] Tal construção também se assenta na teoria do escopo das normas, de Müller-Freienfells, que relaciona a desconsideração à "interpretação integrada e melhorada das normas jurídicas".[17]

Invoquemos alguns exemplos:

a) A resolução normativa da Aneel n. 570/2013, ao regrar a atuação de agentes na comercialização varejista de energia elétrica no Sistema Interligado Nacional - SIN, exige que demonstrem eles sua regular atuação no mercado, com probidade e boa-fé, devendo estender tal demonstração a seus sócios, acionistas, controladores diretos e indiretos, controladas, coligadas ou empresas com mera participação, seus respectivos sócios e administradores. Chega-se ao ponto de afirmar, no § 5º, que o agente proponente deve declarar à CCEE, quando houver, a existência de matrimônio, união estável e de parentesco consanguíneo ou afim com administradores, diretores, conselheiros e os sócios ou acionistas controladores diretos, intermediários e indiretos de outros agentes do setor elétrico (incluído pela Resolução Aneel n. 654, de 24.03.2015. O regulador não se limita a desconsiderar uma enorme série de personalidades jurídicas, mas termina por misturar as próprias pessoas físicas).
b) Em outra esfera, no âmbito de processos administrativos sancionatórios, o Conselho Superior de Recursos do Sistema Financeiro Nacional (CSRFN) tem precedentes no sentido da inaplicabilidade de sanção para a entidade quando os fatos alegados como irregulares foram anteriores à transferência de controle.[18]

---

16. SERICK, Rolf. *Aparencia y realidad en las sociedades mercantiles*, 1958, p. 251.
17. CORDEIRO, Antonio Menezes. O levantamento da personalidade jurídica colectiva no direito civil e comercial, 2000.
18. "A jurisprudência deste CRSFN, como bem acentuou o BACEN, é no sentido da 'não aplicação de pena quando se tenha ocorrido, de forma legítima, transferência qualificada de controle acionário do banco, posteriormente aos fatos tidos como irregulares, como é o caso do presente processo'. Nessa linha, vejamos as decisões tomadas pelo CRSFN nos recursos a seguir relacionados: (1) Recurso n. 2.287, julgado na 162ª Sessão, realizada em 25.06.1998: '[...] por unanimidade, dar provimento ao Recurso interposto por BANCO ITAMARATI S/A, transformada em arquivamento a multa pecuniária [...], tendo em vista que, posterior e legitimamente, operou-se a transferência de seu controle acioná-

Imposição de tipo societário

Uma das funções do direito privado é a facilitação dos negócios, reduzindo custos de transação. Por essa razão, existe

> um número de formas alternativas desenhadas para diferentes tipos de empresas [...]. Formas de organização são como roupas prontas para usar: se elas caírem bem, podem ser vestidas sem alterações, ou podem ser modificadas até que caiam bem.[19]

Os Códigos Societários seriam, assim, catálogos de roupas *prêt-à-porter*.

Ao contrário da liberdade plástica, própria do direito das obrigações, com possibilidade de celebração de negócios atípicos (*Typenfreiheit*), caracteriza-se o direito societário pela existência de *numerus clausus* de tipos admissíveis e da menor amplitude da liberdade de abandonar os traços de cada um desses tipos (*Typenzwang*). A tipicidade tem "estreita relação" com "a proteção dos terceiros em suas relações com a sociedade",[20] bem como das minorias societárias. Os elementos estruturais da sociedade moldam-se no regime jurídico de cada tipo societário, com regras diversas sobre a organização patrimonial, os direitos de informação e retirada dos sócios e a responsabilidade dos sócios em face de cre-

---

rio para outra instituição [...]' (2) Recurso n. 2.367, julgado na 162ª Sessão, realizada em 25.06.1998: '[...] por maioria, dar provimento ao Recurso interposto, convertendo em arquivamento a decisão do Órgão de primeiro grau no sentido de aplicar a SAFIC CORRETORA DE VALORES E CÂMBIO LTDA. [...] e assente no CRSFN, de excluir de sanção a empresa que, como é o caso da ora apelante, vem a ter negociado seu controle acionário em transação legitimamente formalizada e em tempo posterior à prática da infração [...]'. A decisão vencedora teve seis votos a favor e dois contra. (3) Recurso n. 3.053, julgado na 200ª Sessão, realizada em 27.04.2001, decisão unânime: '[...] prover o recurso intentado por BANCO AMÉRICA DO SUL S.A., convertendo em arquivamento a decisão originária que infligiu ao referido banco a pena de multa pecuniária [...]'. Sem afronta alguma à jurisprudência firmada nesta instância revisora, considerou o CRSFN que, na específica situação destes autos, é pertinente aventar causa extintiva de punibilidade ao se perceber que, para a mudança de controle acionário da instituição financeira em tela, verificada antes da instauração do presente processo administrativo, concorrera efetivamente, a par do interesse mercadológico do grupo adquirente, o propósito da autoridade supervisora não só em sanear a empresa objeto da negociação, ora recorrente, como também, e acima de tudo, manter a higidez do próprio sistema financeiro nacional" (Recurso n. 10.871, Processo BCB n. 030119819, rel. Conselheiro Luiz Eduardo Martins Ferreira).

19. OGUS, Anthony. *Regulation*. Legal: Legal form and Economic Theory, 2004, p. 18.
20. CUEVAS, Guilhermo Cabanellas de Las. *Introducción al derecho societario*. Derecho societario. Parte general, 1993a, p. 82, v. 1.

dores da sociedade. Tal regime atende a necessidades econômicas específicas, mas não se deve ter uma visão instrumental simplista, pois há um complexo de valores que influenciam em tal regime.[21]

A necessidade de adoção de um entre um *numerus clausus* de tipos sociais, conquanto represente uma restrição à liberdade de contratar, é exigida "antes de tudo pela proteção do tráfico mercantil honesto", e é mitigada pelo resguardo de algum grau de liberdade de formatação social (*Gestaltungsfreiheit*) e pelo afastamento de normas dispositivas.[22] O Direito alemão dá tanta liberdade de ajustes no quadro normativo de cada tipo que pode terminar por deformá-lo.[23]

Mas preserva-se, no direito societário, a liberdade de escolha do tipo. Entre as várias formas de articulação de interesses, escolherão os sócios a que melhor lhes convier, aderindo ao regime legal predisposto.[24]

No ambiente regulatório, tal liberdade pode desaparecer. Assim, por exemplo, todas as instituições financeiras foram obrigadas a adotar o tipo de sociedade anônima, com capital com direito a voto representado por ações nominativas, quando a Lei n. 5.710/71 modificou o art. 25 da Lei n. 4.595/64. Por outro lado, a Resolução Bacen n. 3.567 exige que as sociedades de crédito ao microempreendedor sejam constituídas sob as formas de companhia fechada (sendo curiosa essa especificação) ou de sociedade limitada. O Decreto n. 5.295/63 exige que as pessoas jurídicas de direito privado adotem a forma de sociedade anônima ou limitada para poderem executar serviços de radiodifusão.

Wiedemann aponta para a obrigatoriedade de adoção de determinados tipos societários para dadas atividades, exemplificando com a atividade de banco hipotecário (a exigir tipo da sociedade anônima ou comandita por ações) e sociedade de investimentos (sociedade anônima ou limitada). No Direito ita-

---

21. WIEDEMANN, Herbert. *Gesellschaftsrecht*: Ein Lehrbuch des Unternehmens-und Verbandsrechts, 1980, p. 77.
22. METZNER, Alfred. *Gesellschaftsrecht*, 2000, p. 11.
23. WIEDEMANN, op. cit., 1980, p. 4.
24. "Le parti rimangono libere di scegliere il tipo di organizzazione per l'attività e la titolarità del gruppo. Ma una volta scelto un tipo legislativamente prefissato e quindi già valutato, ese rimangono vincolate alla regolamentazione legale. Le eventual modificazioni non possono toccare elementi essenziali e no devono risultare incompatibili con il tipo prescelto" (CORAPI, Diego. *Gli statuti delle società per azioni*, 1971, p. 110). Paradoxalmente, as regras cogentes sobre tipos societários têm função similar ao direito dispositivo, facilitando o fluxo das negociações para a constituição de empresas: "Mandatory rules can facilitate freedom of contract by helping corporate actors to signal the terms they offer and to bond themselves to those terms" (KRAAKMAN, Rainier et al. *The anatomy of corporate law*. A comparative and functional approach, 2009, p. 22).

liano, a atividade bancária pode ser exercida por sociedades anônimas ou cooperativas.[25] Cuevas fala em "sociedades de objeto proibido em razão do tipo". "Há a exigência de tipo específico para dada atividade, e, se os requisitos legais (o uso do tipo) não são atendidos", considera-se nula a sociedade criada para esses fins proibidos. "Trata-se de uma antijuridicidade em sentido objetivo."[26]

O regulador econômico busca se aproveitar dos frutos do processo de institucionalização das sociedades anônimas no direito societário, exigindo a adoção desse tipo sofisticado para o desempenho de atividades socialmente relevantes. Paillusseau constata uma evolução no sentido da "progressiva substituição dos fundadores pelo legislador para a organização do agrupamento. Uma organização de origem legal tende a substituir uma organização de origem contratual".[27] Os poderes gerenciais da sociedade de pessoas, dispersos entre todos os sócios, ou concentrados em um órgão polivalente - a assembleia ou reunião de sócios - sofre profunda transmutação, com a atribuição de "uma responsabilidade funcional para os órgãos de gestão".[28] Isso ocorre simultaneamente a um crescimento da heterogeneidade de características e interesses da coletividade social. A questão não é mais apenas permitir a expressão da vontade da sociedade nos atos jurídicos, mas "a organização jurídica das funções do governo da empresa e, particularmente, das funções de administração e direção", devendo "a organização da estrutura e a repartição do poder fundarem-se sobre essa ideia".[29] "As necessidades de governo das grandes empresas impõem uma especialização e uma hierarquização das funções de governo e dos órgãos encarregados do exercício dessas funções."[30]

Criação de tipo societário sui generis *para o exercício de determinadas atividades reguladas*

A instrumentalização do direito societário para propósitos regulatórios chega ao ponto de se criarem tipos societários *sui generis*, voltados ao exercício de atividade regulada.

---

25. BUONOCORE, Vincenzo. *L'impresa*, 2002, p. 1.880.
26. CUEVAS, op. cit., 1993a, p. 293, 2º v.
27. PAILLUSSEAU, op. cit., 1967, p. 35.
28. Ibidem, p. 36.
29. Ibidem, p. 154.
30. Ibidem, p. 251.

A título de exemplo, invoquemos a Investment-KG, criada pela Kapitalanlagegesetzbuch - KAGB, como forma típica especial de sociedade em comandita, com regime próprio, para a gestão de recursos de fundos fechados de previdência.[31]

Cremos que o Direito brasileiro também tenha seu tipo *sui generis*, criado para atividade específica. Referimo-nos à sociedade de advogados, com registro próprio e peculiaridades em seu regime de responsabilidade que a diferenciam em parte da sociedade simples. Na Itália, "a nova disciplina da sociedade entre advogados [...] se acrescenta aos tipos previstos e disciplinados pelo Código criando assim um novo tipo de sociedade".[32] As peculiaridades éticas da profissão advocatícia[33] e o fato de serem sociedades titularizadas pelos próprios prestadores de serviço[34] talvez expliquem esse regime jurídico próprio.

Limitação e ilimitação de responsabilidade como tema regulatório

A responsabilidade da sociedade é sempre ilimitada. No que toca à limitação da responsabilidade de seus sócios, este é um desdobramento não necessário, mas razoável da existência do patrimônio separado.[35] A limitação da perda ao valor dos investimentos é algo comum na prática comercial,[36] e "a socialização parcial do risco era consequência do reconhecimento implícito de que as atividades mercantis beneficiavam a sociedade como um todo".[37]

---

31. *V.* WALLACH, Edgar. „Die Regulierung von Personengesellschaften im Kapitalanlagegesetzbuch". *Zeitschrift für Unternehmens- und Gesellschaftsrecht*, n. 43, 2/3, p. 290 e segs., jun. 2013.
32. BUONOCORE, op. cit., 2002, p. 132.
33. "Lawyers are not free in their choice of organizational form. Some organizational forms are prohibited, though we shall see that deregulation has begun to change this in some jurisdictions" (STEPHEN, Frank; LOVE, James; RICKMAN, Neil. "Regulation of the legal profession", 2012, p. 663).
34. Henry Hansmann observa que "firmas titularizadas por empregados têm sido há bastante tempo comuns nas profissões de prestação de serviços" (HANSMANN, Henry. *The ownership of enterprise*, 2000, p. 1).
35. Já Sylvio Marcondes dizia que patrimônio separado e responsabilidade limitada eram "irmãos siameses".
36. Easterbrook e Fischel observam que "limitation of liability to the amount invested is an attribute of most investment, not just of corporate law" (EASTERBROOK, Frank H.; FISCHEL, Daniel R. *The economic structure of corporate law*, 1991, p. 40).
37. FRAZÃO, Ana. *Função social da empresa.* Repercussões sobre a responsabilidade civil de controladores e administradores, 2011, p. 18.

Apontam Easterbrook e Fischel o relevante papel desempenhado pela limitação de responsabilidade, na captação do investimento, viabilizando a grande empresa:[38] 1) reduz a necessidade (e por conseguinte os custos) do monitoramento da administração pelos acionistas; 2) dispensa o acompanhamento da situação patrimonial dos demais sócios, que passa a ser irrelevante, já que inexistente solidariedade entre todos os partícipes da sociedade em relação às dívidas sociais; 3) facilita a transferência de participações societárias para novos investidores; 4) permite a atribuição de preços homogêneos para as ações de mesma natureza de uma companhia – baseando-se nas perspectivas econômicas da sociedade –, sendo irrelevante a composição acionária de dado momento; 5) permite maior diversificação de investimentos, reduzindo riscos; 6) permite a assunção de maiores riscos pelos administradores.[39]

Critica-se a limitação de responsabilidade com base na ideia de risco moral, dado "o incentivo criado pela responsabilidade limitada para transferir o custo de atividades arriscadas para credores".[40] No entanto, a limitação de responsabilidade não é ineficiente desde que conhecida pelos que negociem com a sociedade, os quais exigirão um maior prêmio de risco.[41] Por outro lado, "a exclusão de responsabilidade do sócio não é um atributo lógico de sua participa-

---

38. No século XIX, ingleses ainda tinham visão crítica das sociedades anônimas, derivada do Bubble Act, e uma identificação ainda entre companhia e monopólio. Privilegia-se ainda o empresário individual. "Questro pregiudizio spiega il retardo nella predisposizione in Inghilterra di una disciplina legale adequata alla esigenze della grande empresa" (MIGNOLI, Alberto. "Idee e problemi nell'evoluzione della 'company' inglese", 2007, p. 206).

39. EASTERBROOK; FISCHEL, op. cit., 1991, p. 41-4. No entanto, afirma Vermeulen não haver evidência empírica que suporte a eficiência ou ineficiência da responsabilidade limitada para companhias fechadas (VERMEULEN, Erik P. M. *The evolution of legal business forms in Europe and the United States*. Venture capital, joint venture and partnership structures, 2003, p. 86).

40. EASTERBROOK; FISCHEL, op. cit., 1991, p. 50.

41. "Nos tipos societários com responsabilidade limitada, esta suporá que os potenciais credores somente estejam dispostos a contratar com tais sociedades em condições de preços que os compensem pelo maior risco corrido. A justificativa não se aplica nos casos em que o credor não está vinculado contratualmente à sociedade [...]. Cria-se, assim, mediante um procedimento mágico, uma subvenção às atividades que tragam riscos a terceiros, com a qual se oneram esses terceiros prejudicados [...]. A resposta do direito positivo tem consistido em estender gradualmente a responsabilidade dos administradores e dos sócios que derem seu consentimento a condutas danosas" (CUEVAS, op. cit., 1993a, p. 71-2, v. 1).

ção, senão apenas se legitima por meio do atingimento e conservação de um fundo de garantia apropriado em favor dos credores".[42]

O problema se coloca diante dos credores involuntários, que não puderam negociar *ex ante* nenhum prêmio, ou por desconhecerem o risco, ou por terem sido vitimados contra sua vontade pela atividade da empresa. A assimetria informacional, a externalidade e o risco são os campos naturais de exercício da atividade regulatória, e por isso a regulação tende a afastar, ao menos em parte, a limitação de responsabilidade, em seu regime. E isso curiosamente ocorre de modo simultâneo com a prática regulatória de impor a adoção de tipos societários de responsabilidade limitada, pela sua densidade institucional.[43]

Conclui-se que, no plano regulatório, embora a limitação de responsabilidade possa ser justificada pela mesma necessidade de atração de capitais de risco para as empresas reguladas, não é essa a circunstância determinante da adoção de um dado societário. A especificação legal do tipo da sociedade regulada prende-se mais ao desejo do regulador de um determinado padrão mínimo de institucionalização da relação societária, sendo a responsabilidade limitada dos sócios um "efeito colateral", que é, muitas vezes, relativizado pela adoção concomitante de regimes especiais de responsabilidade administrativa ou civil dos sócios ou dos controladores.

A título de exemplo, exige-se a adoção da forma acionária pelas sociedades dedicadas às atividades financeiras, justificada pelo maior grau de institucionalização desse tipo, permitindo maiores estabilidade do vínculo social, *accountability* e facilidade de captação de recursos no mercado. Ao mesmo tempo, fixa-se severo regime administrativo de penalização de administradores e controladores.[44]

---

42. WIEDEMANN, op. cit., 1980, p. 203, v. I.

43. Por vezes, resolve-se a questão já impondo um tipo que preveja a responsabilidade solidária ou subsidiária dos sócios – como ocorre com as sociedades de advogados brasileiras ou com as seguradoras do Reino Unido antes do Company Act, de 1862.

44. "A legislação bancária brasileira possui ao menos duas singularidades, relativamente à americana: (i) interfere *ex ante* nos incentivos a correr risco por parte de diretores estatutários, membros do conselho de administração e do grupo de acionistas controladores, pois todos teriam, potencialmente, responsabilidade ilimitada [...]; (ii) *ex post-facto*, além de fazer valer a indisponibilidade de bens dos responsáveis pelo problema [...], proporciona à figura do interventor, ou liquidante, poderes para vender ativos e negociar passivos, mediante autorização do BCB, de modo a resolver a instituição problemática" (FRANCO, Gustavo H. B.; ROSMAN, Luiz Alberto. "A crise bancária norte-americana: algumas lições da experiência brasileira", 2010, p. 158). O Decreto-lei n. 9.328, de 1946, fixa

Exigência da adoção de forma de companhia aberta

Constatam-se também exigências de que a sociedade anônima exercente de atividade regulada seja de capital aberto, embora sejam elas em geral veiculadas por regras editalícias de licitações para concessões.

Nesse ponto, a *ratio legis* é bastante clara: além de um grau ainda mais elevado de institucionalização e *accountability*, viabiliza-se a mais ampla captação de recursos no mercado, e ainda se assegura liquidez para eventuais alienações de participações minoritárias de fundos de fomento ou bancos de investimento público. Por vezes, busca-se também, indiretamente, incentivar o desenvolvimento do mercado de capitais, chegando-se a exigir o registro em segmento especial do mercado.

Aprovação administrativa dos eventos societários

No que se refere ao ordenamento regulatório da empresa, destaca-se a exigência de aprovação administrativa para a constituição ou reforma do estatuto social, ou outros atos societários.

Embora configure, em si, um ato externo ao regime jurídico societário – e que, portanto, não afeta o funcionamento interno da empresa –, a previsão legal de autorização administrativa cria as condições para a formulação de exigências organizacionais como requisito para o deferimento da atividade.

A exigência de autorização prévia é "a mais intervencionista das formas regulatórias".[45] "Nenhuma barreira de entrada é mais absoluta que uma imposta ou efetivada pelo poder soberano do Estado."[46] Datando do tempo das guildas medievais, essa técnica não apenas preserva padrões mínimos de qualida-

---

a responsabilidade dos diretores de bancos, explicando-se, na Lei n. 1.808/53, seu caráter subjetivo. A Lei n. 6.024/76, embora não afirme a responsabilidade independente de culpa, tem sido aplicada com um rigor equivalente pelo Bacen. Somente o Decreto n. 2.321/87, ao criar o RAET, fixou a responsabilidade solidária e objetiva. O STJ, no REsp n. 447.939-0/SP, de 2007, afirmou o caráter subjetivo, mas com presunção de culpa e inversão do ônus da prova.

45. OGUS, op. cit., 2004, p. 9.
46. KAHN, Alfred A. *The economics of regulation*. Principles and institutions, 1991, p. 116-II.

de, mas limita a competição, podendo constituir barreiras de entrada. Por isso, só se justifica nas atividades em que haja externalidades importantes.[47]

Diferencia-se de sistemas de registro ou certificação,[48] podendo ser posterior à constituição (como condição para o início de atividades), ou prévia a ela. No primeiro caso, sua falta não afeta a capacidade jurídica da sociedade, mas sua legitimação para o exercício da atividade.[49]

O perfil das atividades que exigem prévia autorização varia de país a país. Ogus observa que os estados norte-americanos têm regras exigindo licenças prévias para mais de 400 profissões, com curiosidades como astrólogos e cartomantes, vendedores de sorvete e tatuadores.[50]

No Brasil, a chamada "Lei dos Entraves" – a Lei n. 1.083, de 1860 –, exigia autorização legislativa – e não do executivo, como ocorria com as demais companhias – para sociedades anônimas poderem operar como bancos, ferrovias e canais de navegação.

Presentemente, o anexo da Instrução Normativa DREI n. 12/2013, alterado pela Instrução Normativa DREI n. 41/2017, elenca os atos e eventos societários sujeitos à aprovação administrativa prévia para registro na Junta Comercial, listados segundo o órgão autorizador, e com a indicação do fundamento normativo de cada exigência. A norma cuida também do registro de sociedades estrangeiras. O art. 20 dispõe que "as disposições legais e regulamentares que versarem sobre a aprovação prévia de atos por órgãos e entidades governamentais devem ser interpretadas de forma estrita". A amplitude desse requisito varia de forma significativa conforme a atividade regulada. No caso de instituições financeiras, exige-se a autorização do Bacen, entre outros atos, para qualquer reforma estatutária ou para a assunção da condição de acionista detentor de participação qualificada de mais de 15% do capital social. Em outros setores regulados, a aprovação governamental prévia cinge-se à alteração de controle societário.

Para Mauro Rodrigues Penteado, a autorização, nesses casos, é condição de eficácia da deliberação.[51] Acrescentamos que, mesmo que tenha sido registrada, não produzirá efeitos quanto a terceiros, se faltou a autorização, devendo ser invalidado o registro por vício procedimental.

---

47. OGUS, op. cit., 2004, p. 228.
48. Ibidem, p. 214-5.
49. BUONOCORE, op. cit., 2002, p. 110.
50. OGUS, op. cit., 2004, p. 226.
51. PENTEADO, Mauro Rodrigues. *Aumentos de capital das sociedades anônimas*, 2012, p. 215.

Regime regulatório do nome empresarial

No direito societário, a função de identificação do nome empresarial tem mais de uma dimensão. Identifica-se o titular da atividade,[52] o objeto social da atuação empresarial e o tipo societário de que a sociedade empresarial se reveste.[53]

Já no plano regulatório, há regras cogentes relativas a elementos que devem constar da denominação da sociedade regulada, com o objetivo de explicitar sua sujeição ao respectivo regime regulatório.

Isso é muito comum na seara bancária. Um banco comercial deve usar, em sua denominação, a palavra "banco", não se admitindo qualquer outro sinônimo, por exemplo, "casa bancária". As demais instituições financeiras também devem usar *ipsis verbis* o nome de suas espécies em suas denominações (como exemplos, *v.* Resoluções ns. 2.624 e 2.686 do Bacen).

Regime regulatório do objeto social

Elemento-chave do regime societário,[54] o objeto social descreve a atividade econômica a ser exercida pela sociedade,[55] definindo o que pode e o que não pode

---

52. "A firma é um direito pessoal, inestimável, que não tem equivalente econômico, e é instituído em benefício do comércio, para evitar fraudes" (VAMPRÉ, Spencer. *Tratado elementar de direito comercial,* s/d, p. 165). Sobre as denominações, "as companhias de seguros se dão nomes de virtudes ou de qualidades que inspiram confiança. As sociedades que se fundem criam vocábulos bizarros amalgamando os nomes antigos" (RIPERT, op. cit., 1951, p. 75).
53. Há um princípio geral de que o nome faça referência ao tipo social adotado (CUEVAS, Guilhermo Cabanellas de Las. *El contrato de sociedade.* Derecho societario. Parte general, 1993b, p. 577, 2º v.).
54. Temos postulado que o direito comercial é avesso a dogmatismos, e as afirmações categóricas que aqui se fazem a respeito do objeto social, ecoando a doutrina que enfatiza sua importância, também devem ser tomadas *cum grano salis.* A título de exemplo, tome-se o Companies Act inglês, de 2006, que estipula que, se o objeto social não for "*specifically restricted*", isso não implica a nulidade do contrato, mas sim a consideração de que seu objeto é *unrestricted,* ou seja, ilimitado. O mesmo ocorre se sócios revogarem a cláusula descritiva do objeto. Segundo Massimo Bianca, o objetivo do legislador não parece ter sido o de permitir que a sociedade passe rapidamente de uma para outra atividade, mas sim permitir a prática eventual, pelos administradores, de atos estranhos ao objeto social (BIANCA, Massimo. *Oggetto sociale ed esercizio dell'impresa nelle società di capitali,* 2008). Na referida obra, Massimo Bianca descreve o papel e o regime do objeto social ao longo da história, desde a *societas* romana.
55. ROMANO-PAVONI, Giuseppe. *Teoria delle Società.* Tipi. Costituzione, 1953, p. 405-6.

ela fazer, sendo o fundamento e o limite do poder de gestão. A conformidade de um ato concreto relativamente ao objeto social exige que se adote um critério econômico – que considere a realidade econômica da empresa e seus métodos de atuação –,[56] e não um exame formalista e nominal. Estrela polar da sociedade, na célebre definição de Wiedemann,[57] o objeto social constitui o meio para o atingimento de um fim – a obtenção de lucro.[58]

Além de limitar a liberdade de gestão do administrador e preordenar sua atividade,[59] o objeto permite imputar os atos dos administradores à pessoa jurídica, protegendo os interesses dos sócios e dos credores.[60] É o que norteia o cálculo econômico dos sócios: por isso que, se alterado, dá-lhes o direito de recesso. E foi levado em conta também pelos próprios credores da sociedade, quando com ela contrataram.[61]

No âmbito da regulação, o objeto social desempenha dois papéis importantíssimos. O primeiro é constituir o elemento pelo qual se pode imputar determinado regime regulatório a uma dada sociedade. O segundo é ser o instrumento para se realizar a segregação de atividades entre sociedades, em situações em que não possa haver cumulação, como ocorria no passado no setor financeiro e como ocorre quando há *unbundling* dos serviços em rede.

---

56. PAILLUSSEAU, op. cit., 1967, p. 170.

57. O fim social – que na acepção de Wiedemann compreende o objeto e o objetivo da sociedade – é tão importante para a sociedade quanto o sinalagma no contrato. A sociedade é um *Zweckband*, e o fim social é sua "lei da vida" (*Lebensgesetz*) (WIEDEMANN, op. cit., 1980, p. 8-10). Alchian Demsetz diz, a respeito do objeto social no estatuto: "this implies an agreement to especialize" (DEMSETZ, Alchian. "Theory of the Firm revisited", 1993, p. 170).

58. No entanto, deve ser diferenciada a delimitação da atividade do objeto social da "determinación de los médios jurídicos e económicos que utilizará la sociedade para llevar a cabo tales atividades" (CUEVAS, op. cit., 1993b, p. 259, 2º v.).

59. ADAMEK, Marcelo Vieira Von. *Responsabilidade civil dos administradores de S/A e ações correlatas*, 2010, p. 143.

60. CUEVAS, op. cit., 1993b, p. 258, 2º v.

61. A doutrina da *ultra vires* na *common law* justificava-se pelo fato de serem as companhias criaturas finitas da prerrogativa legislativa (NOVAK, William. *The people's welfare*. Law & regulation in nineteenth century America, 1996, p. 106). Isso se liga à visão da administração como mandato, e foi eliminada no direito inglês com o Companies Act de 2006 (section 39 (l)) (ROTH, Günter H.; KINDLER, Peter. *The spirit of corporate law*. Core principles of corporate law in continental Europe, 2013, p. 79). No Direito italiano, atos *ultra vires* são válidos e eficazes perante terceiros de boa-fé (art. 2.384 *bis*). A dificuldade da teoria *ultra vires* é avaliar isoladamente um ato – e não a atividade –, para verificar se está no objeto social (exemplo, compro flores no atacado para um evento corporativo).

A ideia ascarelliana de que o objeto basta para a imputação da atividade à sociedade (ao contrário da necessidade de efetivo exercício pelo empresário individual)[62] é relevante para se entender como a empresa se subordina a um dado regime regulatório. Por isso também que a mudança de objeto social tem de ser, em regra aprovada, quando há regramento de acesso e saída do mercado.

Houve na Argentina um caso curiosíssimo. Diante da iliquidez do Banco de Mendoza S/A, foi revogada sua autorização para funcionamento e determinada sua liquidação. Seu controlador alterou seu objeto social – excluindo a atividade financeira – e pretendeu, sem sucesso, a conversão da liquidação em concurso preventivo (o que era impossível para instituições financeiras).

O objeto social é também a ferramenta para se segregarem atividades com o propósito de se evitar riscos sistêmicos (como ocorre com os bancos comerciais em alguns países,[63] devendo, entre suas operações, serem construídas grossas paredes contra incêndio, na comparação de Adam Smith), ou para se evitarem subsídios cruzados e se permitir a institucionalização de mercados, por exemplo, com o *unbundling* das sociedades do setor elétrico.[64]

---

62. "Mentre però nelle persone fisiche l'attività non potrà essere imputata se non in seguito all'effetivo compimento de gli atti attraverso i quali si esplica (essendo perciò considerata come un fato), nelle persone giuridiche sarà sufficiente lo scopo di compierla; anche indipendentemente dal suo efetivo svolgimento; in dette ipotesi, è dunque lo scopo l'elemento al quale si deve innanzitutto per capo per la qualificazione del soggetto" (ASCARELLI, Tullio. *Corso di diritto commerciale*. Introduzione e Teoria dell'Impresa, 1962, p. 152).
63. No Brasil, "o sistema financeiro nacional surgiu sob o signo da especialização de atividades". Isso, no entanto, gerou significativa multiplicação de custos operacionais, levando à criação dos bancos múltiplos, que "podem englobar as carteiras típicas de banco comercial, de banco de investimento, de sociedade de crédito imobiliário, de sociedade de crédito, financiamento e investimento e de arrendamento mercantil. Para a sua caracterização, é necessária, pelo menos, a presença de duas dessas carteiras, sendo que ao menos uma delas deve ser a de banco comercial ou de investimento" (YAZBEK, Otavio. *Regulação do mercado financeiro e de capitais*, 2008, p. 165).
64. O *unbundling* pode se fazer no seio da mesma sociedade, com a segregação das atividades em centro de custos diferentes debaixo de uma mesma pessoa jurídica. Se o grau de separação for total – com sociedades diferentes para as atividades diferentes –, os objetos sociais deverão ser demarcados adequadamente.

CAPÍTULO VIII
Patrimônio da sociedade e direitos dos sócios

Regras sobre capital social

Debt and equity are more than alternatives sources of funds. They are alternative governance structures.
Oliver Williamson

Múltiplas são as funções do capital social no direito societário: a) para Ascarelli, o capital é "um ponto fixo de referência", a partir do qual se examinam as variações patrimoniais;[1] b) é uma medida estática a ancorar a atividade dinâmica da sociedade; c) tutela credores;[2] d) a participação em sua composição baliza o exercício de direitos societários, como o de voto, dando à sociedade feição plutocrática (Galgano).

Há liberdade dos sócios em fixarem o capital, ressalvadas as legislações que imponham um mínimo. Por vezes, os sócios estabelecem o valor do capital em patamar excessivo, para sinalizar sua seriedade e seu comprometimento com a

1. Apud PENTEADO, Mauro Rodrigues. *Aumentos de capital das sociedades anônimas*, 2012, p. 38.
2. Na lição de Simonetto, o capital social não constitui direta e integralmente garantia dos credores, pois há nele elementos que, embora tenham valor patrimonial, são insuscetíveis de penhora e execução forçada.

empresa, já que eles compartilharão o risco de perda de capital com aqueles que financiarem a operação.[3]

Os princípios que o norteiam são os da unidade (o capital deve ser singular, mesmo que se façam atribuições a filiais e sucursais), determinação (forma exata e precisa), efetividade (deve se originar de aportes efetivos), permanência (deve permanecer inalterado; sua modificação faz-se segundo procedimento formal, regrado em lei e estatutariamente), irrevogabilidade (sócios não podem ser dispensados das entradas), realidade e intangibilidade (não pode ser desviado).[4]

A importância do capital cresce com a generalização da limitação de responsabilidade.[5]

Como se verá nos itens subsequentes, o capital, para fins regulatórios, não é mera cifra, fixada a critério dos sócios. Há regramentos máximos e mínimos conforme o setor, mas, mais importante, existe uma preocupação qualitativa com a forma de integralização do capital, os ativos que o compõem e os índices financeiros que dele derivam.

Capital mínimo

No direito societário, os ordenamentos que estabelecem capitalizações mínimas (em geral em níveis baixos) justificam-nas no intuito de tutela dos credores. A ideia do capital mínimo tem a ver com a criação de um colchão de proteção (um *risk buffer*) para proteger o capital emprestado por terceiros contra prejuízos.

Muitas são as críticas doutrinárias à previsão de mínimo legal para as sociedades: a) a pouca relevância da cifra de capital, quando comparada a outros índices financeiros, sobretudo de liquidez e endividamento, o que implica a inadequação do capital às funções que o legislador pretenda que ele exerça; b) a inutilidade do capital mínimo, quando desacompanhado da exigência de inte-

3. ROTH, Günter H.; KINDLER, Peter. *The spirit of corporate law*. Core principles of corporate law in continental Europe, 2013, p. 36.
4. *V*. CUEVAS, Guilhermo Cabanellas de Las. *El contrato de sociedade*. Derecho societario. Parte General, 1993b, p. 643-4, 2º v.; e Alfredo Lazzareschi Neto, em suas notas de atualização a PENTEADO, Mauro Rodrigues. *Aumentos de capital das sociedades anônimas*, 2012, p. 38.
5. "With limited liability, K [capital] becomes a crucial determinant of the probability of insolvency" (MUNCH, Patricia; SMALLWOOD, Dennis. "Theory of Solvency Regulation in the property and casualty insurance industry", 1983, p. 129).

gralização total imediata; c) a desatualização do capital, em descompasso com a capacidade de geração de riqueza atingida após o decurso de alguns anos de atividade da empresa, ou, ao contrário, o fato de não refletir ele fidedignamente passivos ocultos, contingências e depreciações colhidas desde sua fixação; d) a inadequação de valores legais uniformes frente à diversidade de demandas financeiras conforme a natureza da atividade, ou o contexto de seu exercício; e) a possibilidade do piso legal obstar a criação de novas empresas; f) a irrelevância prática das regras de capital mínimo, que no direito comparado tem sido fixado em valores bastante baixos, constituindo mera formalidade;[6] g) o problema maior não está na fase de formação da sociedade, mas nas perdas que se seguem ao início de sua atividade; h) a restrição ao empreendedorismo (se exigências de capital forem demasiadamente elevadas, podem constituir barreiras de entrada).[7]

Por esses motivos, há uma tendência legislativa de redução do valor do capital mínimo,[8] embora essa figura tenha surgido no Brasil, no bojo da lei da EIRELI.

Os regimes regulatórios, por vezes, estabelecem a exigência de capital mínimo, com o propósito de assegurar a continuidade da atividade regulada. A diferença do regime regulatório do capital mínimo em relação ao societário é que, neste último, a lei fixa o valor sem levar em conta as características do setor em que operará a empresa, mas apenas o tipo societário.

De fato, o capital mínimo é estabelecido em patamar adequado para cada setor, e, com isso, pode ser bastante elevado. A Resolução n. 2.607/99 fixa como limite mínimo de capital realizado e patrimônio líquido, para a sociedade poder funcionar como banco comercial, o valor de R$ 17.500.000,00 (dezessete milhões e quinhentos mil reais).

---

6. *V.* PENTEADO, op. cit., 2012, p. 45 e segs.
7. EASTERBROOK, Frank H.; FISCHEL, Daniel R. *The economic structure of corporate law*, 1991, p. 60.
8. GALGANO, Francesco; GENGHINI, Riccardo. *Il nuovo diritto societario*. Trattato di diritto commerciale e di diritto pubblico dell'economia, 2006, p. 8, v. 28. A competição regulatória com a *private limited company* inglesa tem levado à supressão da exigência na Europa, como ocorreu com a SARL francesa (capital mínimo abolido em 2003), ou a introdução, na Alemanha, da *Unternenhmergesellschaft*, que pode ter capital de 1 euro (ROTH; KINDLER, op. cit., 2013, p. 20). Por outro lado, tem se disseminado na doutrina europeia a defesa da responsabilidade do sócio quando há uma subcapitalização inicial, tal como ocorre no Direito belga.

Prevenção da supercapitalização

Na história da regulação, as companhias encontravam meios de distorcer a *rate of return regulation* pela dispersão de capitais e superinvestimento.[9]

Essa preocupação já afligia os economistas institucionalistas,[10] quando foi modelada por Averch e Johnson.

Averch e Johnson escreveram o texto inaugural da economia regulatória, "Behaviour of the firm under regulatory constraint":[11] criticaram o critério tarifário de "justa taxa de retorno" sobre o valor dos investimentos, pois, se essa taxa é maior do que o custo de capital mas menor do que a taxa de retorno sem limitação regulatória, a firma vai substituir outros fatores de produção por capital mesmo que isso não minimize seu custo. Além disso, a firma terá incentivo para entrar em outros mercados regulados quando o regulador considerar todo o valor dos ativos, pois "a expansão para outros mercados pode permitir que a firma infle sua base de cálculo tarifário".[12] Em síntese, o critério pode levar a uma substituição ineficiente de fatores de produção e impactar a competição. É o chamado *AJ Effect*: a regulação que limita os lucros da firma em relação ao capital investido torna ineficiente a escolha da tecnologia de produção.[13]

Para evitar a supercapitalização, o regulador pode exigir autorização prévia para aumentos de capital, ou controlar valor de emissão de novas ações ou as políticas de dividendos.[14] Pelos mesmos motivos, para limitar o investimento excessivo de capitais, o Office of Gas and Electricity Market – OFGEN – do Rei-

---

9. BALDWIN, Robert; CAVE, Martin. *Understanding regulation*: Theory, strategy and practice, 1999, p. 67.
10. "To meet the problem of overcapitalization a commission must see that securities are issued for prudent purposes, that they contribute to a well-balanced capital structure [...] Overcapitalization may be due to excessive amounts of securities issued to promoters for supposed services, or to the excessive cost of selling" (CLEMENS, Eli Winston. *Economics and public utilities*, 1950, p. 467).
11. AVERCH, H.; JOHNSON, L. L. "Behaviour of the firm under regulatory constraint". *American Economic Review*, p. 1.052-69, 1962.
12. Ibidem, p. 1.058.
13. Kahn aponta que "como compensação ao monopólio, a distorção A-J-W provavelmente faz mais bem do que mal. Ela encoraja a assunção de riscos e investimento na ampliação da produção" (KAHN, Alfred A. *The economics of regulation*. Principles and institutions, 1991, p. 107-II).
14. PHILLIPS JR., Charles F. *The regulation of public utilities*: Theory and practice, 1985, p. 215-6.

no Unido dá recompensa financeira a distribuidoras que operem com menos investimento de capital do que originalmente estimado.[15]

Regras qualitativas sobre o patrimônio social

Em regra, a lei societária preocupa-se com a valoração do capital em termos absolutos, mas não com seus componentes intrínsecos, com exceção de poucas normas, como as que exigem pertinência entre a natureza do bem aportado para a integralização do capital e o objeto social. Já no âmbito regulatório, há um foco acentuado nos aspectos qualitativos desse capital, fundado na previsão de reversão futura dos bens para o poder público, ou nos riscos sistêmicos de uma crise de liquidez.

Especificidade de ativos

A primeira forma adotada por essa preocupação qualitativa com o objeto social consiste na exigência de bens específicos para a composição do capital, em seu momento de constituição ou durante a vida da sociedade.

Assim, por exemplo, o capital de bancos só pode ser integralizado em dinheiro, quando da subscrição das ações.

No campo das concessões, as regras editalícias e contratuais podem exigir a aquisição ou construção de determinados bens que, se essenciais à prestação dos serviços, e tendo sido amortizados, reverterão ao poder público.[16]

Exigências de liquidez e atendimento de índices financeiros

O regulador preocupa-se também com a estrutura de capitais, em especial com a proporção entre capital próprio ou de terceiros (pois isso aumenta riscos e custos financeiros, embora, no que toca ao regime tarifário, possa ser levada em conta uma estrutura de capitais hipotética, em lugar da real), e por ser elemento que pode alterar o próprio controle da empresa regulada.[17] Com essa preocu-

15. HAUGE, Janice; SAPPINGTON, David. "Pricing in network industries", 2012, p. 485.
16. A esse respeito, a obra de referência é MARQUES NETO, Floriano Peixoto de Azevedo. *Concessões*, 2015.
17. PHILLIPS JR., op. cit., 1985, p. 218.

pação, pode ser exigida prévia autorização para a emissão de debêntures ou outros títulos de dívida.

No entanto, a questão da estrutura de capital ganha maior relevância e complexidade no plano da regulação prudencial, que exige, ademais, uma concepção dinâmica, e não estática, do capital.

A crise financeira de 2008 expôs os riscos de gestão de processos internos de risco, característicos do modelo de Basileia II: são necessários instrumentos múltiplos. Basileia II sustentava-se sobre três pilares: a) o cálculo do capital mínimo exigido para a proteção contra riscos de crédito (em especial, perdas não esperadas), de mercado e operacional, segundo uma forma de ponderação de ativos pelo risco (capital próprio maior ou igual a 8% dos ativos ponderados pelo risco); b) critérios para inspeção regulatória e aumento de capital por determinação da autoridade, se necessários; c) política de *disclosure* e padronização contábil. Permitia alavancagem excessiva e era pró-cíclico, pois, na bonança, ativos ponderados por risco são valorizados em excesso, reduzindo o capital mínimo.

Regras especiais de escrituração e de segregação de custos

A escrituração tem origem medieval: as primeiras linhas dos livros contábeis eram reservadas para as transcrições de orações, na expectativa de os negócios serem abençoados.[18] A escrituração sempre foi importante exteriormente à sociedade, fazendo prova nos litígios.

No direito societário, a escrituração social é uma exigência lógica do objetivo de repartição dos resultados e uma condição para se viabilizar a limitação das responsabilidades de sócios. A regulação setorial, no entanto, costuma impor toda uma superestrutura contábil específica, com os objetivos mais variados, por exemplo, a obtenção de transparência no processo de cálculo tarifário e o impedimento de que tarifas subsidiem atividades submetidas a competição no mercado.

De fato, a contabilidade tradicional possui necessidades que são diversas daquelas demandadas pela regulação econômica: o seu foco é a situação patrimonial e os eventos financeiros da entidade como um todo, e não os resultados

---

18. LANDES, David S.; MOKYR, Joel; BAUMOL, William. *A origem das corporações*, 2010, p. 115.

específicos da atividade regulada – que são as informações relevantes para a definição da política tarifária. De outra parte, a dimensão temporal dos fenômenos contábeis pode ser moldada para melhor se ajustar às necessidades regulatórias, podendo, por exemplo, estabelecer regras diferentes quanto ao momento de reconhecimento ou imputação de custos ou investimentos e de ativação de bens.[19]

Ademais, na seara regulatória, o *disclosure* das informações contábeis tem de ser obrigatório para todas as empresas do setor, porque umas aproveitam as informações das outras.[20] Podem também ser exigidos relatórios e demonstrações específicas.

Não se dava atenção aos métodos contábeis nos primeiros dias da regulação – sendo vistos como matéria de interesse gerencial interno –,[21] o que gerava abusos, como exagero no apontamento de despesas operacionais, confusão de investimentos nas atividades reguladas e não reguladas e supercapitalização.[22] Por isso, já em 1912, no caso Interstate Commerce Commission *vs.* Goodrich, a Suprema Corte dos EUA reconheceu a prerrogativa do regulador de prescrever práticas contábeis.

Os propósitos específicos da contabilidade para fins regulatórios são os seguintes:[23]

---

19. "A contabilidade é usualmente baseada em uma regra de imputação de custo temporal que pode nem sempre refletir as necessidades regulatórias. O regulador pode determinar tarifas que permitam a recuperação de custos quando estes custos sejam incorridos ou quando estes custos sejam reconhecíveis nas contas financeiras da firma. A maioria das agências regulatórias não permite que um bem seja ativado até que este bem esteja sendo utilizado no serviço. Para cobrir os custos financeiros associados com projetos de longa maturação, a prática regulatória permite a capitalização dos custos financeiros incorridos durante a construção [...]. Essa estratégia também se afasta dos princípios contábeis das firmas não reguladas e dos princípios contábeis geralmente aceitos" (PARDINA, Martin Rodriguez; RAPTI, Richard Schlirf; GROOM, Eric. *Accounting for infrastructure regulation*, 2008, p. 9).
20. Por isso Easterbrook e Fischel defendem, em artigo sobre mercado de capitais, que a obrigação seja veiculada em nível nacional, pela lei federal, em lugar das legislações estaduais ("Mandatory disclosure and the protection of investors").
21. "There was a time when a utility's accounting system and financial reports were regarded as matters of concern to management alone" (CLEMENS, op. cit., 1950, p. 451).
22. PHILLIPS JR., op. cit., 1985, p. 194 e segs. Este autor, que trata dos objetivos da regulação contábil, será uma referência importante nas considerações sobre esse tópico na presente obra.
23. Sobre os objetivos e procedimentos da contabilidade regulatória, *v.* PARDINA; RAPTI; GROOM, op. cit., 2008.

a) Uniformização: "Se a informação contábil for ajudar o processo regulatório [...], uniformidade é primordial. De fato, a uniformidade é um pré-requisito para a comparabilidade".[24] Como se está a regular todo um setor econômico, as entidades dele integrantes devem seguir os mesmos critérios e procedimentos. De fato, para que se possa praticar a regulação de tarifas, é essencial uma homogeneidade no tratamento de receitas, despesas operacionais, depreciação (tanto por física como por obsolescência tecnológica) e investimentos. A Suprema Corte dos Estados Unidos, em 1913, já afirmava que "nenhum sistema de supervisão ou regulação seria completo sem a exigência de que as contas das ferrovias falassem uma linguagem comum".[25]
b) Separação de investimentos e despesas: gastos com ativos fixos não podem ser lançados como despesas operacionais.
c) Critérios de avaliação de ativos, que evitem inflá-los ou exagerá-los, provocando distorções tarifárias, nos regimes de taxa de retorno. É necessário estabelecer um regime de avaliação de custos dos ativos destinados à atividade regulada.
d) Separação contábil das atividades reguladas e não reguladas, com alocação das despesas específicas, tratamento e divisão das despesas comuns e conjuntas.
e) Equacionamento das relações com partes relacionadas e impossibilidade de se maquiar lucros como despesas.
f) Avaliação da razoabilidade tarifária.
g) Transparência para investidores: a regulação contábil termina por proteger os próprios investidores de problemas como supercapitalização, diluição de capital e endividamento excessivo.[26]
h) Adequação da regra de depreciação (o que influencia diretamente a velocidade da mudança tecnológica).[27]
i) Regras específicas para a determinação da base de ativos e para sua avaliação.

---

24. James Suelflow, citado in PHILLIPS JR., op. cit., 1985, p. 193.
25. Kansas City So. Ry. Co. *vs.* United States.
26. No entanto, o grau de informações de divulgação obrigatória gera polêmicas. Há duas críticas tradicionais: a incompreensão pelo público e o favorecimento dos concorrentes. McCullouch defendia que o único efeito da divulgação de balanços era "to deceive and mislead"; para Bruckley, a empresa "could not profitably trade remuneratively if competitors knew its results" (apud MIGNOLI, Alberto. "Idee e problemi nell'evoluzione della 'company' inglese", 2007, p. 223).
27. KAHN, op. cit., 1991, p. 117-I.

j) Tratamento contábil diferenciado para transações com partes relacionadas e preços de transferência.

As empresas reguladas são beneficiadas pela regulação que lhes permite subsídios internos para atividades não monopolísticas, com os lucros das monopolísticas, no fenômeno que Richard Posner chamou de "Taxation by regulation", em artigo com o mesmo título, o que exige apropriar os custos comuns.

> Custos comuns são aqueles incorridos na produção de diversos serviços, que permanecem alterados quando a proporção relativa desses serviços varia [...]. Firmas têm incentivos para recuperar custos comuns desproporcionalmente em mercados que não têm competição e recuperar pouco ou nenhum custo comum onde a competição é intensa.[28]

Regras sobre o *status socii*

No que toca ao *status socii*, a hipótese que abraçamos é que, no que se refere aos direitos do sócio, a atuação da RIS é bastante limitada, para evitar desincentivos à alocação de investimentos. Nos tópicos seguintes, serão analisadas as restrições mais relevantes.

Restrições à titularidade e transferência de participações societárias: o intuitu personae *legal*

O contrato de sociedade, por sua natureza plurilateral, é qualificado como um contrato aberto, pressupondo sempre o ingresso de novos sócios, que aderem ao esquema normativo de seu ato constitutivo.[29] Exige-se, nas sociedades de pessoas, a concordância dos demais sócios, estando ainda presente a exigência do *intuitu personae*. Já na sociedade anônima, tal elemento desaparece, com a dispersão dos títulos acionários entre as multidões representadas nas bolsas de

---

28. LOUBE, Robert. "Public interest regulation, common costs, and universal service", 2002, p. 230.
29. CUEVAS, Guilhermo Cabanellas de Las. *Introducción al derecho societario*. Derecho societario. Parte general, 1993a, p. 426, v. 1.

valores.[30] No entanto, "cláusulas restritivas estatutárias tendem a reforçar o *intuitu personae* da sociedade anônima".[31]

Camerlynck, em *De l'intuitus personae dans la societé anonyme*, vislumbra um novo estilo de *intuitu personae*: cuida-se de exigências de ordem pessoal impostas a sócios, por exemplo, a nacionalidade, ou o não pertencimento à sociedade concorrente. São de natureza geral, insuscetíveis de individualização *a priori*. São mais restrições do que exigências de qualidades positivas. Podem tais exigências se manifestar na constituição da sociedade, ou nas transferências de participações de sócios a terceiros ingressantes, sem, no entanto, poder implicar a impossibilidade de transmissão das participações acionárias.[32]

Esse tipo de exigência é bastante comum na seara regulatória, buscando-se aferir a capacidade dos ingressantes para evitar riscos à continuidade da atividade regulada.

As condicionantes administrativas à cessão de participação societária não podem, no entanto, impedir a circulação, sobretudo nas S.A. Não podem tampouco obstar o direito de retirada – por constituir direito essencial –, devendo o regulador aceitá-lo e determinar que a sociedade regulada recomponha o quadro social, se necessário.

Golden share

Na precisa definição de Juliana Krueger Pela, na monografia que é a principal referência sobre o tema:

> a expressão *Golden Share* designa, genericamente, os mecanismos de direito societário criados a partir do modelo de privatizações britânico para permitir inge-

30. PAILLUSSEAU, Jean. *La société anonyme*. Technique d'organisation de l'entreprise, 1967, p. 41.
31. BROSETA PONT, Manuel. *Restricciones estatutarias a la libre transmisibilidad de acciones*, 1963, p. 59.
32. "Nous pouvons maintenant proposer une definition des deux intuitus personae: 1º) L'intuitus personae proprement dit est celui qui suppose la connaisssance de la personne-individu; de son identité et des ses qualities diverses; il est positif, actif; 2º) l'intuitus personae nouveau style en visage abstraitement une ou plusieurs qualities de l'individu; à caractèresur tout negative, il ne suppose pas la connaissance de la personne quiest son objet et nesuffit pas à l'identifier" (CAMERLYNCK, Guillaume. *De l'intuitus personae dans la société anonyme*, 1929, p. 23).

rência qualitativamente diferenciada nas deliberações e negócios sociais por pessoa que não figura como titular da maioria das ações do capital da companhia.[33]

Essa ingerência em geral se dirige ao processo decisório da empresa – concedendo ao Estado poder de veto em determinadas deliberações ou influência na nomeação de certos administradores – ou à própria estrutura acionária, contemplando, por exemplo, a possibilidade de o titular da *golden share* vetar a transferência de ações. Observa ainda a Professora do Largo de São Francisco que, na maior parte dos países, a *golden share* é representada por título acionário que corresponde a uma unidade do capital social; em outros – entre os quais se destaca a Itália –, os poderes nela enfeixados são atribuídos ao Estado por força de mera cláusula estatutária.

O surgimento da *golden share*, no seio de processos de privatização, gerou certa perplexidade entre os societaristas, bem como polêmicas sobre sua licitude. De modo específico, na adequada síntese de Juliana Krueger Pela, vislumbrava-se a violação de princípios de direito societário na desproporção entre os direitos conferidos ao titular da *golden share* e sua participação acionária (por vezes, uma única ação), em afronta à impessoalidade, igualdade entre os acionistas e fungibilidade das ações (pois o título especial era concedido *intuitu personae* e se diferenciava dos demais), em desconsideração do princípio majoritário e na criação de impedimentos à livre circulação de ações.

Tais questionamentos são apropriados caso inexista norma legal que autorize, de modo geral ou específico, a criação de tal título nas empresas em processo de privatização. No caso brasileiro, a primeira norma a tratar do instrumento foi a Lei n. 8.031/90, a que se seguiu a Lei n. 9.491/97 e, finalmente, a estipulação de regra geral que veio a ser incorporada no § 7º do art. 17 da Lei das Sociedades Anônimas, introduzido pela Lei n. 10.303, de 31 de outubro de 2001.[34]

Ora, havendo lei em sentido formal que excepciona ou altera a legislação societária, a invocação dogmática de "princípios de direito societário" contra a letra da lei denuncia que os críticos do instituto têm uma visão essencialista do Direito. Além disso, é de se ter presente que os princípios jurídicos são impera-

33. PELA, Juliana Krueger. *As* golden shares *no Direito brasileiro*, 2012, p. 81.

34. "§ 7º Nas companhias objeto de desestatização poderá ser criada ação preferencial de classe especial, de propriedade exclusiva do ente desestatizante, à qual o estatuto social poderá conferir os poderes que especifiquem, inclusive o poder de veto às deliberações da Assembleia geral nas matérias que especificar."

tivos de maximização, na lição de Alexy, não tendo natureza absoluta, nem sendo insuscetíveis de convívio com exceções consubstanciadas em regras legais.

Na realidade, aos que atacam a *golden share*, falta uma visão da função regulatória do direito societário, tal como aqui exposta. Bem observa Juliana Krueger Pela que "não se pode enunciar, *a priori*, um conceito abstrato de *golden share*, já que elas representam, em sua origem, a veste jurídica de certas políticas públicas".[35]

A compreensão da *golden share* como instrumento societário de regulação econômica ilumina o instituto e permite sua análise dentro da matriz teórica esboçada neste livro.

Registre-se, por fim, que há toda uma outra linha de questionamentos à *golden share* no Direito europeu, mas ligada de modo específico à potencialidade de ser tal instituto instrumentalizado para ferir a liberdade de movimentação de capitais no seio da União Europeia. Cabe, portanto, sintetizar a situação atual desse embate no Direito europeu.

Na Espanha, a Lei n. 5/95 regula a "ação de ouro". Em sociedade em que o Estado tenha participação acionária direta ou indireta superior a 25% e detenha controle, e exerça atividade sujeita a regime administrativo, ou preste serviços essenciais, ou esteja isenta de concorrência nos termos do art. 86 do Tratado de Roma, a lei exige autorização administrativa para a dissolução voluntária, cisão ou fusão, alienação ou gravame de ativos essenciais. Pode ser exigida autorização para operações que reduzam a participação pública a menos de 10%, e para oferta pública de aquisição. Atos praticados sem a devida autorização são nulos.

Outras leis europeias são similares. A Lei n. 11/1990 de Portugal regula o instituto de modo geral. Outras vezes, ele é criado ao ensejo de dada privatização, como ocorreu com o Decreto n. 93-1298, sobre a venda da *ElfAquitaine* na França, ou com o Decreto Real Belga, que autorizou a privatização da Societé Nationale de Transport par Canalisation. A Comissão Europeia impugnou todas essas leis, e a partir de 2002, o Tribunal de Justiça começou a proferir suas decisões, em geral derrubando-as por implicarem restrições à livre circulação de capitais, mesmo que não discriminassem entre estrangeiros e nacionais. Só seriam admissíveis se proporcionais aos propósitos visados, ausentes meios menos restritivos, e se baseassem em critérios objetivos e prévios, impedindo-se excessiva discricionariedade para a autorização. No caso Comissão contra Bélgica,

35. PELA, op. cit., 2012, p. 23.

anulou-se a exigência de autorização estatal para prestação de garantias ou transferências de ações, bem como a permissão de que nomeasse o governo dois membros do conselho de administração.

Proibição regulatória de ações ao portador

Antes da vedação geral às ações ao portador – por razões iminentes de combate à sonegação fiscal e lavagem de dinheiro –, as normas regulatórias já exigiam a nominatividade das ações, para garantir o respeito a regras de nacionalidade de acionistas, impedir transferências de controle sem autorização e assegurar a efetividade de regras de responsabilidade.

Transferência forçada de participação social

Alguns sistemas regulatórios impõem curiosa forma de responsabilização do sócio por faltas da sociedade: para evitar a descapitalização da empresa regulada, substitui-se penas de multa pecuniária pela sanção de perda de ações da companhia em favor do poder concedente. Essa transferência forçada funciona como um mecanismo disciplinar e ressarcitório.

Cite-se o exemplo do instituto inglês da *equity fine*: a sociedade empresária condenada por uma infração tem de emitir um determinado número de ações para um fundo de compensação do Estado vítima. Isso permite focar melhor o alvo a ser punido, mirando os acionistas, que passarão a se preocupar em fixar mecanismos de *compliance* para não serem prejudicados. A punição meramente pecuniária, ao descapitalizar a empresa, afeta trabalhadores e consumidores. De outra parte, a punição pode ser fixada em patamares elevados, porque a valorização da empresa no mercado é muito maior do que a sua disponibilidade de caixa. Como a remuneração dos administradores é, muitas vezes, vinculada ao valor da ação, sua desvalorização por conta da diluição torna-os sensíveis ao cumprimento das regras regulatórias.

Há, no entanto, governos que resistem à transferência ao poder público de participação em empresas privadas.[36]

Entendemos que tal mecanismo é incompatível com o regime constitucional brasileiro, que veda a pena de confisco.

36. BALDWIN; CAVE, op. cit., 1999, p. 113.

Regras especiais sobre apuração de lucros e distribuição de dividendos

São antigas as intervenções administrativas relacionadas ao rateio de lucros.

Durante a Segunda Guerra Mundial, o governo francês quis restringir as distribuições de dividendos das empresas, para combater o escandaloso enriquecimento de algumas delas, durante o conflito, mas terminou por fazê-lo pela elevação de impostos.[37]

A restrição à distribuição é um dos poderes legais de titularidade do Bacen, no exercício da regulação prudencial.

Registre-se, por fim, um recente embate entre regras regulatórias e direitos de sócios que teve grande repercussão. Negou-se a pretensão de acionistas da Petrobras de exercer o direito de voto das ações preferenciais diante da não distribuição de dividendos por três exercícios, com base no art. 111, § 1º, sob o fundamento de que isso violaria norma expressa da Lei do Petróleo, que determina o controle da companhia pela União. Com efeito, dispõe o art. 62 da Lei n. 9.478/97 que a União manterá o controle acionário da Petrobras com a propriedade e posse de, no mínimo, 50% das ações, mais uma ação, do capital votante.

Cuidando-se de regra regulatória veiculada por lei em sentido formal, a antinomia se resolveu pelo prevalecimento da regra especial que exige que se preserve a maioria absoluta do capital votante em mãos da União. Mas o conflito poderia comportar soluções diversas, caso se integrasse sistematicamente as normas.

A situação ganhava ainda maior complexidade porque o prospecto de distribuição pública de ações da Petrobras, em 2010, fazia expressa referência à possibilidade de voto dos preferencialistas na hipótese do art. 111, § 1º, da LSA. Tal circunstância levou à instauração do Processo Administrativo Sancionador CVM n. RJ2015/10276, no qual se imputava à companhia, seus administradores e à instituição líder do consórcio de distribuição responsabilidade por eventuais falhas informacionais na oferta pública, em violação das Instruções CVM ns. 400/2003 e 480/2009. Em junho de 2017, os acusados foram absolvidos, sob o fundamento de inexistir erro na informação, sendo desnecessário que o prospecto registrasse potenciais polêmicas de natureza jurídica.

---

37. RIPERT, Georges. *Les aspects juridiques du capitalisme moderne*, 1951, p. 48.

CAPÍTULO IX
Administração social e controle

Le pouvoir doit être organisé en raison de la activité particulière de l'entreprise. Il nait de la necessite d'entreprendre et de pousuivre cette activité. Elle est à la fois sa raison d'être et ses limites.
Jean Paillusseau

Regras sobre a estruturação dos órgãos societários

Enquanto na *societas* romana inexistia distinção entre a vontade da sociedade e dos sócios – o que levava a uma administração conjuntiva e consensual, pois um sócio não podia obrigar outro à falta de mandato expresso –, nas figuras societárias medievais ia se assentando o padrão da administração disjuntiva, com a vinculação solidária de todos os sócios pelo ato de apenas um deles. Isso leva a significativo incremento do risco, e, posteriormente, a mecanismos de limitação de responsabilidade.[1]

A gestão deixa de ter o objetivo de representar a vontade dos sócios e passa a organizar a atividade empresarial, administrando o patrimônio a ela afetado, e que é constituído a partir da atração e acumulação de capitais. Esse é o *leitmotiv* da obra de Paillusseau, que vê a sociedade como técnica jurídica de organização da empresa.

Na dicção de Marcelo Von Adamek, órgão é o "centro de imputação de poderes funcionais",[2] distinguindo, com suporte em Karsten Schmidt, entre órgãos de direção, de formação da vontade e de supervisão. De fato, ao lado de órgãos vocacionados à gestão interna, praticando atos materiais sem relevância jurídica, existem outros que participam da formação da vontade social e outros – ain-

1. FRAZÃO, Ana. *Função social da empresa.* Repercussões sobre a responsabilidade civil de controladores e administradores, 2011, p. 13.
2. ADAMEK, Marcelo Vieira Von. *Responsabilidade civil dos administradores de S/A e ações correlatas,* 2010, p. 11.

da mais restritos – que têm o poder de externar tal vontade, celebrando negócios jurídicos.

A estrutura legal em que se encaixam os componentes da Administração é rígida, não se permitindo a criação estatutária de novos órgãos com usurpação de competências daqueles exigidos pela lei, e nem delegações de competências privativas de um órgão a outro. Tampouco se pode falar em hierarquia, pois os órgãos têm suas funções legais próprias.

Essa estrutura interna da firma determina as rotinas, procedimentos e papéis dos agentes. Aí começa-se a planejar e preparar o exercício da atividade regulada.

Por esses motivos, são relevantes as regras regulatórias sobre a estrutura orgânica e os processos deliberativos da sociedade. Isso se torna particularmente importante a partir dos anos 1970, quando surge uma preocupação com a eficiência da gestão dos entes regulados.[3]

Esse tipo de regulação:

i) é sucedâneo e previne a necessidade de intervenção administrativa, que, embora não afete necessariamente o curso regular dos negócios, implica a supressão temporária do funcionamento dos órgãos societários e o afastamento dos administradores (art. 111, § 1º, da Lei Geral de Telecomunicações – Lei n. 9.472/97);
ii) permite *ex ante* fixar parâmetros procedimentais que reforçam a qualidade da deliberação e legitimam a *Business Judgemente Rule*, a qual "desloca a análise sobre o cumprimento do dever de diligência e de cuidado para a razoabilidade do processo decisório".[4]

Como exemplo de regramento detalhado de procedimentos e estruturas, cite-se a Resolução Bacen n. 4.434, de 5 de agosto 2015, que, ao tratar da autorização para funcionamento das cooperativas de crédito, condiciona-a à apresentação de plano operacional, detalhando os seguintes aspectos:

> 1. definição dos padrões de governança corporativa a serem observados, incluindo o detalhamento da estrutura de incentivos e da política de remuneração

3. Essa preocupação levou a inúmeras auditorias de gestão pelas autoridades regulatórias (PHILIPPS, Jr., Charles F. *The regulation of public utilities*: Theory and practice, 1985, p. 153).
4. FRAZÃO, Ana. *Função social da empresa*. Repercussões sobre a responsabilidade civil de controladores e administradores, p. 396.

> dos administradores e a estrutura de gerenciamento do negócio; 2. organograma da instituição, com determinação das responsabilidades atribuídas aos diversos níveis da instituição, e a política de pessoal [...]; 5. estrutura dos controles internos, com mecanismos que garantam adequada supervisão por parte da administração e a efetiva utilização de auditoria interna e externa como instrumentos de controle; 6. estrutura a ser utilizada no gerenciamento de riscos e os planos de contingência a serem adotados; 7. ações relacionadas com a capacitação do quadro de dirigentes; 8. indicação dos sistemas, procedimentos e controles a serem utilizados para a detecção e a prevenção de operações cujas características possam evidenciar indícios dos crimes tipificados na Lei n. 9.613, de 3 de março de 1998; 9. estrutura prevista para atender às exigências do BCB quanto ao fornecimento de informações para fins estatísticos e de supervisão e à divulgação de demonstrações contábeis nos padrões estabelecidos.

Buscando evitar que a supervisão regulatória limite-se ao *paperwork,* a resolução prevê, em seu art. 8º, que o Banco Central,

> após a manifestação favorável sobre o projeto de constituição, poderá realizar inspeção prévia na cooperativa em constituição, a fim de avaliar a compatibilidade entre a estrutura organizacional implementada e aquela prevista no plano de negócios.

No exemplo dado – da estruturação orgânica e procedimental das cooperativas de crédito –, pressupõe-se a capacidade de auto-organização da sociedade, embora submetida à supervisão regulatória. Mas assegura-se margem de discricionariedade para tal construção, desde que alcançados os objetivos regulatórios. No caso dos conselhos de auditoria e consultivos – a que faremos referências nos itens subsequentes –, constata-se o regramento minucioso de sua composição e procedimentos, em estratégia mais próxima à da regulação de *design,* tal como exposto no Capítulo V.

Funcionamento permanente de órgãos de controle

> *Organizations by nature abhor control systems.*
> Michael Jensen

Uma primeira medida orgânica regulatória é a determinação de criação de novos órgãos, ou a imposição da instalação e funcionamento permanente de órgãos facultativos de controle.

Isso ocorre, no âmbito da regulação geral, com o regime jurídico das sociedades de economia mista, que, por força da Lei n. 6.404/76, terão conselhos de administração e fiscal em funcionamento permanente, conforme explicado por Mario Engler Pinto Junior:

> A exigência de conselho de administração e a atuação obrigatória do conselho fiscal não são específicas da sociedade de economia mista pluripessoal, mas também se aplicam à empresa pública unipessoal. Diante da ausência de acionistas minoritários alheios à administração pública controladora, perde sentido apenas a garantia de representação privada naqueles órgãos colegiados. Os conselhos de administração e fiscal são instâncias societárias que estão prioritariamente a serviço do interesse público incorporado na companhia, e não apenas dos investidores capitalistas. As regras de composição previstas nos arts. 239 e 240 da Lei n. 6.404/76 devem ser interpretadas como tendo sua eficácia condicionada à existência de acionistas verdadeiramente qualificados como minoritários.[5]

O Banco Central do Brasil, em lugar de adotar medida semelhante para as instituições financeiras privadas – impondo-lhes os conselhos fiscal e de administração em caráter obrigatório e permanente –, preferiu exigir o funcionamento de comitês de auditoria nas instituições financeiras de grande porte,[6] regrando a Resolução n. 3.198 alguns dos aspectos de seu funcionamento (como mandatos e estruturação dos comitês nos grupos), e determinando que o detalhamento se faça no contrato social ou estatuto. Crê-se que o privilegiamento dos comitês de auditoria se deva ao intuito de alinhar o regime regulatório às melhores práticas de governança corporativa, que conferem autonomia e funções pró-

5. PINTO JUNIOR, Mário Engler. *Empresa estatal*. Função econômica e dilemas societários. 2. ed., p. 399.
6. A resolução aplica-se às instituições que, nos dois últimos exercícios sociais, apresentassem: "I – Patrimônio de Referência (PR) igual ou superior a R$ 1.000.000.000,00 (um bilhão de reais); ou II – administração de recursos de terceiros em montante igual ou superior a R$ 1.000.000.000,00 (um bilhão de reais); ou III – somatório das captações de depósitos e de administração de recursos de terceiros em montante igual ou superior a R$ 5.000.000.000,00 (cinco bilhões de reais)".

prias para esse órgão facultativo. A norma do Bacen proíbe o uso da denominação "comitê de auditoria" por órgãos estruturados de modo distinto daquele por ela previsto.

No caso das Cooperativas de Crédito, nas quais é obrigatória pela lei das cooperativas a instalação do conselho fiscal, a Resolução Bacen n. 4.434, de 5 de agosto 2015, impôs um dever a esse órgão: comunicar, por meio qualquer de seus membros, não apenas aos demais órgãos societário, mas diretamente ao Banco Central do Brasil, "os erros materiais, fraudes ou crimes de que tomarem ciência, bem como a negativa da administração em fornecer-lhes informação ou documento (art. 31, VII)".

Cria-se assim um relação direta entre o órgão social e a autoridade regulatória, por força da imposição de um dever de comunicação para além das instâncias societárias, em uma evidência da abertura da sociedade para seu ambiente institucional e das ligações multidimensionais que se podem estabelecer entre regulador e regulado.

Criação de conselhos consultivos

L'entreprise est un carrefour d'intérêts.
Jean Paillusseau

A procedimentalização do direito societário implica a sua abertura à participação de *stakeholders*, como trabalhadores, fornecedores, consumidores[7] e representantes de comunidades diretamente afetadas pela atividade empresarial. Trata-se de um instrumento da denominada *regulação de participação*.

Organizações podem se desenvolver para se adaptarem ou reagirem ao ambiente. Para tanto, "um mecanismo é estabelecer subestruturas que permitam a um grupo de clientes externos influenciar a organização".[8]

---

7. Gunnar Trumbull aponta três modelos de proteção ao consumidor. Modelo alemão: assunto privado contratual, bastando reduzir assimetria informacional; alta regulação da publicidade, b) modelo americano, novas formas de proteção como *recall*, testes de segurança, responsabilidade objetiva; c) modelo escandinavo: trata consumidores como grupos de interesse e privilegia participação em fóruns de decisão. Isso explica comitês de consumidores na RIS (TRUMBULL, Gunnar. "Consumer policy". In: COEN, David; GRANT, Wyn; WILSON, Graham (eds.). *Oxford handbook of business and government*, 2011).
8. NOLL, Roger. Government regulatory behaviour. In: NOLL, Roger G. (ed.). *Regulatory policy and the social sciences*, 1985, p. 55.

Mas é apontada uma série de problemas, naturais em qualquer inovação institucional.

i) Há várias questões sobre a representatividade daqueles que vierem a ser escolhidos.[9] Podem ser influenciáveis ou terem posições isoladas em relação às coletividades que deveriam representar. Falam por si, ou como representantes de um grupo, ao qual devam lealdade? Qual sua margem para negociar e transigir?[10]
ii) Trebing afirmava que a representação de consumidores na formulação de políticas regulatórias pode "ser contraprodutiva", e levar apenas a mais subsídios cruzados.[11]
iii) Pode haver um retardamento na tomada de decisões, pois *"communication slows decision making"*,[12] embora isso possa ser melhor que tomar um rumo, e depois ter de recuar.
iv) Os fornecedores e consumidores podem não ter a capacitação necessária para participar da decisão societária; ou, pelo contrário, podem ser entes poderosos e de grande porte (sempre se pensa que deve ser dada voz a eles por serem pequenos, o que pode não ocorrer). Se forem grandes, a criação de instâncias de articulação - como conselhos - pode facilitar processos de cartelização.
v) Não se sabe como alocar votos entre grupos de *stakeholders* - trabalhadores, fornecedores, consumidores -, e dentro de cada um dos grupos (por cabeça, por valor gasto no consumo?).[13]

---

9. Williamson coloca dúvidas sobre como assegurar a representatividade dos consumidores que participem de comissões - podendo ser pessoas comprometidas com a própria administração - advertindo que "*token representation may create only unwarranted confidence*" (WILLIAMSON, Oliver. *The economic institutions of capitalism*, p. 309).
10. A hipótese é de representação mimética - em que os interessados atuam em seu próprio nome - ou estética, em que os representantes devem refletir, como um espelho, o grupo em nome de quem atuam? (a distinção é feita por Ankersmit, apud LOUGHLIN, Martin. *The idea of public law*, 2004, p. 70).
11. Citado por PHILIPPS, Jr., Charles F. *The regulation of public utilities*: Theory and practice, 1985, p. 170.
12. AYRES, Ian; BRAITHWAITE, John. *Responsive regulation*: Transcending the deregulation debate, 1992, p. 95.
13. Não há um critério para resolver conflitos entre diferentes grupos de interesses (JENSEN, Michael. *A theory of the firm*. Governance, residual claims and organizational forms, 2000, p. 2).

vi) Os *stakeholders* têm interesses geralmente conflitantes com os da sociedade regulada.[14]

vii) A empresa pode se desviar de seu objetivo de lucro por força das pressões internas que venham a sofrer pela voz dada aos *stakeholders*.[15]

Essas críticas desconsideram que tal participação permitirá maior rapidez de implementação da regra, pois "o consenso pode ser obtido mais facilmente dentro de uma firma do que no conjunto de todas as firmas de um setor".[16] Por outro lado, o problema do

> conflito entre os vários interesses envolvidos pela sociedade (sócios, credores, trabalhadores, comunidade, etc.) é algo conatural a ela mesma. Como se verá em breve e, em verdade, para muitos teóricos, a própria função da pessoa jurídica.[17]

A experiência da cogestão nas macroempresas alemãs demonstra a possibilidade de conciliação de interesses contrários, em ambiente de pacificação social e eficiência.[18]

Será cada vez mais verdade que "a influência democrática direta será exigida não apenas com respeito às decisões, ações e políticas dos reguladores mas também com respeito às firmas privadas que prestam serviços públicos ou

---

14. EISENBERG, Melvin Aron. *The structure of corporation law*, 89, p. 19-23.
15. "*Public membership on the board of directors could conceivably reduce misinformation. But the remedy would come at a high cost if the corporation were thereby politicized or deflected from its chief purpose of serving as an economizing instrument*" (WILLIAMSON, Oliver. *The economic institutions of capitalism*, p. 310).
16. AYRES, Ian; BRAITHWAITE, John. *Responsive regulation*: Transcending the deregulation debate, 1992, p. 110.
17. SALOMÃO FILHO, Calixto. *O novo direito societário*, 2011, p. 79.
18. Pelo sistema de cogestão, o *Aufsichtsrat* tem 1/3 de representantes dos trabalhadores se a empresa tem de 500 a 2.000 empregados e 50% se mais de 2000 empregados. Forma de "aplacar a luta de classes [...] controlar o poder das empresas e dar resposta à evolução coletivizante da Zona de Ocupação Soviética" (CORDEIRO, Antonio Menezes. *Manual de direito das sociedades*. Das sociedades em geral, 2007, p. 87, v. 1). Houve uma experiência nos setores de carvão e aço, com base em lei de 1951, posteriormente generalizada pela *Gesetz über die Mitbestimmung der Arbeitnehmer*, de 1976. Não se confunde com a participação dos trabalhadores no capital - é representação do trabalho, e não do capital. A Lei n. 10.303/2001 incluiu o parágrafo único no art. 140 da LSA, dispondo a possibilidade de previsão, pelo Estatuto, de participação no conselho de representantes dos empregados, por eles escolhidos pelo voto destes, em eleição organizada pela empresa junto com o sindicato.

regulados".[19] Reitere-se a ideia básica de que a procedimentalização do direito societário amplia o espaço para a discussão sobre o interesse social por aqueles que são afetados pela atividade da empresa, internalizando-os por meio de órgãos societários (muitas vezes sem reflexo estatutário, mas disciplinados, a par das normas regulatórias, por meros regimentos internos).[20]

Há a ideia de que por tais mecanismos possam ser construídos consensos e aportadas inovações, a partir de um diálogo argumentativo e racional, consoante os requisitos da ação comunicativa habermasiana. No entanto, para justificar eticamente as práticas participativas, podemos retroagir muito mais no tempo, invocando mesmo o princípio medieval do "*quod omnes tanget*": o que a todos toca, por todos deve ser aceito.[21]

Cumpre estudar brevemente exemplos de conselhos de *stakeholders*, na experiência regulatória brasileira, para extrairmos algumas conclusões em reforço de várias das postulações que vimos fazendo nesta obra.

Principiemos com o regramento dos Conselhos de Consumidores de Energia Elétrica integrantes das concessionárias de distribuição de eletricidade. Tais órgãos estão previstos na própria lei fixadora do marco regulatório do setor (Lei n. 8.631, de 4 de março de 1993), que dispõe, em seu art. 13, que

> o concessionário de serviço público de distribuição de energia elétrica criará, no âmbito de sua área de concessão, Conselho de Consumidores, de caráter consultivo, composto por igual número de representantes das principais classes tarifárias, voltado para orientação, análise e avaliação das questões ligadas ao fornecimento, tarifas e adequacidades dos serviços prestados ao consumidor final.

---

19. BALDWIN, Robert; CAVE, Martin. *Understanding regulation:* Theory, strategy and practice, 1999, p. 336.
20. O interesse social é um "*limite interno móvel*" aos poderes dos órgãos sociais, que se diferencia dos "limites rígidos postos pelo ordenamento para a tutela de interesses meritórios que, embora condicionando significativamente o funcionamento da sociedade, não dizem respeito à disciplina do conflito de interesses como tal". Estes "limites exógenos referem-se à disciplina da empresa e do mercado. Com a internalização destes interesses, por exemplo, no caso da representação laboral nos órgãos sociais, há uma 'transformação do interesse social de uma noção substancial para uma noção meramente procedimental'" (CIRENEI, Maria Teresa. L'Art. 2373 C.C. e la Nuova Disciplina del Conflitto di Interessi del Socio. *Rivista del Diritto Commerciale e de Diritto Generale delle Obbligazioni*, ano CV, n. 10-2, p. 693-5, 2007).
21. BARRETO, Vicente de Paula. *Dicionário de filosofia do Direito*, 2006, p. 515.

Presentemente, a matéria é regulada pela Resolução Aneel n. 451, de 27 de setembro de 2011. Tal norma reitera a natureza consultiva desses conselhos - dispondo voltarem-se eles "para a orientação, análise e avaliação das questões ligadas ao fornecimento de energia elétrica, às tarifas e à adequação dos serviços prestados ao consumidor". Sua composição faz-se por indicação de entidades representativas das classes de unidades consumidoras residencial, industrial, comercial, rural e poder público, cuja representatividade deve ser objetivamente determinada. O funcionamento do conselho é fixado em detalhes, com vedação à participação de conselheiros com vínculos diretos ou indiretos com distribuidoras e fixação do mandato de dois anos para os conselheiros. Há a previsão de que possam integrar o conselho representantes do Ministério Público ou da Defensoria Pública ou do Órgão de Proteção e Defesa do Consumidor - Procon. O art. 13 da Resolução confere ampla competência consultiva, fiscalizadora e conciliadora ao conselho, a se exercerem por uma série de ações nas quais o conselho interage diretamente com a Aneel ou com consumidores,[22] evidenciando a abertura da firma para seu ambiente institucional.

---

22. Entre as atribuições do Conselho de Consumidores constantes do art. 13 da resolução figuram: I - manifestar-se formalmente, especialmente quando solicitado pela Aneel, a respeito das tarifas e da qualidade do fornecimento de energia elétrica da respectiva distribuidora; II - cooperar com a distribuidora e estimulá-la no desenvolvimento e na disseminação de programas educativos destinados à orientação dos consumidores sobre a utilização da energia elétrica, esclarecendo-lhes sobre seus direitos e deveres; III - acompanhar, quando convidado, a solução de conflitos que envolvam a coletividade de uma ou mais classes de unidades consumidoras; IV - analisar, debater e propor soluções para assuntos que envolvam a coletividade de uma ou mais classes de unidades consumidoras; V - cooperar com a distribuidora na formulação de propostas sobre assuntos de competência do conselho, encaminhando-as à Aneel ou ao órgão conveniado por ela indicado; VI - solicitar, quando necessária, a atuação da Aneel ou do órgão conveniado por ela indicado para a solução de eventuais conflitos entre o Conselho e a distribuidora; VII - conhecer e acompanhar a evolução da legislação e da regulamentação do setor de energia elétrica; VIII - divulgar, com a colaboração da distribuidora, os assuntos de interesse do consumidor; IX - enviar à Aneel, com cópia para a distribuidora, até o último dia útil do mês de outubro, o Plano Anual de Atividades e Metas referente ao exercício seguinte, utilizando-se dos modelos de formulários disponibilizados pela Aneel e em conformidade com o disposto nesta Resolução; X - especificar, no Plano Anual de Atividades e Metas, as ações de capacitação dos conselheiros oferecidas pela distribuidora, com carga horária anual mínima de 16 (dezesseis) horas; XI - colaborar com a distribuidora no preenchimento dos formulários definidos pela Aneel contendo a prestação de contas do Plano Anual de Atividades e Metas realizado pelo conselho; XII - aprovar o seu Regimento Interno, observado o disposto nesta Resolução; XIII - interagir previamente com os consumidores e com as entidades representativas, visando à indicação de representantes quando da renovação dos mandatos dos Conselheiros; XIV - realizar, num pra-

No âmbito do sistema de telecomunicações, a Resolução n. 623, de 18 de outubro de 2013, regra o funcionamento dos conselhos de usuários, de caráter consultivo, e integrados por usuários e por entidades que possuam, em seu objeto, características de defesa dos interesses do consumidor, com o objetivo de avaliação dos serviços e da qualidade do atendimento e de formulação de sugestões e de propostas de melhoria dos serviços de telecomunicações. Esses conselhos são organizados regionalmente, prevendo-se a realização de eleições transparentes para sua composição. O conselho terá até doze membros, metade dos quais será composta por usuários e a outra metade por entidades representantes de consumidores. A norma é tão detalhada que chega a regrar a questão do quórum do conselho e definir que sejam realizadas quatro reuniões ordinárias por ano, podendo ser não presenciais.

Tanto no conselho de usuários como no de consumidores, deixou-se pouquíssimo espaço para qualquer inovação institucional pelas empresas reguladas. Foi-lhes imposto um *design*, pois se presume a falta de articulação dos *stakeholders*, a tornar elevado o risco de inefetividade desses órgãos que são ao mesmo tempo fóruns de discussão, núcleos de fiscalização e celeiros de ideias. Reitere-se que, em nosso sistema jurídico, a esses conselhos não se pode atribuir poderes executivos ou direitos de veto ou voto nas deliberações sociais, pois isso implicaria retirar dos titulares da empresa o poder de lhe darem rumo e direção, o que lhes deve caber pois, como proprietários das participações societárias, correm os riscos da atividade.

---

zo de até 90 (noventa) dias antes do início dos mandatos, Audiência Pública abordando a representatividade das entidades e dos Conselheiros indicados e os aspectos ligados ao fornecimento de energia elétrica, tais como o atendimento ao consumidor, as tarifas aplicadas e a adequação dos serviços prestados pela distribuidora, encaminhando a ata à Aneel; XV - utilizar corretamente os recursos financeiros em consonância com o limite e os procedimentos estabelecidos nesta Resolução; XVI - divulgar e manter atualizada, em cooperação com a distribuidora, a página eletrônica do Conselho, que deverá conter, no mínimo, a identificação dos Conselheiros e das classes de unidades consumidoras que representam, seu Regimento Interno, sua agenda de trabalho, o Plano de Anual de Atividades e Metas, a prestação de contas, o calendário das reuniões e as ações por ele realizadas, respeitando as restrições de divulgação de informações previstas no art. 22 desta Resolução; XVII - manter atualizados, junto à distribuidora, os dados cadastrais e de contato dos conselheiros e das entidades representativas responsáveis pelas indicações; XVIII - enviar à distribuidora a atualização dos dados definidos no inciso anterior em até 30 (trinta) dias após qualquer alteração; XIX - realizar, no mínimo, 6 (seis) reuniões ordinárias anuais; XX - decidir, de forma colegiada, as ações do Conselho conforme disposto no art. 15; XXI - divulgar aos consumidores de sua área de concessão a realização de audiências e consultas públicas promovidas pela Aneel.

Regime jurídico regulatório dos administradores

Várias são as regras atinentes aos administradores, que podem ser encetadas para fins de regulação setorial:

i) Pode ser fixado um número mínimo de diretores, para além dos previstos na LSA e no Código Civil. No direito anglo-saxão são comuns as regras que exigem a participação de mais de uma pessoa em decisões ou atos de gestão – o "*four-eye requirement*".
ii) Exigências de qualificações específicas para os administradores – em geral, de natureza técnica –, além de boa reputação e conduta ilibada (como ocorre no sistema bancário).
iii) Fixação de formalidades prévias para a nomeação do administrador, tais como a publicação de declarações de propósito de assumir o cargo administrativo na instituição – submetendo-se dessa forma ao crivo do mercado a idoneidade do candidato – e a aprovação pela autoridade regulatória de seu nome, antes do ingresso no exercício na função pelo ato de nomeação (*Bestellung*), de natureza unilateral e a celebração do contrato de administração bilateral (*Anstellung*).[23] O objetivo de todo o procedimento é aferir se o administrador atende às exigências regulatórias postas para o cargo.[24]
iv) Exigência de diretorias com determinadas competências, como diretorias técnicas ou de relação institucional, ou determinação de criação estatutária de cargos especiais, como o de ouvidor.[25] É certo que a institucionaliza-

---

23. CORDEIRO, Antonio Menezes. *Manual de direito das sociedades*. Das sociedades em geral, 2007, p. 864-7, v. I.
24. O anexo da Resolução Bacen n. 4.122, de 2 de agosto de 2012, dispõe, em seu art. 1º, que "a posse e o exercício de cargos em órgãos estatutários ou contratuais de instituições financeiras e demais instituições autorizadas a funcionar pelo Banco Central do Brasil são privativos de pessoas cuja eleição ou nomeação tenha sido aceita pela Autarquia, a quem compete analisar os respectivos processos e tomar as decisões que considerar convenientes ao interesse público". Para tal nomeação, estabelece-se como requisito para o candidato ao cargo "não responder, nem qualquer empresa da qual seja controlador ou administrador, por protesto de títulos, cobranças judiciais, emissão de cheques sem fundos, inadimplemento de obrigações e outras ocorrências ou circunstâncias análogas".
25. Nesse sentido, a Resolução n. 4.433, de 23 de julho de 2015, regra a organização da ouvidoria nas instituições financeiras que tenham clientes pessoas naturais ou pessoas jurídicas classificadas como microempresas e empresas de pequeno porte, para prestar atendimento de última instância às demandas dos clientes e usuários de produtos e serviços que não tiverem sido solucionadas nos canais de atendimento primário da instituição,

ção da sociedade implica uma segmentação, especialização e departamentalização das funções de gestão, fazendo surgir as diretorias especializadas. Tal componente, por si só, justificaria que as empresas reguladas tivessem de manter profissionais afetos a determinadas facetas de suas atividades, aumentando sua eficiência como um todo. No entanto, a chave dessa técnica regulatória é obstar a diluição de responsabilidades entre os vários gestores. A designação de profissional com responsabilidade por determinados riscos

> aumenta a constância da atenção da organização com o problema e torna a evasão coletiva de responsabilidade mais difícil [...]. Uma tática relacionada a essa é exigir que os administradores encarregados de zelar pela conformidade da companhia firmem pessoalmente relatórios e registros oficiais atestando a regular execução dos procedimentos autorregulatórios.[26]

Os autores observam que já em 1873 foi exigido na Califórnia que as minas empregassem supervisores de segurança, passíveis de responsabilização criminal.[27] De outra parte, em geral essas diretorias têm competência para decisões ordinárias, do dia a dia dos negócios, caracterizadas por exigirem "capacidades gerenciais especializadas, não serem individualmente de grande importância econômica, afetarem o curto prazo, ocorrerem em profusão, e terem de ser tomadas rapidamente".[28]

---

buscando superar o conflito. O art. 9º da norma regulatória dispõe que o estatuto ou contrato social defina: "I – as atribuições e atividades da ouvidoria; II – os critérios de designação e de destituição do ouvidor e o tempo de duração de seu mandato; e III – o compromisso expresso da instituição no sentido de: *a)* criar condições adequadas para o funcionamento da ouvidoria, bem como para que sua atuação seja pautada pela transparência, independência, imparcialidade e isenção; e *b)* assegurar o acesso da ouvidoria às informações necessárias para a elaboração de resposta adequada às demandas recebidas, com total apoio administrativo, podendo requisitar informações e documentos para o exercício de suas atividades no cumprimento de suas atribuições. § 1º As exigências previstas no *caput* devem ser incluídas no estatuto ou contrato social da instituição na primeira alteração que ocorrer após a constituição da ouvidoria ou após o início da vigência desta Resolução".

26. BARDACH, Eugene; KAGAN, Robert A. *Going by the book*: The problem of regulatory unreasonableness, 1982, p. 226 e 228.
27. Ibidem, p. 224.
28. EISENBERG, Melvin Aron. *The structure of corporation law*, 89, 1989, p. 14.

v) Regramento dos mandatos dos administradores, em circunstâncias específicas. Daremos dois exemplos, ambos relativos a normas do Bacen sobre instituições financeiras: 1) A Resolução n. 3.198, em seu art. 12, determina que o comitê de auditoria "deve ser composto, no mínimo, por três integrantes, observado que o mandato máximo deve ser de cinco anos para as instituições com ações negociadas em bolsa de valores e sem mandato fixo para aquelas de capital fechado"; 2) A Resolução n. 4.308 estipula que os contratos sociais das instituições financeiras e das demais instituições autorizadas a funcionar pelo Banco Central do Brasil que forem constituídas sob a forma de sociedade limitada, nos casos em que for assim permitido, deverão conter cláusula prevendo que o mandato dos administradores eleitos será por prazo determinado, não superior a quatro anos, admitida a reeleição.
vi) Regime remuneratório de administradores: o regulador contrapõe-se ao poder dos executivos de influírem na estrutura de sua própria remuneração, seja em situações de capital disperso,[29] seja de capital concentrado (em que o controlador pode assumir a gestão diretamente para auferir remuneração abusiva). No campo da regulação setorial, busca-se vincular o regime de remuneração de administrador à *performance* de longo prazo, em uma orientação de prevenção à assunção de riscos excessivos e ao mascaramento das contingências que se vão acumulando.[30]

---

29. "*The role managerial power plays in design of executive compensation is significant, and should be taken into account in any examination of executive pay arrangements or of corporate governance generally*". A abordagem que vê a possibilidade de contratualmente se estabelecer um ponto ótimo desconsidera essa realidade, e permite extração de rendas (*rents*). (BEBCHUK, Lucian Arye; FRIED, Jesse M.; WALKER, David J. Managerial power and rent extraction in the design of executive compensation. *The University of Chicago Law Review*, n. 69, p. 751 e segs., 2002). No Brasil, o problema está na coincidência do controlador e gestor.
30. STIGLITZ, Joseph. "Regulation and failure". In MOSS, David; CISTERNINO, John (eds.). *New perspectives on regulation*, 2009, p. 17. Assim, por exemplo, a Resolução n. 3.921, ao dispor sobre a política de remuneração de administradores das instituições financeiras, determina que ela deve ser compatível com a política de gestão de riscos e ser formulada de modo a não incentivar comportamentos que elevem a exposição ao risco acima dos níveis considerados prudentes nas estratégias de curto, médio e longo prazos adotadas pela instituição, e que no mínimo 50% da remuneração variável deve ser paga em ações ou instrumentos baseados em ações, compatíveis com a criação de valor a longo prazo e com o horizonte de tempo do risco.

vii) Regimes especiais de responsabilidade civil dos administradores, ao lado de um rigoroso regime de responsabilidade administrativa,[31] dadas as insuficiências da *Business Judgment Rule* para tutelar os interesses de *stakeholders*.[32]

Imposição de decisões colegiadas para a diretoria

Ao contrário da decisão de uma pessoa física, a deliberação corporativa é de natureza interpessoal, exigindo um procedimento para sua construção, formalização e registro.[33]

Em relação à decisão individual de um administrador como órgão da sociedade, uma deliberação por órgão colegiado é mais informada (já que fruto do debate de várias vozes, visões e ângulos de abordagem do problema) e equilibrada (buscando o caminho do meio entre extremos), além de permitir o compartilhamento de responsabilidades.

Atente-se às palavras de Jorge Manuel Coutinho de Abreu:

> Função tradicional, normal e primeira da colegialidade consagrada na lei é a ponderadora: intenta-se que as escolhas de gestão ("alta direção" e administração extraordinária, antes do mais) assentem em contraposição de ideias e reflexão. E vem sendo promovido o aprofundamento desta função. Assim, por exemplo, quando se incentiva a designação de administradores independentes e a sua integra-

---

31. A questão foi abordada supra ao ensejo do enfrentamento da limitação de responsabilidade. Acrescente-se que o regime de responsabilidade dos administradores ganha relevância com o fim da exigência de autorização estatal para a constituição de companhias. Desenvolvem-se modelos: a) o francês, assentado na ideia de culpa, e que pouco desenvolveu o tema dos deveres dos administradores; b) o alemão, que se funda em uma responsabilidade aquiliana por violação aos bons costumes, aos direitos absolutos ou a normas de tutela de terceiros (que impõem dever diligência ao administrador); c) o anglo-saxão, que se assenta sobre a noção de deveres fiduciários advindos da *equity*, e crescentemente sobre uma ampliada noção de negligência, provinda do *tort* (FRAZÃO, Ana. *Função social da empresa*. Repercussões sobre a responsabilidade civil de controladores e administradores., p. 30-54).
32. Dados os efeitos sistêmicos e as expressivas externalidades negativas das crises financeiras, John Armour e Jeffrey Gordon defendem a reforma do direito bancário norte-americano para incluir regras especificas de responsabilidade dos administradores, afirmando que a "*business judgment rule*" conduz instituições sistemicamente relevantes a uma excessiva tomada de riscos (ARMOUR, John; GORDON, Jeffrey N. Systemic harms and shareholder value. *Journal of Legal Analysis*, v. 6, Issue 1, 1 October 2014, p. 35-85). O autor agradece à Professora Mariana Pargendler pela gentil indicação deste texto.
33. MACCORMICK, Neil. *Institutions of law*. An essay in legal theory, 2009, p. 219.

> ção, em maioria, nos diversos comitês do conselho de administração, ou quando se recomenda que o conselho "deve garantir que é composto por membros que, no seu conjunto, dispõem da necessária diversidade de conhecimento, capacidade de apreciação e experiência para desempenhar adequadamente as suas funções. Outra função assinalável da colegialidade, mas tão só eventual, é a de (tentar) compor ou conciliar interesses diversos que conseguem representação no órgão administrador – quando, portanto, não é homogênea a fonte designadora dos administradores (que não é um acionista, ou um grupo de acionistas com interesses idênticos, que tem poder para designar). Ë assim, designadamente, nos casos em que um ou mais administradores são eleitos ou propostos por acionistas minoritários, ou são nomeados pelo Estado ou entidade pública equiparada.[34]

Por tais qualidades, por vezes a norma regulatória exige que uma decisão administrativa seja tomada em sede de colegiado. Não se deve estranhar que a imposição de decisões colegiadas ocorra paralelamente à determinação de diretorias com poderes específicos. *A colegialidade é o contraponto necessário da especialização e departamentalização organizacionais.* É ela que permite reunir as várias vertentes da organização, nas questões que se mostrem relevantes.[35]

Além disso, já em um plano informal, as organizações necessitam do diálogo e da reflexão conjunta das pessoas que a integram, e que têm capacidades e experiências distintas. O que o regulador faz, ao exigir a decisão colegiada, é institucionalizar e formalizar um modo de agir que nasce espontaneamente do convívio entre os gestores.[36]

Um exemplo regulatório paradigmático é o da Resolução Bacen n. 3.721, que, relativamente às instituições financeiras, determina que

> as políticas e as estratégias para o gerenciamento do risco de crédito de que trata o inciso I devem ser aprovadas e revisadas, no mínimo anualmente, pela diretoria da instituição e pelo conselho de administração, se houver, a fim de determinar sua compatibilidade com os objetivos da instituição e com as condições de mercado.

---

34. COUTINHO DE ABREU, Jorge Manuel. *Governação das sociedades comerciais*, 2010, p. 110.
35. Segundo Arrow, as decisões conjuntas são superiores às individuais uma vez que se disputam recursos limitados e a informação é dispersa entre indivíduos e sua transmissão é custosa (apud WILLIAMSON, Oliver. *Markets and hierarchies*. Analysis and antitrust implications, 1983.)
36. Nessa linha, LUHMANN, Niklas. *Funktionen und folgen formaler organisation*, 1999.

À importância da deliberação sobre risco de crédito, somam-se o seu aspecto multidimensional e a conveniência do compartilhamento de responsabilidades – tudo a levar a decisão a uma instância colegiada.

Regras especiais para conflitos de interesses

Um outra dicotomia a dividir a doutrina societária centra-se no tema do regramento dos conflitos de interesse. Especificamente para nossa discussão, põe-se a questão dos remédios para enfrentar as negociações entre partes relacionadas, ou seja, os contratos que os controladores ou administradores da sociedade celebrem, em nome desta, com empresas nas quais também tenham participações ou interesses, levando-os a se beneficiarem pela outra ponta da transação.

Relativamente aos sócios, há divergência entre os autores sobre se o controle deve ser *ex ante* ou *ex post*. Identificam-se duas posições a respeito do enquadramento da situação: a) conflito material, a autorizar o voto do sócio na deliberação, relegando-se para momento posterior a sua anulação ou a composição dos danos causados, se celebrado o negócio em condições não equitativas ou prejudiciais à companhia – posição em especial representada por Erasmo Valladão Azevedo e Novaes França, em clássica monografia sobre o tema; b) conflito formal, a obstar a participação na decisão, o que implica "permitir uma verdadeira alternância do controle, passando os minoritários a determinar os destinos da sociedade toda vez que o controlador tiver interesse particular envolvido na deliberação", conforme preleciona Calixto Salomão Filho, um dos defensores desta linha.[37] No que toca aos conflitos envolvendo administradores, a regra é mais estrita, de proibição absoluta, sendo comum a comparação – de certa forma inadequada – do ato do administrador que contrata uma empresa que participe de uma situação de contratação consigo mesma.

Tais posições doutrinárias refletem divergentes visões sobre o interesse social, podendo-se em geral imputar aos que postulam a posição do conflito material um viés mais contratualista, e aos defensores da tese do conflito formal uma postura mais institucionalista – bem como diferentes concepções sobre o direito de voto –, os primeiros considerando-o um direito subjetivo, controlável pelos princípios da boa-fé objetiva e da vedação do abuso de direito; os segun-

---

37. COMPARATO, Fábio Konder; SALOMÃO FILHO, Calixto. *O poder de controle na sociedade anônima*, p. 151-2.

dos a reputá-lo uma função (um poder conferido com vistas a uma finalidade), à qual se aplica o arsenal conceitual do direito público, especialmente o conceito de desvio de poder.[38]

Na seara regulatória comparada, o conflito de interesses muitas vezes resolve-se pela vedação específica e objetiva da prática do ato, mesmo que seja aprovado pelos não controladores - como é o caso da proibição de empréstimo por instituição financeira à empresa de seu controlador -, ou pela exigência de procedimentos especiais para aferir a equitatividade da contratação, em outros setores. De igual forma, pode haver distinção entre a situação de conflito do administrador e do controlador.[39]

Enfrentando o tema na seara societária, André Antunes Soares de Camargo analisa algumas estratégias regulatórias do mercado de capitais. Pode ser exigida a participação de administradores independentes na deliberação - havendo uma multiplicidade de procedimentos que podem ser seguidos, nos quais variam o peso da posição desses gestores. Pode-se ainda exigir a aprovação dos demais sócios, além de se imporem regras especiais de transparência e *disclosure*, e proibições específicas.[40]

No âmbito da regulação econômica, o intuito é obstar que o abuso do poder econômico ou de gestão reflita-se nas tarifas praticadas ou mascare riscos prudenciais, dando mais transparência às operações das empresas reguladas.

Flexibilização do conceito de controle para fins regulatórios

Um dos maiores desafios da regulação é domar o poder econômico. Ele é o eixo de vários dos problemas regulatórios: logra impor a terceiros as externalidades negativas de seus empreendimentos, provoca e preserva assimetrias informa-

---

38. FRANÇA, Erasmo Valladão Azevedo e Novaes. *Conflitos de interesse nas assembleias de S/A*, 1993, p. 41 e segs.
39. Por exemplo, o Banco Central do Brasil, ao regrar a contratação de correspondentes bancários, proíbe que sejam estes controlados por administrador da instituição contratante ou por administrador de entidade controladora da instituição contratante (redação dada pela Resolução n. 3.959, de 31.03.2011), mas ressalva que a vedação não se aplica à hipótese em que o administrador seja também controlador da instituição contratante (Resolução n. 3.959, de 31.03.2011).
40. CAMARGO, André Antunes Soares de Camargo. *Transações entre partes relacionadas.* Um desafio regulatório complexo e disciplinar. 2 ed., 2014.

cionais, consolida posições monopolísticas reforça-se diante da incapacidade de coordenação coletiva daqueles a que se impõe. Disso resulta a relevância do tema do controle nos esforços regulatórios, a exigir penetrar no interior da sociedade, para verificar quem nela dá as cartas. *No capitalismo organizado de nossos tempos, o poder econômico privado nasce como poder de controle, no seio de alguma sociedade empresária.*

A doutrina brasileira mostrou-se sensível à dimensão extrassocietária do poder de controle. Nos intensos debates sobre o anteprojeto da LSA, durante o governo Geisel, discutiram-se os objetivos e os limites do poder de controle a partir de uma clara percepção de sua centralidade na organização da economia, realizando-se uma reflexão crítica, por metonímia, sobre o poder autoritário em geral, em uma quadra histórica de censura e repressão. Raymundo Faoro chamou a clássica obra *O poder de controle na sociedade anônima*, de Fábio Konder Comparato (ora atualizada e complementada por Calixto Salomão Filho), de *"O Príncipe" da sociedade capitalista*, comparando-a à obra de Maquiavel.[41]

Surgindo por preocupações externas ao direito das sociedades,[42] o controle torna-se a pedra de toque do seu regime jurídico, pois "o controlador exerce a soberania societária", na dicção de Comparato.[43] O poder de controle não é reprimido, mas identificado; não é sancionado, mas a ele se reconhecem direitos e deveres de natureza especial, com as consequentes regras de responsabilização. Grande desenvolvimento tem o regramento de sua transferência, impondo-se procedimentos e transparência e discutindo-se, nos vários sistemas jurídicos, os poderes dos gestores para colocarem óbices a aquisições hostis e os eventuais direitos dos minoritários a compartilhar parte do prêmio pago ao cedente.[44]

---

41. Esse expressivo elogio de Faoro foi mencionado pelo Professor Gilberto Bercovici em discurso proferido durante homenagem a Fábio Comparato no dia 10 de abril de 2014, durante o 4º Congresso Brasileiro de Direito Comercial, em São Paulo.
42. O tema foi aprofundado no Capítulo IV desta obra.
43. COMPARATO, Fábio Konder; SALOMÃO FILHO, Calixto. *O poder de controle na sociedade anônima*. 4 ed. , 2005, p. 363. *V.* ainda CAMILO JUNIOR, Ruy Pereira. "Dispersão acionária e poder de controle: os desafios atuais do direito societário brasileiro". *Revista do Instituto dos Advogados do Paraná*, n. 39, p. 63-96, nov. 2010.
44. O regramento da transferência de controle pode adotar duas formas: a) regra de mercado (absoluta liberdade do controlador); b) tratamento igualitário do acionista (exige OPA, total ou parcial). A regra de mercado permite transferências mesmo ineficientes; a do tratamento igualitário pode impedir até as eficientes. Com base em Kahn e Bebchuk, Eduardo Secchi Munhoz conclui que "a regra de mercado é superior ante um quadro de baixa capacidade de extração de benefícios privados de controle; ao passo que a regra de tratamento igualitário de controle poderá ser superior na hipótese inversa" (MUNHOZ,

No que toca à conceituação do controle, o direito societário brasileiro tem buscado fixar critérios objetivos e claros para a sua caracterização - voltados a assegurar segurança jurídica e previsibilidade das hipóteses em que transferências de ações possam disparar uma OPA (oferta pública de aquisição de ações). O imperativo de objetividade choca-se com dificuldades ao lidar com situações de controle minoritário ou compartilhado: as primeiras podem ser de difícil caracterização e suscitam a dúvida sobre como encarar aquisições de controle não derivadas; as segundas colocam o problema de como distinguir transferências de controle de meras alterações ou rearranjos no interior do bloco de controle. Mais difícil, no entanto, é a inconveniência de adotar um conceito muito restrito de controle, e desse modo obstar a efetividade do regime de responsabilidade a ele vinculado: uma solução para esse impasse pode ser o abandono de um conceito unitário de controle, adotando-se um formal, para o regramento das transferências, e outro mais maleável, para o regime de conflito de interesses e de responsabilidade.

O desafio da caracterização do controle deriva da sua fluidez - já que constitui realidade dinâmica e não estática, como todo poder, cabendo-lhe mais a metáfora da nuvem do que a da pedra[45] - e da variedade das formas como se estrutura e se organiza, por mecanismos societários, contratuais ou meramente econômicos.[46]

Eduardo Secchi. *A aquisição de controle na sociedade anônima*, 2013, p. 173). Dyck e Zingales comparam os valores de prêmio de controle em 39 países e concluem que o recorde neste quesito é do Brasil - 65% sobre o valor das demais ações, contra 14% da média mundial, o que revela ser o país com maior capacidade de extração de benefícios privados de controle (apud MUNHOZ, op. cit., p. 91). Prêmios assim elevados, ligados à capacidade de extrair rendas, impõem custos para a transferência, mantendo estruturas de controle ineficientes, em um círculo vicioso.

45. É atribuído ao político e banqueiro mineiro Magalhães Pinto a afirmação de que a política é como uma nuvem, mudando a cada vez que se olha.

46. "O controle, caracterizando-se pelo relacionamento de dominação sobre uma sociedade caracteriza-se pela prevalência estável, direta ou indiretamente, sobre as decisões dos órgãos societários da controlada, por mecanismos jurídicos de índole societária ou contratual, ou por mecanismos estritamente econômicos, dos quais decorra uma dependência inconstratável da sociedade a um ente externo." A participação social é a "*fonte típica da dominação*", podendo derivar da titularidade de quotas, consistir em uma participação de fato, através de interposta pessoa, ou uma dominação reforçada por mecanismos estatutários. As fontes contratuais de dependência podem consistir em legítimos contratos orgânicos - como a convenção de grupo do Direito brasileiro, ou consistir em estipulação no bojo de contratos de intercâmbio - por exemplo, a previsão de que o adquirente indique um gestor para o fornecedor, cláusulas essas que, na opinião de Manó-

Todos esses aspectos do controle - conceito e caracterização; direitos, deveres e responsabilidades; cessão - ganham contornos específicos na seara regulatória.

O direito regulatório adota critério mais amplo e elástico para o controle, recorrendo a standards *e conceitos abertos, buscando abranger a multiplicidade de fontes desse poder e as várias facetas de sua manifestação no âmbito social.* Cite-se como exemplos as resoluções Bacen ns. 2.723[47] e 4.122,[48] adotando a pri-

---

vil, seriam inválidas. A dominação pode decorrer da mera dependência econômica (MANÓVIL, Rafael M. *Grupos de sociedades en el derecho comparado*, 1998, p. 302-25).

47. A Resolução n. 2.723 do Bacen estabelece normas, condições e procedimentos para a instalação de dependências, no exterior, e para a participação societária, direta ou indireta, no País e no exterior, por parte de instituições financeiras e demais instituições autorizadas a funcionar pelo Banco Central do Brasil, determinando somente serem admitidas "participações societárias em empresas sediadas em países com tributação favorecida, conforme definição constante da legislação tributária, nos casos em que fique assegurado o controle direto ou indireto por parte da instituição participante, isoladamente ou em conjunto com outros sócios, inclusive em função da existência de acordos de votos ou direitos de sócio que lhe assegurem, isolada ou cumulativamente: I - preponderância nas deliberações sociais; II - poder de eleger ou de destituir a maioria dos administradores; III - *controle operacional efetivo, caracterizado pela administração ou gerência comum;* e IV - controle societário representado pelo somatório das participações detidas pela instituição, independentemente do percentual, com as de titularidade de seus administradores, controladores e empresas ligadas, bem como das adquiridas, direta ou indiretamente, por intermédio de fundos de investimento (§ 4º com redação dada pela Resolução n. 4.403, de 26.03.2015)" [itálico nosso].

48. A Resolução n. 4.122, de 2 de agosto de 2012 estabelece requisitos e procedimentos para constituição, autorização para funcionamento, cancelamento de autorização, alterações de controle, reorganizações societárias e condições para o exercício de cargos em órgãos estatutários ou contratuais das instituições que especifica, dispondo, em seu art. 6º, que "Para fins do disposto nesta Resolução, entende-se como: I - participação qualificada: a participação, direta ou indireta, detida por pessoas naturais ou jurídicas, equivalente a 15% (quinze por cento) ou mais de ações ou quotas representativas do capital total das instituições referidas no art. 1º, inciso I; II - grupo de controle: pessoa, ou grupo de pessoas vinculadas por acordo de votos ou sob controle comum, que detenha direitos de sócio correspondentes à maioria do capital votante de sociedade anônima ou *a 75% (setenta e cinco por cento) do capital social de sociedade limitada. Parágrafo único. Nos casos em que o controle da sociedade não seja identificado segundo os critérios mencionados no inciso II do* caput, *o Banco Central do Brasil poderá utilizar outros elementos para identificar o grupo de controle*" [grifo nosso]. Segundo o art. 13 do Regulamento anexo à resolução: "Art. 13. Dependem de autorização do Banco Central do Brasil a transferência de controle societário e qualquer mudança, direta ou indireta, no grupo de controle, que possa implicar alteração do quadro de pessoas que exercem a efetiva gestão dos negócios da instituição, decorrentes de: I - acordo de acionistas ou quotistas; II - herança e atos de disposição de vontade, a exemplo de doação, adiantamento da legítima e constituição de usufruto; III - ato, isolado ou em conjunto, de qualquer pessoa, natural ou ju-

meira, como evidência de controle, também a *interlocking directorate* - a diretoria comum -, e autorizando a segunda que o Bacen sirva-se de outros critérios para, em casos concretos, apontar o controlador.

O objetivo é ampliar o regime de responsabilidade e evitar práticas colusivas, pela presença de um mesmo agente econômico sob diversas roupagens societárias nos ambientes regulados. Para tanto - como se verá no Capítulo X (A RIS e o antitruste) -, o regulador se serve de conceitos nascidos no direito antitruste, como o de *influência determinante.*

Também tem relevância, no regramento regulatório do controle, o *uso de equiparações de determinadas situações a controle* (como o direito de veto ou o poder de nomear diretores) *e de presunções,* em geral de natureza relativa, a permitirem a abertura de processo administrativo para a apuração de controle a partir de indícios, como financiamentos significativos, operação em comum ou transferências de ativos em condições atípicas. O paradigma de regramento regulatório de controle é aquele estabelecido pela Instrução n. 101/99, da Anatel, norma profundamente inovadora no sistema jurídico brasileiro, e que permanece em vigor e inalterada após quase duas décadas em vigor.[49]

De outra parte, *o conceito regulatório e concorrencial, em um sentido inverso, termina por exercer influência sobre o próprio direito societário.* No direito comunitário europeu, construiu-se um conceito de controle bastante amplo e aberto,[50] o que também ocorreu no âmbito da autorregulação das bolsas, com

---

rídica, ou grupo de pessoas representando interesse comum. Parágrafo único. O disposto neste artigo não se aplica às transferências de controle societário para pessoas jurídicas em que não ocorra alteração no quadro de controladores finais da instituição".

49. Registre-se que essa norma pioneira e moderna convive com outros conceitos regulatórios de controle muito mais estritos, que meramente reproduzem o da Lei das Sociedades Anônimas, como se dá com o estabelecido no art. 2º da Resolução Normativa n. 484/2012 da Agência Nacional de Energia Elétrica - Aneel.

50. *"Der Begriff der Kontrolle wird in Anlehnung an die EG-Fusionskontrollverordnung weit gefasst als Rechte, Verträge oder Andere Mittel, die Einzeln oder Zusammen unter Berücksichtigung aller tatsächlichen oder rechtlichen Umstände die Möglichkeit gewähren, einen bestimmenden Einfluss auf die Tätigkeit eines Unternehmens auszuüben, insbesondere durch Eigentums- oder Nutzungsrechte an der Gesamtheit oder an Teilen des Vermögens des Unternehmens sowie Rechte oder Verträge, die einen bestimmenden Einfluss auf die Zusammensetzung, die Beratungen oder Beschlüsse der Organe des Unternehmens gewähren"* (BAUR, Jürgen J.; SALJE, Peter; SCHMIDT-PREUSS, Matthias (eds.). *Regulierung in der energiewirtschaft.* Ein Praxishandbuch, 2011, p. 1389, Coleção Kölner Handbücher zum Energiewirtschaftsrecht). "O conceito de controle é concebido amplamente nos moldes da legislação de controle de concentrações da comunidade europeia como sendo os direitos, contratos ou outros meios que, sozinhos ou combinadamente, levando-

o conceito usado no Regulamento do Novo Mercado, que ademais se serve da técnica de presunções.[51] Em uma mostra da abertura do Direito brasileiro a conceitos mais flexíveis para lidar com o poder no âmbito societário, construiu-se o conceito legal de sociedade coligada sobre a noção de "influência significativa", definida pelo poder da investidora de participar nas decisões das políticas financeira ou operacional da investida, sem controlá-la (cf. art. 243, § 4º, da Lei n. 6.404/76, incluído pela Lei n. 11.941/2009).

Essa flexibilidade do conceito regulatório de controle traz uma série de complexidades. Podem ser identificados controladores diversos conforme o critério que se adote. Pode-se mesmo cogitar de se identificar uma pluralidade de controladores segundo um mesmo critério vago, sem se chegar a perquirir do vínculo entre eles, em uma situação de perplexidade e insegurança jurídica.

Outro ponto que suscita polêmicas é o da legalidade dessa ampliação conceitual pela via regulatória, afastando-se das leituras mais estritas e literais da norma do art. 116 da LSA. Entendemos que inexista qualquer dever jurídico do regulador de ficar adstrito à norma da lei em sentido formal, pois o regulador pode construir um conceito próprio, para seus fins, dentro de sua competência geral de organização do mercado regulado, evitando atos de concentração, ou ampliando o alcance de responsabilidades.

No que toca aos deveres fiduciários e regimes de responsabilidade do controlador, ambos são temas de ampla utilização na seara regulatória, com a atribuição de obrigações específicas para o controlador e a extensão da responsabilidade objetiva, em fenômeno tratado anteriormente, ao falarmos da tendência ao afastamento da limitação de responsabilidade.

-se em conta todas as circunstâncias fáticas e jurídicas, garantem a possibilidade de exercer de fato uma influência determinante sobre uma empresa, em especial por meio da propriedade ou direitos de gozo sobre a totalidade ou partes do patrimônio da empresa, bem como os direitos ou contratos que garantam uma influência determinante sobre a composição, pareceres ou deliberações dos órgãos da empresa".

51. Segundo a Regulação do Novo Mercado da Bovespa, "Poder de Controle" significa o poder efetivamente utilizado de dirigir as atividades sociais e orientar o funcionamento dos órgãos da Companhia, de forma direta ou indireta, de fato ou de direito, independentemente da participação acionária detida. Há presunção relativa de titularidade do controle em relação à pessoa ou ao Grupo de Acionistas que seja titular de ações que lhe tenham assegurado a maioria absoluta dos votos dos acionistas presentes nas três últimas assembleias gerais da Companhia, ainda que não seja titular das ações que lhe assegurem a maioria absoluta do capital votante.

Um campo importante é o do regramento da transferência de controle de empresas reguladas. Há um relevante interesse público nessas questões para aferir: a) se há ganho privado indevido na cessão de concessão pública; b) a idoneidade e adequação do novo controlador, à luz de critérios objetivos (*intuitu personae* legal); c) se há inconveniência no ato de concentração, por razões estritamente regulatórias, que se cumulam ao exame e aos critérios da autoridade antitruste, podendo relacionar-se com questões estratégicas ou de interesse nacional,[52] ou à preocupação com o pluralismo e a diversidade no mercado regulado.[53]

Tais restrições regulatórias têm um relevante contraefeito: podem impedir ou dificultar transferências de controle eficientes, ou obstar uma mais ampla dispersão de capital da sociedade regulada.[54]

Regulação dos grupos de empresas em mercados setoriais

A derradeira manifestação da RIS que comentaremos consiste na fixação de critérios diferenciados para a *caracterização do grupo de sociedades para fins regulatórios* e a concomitante *disciplina específica do fenômeno plurissocietário.*

Em decorrência do processo de concentração econômica, a sociedade empresarial não figura no céu como uma estrela fixa e isolada, mas apenas como "um componente de uma galáxia de corpos celestes".[55] A existência e o funcionamento dos grupos dependem da limitação da responsabilidade de cada uma

---

52. Na França, pode-se mencionar a *Emenda Danone*: a notícia de que a Pepsico tencionava adquirir o controle da Danone levou à promulgação de norma que autoriza a AMF – Authorité des Marchés Financiers a formular exigências especiais para aquisições de controle que afetem o Estado francês (MUNHOZ, op. cit., 2013, p. 249).

53. No Reino Unido, o *Communications Act* de 2003 eliminou limites máximos de concessão de mídia emendando o *Enteprise Act* de 2002. Mas estabeleceu o controle de fusões (inclusive de jornais), para verificar o atendimento do interesse público. Busca a "pluralidade de pessoas no controle da empresa de mídia", para garantir diversidade, o que é diferente de um juízo sobre a competitividade do setor (FEINTUCK, Mike. "Regulatory rationales beyond the Economic". In: ______. Search of the public interest. In BALDWIN, Robert et al. (eds.). *The Oxford handbook of regulation*, 2012, p. 49).

54. Poucas companhias abriram o seu capital ou fizeram emissões fora do novo mercado. "As exceções, no mais das vezes, decorreram de razões regulatórias específicas", tais como instituições financeiras ou empresas de comunicação, em que há restrições quanto à pessoa do controlador (MUNHOZ, Eduardo Secchi. *A aquisição de controle na sociedade anônima*, 2013, p. 26).

55. A citação é de U. Immenga apud MANÓVIL, Rafael M. *Grupos de sociedades en el derecho comparado*, 1998, p. 16.

das empresas integrantes, impedindo a transferência de dívidas de uma a outra, pela preservação de suas personalidades jurídicas separadas. Wiedemann invoca a imagem de uma paisagem dividida por diques.[56] De outra parte, *holdings* podem obter ganhos de escala para empresas do grupo, com compras em volumes maiores, ou prestar serviços a controladas, como manutenção e engenharia, por departamentos especializados, em uma administração central.[57]

Por um lado, a regulação toma o fenômeno da atividade empresarial por meio de uma multiplicidade de vestes societárias como um dado da realidade, que cabe acatar e por vezes restringir. Do outro, a própria norma regulatória pode exigir a formação de estruturas grupais, quando determina a segregação de atividades, impondo que sejam exercidas por sociedades especializadas.

Em primeiro lugar, o regulador tende a caracterizar os grupos a partir da mera situação de cadeias de participação societária, não dando relevo à distinção legal entre grupos de fato e de direito.

Em segundo lugar, tende a tratar os grupos como uma unidade econômica. Isso implica estender a todas as empresas dele integrantes restrições e impedimentos que possam se aplicar a uma delas (em uma situação de desconsideração atributiva, conforme discutido no Capítulo VII). Por outro lado, coloca-se a possibilidade de extensão de responsabilidade ou de intervenção administrativa a outras empresas do grupo, o que não implica necessariamente um desestímulo ao investimento nessas sociedades, pois se preserva a limitação de responsabilidade dos sócios (sobretudo não controladores).[58]

O lado positivo (para os regulados) da consideração da unidade econômica dos grupos para fins regulatórios é a aceitação de que algumas exigências estruturais ou procedimentais possam ser atendidas de modo unitário para todas

---

56. WIEDEMANN, Herbert. *Gesellschaftsrecht*: Ein lehrbuch des unternehmens-und verbandsrechts, 1980, p. 204, v. I. Ainda sobre a segmentação de responsabilidades, *v.* ROTH, Günter H.; KINDLER, Peter. *The spirit of corporate law*. Core principles of corporate law in Continental Europe, 2013, p. 67.
57. PHILIPPS, Jr., Charles F. *The regulation of public utilities*: Theory and practice, 1985, p. 528.
58. "*Allowing creditors to reach the assets of parent corporations does not create unlimited liability for any investor. Thus the benefit of diversification, liquidity and monitoring by the capital market are unaffected. Moreover, the moral-hazard problem is probably greateser in parent-subsidiary situations because subsidiaries have less incentive to insure*" (EASTERBROOK, Frank H.; FISCHEL, Daniel R. *The economic structure of corporate law*, 1991, p. 56-7). De qualquer modo, mesmo que mantidas separadas as personalidades, o efeito reputacional sobre as demais empresas da insolvência de uma delas tem um efeito quase tão avassalador quanto a formal extensão de responsabilidade.

as empresas, ou seja, determinados órgãos a serem criados por exigência regulatória podem ter por competência a atuação simultânea e conjunta em procedimentos de várias integrantes grupais, desconsiderando as formalidades das personalidades jurídicas separadas. Assim, por exemplo, os conglomerados financeiros podem manter ouvidorias[59] e comitês de auditoria[60] únicos para as empresas do grupo.

Um terceiro aspecto da regulação econômica dos grupos diz respeito à sua estrutura. Já discutimos no Capítulo IV o propósito simplificador do *Public Utility Holding Company Act* de 1935, decretando a "sentença de morte" das estruturas demasiadamente complexas, mediante a proibição de que as *holdings* estivessem a mais de dois níveis afastadas de suas controladas operacionais. No

59. "Art. 5º É admitido o compartilhamento de ouvidoria nos seguintes casos: I - instituição que integre conglomerado composto por pelo menos duas instituições autorizadas a funcionar pelo Banco Central do Brasil, podendo ser constituída a ouvidoria em qualquer das instituições autorizadas a funcionar; II - instituição que não integre conglomerado composto por pelo menos duas instituições autorizadas a funcionar pelo Banco Central do Brasil, podendo ser constituída a ouvidoria: *a)* em empresa ligada, conforme definição constante do art. 1º, § 1º, I e III, da Resolução n. 2.107, de 31 de agosto de 1994; e *b)* na associação de classe a que seja filiada ou na bolsa de valores ou bolsa de mercadorias e futuros ou bolsa de valores e de mercadorias e futuros nas quais realize operações; III - cooperativa singular de crédito filiada a cooperativa [...]" (Resolução n. 4.433, de 23 de julho de 2015).

60. "Art. 11. Os conglomerados financeiros, alternativamente ao disposto no art. 10, podem constituir comitê de auditoria único, por intermédio das instituições líderes, para o cumprimento das atribuições e responsabilidades previstas neste regulamento, relativamente às instituições que o compõem. § 1º Nos casos em que a instituição líder seja de capital fechado e o conglomerado seja integrado por instituição que tenha ações negociadas em bolsa, a constituição do comitê de auditoria deve observar uma das seguintes alternativas: I - comitê de auditoria único composto, além de, no mínimo, três diretores da instituição líder, por, no mínimo, mais três integrantes que atendam ao disposto no art. 13, inciso I e § 1º; II - comitê de auditoria único composto exclusivamente por integrantes que atendam ao disposto no art. 13, inciso I e § 1º; ou [incluído pela Resolução n. 4.329, de 25.04.2014] III - constituição de comitê próprio pela instituição com ações negociadas em bolsa, atendendo, todos os seus integrantes, ao disposto no art. 13, inciso I e § 1º, ficando o comitê de auditoria da instituição líder responsável pelo cumprimento das atribuições e responsabilidades no âmbito das demais instituições; III - constituição de comitê próprio pela instituição com ações negociadas em bolsa, atendendo, todos os seus integrantes, ao disposto no art. 13, inciso I e § 1º, ficando o comitê de auditoria da instituição líder responsável pelo cumprimento das atribuições e responsabilidades no âmbito das demais instituições [renumerado de II para III pela Resolução n. 4.329, de 25.04.2014] § 2º A utilização da faculdade prevista neste artigo deve estar expressamente estabelecida em decisão de assembleia de cada instituição pertencente ao conglomerado" (Resolução Bacen n. 3.198).

sentido inverso, a regulação pode levar à criação ou complicação estrutural do grupo societário ao decretar a impossibilidade de se cumular em uma mesma sociedade o exercício simultâneo de determinadas atividades.

A segregação das atividades (*Unbundling* em inglês e *Enflechtung* em alemão) pode ser feita de diversas formas e intensidades:[61] a) contábil: separação dos centros de custos por atividade, e balancetes que distinguem entre os resultados de cada uma dela; b) informacional: mecanismos de restrição de acesso a informações sensíveis entre departamentos da empresa; c) organizacional: atribuição das atividades a departamentos distintos, divisão da mão de obra, autonomia financeira de cada divisão; d) jurídica: criação de personalidades jurídicas diferentes, afeta cada uma delas a uma das atividades, e, no limite, exigência de diferença de controle sobre essas pessoas jurídicas (*Gesellschaftsrechtlichem und Eigentumsrechtlichem Unbundling*). A segregação de propriedade, embora permita a competição, pode complicar o funcionamento da rede, incluindo a compatibilização de tecnologias.[62] Por outra parte, a operadora incumbente goza de significativas vantagens iniciais relativamente às ingressantes, pois tem os dados e informações de todos os clientes, propriedade de ativos-chave etc.

A exigência de separação de titularidade ou controle sobre as sociedades exercentes de atividades diversas pode ser complementada ou reforçada por uma série de outras medidas organizacionais, como a proibição de mandatos duplos (*Doppelmandaten*), ou seja, a vedação de que uma mesma pessoa acumule cargos de gestão nas duas companhias, ou que mantenha qualquer vínculo contratual (por exemplo, consultor) com ambas, e a proibição de troca de informações entre elas.[63]

A exigência de segregação de atividades era tradicional no sistema financeiro até os movimentos internacionais de desregulação dos anos 1980. É também uma técnica usada para fomentar competição nos setores em rede, como é o caso da energia e dos transportes ferroviários. Na França criou-se pela Lei de 8 de dezembro de 2009 a *ARAF – Autorité de Régulation des Activités Ferroviaires*, no bojo de um processo de liberalização do setor de ferrovias, conduzido por exigências comunitárias, que levou à extinção do monopólio da *Societé Natio-*

---

61. BAUR, Jürgen J.; SALJE, Peter; SCHMIDT-PREUSS, Matthias (eds.). *Regulierung in der energiewirtschaft*. Ein praxishandbuch, 2011, p. 75, Coleção Kölner Handbücher zum Energiewirtschaftsrecht.
62. SHERMAN, Roger. *Market regulation*, 2008, p. 341.
63. BAUR; SALJE; SCHMIDT-PREUSS, op. cit., 2011, p. 172.

nale des Chemins de Fer (SNCF), rebaixada à posição de mera operadora entre outras, e à transferência da propriedade das redes e trilhos a um ente público, a *Réseau Ferré de France (REF)*, com obrigação de assegurar acesso não discriminatório aos agentes em situação de livre-concorrência.

Essas mesmas razões regulatórias podem levar a que os processos de concentração façam-se pela incorporação de ações, com criação de uma subsidiária integral, em lugar de uma incorporação de sociedade ou uma fusão:[64] pela operação societária de incorporação de ações, preservam-se as autônomas personalidades societárias das empresas controladora e controlada, permitindo o atendimento a eventuais exigências regulatórias de segregação de atividades.

64. KALANSKY, Daniel. *Incorporação de ações*, 2012, p. 43.

QUARTA PARTE

Interfaces da regulação econômica setorial por instrumentos societários (RIS)

CAPÍTULO X

A RIS e o antitruste

A RIS no debate da regulação com o antitruste

Competition is the best regulator.
Robert Baldwin e Martin Cave

La concorrenza è la sola vera finalità della regolazione.
Stelio Valentini

Antitrust policy represents the regulation of industry by judicial means.
Daniel Spulber

As epígrafes indicam o prevalecimento na doutrina da ideia de uma coincidência entre os propósitos do antitruste e da regulação. Ambos serviriam estritamente ao atingimento do objetivo da ampliação da competição no mercado, mas ocupando espaços complementares e posições excludentes.

Sempre que possível, recuaria a regulação, para que avançasse a competição livre,[1] tutelada pelo direito concorrencial, menos intrusivo e sem o risco de

1. "Quanto menos (o mercado é liberalizado), menor a necessidade de regulação, e vice-versa". É o "paradoxo da concorrência" (MARCOU, Gérard. "Régulation et service pu-

ser ele mesmo fator de restrição à competição (como pode se dar com a regulação[2]), devendo ser o antitruste o remédio principal da preservação dos valores da empresa. Shonfield dizia que o antitruste nos EUA era "uma forma de religião nacional", e o Justice Thurgood Marshall, em United States *vs.* Topco Associates In (1972), afirmou que as

> leis antitrustes em geral, e a Lei Sherman em particular, são a Carta Magna da Livre Empresa. Elas são tão importantes para a preservação da liberdade econômica e de nosso sistema de livre empresa quanto o *Bill of Rights* o é para a proteção de nossas liberdades pessoais fundamentais.

A regulação, sobretudo de tarifas, é vista como mera etapa até que a competição se estabeleça.[3] Por outro lado, "a única forma de descobrir onde a competição é factível e onde não o é, em última instância, é permitir que ela ocorra e deixar que o mercado dê a resposta".[4] Na competição, a empresa tem o incentivo de inovar, para desfrutar temporariamente de vantagem sobre concorrentes. Na regulação do monopólio, se é fixada tarifa adequada, a empresa pode retaliar pela redução de qualidade do serviço ou produto.[5] O risco é que a competi-

---

blic. Les einsegnements du droit compare". In MARCOU, Gérard; MODERNE, Franck (eds.). *Droit de la régulation, service public et intégration régionale*. Paris: L'Harmattan, 2008, p. 87). Não obstante isso, "a regulação representa o limite móvel da concorrência: se não fosse a regulação, o princípio da concorrência teria a máxima extensão [...]. A regulação previne os desastres da concorrência selvagem" (ibidem, p. 66).

2. "*In my judgment, regulation does do a great deal of good – notably in providing a public forum for continuing scrutiny of the performance of companies that do still have too much monopoly power* [...]. *Regulation also does a great deal of harm – mainly because of its association with restraints of competition*" (KAHN, Alfred A. *The economics of regulation*. Principles and institutions, 1991, p. 111/II). Após mencionar que "a ligação histórica entre subsídios e restrições à competição é antiga", Kahn refere-se ao monopólio de apresentação de peças de autores falecidos dado por Luís XIV à Comédie Française, em 1690 (p. 4/II).
3. Autores de viés neoliberal apontam três fases na transição do monopólio para o mercado plenamente competitivo: a) fase pré-competitiva, em que a regulação é utilizada para prevenir monopolização de estrutura de distribuição, evitando que seu titular dê preferência a uma subsidiária sua em detrimento de concorrentes; b) mercados emergentes competitivos, em que a regulação de preço pode ser retirada dos setores competitivos do mercado, e mantido nos monopolísticos; c) mercados plenamente competitivos, em que a regulação econômica é desnecessária, bastando a aplicação do direito antitruste (BALDWIN, Robert; CAVE, Martin. *Understanding regulation:* Theory, strategy and practice, 1999, p. 222-3).
4. KAHN, Alfred A. Op. cit., p. XXXVI.
5. BALDWIN; CAVE, op. cit., 1999, p. 210-1.

ção represente apenas "uma evasão de *sunk costs*, ou, de fato, sua transferência para clientes cativos, cujo serviço continua a ser regulado em bases tradicionais".[6] Por essa razão, o sistema misto, em que as empresas incumbentes continuam reguladas mas há liberdade de entrada para competidores desregulados, pode levar "ao pior dos dois mundos".

Por outro lado, dada a natureza essencial de muitas das atividades empreendidas em situação de monopólio natural, a regulação pode aportar um problema adicional para a efetivação da concorrência: a existência de barreiras de saída, a impedirem a realocação de capitais. Dá-se como exemplo a vedação ao abandono de linhas férreas nos Estados Unidos da América, mesmo quando subutilizadas pelo desenvolvimento de outros modais ou mudanças de localização geográfica de populações ou industrias, levando à necessidade de subsídios cruzados transferidos de linhas com maior densidade.[7]

As diferenças entre regulação e antitruste tradicionalmente apontadas são as seguintes: a) a regulação age *ex ante*, enquanto o direito da concorrência atua *ex post* (exceto no controle de atos de concentração); b) o regulador tem a função de zelar pelo equilíbrio e pela estabilidade dos mercados, enquanto o foco do antitruste é apenas sobre práticas ou atos anticoncorrenciais. Por isso, o monitoramento pelo regulador é constante enquanto a autoridade antitruste depende de um fato concreto para tomar suas medidas; c) o regulador regra de antemão os critérios e por vezes o próprio preço dos bens e serviços nos mercados regulados – um dos elementos-chave da atividade regulatória –, enquanto a autoridade antitruste só atenta para os preços quando derivados de uma situação anticoncorrencial; d) agências reguladoras têm informações mais extensas e detalhadas do mercado em que atuam do que a autoridade antitruste; e) as autoridades antitruste evitam impor remédios comportamentais, enquanto os reguladores setoriais tendem a fixar em detalhes a forma de atuação dos entes regulados. "A regulação é mais dirigista do que o direito concorrencial";[8] f) em regra, a regulação é vista como medida transitória, a ser substituída pelo dinamismo de mercado, sob a tutela do antitruste; g) o direito concorrencial não pode favorecer, seletiva-

---

6. KAHN, op. cit., 1991, p. XXXVI.
7. LEVIN, Richard C. "Regulation, barriers to exit, and the investment behavior of railroads". In: FROMM, Gary (ed.). *Studies in public regulation*, 1983, p. 182.
8. JONES, Alison; SUFRIN, Brenda. *EU competition law*. Text, cases, and materials, 2014, p. 53.

mente, por medidas administrativas, participantes mais fracos do mercado, tendo um papel reativo, de combate a restrições, e não de fomento e estímulos.[9]

Há, além disso, potenciais choques e conflitos entre a regulação e o antitruste:

i) Há um possível conflito de competências entre autoridade regulatória e antitruste, sobretudo se o regulador setorial também acumula a função legal de zelar pela competição.[10] O regulador pode ter poder bastante extenso sobre o setor – o que implica a possibilidade de suprimir a concorrência – ou pode lhe ter sido conferida de modo expresso a faculdade de aplicar a lei antitruste em sua área de competência.
ii) A regulação pode implicar isenção do antitruste. No entanto, segundo Calixto Salomão Filho, a imunidade constitucional só seria invocável no caso de setor sujeito a planejamento impositivo, na forma do art. 175 da Constituição.[11]

Em regra, o direito antitruste aplica-se aos setores regulados ao lado dos regimes regulatórios. Nos casos Deutsche Telekom (2010) e Telefonica (2012), a Corte da União Europeia entendeu que uma empresa pode cometer uma infração concorrencial, abusando em sua política de preços ao comprimir margens, mesmo que os preços tenham sido aprovados pelo regulador nacional.[12] A atuação administrativa não isenta de responsabilidade o operador econômico.[13]

Em nosso sentir, uma visão institucionalista da regulação, que considere suas características atuais (e na qual haja lugar para o emprego da RIS), exige

---

9. SCHREIBER, Kristina. „Zusammenspiel der regulierungsinstrumente". In: *Den netzwirtschaften telekommunikation, energie und eisenbahnen*, 2009, p. 2.
10. Gérard Marcou aponta que, na maior parte dos países, a autoridade concorrencial tem um papel a desempenhar nos setores regulados: pode ser a tutela pelas regras gerais de concorrência em cada setor regulado ou a cooperação com o regulador setorial na forma fixada em lei. Em outros países "a regulação setorial é absorvida pela autoridade geral da concorrência", dando o exemplo dos setores de telecomunicações e transportes nos Países Baixos (MARCOU, Gérard. "Régulation et service public. Les einsegnements du droit compare". In MARCOU, Gérard; MODERNE, Franck (eds.). *Droit de la régulation, service public et intégration régionale*, 2008, p. 43).
11. SALOMÃO FILHO, Calixto. *Regulação da atividade econômica*: Princípios e fundamentos jurídicos, 2001, p. 134-5.
12. JONES; SUFRIN, op. cit., 2014, p. 54.
13. PARDO, José Esteve. "El encuadre de la regulación de la economía en el derecho publico". In MACHADO, Santiago Muñoz; PARDO, José Esteve (directores). *Fundamentos e instituciones de la regulación*, 2009, p. 452.

uma revisão importante da sua relação com o antitruste, assentando-se sobre os seguintes fundamentos:

a) "A relação entre competição e regulação não é estática",[14] tendo um componente histórico e variando de país a país. Regulação e competição não são alternativas dicotômicas ou excludentes, o que era percebido mesmo por um neoliberal como Alfred Kahn, que reconheceu que "nenhum mercado competitivo é totalmente desregulado, e nenhum serviço público está livre de algum tipo de competição".[15]
b) A regulação tem caráter permanente e inafastável, sobretudo com a crescente preocupação com prevenção de riscos. Em alguns setores, ademais, ela tem natureza fundamentalmente constitutiva do mercado.[16]
c) A regulação e a concorrência não se contrapõem, mas apresentam-se como um *continuum*, em um processo de ordenação do mercado. Tem-se uma *concorrência regulada e socialmente orientada*.[17]
d) A função das autoridades regulatória e antitruste deve ser exercida de modo coordenado e harmonioso:[18] as regras de competição horizontais complementam a regulação setorial, e elas não devem ser contraditórias.[19] Deve-se

---

14. PARDO, op. cit., p. 439.
15. KAHN, op. cit., 1991, p. iii/II.
16. Podem ser identificados, na doutrina, quatro modelos sobre a relação entre regulação e antitruste: 1) pressupõe a mútua exclusão entre esses sistemas. Regulação impõe limites ao antitruste para compatibilizar a tutela da concorrência com outros propósitos de interesse público. Efetividade da competição sofre exclusões em determinados setores ou há isenção para determinados comportamentos, normalmente ilícitos; 2) relação sequencial, transformando-se o modelo monopolístico no concorrencial; 3) caráter complementar dos dois princípios, igualmente necessários; 4) a regulação tem natureza constitutiva do mercado na passagem da atividade monopolística para o regime da concorrência (VALENTINI, Stelio. *Diritto e istituzioni della regolazione*, 2005, p. 70-1).
17. GUARINI, Cosimo Pietro. *Contributo allo studio della regolazione "independente" del mercato*, 2005, p. 121.
18. Um bom exemplo de articulação figura na Lei Geral de Telecomunicações (Lei n. 9.472/97). Seu art. 19, XIX, impõe à Anatel o poder-dever de "exercer, relativamente às telecomunicações, as competências legais em material de controle, prevenção e repressão das infrações à ordem econômica, ressalvadas as pertencentes ao Conselho Administrativo de Defesa Econômica - CADE" e seu art. 71 dispõe que "visando a propiciar competição efetiva e a impedir a concentração econômica no mercado, a Agência poderá estabelecer restrições, limites ou condições a empresas ou grupos empresariais quanto à obtenção e transferência de concessões, permissões e autorizações".
19. Na decisão de 1ª Instância Deutsche Telekom, a Corte Europeia decidiu que regras de competição *ex post* se aplicarão apesar da existência de regulação *ex ante*, a não ser que

superar a ideia de que haja um "casamento incômodo da regulação e da competição".[20] A política antitruste não pode se limitar à atuação da autoridade concorrencial; deve se espraiar pelas várias agências reguladoras, em seus respectivos setores. A articulação das instâncias é particularmente importante nos momentos de crise, pois as intervenções regulatórias de emergência vitimam o direito concorrencial e a autonomia das autoridades antitruste, como se viu nas concentrações aprovadas emergencialmente durante a crise bancária.[21]

Aspectos concorrenciais e anticoncorrenciais da RIS

A definição administrativa de tarifas e a uniformização de padrões de qualidade de serviços, mercê do regramento direto das atividades, eliminam dimensões da concorrência e podem funcionar como pontos focais para condutas colusivas.

A RIS, ao focar a organização interna da empresa, e não sua atuação no mercado, evita que possa ela padecer das mesmas críticas sobre o potencial colusivo direto de suas medidas.

No entanto, a RIS tem múltiplas dimensões, e cada um delas poderá também impactar a competição, de modo positivo ou negativo. Nada é neutro quando se trata de regulação econômica.

O regime jurídico de aprovação de atos societários, inclusive de constituição da empresa, representa mecanismo de regulação de acesso, que é a mais intrusiva e impactante das medidas regulatórias, no que toca à concorrência.

Exigências de natureza patrimonial, de adoção de dado nível de institucionalização (por exemplo, a exigência de constituição segundo o tipo de sociedade anônima) ou de estruturação de órgãos e procedimentos participativos cons-

---

o sistema de regulação setorial não confira à firma dominante margem de liberdade para perseguir uma política de preços independente (Deutsche Telekom AG *vs.* Commission (NYR), Julg. CFI de 10 de abril de 2008). É diferente nos EUA, onde a Suprema Corte, no caso Trinko, decidiu que regulação setorial afasta regras do antitruste, havendo pouco ou nenhum escopo para alegação de antitruste onde a regulação "cobre o campo" (*covers the field*). Verizon Communications Inc. *vs.* Law Offices of Curtis Trinko, CP, 540 U.S. 398 (13) janeiro de 2004.

20. A frase é de Alfred Kahn (*Whom the gods would destroy or how not to deregulate*, 2001, p. 2).

21. BLACK, Julia. The credit crisis and the constitution. In OLIVER, Dawn; PROSSER, Tony; RAWLINGS, Richard. *The regulatory state*. Constitutional implications, 2010, p. 113.

tituem em si barreiras de entrada, impedindo também o acesso ao mercado aos agentes de menor capacidade econômico-financeira. A regulação pode ser anticompetitiva se os custos "com seu cumprimento forem proporcionalmente maiores para uma firma pequena do que para uma grande firma, porque custos similares terão de ser incorridos não importa o nível de produção".[22]

De outra parte, requisitos especiais de transparência ou de supervisão de abusos do poder de controle são altamente pró-competitivos, pois geram informações para o mercado que permite aos ingressantes melhor planejamento e cálculo de riscos, e constituem uma primeira frente de combate a eventuais abusos de poder econômico por parte do incumbente contra aqueles que pretendam desafiá-lo no mercado regulado.

Contribuições do antitruste para RIS

Como se expôs no Capítulo I, há um núcleo conceitual da teoria da regulação, em torno do qual gravitam desenvolvimentos setoriais.

O papel desse núcleo conceitual é disponibilizar instrumentos para atender aos desafios específicos de cada mercado regulado.

Em que pesem as diferenças em sua forma de agir, o antitruste tem um tradição conceitual já bem consolidada, da qual pode se servir a teoria da regulação.

Com efeito, dada a "'setorialização' do governo da economia pelo poder público", o direito antitruste "representa, em razão de sua generalidade, um importante momento de unidade ao interior da fragmentação, nacional e supranacional, dos modernos processos de regulação econômica".[23]

O desenvolvimento dogmático e teórico da regulação pode se servir de métodos, trilhas e caminhos já devassados pelo antitruste.

Como um exemplo concreto e relevante, citamos os estudos que redundaram na edição da Resolução Anatel n. 101/99, ainda em vigor após quase duas décadas, conforme se expôs no Capítulo IX. Cuida-se do regulamento de apuração e transferência de controle, a pautar a conduta do regulador no enfrentamento das questões de ordem econômica e na manifestação sobre atos de concentração, no âmbito de sua competência.

22. OGUS, Anthony. *Regulation*. Legal: legal form and economic theory, 2004, p. 72.
23. GUARINI, op. cit., p. 122.

Foi editada em quadra histórica de relevante construção institucional – como sói ocorrer com as inovações regulatórias – e em contexto bastante específico: realizada a cisão e privatização da Telebras, buscava-se implantar mecanismos competitivos no sistema de telecomunicações, com o leilão das "empresas-espelho" no setor de telefonia fixa, e de novas licenças de telefonia celular. A preocupação com a efetividade da competição levou a agência a adotar conceito amplo de controle, pois, pelo plano geral de outorgas, as controladoras de um serviço não poderiam disputar licenças para competição, em regime privado, em suas regiões de concessão, mas tal conceito, se interpretado de modo demasiadamente estrito, autorizaria que participassem da disputa agentes que já tinham influência determinante em prestadoras de serviço.

A iniciativa de ampliar o conceito para reduzir o risco de colusões foi atacada com veemência por juristas que invocavam a letra da Lei n. 6.404/76, afirmando a ilegalidade de se afastar dela a agência reguladora para conceituar de modo mais aberto ou flexível o controle. A autoridade regulatória, corajosamente, editou a norma, fixando conceito específico de controle para fins regulatórios, permanecendo tal norma até hoje em vigor. A circunstância de ter a norma, em parte, se inspirado na Resolução n. 15 do Cade, então em vigor, foi relevante para dar amparo jurídico a essa iniciativa regulatória. Cuida-se de um exemplo importante, no Brasil, do uso de instrumentos societários para fins regulatórios, e do influxo conceitual que o antitruste pode dar para as construções jurídicas no âmbito da RIS.

Contribuições da RIS ao antitruste

Têm sido raras as oportunidades recentes, no direito comparado, de atuação direta do antitruste sobre as estruturas de mercado,[24] conforme os clássicos precedentes norte-americanos da Standard Oil e da ATT.

---

24. A teoria da organização industrial, em seus primórdios, era dominada pelos estruturalistas e pautava-se pelo paradigma estrutura-conduta-desempenho. Havia uma visão causal: a estrutura de mercado causava e induzia a que as firmas se comportassem de certa maneira (MERCURO, Nicholas; MEDEMA, Steven G. "Economics and the law", p. 145). A essa linha se contrapunham os behavioristas, que focavam no comportamento de preços, e nas razões econômicas que levam à integração vertical e horizontal. No campo estrutural, o Clayton Act impedia atos de concentração horizontal, e o Celler-Kefauver Act de 1950 impedia compra de ativos que tivesse o mesmo efeito, e impunha res-

Isso torna relevante a atuação regulatória sobre as estruturas.

Em primeiro lugar, a atividade regulatória pode impactar as estruturas, porque ela se volta a combater as falhas de mercado, as quais, por sua vez, transmutam-se, em parte, em problemas estruturais nos mercados setoriais.[25]

Em segundo lugar, a regulação pode pretender a determinação de modo direto (e não meramente reflexo) das estruturas de mercado. Isso pode ser feito de modo detalhado no âmbito dos serviços públicos e dos monopólios constitucionais, e não no que toca às atividades econômicas, pois, para essas, o planejamento não pode ser compulsório.

Em terceiro lugar, *o regulador pode influenciar indiretamente as estruturas de mercado* - mesmo no que pertine às atividades econômicas -, conforme os requisitos que estabeleça, no âmbito societário, para o exercício da atividade. Assim, por exemplo, a exigência de uma complexa estrutura organizacional e de um capital mínimo elevado para o exercício de uma atividade, ao dificultar o ingresso, pode manter as estruturas de mercado altamente concentradas.

Em quarto lugar, a existência de requisitos regulatórios especiais para aprovação de atos de transferência de controle - inclusive obstando transferências que impliquem concentração de mercado - tem um impacto direto nas estruturas de mercado.

Em quinto lugar, as estruturas são implantadas a partir de mecanismos societários, como se dá com a determinação de que o objeto social de cada empresa seja limitado a uma atividade. A regulação tem maior potencial de estabelecer competição pela imposição de reorganização societária, seja na fase de privatização, seja na reforma regulatória. "Uma abordagem para a regulação de indústrias com diferentes potenciais competitivos em cada etapa é cindi-las na privatização e vender os elementos monopolísticos e competitivos como unidades diferentes."[26]

Referidas as relações da RIS com as estruturas, o *caminho de futuras pesquisas há de ser o da influência do* design *societário sobre as condutas dos agentes eco-*

---

trições aos atos de concentração vertical e formação de conglomerados. Em 1976, o *Hart-Scott-Rodino Antitrust Improvements Act* exigiu pré-aprovação para grandes atos de concentração. Mas "remédios estruturais em casos de monopólios como o da Microsoft, que não foi obtido por atos de concentração ou colusão, são raros e não têm sido particularmente bem-sucedidos" (SHERMAN, Roger. *Market regulation*, 2008, p. 329).

25. FEHLING, Michael; RUFFERT, Matthias. „Perspektiven". In ______; ______. (orgs.). *Regulierungsrecht*, 2010, p. 1.227.

26. BALDWIN; CAVE, op. cit., p. 213.

nômicos, para garantir sua conformidade (compliance). A questão que se coloca é de que modo a organização interna participativa e a transparência da empresa permitem-lhe prevenir ou mesmo impedir atos caracterizadores de abuso de poder econômico, ou cartel. A participação de *stakeholders,* a transparência das informações econômicas, a abertura da empresa para a supervisão democrática – tudo isso contribui para lançar luzes sobre os cantos mais recônditos onde se armam os cartéis, e se combinam ilicitamente preços e divisões de mercados.

CAPÍTULO XI

A RIS e a governança corporativa

Semelhança de objetivos: governança corporativa como atuação interna à sociedade na tutela de interesses do mercado de capitais

The corporate governance system principally supports the interests of shareholders as a class.
Rainer Kraakman

A *corporate governance* não deve ser definida como uma doutrina ou um movimento, mas como um campo interdisciplinar de reflexões que nasce das "imperfeições do direito societário"[1] para encaminhar uma série de conflitos que lhe são estruturais e, em especial, para lidar com a questão do poder na corporação (e que se espraia para fora dela). Nesse campo, aglutinam-se práticas, conceitos, procedimentos e ideias que buscam assegurar a transparência da gestão empresarial, a estruturação de órgãos dedicados a temas sensíveis, regras especiais de conflitos de interesse e até uma discussão sobre o papel dos profissionais que orbitam a empresa.[2]

1. A expressão consta do título do relevante texto de Maria Rosa Ferrarese, "Della corporate governance, overro dell'imperfezione del diritto societario". In: ROSSI, Guido (ed.). *Governo dell'impresa e mercato delle regole*, t. I, 2002, p. 387-421.
2. São os "*gatekeepers*", guardiões do portão da corporação, como é o caso dos advogados, auditores e contadores. A esse respeito, COFFEE JR., John C. *Gatekeepers. The professions and corporate governance*, 2006.

Os doutrinadores dividem-se entre postular a antiguidade ou a novidade das questões debatidas no âmbito da governança corporativa e o papel do Direito. Afirma-se que no seio das empresas a governança será o grande tema do século XXI, assim como os métodos de gestão foram o foco do século XX.[3]

Em princípio, a governança corporativa poderia permitir a discussão de mérito das decisões gerenciais, confrontando-as com os mais variados interesses que convergem na empresa e inquirindo da justiça societária. No entanto, da forma prevalecente, tem-se buscado restringir o enfoque e o potencial transformador da governança corporativa, limitando-a ao tema dos conflitos entre os acionistas majoritários e minoritários ou entre os acionistas e os gestores. E essa discussão tem sido travada em um enfoque contratualista, privilegiando-se o interesse dos investidores, em especial daqueles participantes do mercado de capitais. Nesse ponto, há uma similitude com os propósitos da RIS – mirar-se e organizar-se internamente a empresa para atender às exigências do mercado e à tutela de *stakeholders*. Mas a RIS pretende-se mais ampla quanto a seus instrumentos e quanto a suas preocupações.

A governança corporativa propõe-se a recomendar a adoção de certas "*regras do jogo*" no seio das sociedades,[4] e a disponibilizar critérios para aferir a eficácia de modos alternativos de organização.[5] Após afirmar a disseminação da *"ideologia"* da *corporate governance*, Menezes Cordeiro adverte não ser ela definível em "termos jurídicos: abrange um conjunto de máximas válidas para uma gestão de empresas responsável e criadora de riqueza a longo prazo, para um controle de empresas e para a transparência".[6]

Há, nessa linha de reflexões, uma preocupação cosmopolita com as melhores práticas:

> As normas de governança corporativa expressam uma mistura altamente complexa de normas oficiais e não oficiais, "*hard*" e "*soft*", domésticas e internacionais.[7] Transcendem a dicotomia entre direito privado e direito público, entre di-

---

3. TRICKER, Bob. *Corporate governance*. Principles, policies and practices, 2012, p. 3.
4. KRAAKMAN, Rainier et al. *The anatomy of corporate law*. A comparative and functional approach, 2009, p. 55.
5. WILLIAMSON, Oliver. *The mechanisms of governance*, 1996, p. 11.
6. CORDEIRO, Antonio Menezes. *Manual de direito das sociedades*. Das sociedades em geral, 2007, p. 853.
7. CALLIESS, Gralf-Peter; ZUMBANSEN, Peer. *Rough consensus and running code*. A theory of transnational private law, 2010, p. 26.

reito nacional e direito internacional, caracterizando-se por uma competição entre várias fontes normativas, que por vezes se entrechocam e por vezes convergem. Tampouco miram apenas a soluções técnicas abstratas de busca de maior eficiência na gestão das empresas, pois estão ligadas indissoluvelmente às instituições e contextos de cada país, tendo um "caráter espacial, tanto em relação a seu escopo normativo e a sua origem normativa".[8]

A grande inibição ao potencial transformador da *corporate governance,* no entanto, tem sido a sua limitação à tutela dos acionistas minoritários,[9] seja horizontalmente em relação ao controlador - estabelecendo-se mecanismos para coibir os ganhos privados do controle -, seja verticalmente em relação aos Administradores,[10] assegurando uma gestão focada no interesse da valorização das ações no longo prazo. Shleifer e Vishny definem o governança corporativa como "o conjunto dos instrumentos com o quais os investidores de capital asseguram um retorno sobre seus próprios investimentos".[11]

Nesse sentido, a inovação da governança corporativa - em relação ao direito dos mercados de capitais, que opera portas afora da sociedade - foi mirar o

8. CALLIESS; ZUMBANSEN, op. cit., p. 212.
9. Ana Maria Fellegara define a expressão "*corporate governance*" como o "conjunto de teorias, regras e instrumentos que, com maior ou menor restrição, informam o governo da empresa e as relações que nele e por ele se criam". Isso inclui, em especial, sistemas regrando: a) incentivos e remuneração ligados aos objetivos relevantes para os acionistas; b) transparência de informações perante o mercado financeiro e de capitais; c) autorregulação e supervisão do mercado de aquisições; d) a posição dos acionistas não controladores detentores de participações relevantes, como fundos e bancos de investimentos; e) mecanismos de tutela contra abusos de controle. Na Itália, o Código Preda aponta como objetivo da governança "a maximização do valor para os acionistas, considerando que a persecução de tal objetivo, em um horizonte temporal não breve, possa gerar um círculo virtuoso, em termos de eficiência e integridade empresarial, de modo a repercutir positivamente também sobre os *stakeholders*". O Código de Melhores Práticas de Governança Corporativa da Alemanha, de modo ampliado e viés mais institucionalista, define como seu objetivo "obter uma gestão responsável e orientada à criação de valor. As regras de governo societário promovem e reforçam a fidúcia dos acionistas presentes e futuros, os financiadores, dependentes, parceiros comerciais e do público em geral nos mercados nacionais e internacionais" (FELLEGARA, Anna Maria. *Strutture d'impresa e tutela degli interessi istituzionali,* 2005, p. 22-33).
10. Mark Roe distingue entre a dimensão vertical da governança corporativa - a relação entre administração e acionistas - e a dimensão horizontal - relação entre controladores e os demais (ROE, Mark. "Governance". In MÉNARD, Claude; SHIRLEY, Mary M. (eds.). *Handbook of institutional economics,* 2008, p. 372).
11. FELLEGARA, op. cit., 2005, p. 21.

interior societário e buscar fixar métodos, processos e órgãos específicos que assegurassem um processo contínuo de proteção ao investimento do acionista não controlador. Nesse ponto, há uma funcionalidade similar entre a governança corporativa e a RIS, pois esta também opera com instrumentos societários para atender a interesses e objetivos extrassocietários e para tutelar *stakeholders*. Ressalte-se, porém, a maior amplitude dos instrumentos da RIS, que não se limita a regrar o governo das sociedades, mas também se utiliza de medidas como a imposição de tipos societários e o regramento dos aspectos patrimoniais da sociedade.

De certa forma, a RIS busca responder a mais perguntas do que a governança corporativa[12] e enxerga a sociedade no seu ambiente político, institucional e econômico – o mercado regulado –, e não apenas na dimensão estrita de emissora no mercado de capitais.[13]

Cultura de governança e dependência de caminhos para o emprego da RIS

Institutional change is tipically incremental and path dependent.
Douglass North

12. O Moderno Direito das Companhias tem de responder a três perguntas: a) qual a relação entre proprietários e gestores?; b) que títulos além da propriedade de ações conferem direito a alguma influência na gestão? Em outras palavras, quais *stakeholders* estão legitimados a participar do processo decisório?; c) qual a relação apropriada entre os gestores da companhia e as instituições do Estado democrático? (MORAN, Michel. "The rise of the regulatory state". In: COEN, David; GRANT, Wyn; WILSON, Graham (eds.). *Oxford handbook of business and government*, 2011, p. 97 e segs.).
13. Para Mark Roe, democracia social é incompatível com propriedade dispersa do capital, pois o foco nos interesses de *stakeholders* pelos administradores colocam-nos em conflito com os acionistas, que exigem valor para suas ações. "*Markets are often the most important institution of corporate governance. Three markets are central: the firm's product market, its capital market, and the managerial labor market* [...]. *Corporate governance institutions might pick up the slack where markets cannot reach* [...]. *Each market-based institution is incomplete in optimizing the firm's organizational structure*" (ROE, Mark. "The institutions of corporate governance". In: MÉNARD, Claude; SHIRLEY, Mary M. (eds.). *Handbook of institutional economics*, 2008, p. 377-8).

Private Law has to reinvente
itself in a more contextual way.
Hugh Collins

Path dependencies can prejudice
eficient regulatory design.
Niamh Moloney

A RIS e a governança corporativa relacionam-se em outra dimensão. A imposição regulatória de determinadas soluções organizativas não pode desconsiderar que há uma dependência de caminho (*path dependence*) a condicionar a eficácia da medida a um ambiente institucional e cultural de governança preexistente.

Em outras palavras, quanto mais disseminados culturalmente forem determinados princípios de governança e quanto mais compatíveis e coerentes com eles se revelarem as medidas regulatórias, maior será a efetividade do emprego da RIS.

Os estudos sobre a *path dependence* originalmente miraram a questão do *lock-in* tecnológico: o risco da adoção prematura de padrões pode impedir novos padrões mais eficientes. O exemplo é o do padrão de teclados *qwerty*, nome derivado das primeiras seis letras do tabuleiro da máquina de escrever, que é o vigente desde a invenção da máquina em 1870. Seu objetivo era evitar que teclas travassem quando batidas juntas, e para tanto as letras mais usadas em sequência na língua inglesa foram colocadas em lados opostos do teclado, tornando-o mais lento, mas evitando que se bloqueassem. A disseminação do padrão impediu que se tornassem comuns outros padrões de teclado que seriam muito mais eficientes para o mesmo objetivo, como o método DSK.[14] Dessa forma, tecnologias menos eficientes conquistam o mercado pelas externalidades de rede: os pioneiros fixam um padrão, ao qual os demais agentes posteriormente aderem, sob pena de, vindo a fazer ainda mais tarde, terem maiores custos de ajuste e conversão. Outros exemplos citados pela doutrina são o padrão de videocassete VHS, sistema operacional Windows e padrão PAL para televisão.[15]

---

14. WILLIAMSON, Oliver. *The mechanisms of governance*, 1996, p. 241-2.
15. LESCHKE, Martin. „Regulierungstheorie aus ökonomischer Sicht". In FEHLING, Michael; RUFFERT, Matthias (orgs.). *Regulierungsrecht*, 2010, p. 306-7.

Esse mesmo raciocínio tem sido empregado para compreender as condicionantes institucionais da adoção de regras e processos. As instituições de uma sociedade têm uma viscosidade e uma resistência que tornam lenta sua mudança, exigindo alterações incrementais.[16]

Essa discussão tem sido particularmente importante no âmbito do direito societário.

Bebchuck e Roe, em *A theory of path dependence in corporate ownership and governance*, apontam duas determinantes para essa dependência de caminho no campo empresarial: a estrutura de propriedade sobre o capital da empresa (havendo maior resistência à mudança quando o controle é fortemente concentrado), e as normas de direito societário (nesse ponto, a *common law* seria mais eficiente para reforçar os direitos subjetivos no modelo de propriedade dispersa, enquanto na *civil law* haveria menor capacidade de ajuste por causa da força do Estado).[17] Discordamos dessa contraposição artificial[18] entre *civil law* e *common law*, mas concordamos que as premissas implícitas do ordenamento jurídico – no sentido ascarelliano – são relevantes para condicionar a efetividade de determinadas soluções organizativas. O direito tem um papel determinante: *law matters*![19]

Igualmente importante se mostra a cultura de governança de determinado setor, para dar rumos às suas práticas de autorregulação.[20]

---

16. "*It is the combination of the constitutional rules with the associated moral and ethical codes of behavior that underlies the stability of institutions and makes them slow to change. The combination produces ingrown patterns of behavior which, like the capital stock, tend to be changed incrementally*" (NORTH, Douglass. "Institutions and performance of economies over time". In MÉNARD; SHIRLEY, op. cit., 2008, p. 205).
17. BEBCHUCK, Roe. "A theory of path dependence in corporate ownership and governance". *Stanford Law Review*, v. 52, p. 127-70, 1999.
18. A discussão *common law* x *civil law* não é relevante. Essa é uma discussão típica da segunda metade do século XX, pois "os comparatistas oitocentistas, em contrapartida, compartilhavam uma visão muito mais cosmopolita do Direito e da evolução jurídica" (PARGENDLER, Mariana. *Evolução do direito societário*. Lições do Brasil, 2013, p. 38). Em sentido divergente, LA PORTA, Rafael; LOPEZ-DE SILANES, Florencio; SHLEIFER, Andrei; VISHNY, Robert. "Law and finance". *Journal of Political Economy*, v. 106, n. 6, p. 1113-55, dez. 1998, analisando 49 países, concluíram que os que adotavam o sistema da *common law* conferiam maior proteção aos acionistas, os fundados no Direito francês, a menor, e os continentais germânico e escandinavos em posições intermediárias.
19. FELLEGARA, Anna Maria. *Strutture d'impresa e tutela degli interessi istituzionali*, 2005, p. 43.
20. "*The internal culture of an industry may be an important determinant of accountable, effective self-regulation*" (FREEMAN, Jody. "The private role in public governance". *New York University Law Review*, v. 75, p. 648, jun. 2000).

Várias são as condicionantes do direito societário de cada país. Existem significativas diferenças entre eles no que toca aos mecanismos de financiamento, à amplitude do *Welfare State*, à maior ou menor rigidez do mercado de trabalho e das finanças públicas, ao peso das relações informais entre empresas, à concentração econômica nos vários setores. Fala-se em "variedades de capitalismo", negando-se a tendência a uma convergência e apontando-se a imperatividade de uma coerência sistêmica e uma compatibilidade institucional.[21] Já para Rafael LaPorta, Florencio Lopez de Silanes e Andrei Shleifer, as origens históricas dos institutos jurídicos são o determinante primário dos padrões contemporâneos das propriedades de ações e proteção a minoritários. Contrariamente à visão de Berle e Means, firmas fora dos EUA tendem a ser controladas por famílias ou pelo Estado, e o controle é desproporcional a seus direitos sobre os fluxos de caixa, derivando do uso de estruturas piramidais e de direitos de participação na administração.[22] Dá-se grande ênfase à inserção da empresa em seu ambiente e contexto (*embeddedness*).[23]

É curioso que haja toda uma literatura voltada à relação entre as instituições políticas e a governança corporativa, mas que esquece como a segunda é influenciada pelos marcos regulatórios dos setores em que as empresas atuem: esses regimes jurídicos setoriais afetam diretamente o mercado de capitais e os incentivos ao investimento. A outra face da moeda apresenta-se no campo da

---

21. A esse respeito, v. HANCKÉ, Bob. "Varieties of capitalism and business". In: COEN, David; GRANT, Wyn; WILSON, Graham (eds.). *Oxford handbook of business and government*, 2011; e HALL, P.; SOSKISE, D. *Varieties of capitalism*: the institutional foundations of comparative advantage, 2001. Nesta última obra reúnem-se estudos das diferenças nacionais de sistema econômico considerando variáveis como política monetária, direitos trabalhistas, relações governamentais e *corporate governance*.
22. LAPORTA, Rafael; SILANES, Florencio Lopez de; SHLEIFER, Andrei. "Corporate ownership around the world". *Journal of Finance*, v. 54, n. 2, p. 471-517, 1999. Para Hancher e Moran, a mais importante relação na regulação econômica – aquela existente entre organizações – é marcada pelas peculiaridades nacionais, aspectos históricos e estruturais, a cultura política e o papel dos tribunais. Nos EUA e no Reino Unido, diferentemente da Europa continental, o Estado não ocupa papel central, e a preocupação é com o controle do poder público. Para Vogel, os EUA têm regras detalhadas de aplicação coercitiva; já o Reino Unido trabalha com orientações gerais (*guidelines*) e implementação cooperativa. Na França, a Constituição não é fonte de autoridade legítima, mas expressão da ideia de unidade do Estado. Na Alemanha, há uma ideia jurídica de Estado, e a Constituição é programa político com objetivos substantivos genéricos, invocados pelas cortes para invalidar regulação administrativa.
23. Por todos, refira-se aos estudos reunidos em WILLIAMS, Cynthia; ZUMBANSEN, Peer (eds.). *The embedded firm*: corporate governance, labor and finance capitalism, 2011.

RIS: suas medidas tendem a incidir sobre práticas e procedimentos organizacionais arraigados, e/ou com eles convergirão ou divergirão - ampliando a chance de sua eficácia, no primeiro caso, e reduzindo-a no segundo.

A inércia institucional no campo do direito societário seria ainda reforçada pela circunstância de ser a governança corporativa assunto de baixa saliência política: questões de direito das sociedades não mobilizam a opinião pública, exceto nas graves crises, como no caso ENRON ou na crise financeira de 2008.[24] Em geral, isso inviabiliza um esforço político de rompimento com os padrões tradicionais do regime societário.

Em suma, a adoção de medidas regulatórias de organização política ou patrimonial da sociedade dedicada a determinada atividade poderá ser inefetiva se contrariar ou alterar radicalmente as práticas, ideias e procedimentos que constituam os padrões de conduta no ambiente empresarial de determinado país. Um direito societário que permita uma atuação quase incontrastável de gestores e controladores tornará inócuas instâncias de articulação com *stakeholders;* regras contábeis rigorosas estarão fadadas a ser contornadas, se prevalecer no seio das empresas uma cultura de *Cambalache*, como no célebre tango de Enrique Santos Discépolo de 1934: *Siglo veinte, cambalache/problemático y febril.../el que no llora no mama/y el que no afana es un gil.*

RIS como instrumento de disseminação das melhores práticas

Law is the most useful and deliberate
instrument of change available to people.
Hernando de Soto

Political institutions may strongly
influence the construction and survival
of corporate governance institutions.
Mark Roe

24. CULPEPPER, Pepper D. "Corporate control and managerial power". In COEN, Davi; GRANT, Wyn; WILSON, Graham (eds.). *The Oxford handbook of business and government*, 2011, p. 503.

A eficácia da RIS dependerá do ambiente institucional em que vier a ser implementada. No entanto, deve-se relativizar o determinismo de alguns teóricos da *"path dependence": os regimes societários não são destino, mas opção; a cultura não é estática, mas dinâmica; as inovações jurídicas não ficam insuladas nos países em que foram geradas, mas se difundem.*

Isso significa que o regulador setorial não deve ignorar as práticas corporativas do mercado específico que pretenda regular, nem tampouco deve se curvar a elas: é seu dever buscar a disseminação das melhores práticas de governança que ele seletivamente eleja, e seu papel é importante para isso, porque os mercados regulados em geral padecem da falta de pressão competitiva a conduzi-los à contínua inovação institucional. Isso implica fomentar a difusão dos mais eficientes padrões internacionais e levar em conta a relevância das funções simbólica e pedagógica do direito.

De sua parte, o especialista em governança corporativa não pode ignorar o contexto regulatório em que está imersa a entidade, pois um dos papéis da governança corporativa é igualmente servir de ponte entre a estruturação da organização societária e as regras regulatórias, do antitruste e do mercado de capitais.

No entanto, a identificação dos princípios de governança que se pretenda fomentar não exige aderir ao contratualismo inerente a muitos desses princípios e que leva à preterição dos interesses dos *stakeholders*: deve haver um exame crítico prévio da *soft law* concernente à organização societária, dele aproveitando o muito que diz sobre formas de transparência, garantias de uma administração independente e regramento de conflitos de interesse, mas sem que isso implique aderir à ideia da primazia absoluta dos interesses dos acionistas.

Aprofundemos essas ideias.

A reflexão societária divide-se entre os que defendem a natural convergência das soluções do direito societário no plano do direito comparado e os que a problematizam, apontando a ineficácia dos transplantes e a necessidade de ajustes das regras às realidades locais, pois o que releva é a similitude da função dos institutos societários dos diferentes países, e não a uniformidade de sua conformação.

Entre os defensores da convergência, destacam-se Hansmann e Kraakman, em seu polêmico artigo *The end of history for corporate law*.[25] Os autores enxer-

25. HANSMANN, Henry; KRAAKMAN, Reinier. "The end of history for corporate law". *Georgetown Law Journal*, v. 89, p. 439, 2001.

gam um elevado nível de uniformidade no direito societário dos países desenvolvidos, centrado no consenso de que os gestores devem agir exclusivamente no interesse dos acionistas, inclusive os não controladores. A história do direito societário findará com a hegemonia do modelo orientado para o acionista (*shareholder-oriented model*), desenvolvido nos EUA e no Reino Unido, e caracterizado pela maximização do valor para o acionista, a dispersão de capital e o desenvolvimento do mercado de capitais. Saem derrotados os modelos alternativos centrados nos administradores (*manager-oriented system*), que predominou nos EUA nos anos 1950/1960, nos trabalhadores (*labor-oriented system*), exemplificado pelo modelo de cogestão alemã, e no Estado (*State-oriented system*), característico da França e dos países asiáticos. O sucesso desse novo modelo adviria do êxito competitivo das empresas britânicas e norte-americanas, a crescente influência global das disciplinas de economia e finanças, da difusão dos mercados acionários e o surgimento do ativismo acionário e de grupos de interesse.

Vários outros estudos encaminham-se pela trilha aberta por Hansmann e Kraakman, ligando a disseminação global da governança corporativa a tendências no mercado acionário, como a crescente força dos investidores minoritários qualificados e ativos, como os fundos de investimento. Por todos esses estudos, cite-se como exemplo o artigo "The pension system and the rise of shareholder primacy", de Martin Gelter,[26] que igualmente identifica o recente desenvolvimento, nos Estados Unidos, de uma visão acionista-cêntrica (*shareholder-centric*), em substituição a um capitalismo gerencial que antes predominava. O autor liga o fenômeno a mudanças no sistema de pensões, que mudaram de planos de benefício definido para planos de contribuição definida. No primeiro caso, os trabalhadores dependem primordialmente da habilidade de seus empregadores financiarem os fundos, enquanto no segundo, dependem fortemente do mercado de capitais. Com isso houve um "deslocamento sísmico" da economia política da governança corporativa, no qual os gestores passam a priorizar os interesses dos acionistas em lugar dos empregados ou outros grupos, enquanto o ativismo dos acionistas passa a ser defendido pelos próprios sindicatos.

Haveria uma série de fatores que contribuiriam para a disseminação dessa primazia dos acionistas mesmo em países sem um mercado de capitais desen-

26. GELTER, Martin. "The pension system and the rise of shareholder primacy". *Seton Hall Law Review*, v. 43, n. 3, 2013.

volvido, ou sem dispersão acionária, relacionados à criação de um ambiente de negócios que atraia investimentos.

No que toca de modo mais amplo à convergência de modelos regulatórios – para além do universo societário –, podem-se apontar as seguintes vantagens: a) ganhos de eficiência derivados da padronização de produtos, de informações e estruturas; b) efeitos de rede, que, por exemplo, aumentam o valor potencial da troca de informações e aprendizado entre as várias jurisdições; c) elevação de *status*; d) vantagens na atração de investimentos, pois mostra compartilhamento por um país de valores da competição e segurança; e) minimização de custos, pois se podem repetir experiências estrangeiras.[27]

Essas forças empurrariam um país na direção da adesão a princípios contratualistas em seu direito societário, importando-os como um pacote fechado e completo.

Para outros doutrinadores, transplantes são causa de ineficiência de escolha institucional.[28] Não ocorrem mecanicamente, ou pelos méritos da solução, mas por determinantes políticos, de interesses dos grupos específicos, nos termos do estudo conduzido por Mariana Pargendler sobre as origens do direito societário brasileiro: "A elaboração das primeiras leis societárias no Brasil é marcada por três características peculiares: (i) legiferação politizada; (ii) origens diversas; e (iii) transplantes seletivos".[29]

Discutindo a relevância do direito comparado para o estudo das sociedades empresariais, Wiedemann adverte que, mais do que um "direito natural das soluções", devemos buscar no comparatismo um "direito natural dos problemas". Há vários obstáculos para uma transferência de valores de um sistema a outro, como as diferentes ordens constitucionais e o diverso contexto socioeconômico, mas se pode identificar a relevância das questões jurídicas enfrentadas.[30]

---

27. SOKOL, Daniel; CHENG, Thomas; LIANOS, Ioannis (eds.). *Competition law and development*, 2013, p. 21-3.
28. SUNSTEIN, Carl. *Free markets and social justice*, 1997, p. 64. RADAELLI, Claudio; DE FRANCESCO, Fabrizio. "Regulatory impact assessment". In: BALDWIN, Robert et al. (eds.). *The Oxford handbook of regulation*, 2012, p. 292.
29. PARGENDLER, Mariana. *Evolução do direito societário*. Lições do Brasil, 2013, p. 49. Sobre a pluralidade das fontes, observa a autora que, no direito comercial e em aspectos gerais do sistema jurídico, a influência do direito inglês rivalizava com o francês.
30. WIEDEMANN, Herbert. *Gesellschaftsrecht*: Ein Lehrbuch des Unternehmens-und Verbandsrechts, 1980, p. 78, v. I.

De outra parte, as soluções jurídicas para essas problemas podem variar formalmente, de um sistema jurídico a outro, mas apresentarem as mesmas funcionalidades. John Coffee, em *The rise of dispersed ownership*, aponta para duas formas pelas quais pode ocorrer a convergência das formas de *corporate governance*: uma convergência jurídica formal, guiada pelos Estados, e uma convergência funcional, com o uso de substitutos equivalentes, disseminados por códigos de melhores práticas com a adesão das empresas.

A difusão das práticas de governança corporativa exige assim uma atenção às características culturais e institucionais de cada país, como se dá com qualquer regra regulatória. A preservação de sua funcionalidade demanda tal aclimatação. O Banco Mundial defende que haja adequação entre regulação e instituições nacionais, em lugar de soluções únicas e rígidas para todos os países ("*one-size-fits-all*").[31] Há autores que chegam a fazer abordagens darwinistas desses modelos, explicando a necessidade de que eles se ajustem a seus ambientes para poderem sobreviver.[32]

Parece-nos possível admitir que um país possa autonomamente se servir daquilo que, na seara do direito comparado, atenda a seus objetivos constitucionais, sem aderir a um pacote fechado. Podemos adotar as melhores práticas de governança corporativa sem aderir ao estrito contratualismo que lhes é inerente, ou desconsiderar os interesses dos demais stakeholders *que não os acionistas.*

Caberá ao regulador identificar os princípios de governança que pretenda fomentar - que serão em essência aqueles que prestigiarem a transparência e a independência de órgãos administrativos relativamente ao controlador - e como pode estimular sua adoção.

Isso exige refletir sobre como se dá a difusão dos princípios de governança que convergirem com os objetivos regulatórios setoriais. Em outras palavras, cabe indagar de que modo a regulação setorial pode contribuir para que as em-

---

31. BALDWIN, Robert; CAVE, Martin; LODGE, Martin. "Regulation: The field and the developing agenda". In: BALDWIN, Robert et al. (eds.). *The Oxford handbook of regulation*, 2012, p. 8.
32. Por exemplo, Massimiliano Vatiero (VATIERO, Massimiliano. *The evolution of corporate governance species:* A note on the political origin and institutional complements. Paper apresentado na 31ª Conferência Anual da European Association of Law and Economics, na Universidade de Aix-en-Provence, 2014) defendeu um modelo de evolução darwinista para explicar porque não há convergência entre os modelos de *corporate governance*, mas, pelo contrário, eles se adaptam aos diferentes ambientes institucionais. De certa forma, o autor trata os elementos internos da sociedade como se fossem genes.

presas reguladas moldem sua organização societária em conformidade, ao mesmo tempo, com as melhores práticas e com as políticas públicas do setor.

Dessa forma, *paradoxalmente a RIS tende a se revelar como um comando estatal, que impõe e exige a adoção de determinadas práticas de boa governança que surgem na práxis empresarial como* soft law, *sem eficácia obrigatória.* Tome-se o exemplo da Resolução Bacen n. 4.434, de 5 de agosto de 2015, que ao tratar das cooperativas de crédito, dispôs, em seu art. 26, que

> as cooperativas de crédito devem observar política de governança corporativa aprovada pela assembleia geral, que aborde os aspectos de representatividade e participação, direção estratégica, gestão executiva e fiscalização e controle, e que contemple a aplicação dos princípios de segregação de funções na administração, remuneração dos membros dos órgãos estatutários, transparência, equidade, ética, educação cooperativista, responsabilidade corporativa e prestação de contas.

Nesse caso, a verificação da idoneidade dos procedimentos efetivos praticados pelo ente regulado exigirá que o regulador detenha informações e conhecimentos sobre as melhores práticas, sejam elas desenvolvidas no próprio setor, na economia nacional ou no plano internacional. Dessa forma, *a regulação de direito público termina por interagir, supervisionar, incentivar e reforçar normas de natureza autorregulatória, no que chamamos de papel forte do direito privado na regulação.* Em outras palavras, princípios de governança corporativa originalmente estabelecidos como *soft law* - como recomendações definidas por entidades não governamentais, redes regulatórias, associações de empresa - deixam de ser implementados apenas por mecanismos não compulsórios como *peer review* ou *benchmarks*, e passam a ser exigidos e supervisionados pelo regulador,[33] que contribui dessa forma com sua disseminação de um campo para outro.[34]

---

33. A imposição regulatória das práticas de boa governança amplia sua relevância jurídica, respondendo às críticas de ser a *corporate governance* um conceito jurídico limitado, como afirma De Groot (GROOT, Cornelis de. *Corporate governance as a limited legal concept*, 2009).
34. Há mecanismos de difusão como coerção, competição, aprendizado e imitação. Mas é importante estudar os canais dessa difusão, levando em conta que tal processo é multidimensional. Pesquisa de Jordana, Levi Faur e Fernandez Marin, a respeito da difusão da prática de criação de agências regulatórias, identifica quatro fontes diferentes de transferência institucional: a) redes setoriais - entre atores de um mesmo setor em diferentes

No amplo espectro da RIS, algumas regras ou aspectos da organização societária defendidos no plano internacional serão mais facilmente internalizados do que outros. Temas afetos à estrutura patrimonial ou a critérios e padrões contábeis circulam mais facilmente do que aspectos-chave dos regimes societários, como a amplitude dos poderes do controlador ou dos gestores, pois aqui os grupos de interesse são mais resistentes a mudanças.[35]

Em síntese, a RIS implica selecionar os trechos dos amplos manuais de governança corporativa que contribuam para os propósitos de implementação de políticas públicas – como regras de transparência, independência de gestão e rigor nos conflitos de interesse –, desconsiderando outros que tenham um viés mais marcadamente contratualista (nos quais se pregue o sacrifício de todos os demais interesses em favor daquele dos acionistas). Escolhidos os princípios pertinentes, sua tradução não há de ser literal, mas funcional, adaptando-os à realidade institucional do mercado regulado.

Dessa forma, o direito contribuirá para sua difusão, não apenas por incorporá-los ao regime regulatório de direito público (exigindo e supervisionando sua adoção), mas sobretudo pela força expressiva, pedagógica e simbólica que tem a norma jurídica – o que faz com que as partes, em suas negociações e ações

---

países; b) redes nacionais ou domésticas (entre atores de setores diferentes em um mesmo país); c) redes intergovernamentais (entre governos de países relevantes); d) redes supranacionais (entre diferentes setores significativos de vários países). Os autores sugerem que a influência de cada uma dessas redes varia conforme o tempo: as redes setoriais (com atores de diferentes países atuantes em um mesmo setor) são mais efetivas no início do processo de difusão, mas as redes nacionais ganham maior força em momento posteriores, permitindo que as melhores práticas de um setor se irradiem para outro setor em um mesmo país (JORDANA, Jacint; LEVI-FAUR, David; FERNANDEZ--MARIN, Xavier. "The global diffusion of regulatory agencies: Channels of transfer and stages of diffusion". *Comparative political studies*, v. 44, n. 10, p. 1.343-69, October 2011).

35. A busca da inovação nos processos organizacionais exige focar no interior da empresa, como adverte Julia Black: "*Innovation in organizational processes turns the focus inside the organizations that comprise the regulatory regime, including regulated firms, and includes the introduction, for example, of new management systems* [...], *new processes for publicizing enforcement actions to name and shame, or new co-operative procedures with other organizations*" (BLACK, Julia. "What is regulatory innovation?". In: BLACK, Julia; LODGE, Martin; THATCHER, Mark (eds.). *Regulatory innovation*: A comparative analysis, 2005, p. 12). Tratando da disseminação dessas novas práticas, a autora adverte que a difusão implica inovação para o adotante, mas o inverso não é necessário: a inovação não implica necessariamente difusão, podendo permanecer específica de uma firma, indivíduo ou sistema regulatório, e esta "não difusão não é explicável em termos de suboptimalidade da inovação" (p. 8).

privadas, tendam a se colocar sob sua sombra (*shadow of law*). "As normas fazem uma declaração sobre quanto e como um bem ou um mal deve ser avaliados. Elas são um esforço para constituir e afetar significados, normas e papéis sociais."[36]

36. MORGAN, Bronwen; YEUNG, Karen. *Introduction to law and regulation.* Text and materials, 2007, p. 6.

CAPÍTULO XII
Conclusão

Respostas às perguntas da introdução

The interpretation given here has been intended
to be neither a jeremiad nor a panglossian
whitewash of the history of public utility regulation.
Elements of both are necessarily present, though,
however, much the putative reality of regulation
differs from various Platonic idealizations of it.
Warren J. Samuels

For the inescapable imperfections of
regulation, the only available remedy
it to try to make it work better.
Alfred Kahn

Regulation should not be a cloak for maintaining
the status quo. Rather, sucessful regulation
has a vested interest in maintaining flexibility
and desequilibrium in the interests of
encouraging innovation and change.
Harry Trebing

Na presente obra, buscamos realizar um recorte teórico, unindo sob uma mesma denominação uma série de situações em que o regulador econômico setorial se utilizava de elementos societários para seus propósitos. Nosso objetivo, ao agrupar tais exemplos, tratando-os como um fenômeno unitário, era verificar se isso contribuiria para uma compreensão global dos seus determinantes históricos, ligando-os a determinadas tendências que identificamos na práxis e na teoria da regulação. De igual forma, pareceu-nos que, ao tratar de modo conjunto as manifestações da regulação econômica setorial por instrumentos societários, poderíamos enfrentar de modo coerente e consistente várias questões por ela suscitadas: seu *modus operandi* (a ideia de que estruturas condicionam procedimentos, que orientam atividades e formatam um mercado), as vantagens e desvantagens de se regrarem aspectos da organização societária em lugar de normatizar diretamente a atividade por ela desenvolvida, os requisitos para sua funcionalidade, as restrições legais para seu emprego.

Acreditamos que nossa contribuição se situe não nas respostas que possamos ter esboçado, mas na colocação das perguntas, formulando-as com uma amplitude inovadora, para que abarcassem de modo conjunto as várias manifestações da RIS.

Não obstante, como conclusão do trabalho, em lugar de um sumário dos capítulos do livro – o que já se fez nas suas páginas iniciais – buscaremos enfrentar de modo objetivo e sintético algumas questões que elencamos na introdução. Nossas respostas não são peremptórias nem permanentes, mas hipóteses que lançamos a debate.

Como surgiu a RIS e por que vem se disseminando? Como enquadrar a regulação econômica setorial por instrumentos societários nas discussões atuais da doutrina, focadas nas experiências de descentralização, transnacionalização e desestatização da atividade regulatória, e na constituição de redes regulatórias?

Os institutos societários não surgem pela mera articulação espontânea dos interesses empresariais: determinadas atividades atraem a atenção do Estado, levando-o a interferir na organização dos entes privados que a elas se dediquem. Ao longo da história, isso ficou evidenciado em situações como a do regime jurídico da Companhia Holandesa das Índias Orientais, estruturado em uma verdadeira "queda de braço" na qual os capitalistas tiveram de abdicar de maior poder de gestão na companhia e do poder de resgate antecipado de seus capitais – o que atendia aos objetivos militares do Estado holandês na Ásia –, obtendo em troca a limitação de responsabilidade e a livre transferibilidade das ações. Mais de três séculos depois, no contexto do New Deal, o *Public Utility Holding Company Act* norte-americano, promulgado em 1935, buscou regrar atividades reguladas atuando de modo específico sobre a estrutura dos grupos que as executavam.

Mais recentemente, superando-se uma visão tradicional assentada em uma dicotomia – a organização societária é "coisa dos sócios", devendo pautar-se pela liberdade contratual, enquanto a regulação econômica deveria incidir diretamente sobre a atividade da sociedade no mercado –, os instrumentos societários têm sido utilizados de modo amplo nos esforços regulatórios setoriais, buscando moldar a gestão, assegurar estruturas de capitais adequadas e assegurar transparência e participação de *stakeholders* nos processos societários.

Isso se liga a uma série de tendências contemporâneas da regulação: a recolocação nos debates regulatórios das questões redistributivas, a centralidade da regulação de risco, o incentivo à substituição dos monopólios naturais por mercados ou quase-mercados regulados, a preocupação com a criação de mecanismos institucionais que viabilizem o desenvolvimento econômico, o uso regulatório de *soft law* (com adoção de recomendações fixadas por redes transnacionais) e o incentivo a formas de autorregulação interna à empresa (tanto para a fixação de procedimentos e regras, como para seu *compliance*).

O que ela nos ensina sobre a função regulatória do direito privado?

Ao contrário do Estado Liberal (que nega ao direito privado função regulatória, dada sua neutralidade) e do Estado Intervencionista (que se assenta sobre a ideia de publicização do direito privado), o Estado Regulatório recoloca a autonomia do direito privado, conferindo-lhe um papel fraco na regulação (como mera alternativa preferencial ao direito público, buscando-se superar as falhas de mercado pela celebração *ex ante* de contratos ou pela propositura *ex post* de ações indenizatórias) e também um papel forte, atuando de modo concertado e complementar aos instrumentos de direito público. Isso implica usar os mecanismos de autorregulação por delegação explícita e com objetivos e parâmetros claros postos pelo regulador estatal, prestigiar o diálogo entre regulado e regulador, ampliar a legitimação extraordinária para ações coletivas que façam valer as regras regulatórias e, finalmente, considerar o direito privado como instrumento de efetivação de políticas públicas, que concretizem os princípios da ordem econômica constitucional.

Como pode o direito societário servir à implantação de políticas públicas?

Quando se empregam institutos societários para a regulação setorial, ocorrem transformações importantes: cerceia-se a autonomia privada na organização interna da sociedade, impõem-se processos e estruturas voltadas a tutelar direta ou indiretamente interesses externos. A neutralidade dos institutos societários é substituída pelo objetivo de alinhar a atividade social com os objetivos regulatórios.

Essa extroversão do direito societário exige e contribui para um *aggiornamento* de várias de suas teorias e doutrinas: a empresa deve ser concebida como um *sistema aberto,* estudando-se a relação entre seus elementos (especialmente entre a organização e a atividade) e sua inserção no mercado. De igual modo, as várias *teorias da firma* devem estudar como sua organização interna relaciona-se e é determinada pelo seu ambiente institucional, em especial pela matriz regulatória do mercado em que atuem. Os embates doutrinários sobre o *interesse social* devem dar lugar a um "*institucionalismo integracionista*", fundado na *procedimentalização do direito societário* para a fixação dos fins da empresa, compatibilizando os objetivos regulatórios, o respeito ao objeto social e o imperativo de preservação da lucratividade e das condições de competição.

Como funciona a RIS? De que modo se espera que o design *da organização societária impacte sua atividade?*

O mercado é constituído pela interação da atividade dos agentes econômicos. A regulação da atividade exige a regulação de processos externos e internos à sociedade. A regulação interna pode exigir a prévia estruturação de órgãos societários.

Isso pode ocorrer segundo um *continuum,* entre duas formas extremas. Em um dos polos, o regulador econômico setorial impõe um regramento formal, rígido e detalhado de órgãos e processos, exigindo sua incorporação nas práticas internas societárias. Trata-se de uma forma de hétero-organização, que guarda semelhança com a regulação de *design* por atribuir a uma determinada forma *per se* uma eficácia preventiva de riscos, ou uma potencialidade de induzimento da conduta empresarial. Em outros casos, fixam-se apenas parâmetros e objetivos, deixando-se a critério da sociedade regulada definir os meios organizacionais de atingi-los, sob supervisão do regulado; trata-se de modalidade de auto-organização, mas de forma mandatória.

Por vezes essas estruturas e processos têm de ser regradas de modo específico no contrato social ou estatuto; em outros casos esses elementos organizativos são estabelecidos no plano meramente gerencial e administrativo, com organogramas, protocolos e manuais internos de procedimentos, mas que são submetidos e supervisionados pelo regulador, que pode mesmo diligenciar para aferir sua efetividade.

De que modo a RIS se apresenta em todos os capítulos do direito societário, da imposição do tipo e da constituição da sociedade à sua liquidação? Quais são os objetivos específicos imprimidos pelo regulador a tais institutos, e no que se diferenciam da função econômica típica a eles atribuída pela doutrina societária?

Vários são os institutos societários instrumentalizados para a prática regulatória setorial, por vezes pelos propósitos e fins próprios do regime societário, por vezes com a atribuição de funções e objetivos diversos e até contraditórios.

Costuma-se exigir que o exercente de atividade regulada adote personalidade jurídica societária, pelas qualidades próprias que dela advém, em especial da perpetuidade e mais estrita separação patrimonial. Ao mesmo tempo, há uma significativa tendência de ampliação das hipóteses de desconsideração atributiva da personalidade jurídica em relação aos entes regulados, para assegurar a efetividade do regime regulatório setorial.

São registradas também exigências de adoção de determinado tipo societário, ou mesmo criação de novos tipos específicos para determinadas atividades. Em geral, o propósito é assegurar que os entes regulados ostentem um dado nível de sofisticação institucional. No entanto, a isso se agregam regimes especiais de responsabilidade de administradores e controladores, relativizando-se a limitação de responsabilidade ínsita aos tipos tornados compulsórios.

O regramento do nome empresarial, nesta seara, objetiva sinalizar a sujeição da empresa a um dado regime regulatório. O objeto social é peça-chave para vincular a empresa a um dado regime e para viabilizar processos de segregação de atividades entre pessoas jurídicas diversas, quando essa for a política pública do setor.

Quanto à dimensão patrimonial da sociedade, estabelecem-se regimes de capitalização mínima para exercícios de determinadas atividades reguladas – mas em patamares muito mais elevados do que aqueles normalmente vistos no direito societário comparado (em que, aliás, tal espécie de exigência tem sido abolida ou tornada irrelevante). Há também uma preocupação oposta do regulador com o tema da capitalização excessiva, que pode redundar em tarifas elevadas, conforme o regime remuneratório adotado para o serviço (algo que é bastante diverso do universo estrito do direito societário, em que os sócios podem optar por um capital desproporcionalmente elevado para evidenciar seu compromisso com a empresa e para reduzir custos financeiros). No que toca ao regime regulatório do capital social, há também uma acentuada preocupação quantitativa – e não apenas qualitativa – com sua composição, seja no que toca a seus ativos que o devam compor, seja no referente à necessidade de manutenção de determinados índices prudenciais. A escrituração contábil regulatória deve atender a uma vasta gama de objetivos específicos: a uniformidade de critérios que permita comparações intrassetoriais, a transparência do cálculo tarifário, a separação de investimentos e despesas, a segregação contábil de atividades reguladas e não reguladas etc.

Poucas são as restrições quanto a direitos patrimoniais dos sócios, para que não constituam desincentivo para investir nas atividades reguladas; as mais comuns são a fixação de condições e procedimentos para a transferência de participações societárias, feitas segundo um critério *intuitu personae* legal, a proibição de ações ao portador e a imposição regulatória da cessão de participações societárias, com propósito sancionador e ressarcitório. No que toca aos direitos políticos, o grande instrumento regulatório no âmbito societário é o emprego de *golden shares* para o resguardo do interesse público por mecanismos internos às empresas privatizadas.

Quanto à gestão das empresas reguladas, constata-se a preocupação com a criação de instâncias societárias nas quais os titulares de interesses externos à empresa, mas por ela afetados – os *stakeholders* –, possam ter voz ou olhos, ou seja, possam ser consultados e por vezes participar dos mecanismos de fiscalização dos procedimentos da sociedade. Fixam-se também exigências de diretorias especializadas – para evitar a dispersão de responsabilidades administrativas –, ao mesmo tempo em que, em contraponto, torna-se obrigatório que certas deliberações sejam tomadas colegiadamente pela diretoria. Fixam-se limites para mandatos e para a remuneração de administradores e regras especiais para sua investidura. Os conflitos de interesses são vetados de modo explícito. O conceito de controle ganha flexibilidade e fluidez – podendo ser presumidos dados certos indícios – para garantir a efetividade do regime regulatório no que toca aos regimes de responsabilidade e de prevenção do abuso do poder econômico. A regulação pode impor a criação de grupos de empresas - exigindo a segregação de atividades entre pessoas jurídicas distintas -, ao mesmo tempo em que os enxerga como um ente econômico único, permitindo, por exemplo, o compartilhamento de órgãos administrativos criados por norma regulatória.

Quais são os limites jurídicos, sistêmicos e econômicos ao uso da RIS? Como ele se compatibiliza com a liberdade de auto-organização dos sócios? No Direito brasileiro, quando o uso de tal técnica exige necessariamente lei em sentido formal?

A autonomia privada é uma função - um poder afeto a uma finalidade, e não um direito absoluto -, devendo ser compatibilizada com os direitos e interesses de terceiros. Isso legitima restrições à auto-organização dos sócios da empresa regulada, desde que atendam elas ao requisito da proporcionalidade, em sua tripla dimensão de necessidade, adequação e intensidade ajustada aos fins perseguidos. A atuação regulatória dentro da empresa não constitui em si medida desproporcional, ou que deva ser relegada sempre ao último lugar entre as estratégias de regulação: se justificada por sua funcionalidade própria, e devidamente motivada, pode ser empregada alternativamente à regulação direta da atividade.

Não há reserva de lei nesse campo. A competência regulatória para impor medidas organizacionais internas ou condicionar o exercício da atividade a sua adoção deriva da competência da autoridade administrativa para regular o acesso ao mercado regulado (o que, por sua vez, só exigirá lei tratando-se de atividade econômica, dispensando-a quando for serviço público dentro do âmbito de competência do regulador).

O regulador não está adstrito aos conceitos e regras específicas do direito societário quando se serve desses institutos para seus fins. Pode, por exemplo, se utilizar de conceito de controle mais amplo do que aquele da Lei das Sociedades Anônimas. Um efeito colateral, no entanto, será um comprometimento semântico da unidade do sistema jurídico, gerando insegurança.

O uso de um instrumento societário para um propósito regulatório permite aos eventuais prejudicados o recurso aos princípios, garantias e remédios do direito público?

A coerência do sistema jurídico exige separar a utilização dos remédios de direito público dos de direito privado, o que faz com que tanto a autoridade regulatória quanto quaisquer *stakeholders* careçam de legitimidade e interesse de agir para ações específicas de tutela de direito de sócios – como as de intervenção judicial na administração ou de exclusão de sócios.

Para fazerem valer os mecanismos da regulação econômica setorial por instrumentos societários, os interessados externos devem empregar remédios próprios do direito público – que têm uma eficácia própria para combater os abusos do poder –, como sanções administrativas, ações de exibição de documentos, ações civis públicas para declarar a nulidade de atos societários ilegais por violação regulatória, pleitos indenizatórios por danos coletivos ou difusos ou por condenação em obrigação de fazer. Os *stakeholders* participantes de processos internos da empresa criados por determinação regulatória, que tenham suas prerrogativas e direitos violados, podem impetrar mandado de segurança contra os administradores da sociedade regulada.

Sendo competência exclusiva da União legislar sobre direito privado, pode a lei regulatória estadual ou municipal se utilizar da RIS para moldar a sociedade exercente da atividade regulada?

Ao se utilizar de elementos societários na norma regulatória, meramente a eles se referindo, ou buscando impor determinada conformação à empresa regulada, a Administração Pública não está alterando diretamente o direito societário, mas criando condicionantes societárias para o exercício de uma atividade. A implantação das estruturas, procedimentos ou exigências demandará um ato próprio dos sócios, seja na reforma do estatuto ou contrato social, seja no plano administrativo e gerencial. Não há, portanto, vedação, em regra, a que os estados ou municípios formulem tal tipo de exigência.

No entanto, não se pode deixar de dar uma atenção rigorosa aos requisitos da proporcionalidade, nessas hipóteses. Pode-se exigir que uma sociedade de propósito específico que venha a prestar serviços públicos nas esferas estadual ou municipal adote determinada conformação, mas pode ser abusivo que estados e municípios formulem determinadas exigências a sociedades com atuação ampla, na esfera nacional, pois aí se ferirá o requisito da isonomia, incorrendo-se em discriminações.

Assim como se admite há tempos um regime específico do contrato administrativo, haverá no futuro um direito societário regulatório?

A resposta deve ser negativa. Devemos evitar recair na ideia de publicização do direito privado, tão característica do Estado intervencionista. A formulação de exigências regulatórias para a conformação da sociedade empresária não torna o direito societário um direito público, mas, preservando sua autonomia, faz com que ele convirja e dialogue com o direito público, atuando um ao lado do outro, cada um com sua funcionalidades e limites, suas vantagens e desvantagens. De igual forma, as exigências regulatórias que direcionem a empresa ao interesse público jamais podem desviá-la do norte dado pelo objeto social e do imperativo da busca e repartição dos lucros.

O que pode tornar a RIS eficiente ou ineficiente? É mais adequada a regulação direta da atividade da empresa face aos stakeholders, *do que a intromissão na estrutura formal, política e patrimonial da sociedade?*

A conveniência ou vantagem do uso da RIS depende de uma avaliação ponderada e motivada de cada caso. A atuação sobre as estruturas internas da empresa é positiva por implicar uma influência permanente sobre os processos ali conduzidos e por ser de baixo custo de monitoramento. No entanto, isso pode acarretar uma rigidez excessiva da organização societária e restringir a supervisão regulatória a uma mera formalidade.

Quando os processos e órgãos são impostos pelo regulador de modo detalhado e inflexível, comprometem-se os incentivos a que os sócios se empenhem em inovações organizacionais, mas esse rigorismo pode ser necessário quando os *stakeholders* não tiverem capacidade de articulação ou forem demasiadamente graves as externalidades derivadas da atividade empresarial. Ademais, a regulação excessivamente uniforme das estruturas e dos procedimentos organizacionais aumenta os riscos sistêmicos e as chances de "efeitos-manada".

A RIS cria dificuldades específicas para a mensuração do seu impacto e se submete facilmente à competição regulatória, a esvaziar sua eficácia.

Como se dá a interação da RIS com o direito antitruste? A RIS tende a ser pró ou anticoncorrencial, comparativamente às medidas regulatórias tradicionais?

As medidas de regulação direta da atividade das empresas podem apagar algumas importantes dimensões do processo concorrencial, uniformizando preços e padrões de qualidade de serviços e produtos. Nesse sentido, a atuação interna à sociedade apresenta-se, em tese, menos agressiva à competição.

No entanto, os impactos regulatórios da RIS variam conforme a natureza de cada medida. Determinadas exigências impostas pelo regulador podem constituir relevantes barreiras de entrada. É o que ocorre quando se formulam requisitos complexos de institucionalização ou organização administrativa, regras restritivas quanto ao valor e à composição do capital das empresas ingressantes, ou se fixam procedimentos complexos para a transferência de participações societárias em empresas reguladas. Por outro lado, regimes especiais de transparência ou de supervisão de abusos do poder de controle são pró-competitivos.

O antitruste contribui para a RIS ao fornecer um arcabouço de conceitos e doutrinas que contribuem para o núcleo conceitual da teoria da regulação, podendo-se citar por exemplo a inspiração colhida no direito concorrencial pela Resolução Anatel n. 101/99, que regula a apuração e a transferência de controle.

A RIS contribui com o antitruste ao viabilizar remédios estruturais para a coibição do poder econômico nos mercados regulados, seja por atuação direta (como no caso dos serviços públicos), seja por influência indireta. Ademais, no campo do controle de condutas, a RIS suscita o interesse nos estudos sobre o impacto que o *design* societário possa ter sobre o proceder dos agentes econômicos no mercado.

Quais são as potenciais contribuições da RIS para a difusão de boas práticas de governança administrativa?

Em uma mostra de convergência do direito público com o privado, o regulador pode impor aos entes regulados princípios de governança corporativa que surgem originalmente como *soft law*, ou seja, como recomendações não vinculantes no seio de movimentos transnacionais. Isso não implica ceder à crença de uma convergência do direito societário nem descuidar de ajustá-lo às peculiaridades culturais e institucionais do mercado regulado no âmbito nacional. Tampouco deve-se adotar a visão – que termina por marcar as doutrinas de *corporate governance* – da primazia quase incontrastável dos interesses dos acionistas sobre os dos demais *stakeholders*. A RIS exige eleger os princípios de governança corporativa que contribuam para os propósitos de implementação de políticas públicas – como regras de transparência, independência de gestão e rigor nos conflitos de interesse – para difundi-los, não apenas mercê da sua obrigatoriedade imposta pela regra regulatória, mas também graças ao papel simbólico, força expressiva e função pedagógica que tem o Direito.

A RIS e o futuro da regulação

Modern regulation is increasingly in need of more headlights and (fewer) tailights.
Francis X. Welch

Prediction is very difficult, especially if it's about the future.
Niels Bohr

O jurista está no mundo de hoje como deve ter estado o geógrafo na época das descobertas.
San Tiago Dantas

Nos livros e filmes antigos de ficção científica, o futuro é sempre apresentado como uma extrapolação ou maximização das técnicas do presente. As naves espaciais dos filmes dos anos 1950 só dispunham de instrumentos analógicos, e não digitais; os computadores dos filmes futuristas dos anos 1970 são gigantescos, e sequer se imaginava que em poucas décadas o planeta estaria interligado pela internet.

Ao tratar do futuro da RIS, corremos o mesmo risco. Como ligamos tal fenômeno a determinadas tendências contemporâneas – a regulação de riscos, a valorização da participação de *stakeholders*, a substituição de monopólios por mercados regulados, a abertura do direito público ao diálogo com o privado, e vice-versa –, podemos incorrer em *wishful thinking*, e afirmar otimisticamente que essas tendências prosseguirão e com elas a relevância da atenção regulatória à organização interna da sociedade. Isso implica também a crença na capacidade de inovação da economia de mercado, que, como nos lembra Alfred Kahn, tal como a democracia, é um "sistema manifestamente ineficiente que é melhor do que qualquer das alternativas".[1] Como toda reflexão sobre o futuro, cuida-se ao mesmo tempo de uma aposta e de uma afirmação de confiança.

Os usos, a amplitude e a eficiência dos mecanismos futuros de regulação econômica setorial por instrumentos societários dependerão das lições que colhermos nas experiências presentes. É necessário ampliar o reservatório de so-

1. KAHN, Alfred A. *The economics of regulation.* Principles and institutions, 1991, p. 328/II.

luções jurídicas para problemas, aproveitando-se do dinâmico processo de aprendizado das regulações setoriais.[2] Ademais, o emprego da RIS só será eficiente se precedido de uma clara identificação dos objetivos que devem ser legitimamente perseguidos pela regulação e dos valores que ela deva realizar.[3]

Os juristas devem assumir o desafio da criatividade institucional, pois, como advertia Ascarelli, não lhes cabe ser apenas guardiões de uma tradição, mas também garantidores da inovação.[4]

Para tanto, devem ter em mente a mecânica da RIS: regulam-se os órgãos societários para regular-se os procedimentos da sociedade. Regulam-se os procedimentos da sociedade para regular-se, indiretamente, sua atividade. Regula-se sua atividade para regular-se o mercado em que opera. Regula-se o mercado para regular a implementação, em seu âmbito, de políticas públicas democraticamente definidas. Regula-se o próprio processo regulatório, impedindo-se sua captura por agentes políticos ou privados, seus abusos e desvios, para que se paute ele pela proporcionalidade e eficiência exigidas pela Constituição.

2. FEHLING, Michael; RUFFERT, Matthias. „Perspektiven". In: ______; ______. (orgs.). *Regulierungsrecht*, 2010, p. 1.223.
3. *"Attempts to design institutional structures which produce outcomes which are effective in terms of protecting or furthering underlying values are unlikely to be successful unless the prior task of identifying and articulating those values with reasonable clarity is properly undertaken"* (FEINTUCK, Mike. *The public interest in regulation*, 2004, p. 117).
4. Apud BARRETO, Vicente de Paula. *Dicionário de Filosofia do Direito*, 2006, p. 715.

REFERÊNCIAS BIBLIOGRÁFICAS

ABOLAFIA, Mitchel Y. "Self-regulation as market maintenance". In: NOLL, Roger G. (ed.). *Regulatory policy and the social sciences.* Berkeley, University of California, 1985.

ACKERMAN, Bruce. "Cost-benefits and Constitution". In: NOLL, Roger G. (ed.). *Regulatory policy and the social sciences.* Berkeley, University of California Press, 1985.

ADAMEK, Marcelo Vieira Von. *Abuso de minoria em direito societário.* São Paulo, Malheiros, 2014.

__________. *Responsabilidade civil dos administradores de S/A e ações correlatas.* São Paulo, Saraiva, 2010.

ADLER, Matthew D.; POSNER, Eric A. *Cost-benefit analysis*: Legal, economical and philosophical perspectives. Chicago, University of Chicago, 2001.

AGUILAR, Fernando Herren. *Direito econômico*: do Direito nacional ao Direito supranacional. 3. ed. São Paulo, Atlas, 2012.

ALEXIADIS, Peter; CAVE, Martin. "Regulation and competition law in telecommunications and other network industries". In: BALDWIN, Robert et al. (eds.). *The Oxford handbook of regulation.* Oxford, Oxford University, 2012.

ANDERSON, Erin; GATIGNON, Hubert. "Firms and the creation of new markets". In: MÉNARD, Claude; SHIRLEY, Mary M. (eds.). *Handbook of institutional economics.* Berlim, Springer, 2008.

ANTONIOLI, Marco. *Mercato e regolazione.* Milão, Giuffrè, 2001.

ARIÑO ORTIZ, Gaspar; CUÉTARA, Juan Miguel de la. "Algunas ideas sobre regulación de sectores estratégicos". *Cuadernos de Derecho Público*, n. 9, p. 9 e segs., 2000.

__________; __________; CASTIELLA, Íñigo del Guayo. *Regulación económica.* Lecturas escogidas. Madrid, Thomson Reuters Aranzadi, 2012.

ARMOUR, John; GORDON, Jeffrey N. "Systemic harms and shareholder value". *Journal of Legal Analysis*, v. 6, Issue 1, 1 October 2014, p. 35-85.

ARMSTRONG, Mark. "Network interconnection in telecommunications". *Economic Journal*, v. 108, n. 448, p. 545-64, 1998.

ASCARELLI, Tullio. *Corso di diritto commerciale*. Introduzione e Teoria dell'Impresa. 3. ed. Milão, Giuffrè, 1962.

__________. *Studi in tema di società*, Milão, Giuffrè, 1952.

__________. "Il diritto commerciale nel periodo mercantilista". In: ASCARELLI, Tullio; MIGNOLI, Ariberto. *Letture per un corso di diritto commerciale comparato*. Milão, Giuffrè, 2007.

__________. *Teoria della concorrenza e dei beni immaterial*: istituzioni di diritto industriale. Milão, Giuffrè, 1960.

ASQUINI, Alberto. "Perfis da empresa". *Revista de Direito Mercantil*, Nova Série, v. 104, out-dez. 1996.

__________. *Scritti giuridici*. Pádua, Cedam, 1936.

ASSMANN, Heinz-Dieter; BRÜGGEMEIER, G.; HART, D.; JOERGES, CH. *Wirtschaftsrecht als Kritik des Privatrechts*: Beiträge zur Privat-und-Wirtschaftsrechtstheorie. Königstein, Athenäum, 1980.

ATIYAH, P.S. *The rise and fall of freedom of contract*. Oxford, Clarendon, 2000.

AULETA, Giuseppe Giacomo. *Il contratto di società commerciale*. Milão, Giuffrè, 1937.

AUTIN, Jean-Louis. "Contribution à une définition juridique de la régulation". In: CHIRULLI, Paola; MICCÚ, Roberto (eds.). *Il modello europeo di regolazione*. Atti della Giornata di Studio in Memoria di Salvatore Cattaneo. Nápoles, Jovene, 2011.

AVERCH, H.; JOHNSON, L. L. "Behaviour of the firm under regulatory constraint". *American Economic Review*, p. 1.052-69, 1962.

AXELROD, Robert. *The complexity of cooperation*. Agent-based models of competition and collaboration. Princeton, Princeton University, 1997.

AYRES, Ian; BRAITHWAITE, John. *Responsive regulation*: Transcending the deregulation debate. New York, Oxford University, 1992.

__________; MITTS, Joshua. "Anti-herding regulation". Paper apresentado no 24º Encontro Anual da American Law and Economics Association. Universidade de Chicago, 8 de maio de 2014.

BADIN, Arthur Sanchez. *Controle judicial das políticas públicas*. Contribuição ao estudo do tema da judicialização da política pública pela abordagem da análise institucional comparada de Neil K. Komesar. São Paulo, Malheiros, 2013.

BAKER, Tom; MOSS, David. "Government as risk manager". In: MOSS, David; CISTERNINO, John (eds.). *New perspectives on regulation*. Cambridge (MA), The Tobin Project, 2009.

BALDWIN, Robert. "Better regulation: The search and the struggle". In: BALDWIN et al. (eds.). *The Oxford handbook of regulation.* Oxford, Oxford University, 2012.

________; CAVE, Martin. *Understanding regulation*: Theory, strategy and practice. Oxford, Oxford University, 1999.

________; ________; LODGE, Martin. "Regulation: The field and the developing agenda". In: BALDWIN, Robert et al. (eds.). *The Oxford handbook of regulation.* Oxford, Oxford University, 2012.

________; McCRUDDEN, Christopher. *Regulation and public law.* London, Weidenfeld and Nicolson, 1987.

BALLEISEN, Edward J. "The prospects of effective coregulation in the United States". In: BALLEISEN, Edward J.; MOSS, David A. (eds.). *Governments and markets*: Towards a new Theory of Regulation. New York, Cambridge University, 2010.

________; MOSS, David A. (ed.). *Governments and markets*: Towards a new Theory of Regulation. New York, Cambridge University, 2010.

________; EISNER, Marc. "The promise and pitfalls of regulation: How government can draw on private governance for public purpose". In: MOSS, David; CISTERNINO, John (eds.). *New perspectives on regulation.* Cambridge (MA), The Tobin Project, 2009.

BARDACH, Eugene; KAGAN, Robert A. *Going by the book*: The problem of regulatory unreasonableness. Philadelphia, Temple University, 1982.

BARNARD, Chester. *The functions of the executive.* Edição do 30º Aniversário. Cambridge (EUA), Harvard University, 1971.

BARRETO, Vicente de Paula. *Dicionário de filosofia do Direito.* Rio de Janeiro, Renovar, 2006.

BAUMOL, Bradford. "Optimal departures from marginal cost pricing". *American Economic Review*, v. 60, p. 265-83, 1970.

BAUR, Jürgen J.; SALJE, Peter; SCHMIDT-PREUSS, Matthias (eds.). *Regulierung in der Energiewirtschaft.* Ein Praxishandbuch. Colônia, Carl Heymanns Verlag, 2011. Coleção *Kölner Handbücher zum Energiewirtschaftsrecht.*

BEBCHUCK, Roe. "A Theory of Path Dependence in corporate ownership and governance". *Stanford Law Review*, v. 52, p. 127-70, 1999.

________. "Limiting contractual freedom in corporate law: The desirable constraints on charter amendments". *Harvard Law Review*, v. 102, p. 1.820-60, 1989.

________; FRIED, Jesse M.; WALKER, David J. "Managerial power and rent extraction in the design of executive compensation". *The University of Chicago Law Review*, n. 69, p. 751 e segs., 2002.

BECK, Ulrich. *A sociedade de risco*: rumo a uma outra Modernidade. 2. ed. São Paulo, Editora 34, 2011.

BEL, Germà; CALZADA, Joan; MANJON, Alejandro Estruch. "Economía y regulación de los servicios de red". In: MACHADO, Santiago Muñoz; PARDO, José Esteve (directores). *Fundamentos e instituciones de la regulación.* Madrid, Justel, 2009.

BENNINI, Aïda. "La proceduralisation du droit des societés". *Revue Trimestrielle du Droit Commercial et de Droit Économique*, n. 3, p. 499-512, jul./set. 2010.

BERCOVICI, Gilberto. "O ainda indispensável direito econômico". In: BENEVIDES, Maria Victoria de Mesquita; BERCOVICI, Gilberto; MELO, Claudineude (orgs.). *Direitos humanos, democracia e república*: homenagem a Fábio Konder Comparato. São Paulo, Quartier Latin, 2009, p. 503-19.

__________. *Constituição econômica e desenvolvimento*: uma leitura a partir da Constituição de 1988. São Paulo, Malheiros, 2005.

__________. *Direito econômico do petróleo e dos recursos minerais.* São Paulo, Quartier Latin, 2011.

BERRINGER, Christian. *Regulierung als Erscheinungsform der Wirtschaftsaufsicht.* Munique, C. H. Beck, 2004.

BÉSSY, Christian; DELPEUCH, Thierry; PÉLISSE, Jérôme (eds.). *Droit et régulations des activités économiques*: perspectives sociologiques et institutionnalistes. Paris, LGDJ, 2011.

BETANCOR, Andrés. *Regulación*: mito y Derecho. Desmontando el mito para controlar la intervención de los reguladores económicos. Cazur Menor (Navarra), Civitas, Thomson Reuters, 2010.

BIANCA, Massimo. *Oggetto sociale ed esercizio dell'impresa nelle società di capitali.* Milão, Giuffrè, 2008.

BILAC PINTO. *Regulamentação efetiva dos serviços de utilidade pública.* 2. ed. atualizada por Alexandre Santos de Aragão. Rio de Janeiro, Forense, 2002.

BILLAUDOT, Bernard. *L'ordre économique de la société moderne.* Paris, L'Harmattan, 1996.

BINDER, Jens-Hinrich. *Regulierungsinstrumente und Regulierungsstrategien im Kapitalgesellschaftsrecht.* Tübingen, Mohr Siebeck, 2012.

BLACK, Julia. *Rules and regulators.* Oxford, Clarendon, 1997.

__________. "The credit crisis and the Constitution". In: OLIVER, Dawn; PROSSER, Tony; RAWLINGS, Richard. *The regulatory State.* Constitutional implications. Oxford, Oxford University, 2010.

__________. "The role of risk in regulatory processes". In: BALDWIN, Robert et al. (eds.). *The Oxford handbook of regulation.* Oxford, Oxford University, 2012.

__________. "What is regulatory innovation?". In: BLACK, Julia; LODGE, Martin; THATCHER, Mark (eds.). *Regulatory innovation*: A comparative analysis. Cheltenham, Edward Elgar, 2005, p. 1-15.

BLAU, Peter. "A formal theory of differentiation in organizations". *American Sociological Review*, v. 35, n. 2, p. 201 e segs., abril 1970.

BOBBIO, Norberto. *Da estrutura à função*. Barueri, Manole, 2007.

_________. *Estudos por uma Teoria Geral do Direito*. Barueri, Manole, 2015.

BONBRIGHT, James C.; MEANS, Gardiner C. *The holding company*: Its public significance and its regulation. New York, McGraw-Hill, 1932.

BORRMAN, Jörg; FINSINGER, Jörg. *Markt und Regulierung*. Munique, Franz Vahlen, 1999.

BOWEN, Howard R. *Social responsibilities of the businessman*. Iowa City, University of Iowa, 2013.

BOYER, Robert; SAILLARD, Yves. *Théorie de la regulation*: État des savoirs. Paris, La Découverte, 2002.

BRAITHWAITE, John. "Enforced self-regulation: A new strategy for corporate crime control". *Michigan Law Review*, v. 80, p. 1.466-507, 1982.

_________. *Regulatory capitalism*. How it works, ideas for making it work better. Cheltenham (UK), Northamton (USA), Edward Elgar, 2008.

BREYER, Stephen. *Regulation and its reform*. Cambridge (Mass.), Harvard University, 1982.

BROEMEL, Roland. *Strategisches Verhalten in der Regulierung*. Tübingen, Mohr Siebeck, 2010.

BROSETA PONT, Manuel. *Restricciones estatutarias a la libre transmisibilidad de acciones*. Madrid, Tecnos, 1963.

BUONOCORE, Vincenzo. *Diritto commerciale e diritto dell'impresa*. Per Ricordare Salli Pescatore. Roma, Edizioni Scientifiche Italiane, 2008.

_________. *L'impresa*. Turim, G. Gippichelli, 2002.

BÜRTHE, Tim; MATTLE, Walter. "International standards and standards setting bodies". In: COEN, Davi; GRANT, Wyn; WILSON, Graham (eds.). *The Oxford handbook of business and government*. Oxford, Oxford University, 2011.

BYDLINSKI, Franz. *Juristische Methodenlehre und Rechtsbegriff*. 2. ed. Viena, Springer, 2011.

CABALLERO, Francisco Velasco. *Derecho público más derecho privado*. Madrid, Marcial Pons, 2014.

CAFAGGI, Fabrizio. "Private law making and European integration". In: OLIVER, Dawn; PROSSER, Tony; RAWLINGS, Richard. *The regulatory State*. Constitutional Implications. Oxford, Oxford University, 2010.

_________; WATT, Horatia Muir (eds.). *The regulatory function of European private law*. Cheltenham, UK, Edward Elgar, 2009.

CALANDRI, Laurence. *Recherche sur la notion de régulation en droit administratif français*. Paris, LGDJ, 2009.

CALLIESS, Gralf-Peter; ZUMBANSEN, Peer. *Rough consensus and running code*. A theory of transnational private law. Oxford, Hart, 2010.

CAMARGO, André Antunes Soares de. *Transações entre partes relacionadas*. Um desafio regulatório complexo e disciplinar. 2. ed. São Paulo, Almedina, 2014.

CAMARGO, Ricardo Antônio Lucas. *O capital na ordem jurídico-econômica*. Porto Alegre, Sérgio Fabris, 1998.

CAMERLYNCK, Guillaume. *De l'intuitus personae dans la société anonyme*. Paris, A. Pédone, 1929.

CAMERSA-ROWE, Pamela; EGAN, Michelle. "International regulators and network governance". In: COEN, Davi; GRANT, Wyn; WILSON, Graham (eds.). *The Oxford handbook of business and government*. Oxford, Oxford University, 2011.

CAMILO JUNIOR, Ruy Pereira. "A polêmica sobre a IN-CVM 480/2009. Comentários ao Agravo Regimental na Suspensão de Liminar e de Sentença 1210 RJ". *Revista de Direito Bancário e Mercado de Capitais*, v. 51, p. 261-81, 2011.

__________. "A reforma do sistema financeiro norte-americano". *Revista de Direito Bancário e Mercado de Capitais*, n. 54, p. 59-95, out/dez. 2011.

__________. "Business Roundtable *v.* SEC: um marco no controle judicial da regulação do mercado de capitais". *Revista de Direito Bancário e Mercado de Capitais*, v. 61, p. 369-80.

__________. "Dispersão acionária e poder de controle: os desafios atuais do direito societário brasileiro". *Revista do Instituto dos Advogados do Paraná*, n. 39, p. 63-96, nov. 2010.

__________. "Novas dimensões da regulação econômica". *Revista de Direito Bancário e Mercado de Capitais*, v. 60, p. 97-111, 2013.

__________. "O controle judicial dos bancos centrais". *Revista de Direito Bancário e Mercado de Capitais*, v. 58, p. 13-38, 2012.

__________. "Regulação do setor elétrico e custos de transação – a comercialização de energia elétrica no Brasil". *RDPE – Revista de Direito Público da Economia*. Belo Horizonte, ano 12, n. 45, jan./mar. 2014.

CAMILO, Roberta Rodrigues. "O princípio constitucional da dignidade da pessoa humana e a ordem econômica". In: MESSA, Ana Flávia; THEOPHILO JUNIOR, Roque. *Estado e economia*: estudos em homenagem a Ademar Pereira. São Paulo, Saraiva, 2011.

CANCELLI, Filippo. "Società (diritto romano)". In: AZARA, Antonio; EULA, Ernesto (dir.). *Novissimo digesto italiano*. 3. ed. Turim, UTET – Unione Tipografico Editrice Torinese, 1970, v. XVII.

CAPLOW, Theodore. "Conflicting regulations". In: NOLL, Roger G. (ed.). *Regulatory policy and the social sciences.* Berkeley, University of California, 1985.

CARDOSO, Fernando Henrique; FALETTO, Enzo. *Dependência e desenvolvimento na América Latina.* Ensaio de interpretação sociológica. Rio de Janeiro, Civilização Brasileira, 2004.

CARVALHOSA, Modesto. *Acordo de acionistas.* São Paulo, Saraiva, 1984.

__________. *Direito econômico*: obras completas. São Paulo, Revista dos Tribunais, 2013.

CASA, Federico. *Tullio Ascarelli.* Dell'interpretazione giuridica tra positivismo e idealismo. Nápoles, Edizioni Scientifiche Italiane, 1999.

CASANOVA, Mario. *Le imprese commerciali.* Turim, UTET, 1955.

CASELLA, Mario. *Impresa e società.* Milão, Giuffrè, 1983.

CATTANEO, Salvatore. "Appunti per una ricerca sul sistema europeo della regulazione". In: CHIRULLI, Paola; MICCÚ, Roberto (eds.). *Il modello europeo di regolazione.* Atti della Giornata di Studio in Memoria di Salvatore Cattaneo. Nápoles, Jovene, 2011.

CHAMPAUD, Claude. "Contribution à la definition du droit économique". *Riv. Dir. Econ.*, p. 141 e segs., 1967.

CHIRULLI, Paola; MICCÚ, Roberto (eds.). *Il modello europeo di regolazione.* Atti della Giornata di Studio in Memoria di Salvatore Cattaneo. Nápoles, Jovene, 2011.

CIRENEI, Maria Teresa. "L'art. 2.373 CC e la nuova disciplina del conflitto di interessi del socio". *Rivista del Diritto Commerciale e de Diritto Generale delle Obbligazioni,* Roma, Francesco Vallardi, ano CV, n. 10-11-12, p. 661-734, 2007.

CLEMENS, Eli Winston. *Economics and public utilities.* New York, Appleton Century Crofts, 1950.

CLIFTON, Judith; LANTHIER, Pierre; SCHRÖTER, Harm (eds.). *The economic and social regulation of public utilities.* An international history. Nova York, Routledge, 2013.

COASE, Ronald. "The nature of the firm". In: WILLIAMSON, Oliver; WINTER, Sidney (ed.). *The nature of the firm.* Origins, evolution and development. Oxford, Oxford University, 1993.

COEN, Davi; GRANT, Wyn; WILSON, Graham (eds.). *The Oxford handbook of business and government.* Oxford, Oxford University, 2011.

COFFEE JR., John C. *Gatekeepers.* The professions and corporate governance. Oxford, Oxford University, 2006.

COGLIANESE, Cary; MENDELSON, Evan. "Meta-regulation and self-regulation". In: BALDWIN, Robert et al. (eds.). *The Oxford handbook of regulation.* Oxford, Oxford University, 2012.

_________; LAZER, David. "Management-based regulation: Prescribing private 'Management to achieve public goals'". *Law & Society Review*, v. 37, n. 4, p. 691-730, dez. 2003.

COHEN, Felix S. "The problems of a functional jurisprudence". In: COHEN, Lucy Kramer (ed.). *The legal conscience*: Selected papers of Felix S. Cohen. New Haven, Yale University, 1960.

COLEMAN, Jules. *Markets, moral and the law*. Oxford, Oxford University, 1998.

_________; SHAPIRO, Scott (eds.). *The Oxford handbook of jurisprudence & philosophy of law*. New York, Oxford University, 2004.

COLLINS, Hugh. *Regulating contracts*. Oxford, Oxford University, 2003.

COMMONS, John. *Institutional economics*. Its place in political reason. Brunswick, Transaction, 2009.

COMPARATO, Fábio Konder; SALOMÃO FILHO, Calixto. *O poder de controle na sociedade anônima*. 4. ed. Rio de Janeiro, Forense, 2005.

CONVERT, Laurent. *L'impératif et le supplétif dans le droit des societés*. Étude de droit comparé. Angleterre - Espagne - France. Paris, LGDJ, 2003.

CORAPI, Diego. *Gli statuti delle società per azioni*. Milão, Giuffré, 1971.

CORDEIRO, Antonio Menezes. *Da responsabilidade civil dos administradores das sociedades comerciais*. Lisboa, Lex, 1997.

_________. *Direito europeu das sociedades*. Coimbra, Almedina, 2005.

_________. *O levantamento da personalidade jurídica colectiva no direito civil e comercial*. Coimbra, Almedina, 2000.

_________. *Manual de direito das sociedades*. Das sociedades em geral. 2. ed. Coimbra, Almedina, 2007, v. I.

CORREA, José Manuel Sérvulo. *Legalidade e autonomia contratual nos contratos administrativos*. Coimbra, Almedina, 1987.

COUTINHO DE ABREU, Jorge Manuel. *Governação das sociedades comerciais*. 2. ed. Coimbra, Almedina, 2010.

COWAN, Simon. "Price cap regulation". *Swedish Economic Policy Review*, v. 9, p. 167-88, 2002.

CREMER, Hans-Joachim. „Regulierung und Freiheit". In: FEHLING, Michael; RUFFERT, Matthias (orgs.). *Regulierungsrecht*. Tübingen, MohrSiebeck, 2010.

CUEVAS, Guilhermo Cabanellas de Las. *El contrato de sociedade*. Derecho societario. Parte general. Buenos Aires, 1993ª, 2º v.

_________. *Introducción al derecho societario*. Derecho societario. Parte general. Buenos Aires, Heliasta, 1993b, v. 1.

CULPEPPER, Pepper D. "Corporate control and managerial power". In: COEN, Davi; GRANT, Wyn; WILSON, Graham (eds.). *The Oxford handbook of business and government*. Oxford, Oxford University, 2011.

CYERT, Richard M.; MARCH, James G. *A behavioral theory of the firm*. 2. ed. Malden (EUA), Blackwell, 1992.

DAINTITH, Terence. "Law as a policy instrument: Comparative analysis". In: DAINTITH, Terence (ed.). *Law as an instrument of economic policy*: Comparative and critical approaches. Berlim, De Gruyter, 1987.

DARI-MATTIACCI, Giuseppe et al. "The emergence of the corporate form". Paper apresentado no 23º Encontro Anual da American Law and Economics Association, Vanderbilt University Law School, 18 de maio de 2013.

DARNACULLETA I GARDELLA, M. Mercé. "La autorregulación y sus fórmulas como instrumentos de regulación". In: MACHADO, Santiago Muñoz; PARDO, José Esteve (directores). *Fundamentos e instituciones de la regulación*. Madrid, Justel, 2009.

________. "La recepción y desarollo de los conceptos y fórmulas de la regulación. El debate en la República Federal Alemana". In: MACHADO, Santiago Muñoz; PARDO, José Esteve (directores). *Fundamentos e instituciones de la regulación*. Madrid, Justel, 2009.

DE LUCCA, Newton. *Da* ética geral à ética empresarial. São Paulo, Quartier Latin, 2009.

DEMSETZ, Alchian. "Theory of the Firm revisited". In: WILLIAMSON, Oliver; WINTER, Sidney (eds.). *The nature of the firm*. Origins, evolution and development. Oxford, Oxford University, 1993.

DOBSON, Juan Ignacio. *Interés societario*. Buenos Aires, Astrea, 2010.

DOLFSMA, Winfred. *Government failure*: Society, markets and rules. Cheltenham, Edward Elgar, 2013.

DRUMMOND DE ANDRADE, Carlos. *Reunião*: 10 livros de poesia. Rio de Janeiro, José Olympio, 1969.

DUGUIT, Léon. *Les transformations du droit public*. Paris, Librairie Armand Colin, 1913.

DYSON, Kenneth (ed.). *The politics of German regulation*. Aldershot, Dartmouth, 1992.

EASTERBROOK, Frank H.; FISCHEL, Daniel R. *The economic structure of corporate law*. Cambridge (EUA), Harvard University, 1991.

EGAN, Michelle P. *Constructing a European market*: Standards, regulation, and governance. Oxford, Oxford University, 2001.

EHRLICH, Isaac; POSNER, Richard. "An economic analysis of legal rulemaking". *The Journal of Legal Studies*, issue 1, v. 3, p. 257-86, 1974.

EISENBERG, Melvin A. "The conception that the corporation is a nexus of contracts, and the dual nature of the firm". *24 Journal of Corporation Law*, p. 819 e segs., 1998.

__________. *The structure of the corporation*. A legal analysis. Washington, Beard Books, 2006.

__________. "The structure of corporation law". *89. Columbia Law Review*, 1989.

EISNER, Marc Allen; WORSHAM, Jeff; RINGQUIST, Evan J. *Contemporary regulatory policy*. 2. ed. Boulder, Lynne Rienner, 2006.

EMMERICH-FRITSCHE, Angelika. *Der Grundsatz der Verhältnismässigkeit als Direktive und Schranke der EG-Rechtsetzung*. Berlim, Duncker & Humblot, 2000.

ESTACHE, Antonio; WREN LEWIS, Liam. "On the theory and evidence on regulation of network industries in developing countries". In: BALDWIN, Robert et al. (eds.). *The Oxford handbook of regulation*. Oxford, Oxford University, 2012.

FAMA, Eugene F. "Efficient capital markets". *Journal of Finance*, 25:383-417, 1970.

FARIA, José Eduardo (org.). *Direito e globalização econômica*. São Paulo, Malheiros, 2010.

FARRER, Thomas Henry. *The State in its relation to trade*. Londres, MacMillan, 1883.

FEHLING, Michael. „Instrumente und Verfahren". In: FEHLING, Michael; RUFFERT, Matthias (orgs.). *Regulierungsrecht*. Tübingen, Mohr Siebeck, 2010.

__________; RUFFERT, Matthias. „Perspektiven". In: FEHLING, Michael; RUFFERT, Matthias (orgs.). *Regulierungsrecht*. Tübingen, Mohr Siebeck, 2010.

FEICK, Jürgen; WERLE, Raymund. "Regulation of cyberspace". In: BALDWIN, Robert et al. (eds.). *The Oxford handbook of regulation*. Oxford, Oxford University, 2012.

FEINTUCK, Mike. "Regulatory rationales beyond the economic". In: FEINTUCK, Mike. "Search of the public interest". In: BALDWIN, Robert et al. (eds.). *The Oxford handbook of regulation*. Oxford, Oxford University, 2012.

__________. *The public interest in regulation*. Oxford, Oxford University, 2004.

FELLEGARA, Anna Maria. *Strutture d'impresa e tutela degli interessi istituzionali*. Milão, Giuffrè, 2005.

FERRARA JR., Francesco. *Gli imprenditori e le società*. 5. ed. Milão, Giuffrè, 1971.

FERRARESE, Maria Rosa. "Della corporate governance, overro dell'imperfezione del diritto societario". In: ROSSI, Guido (ed.). *Governo dell'impresa e mercato delle regole*. t. I, p. 387-421, Milão, Giuffrè, 2002.

FERREIRA, Eduardo Paz; MORAIS, Luis Silva; ANASTÁCIO, Gonçalo (coords.). *Regulação em Portugal*: novos tempos, novo modelo? Coimbra, Almedina, 2009.

__________; __________. "A regulação sectorial da economia. Introdução e perspectiva geral". In: FERREIRA, Eduardo Paz; MORAIS, Luis Silva; ANASTÁCIO, Gonçalo (coords.). *Regulação em Portugal*: novos tempos, novo modelo? Coimbra, Almedina, 2009.

FERRO-LUZZI, Paolo. *I contratti associativi*. Milão, Giuffrè, 1976.

FIORENZA, Annalisa; SHTINO, Holda. "Analisi degli strumenti di semplificazione per migliorare la competitivitá delle imprese". In: PIPERATTA, Giuseppe (ed.). *Il regime amministrativo dell'impresa tra competitivitá e regolazione*. Bolonha, Bononia University, 2007.

FLIGSTEIN, Neil. "Lessons from Europe: Some reflections on the European Union and the regulation of business". In: BALLEISEN, Edward J.; MOSS, David A. (eds.). *Governments and markets*: Towards a new theory of regulation. New York, Cambridge University, 2010.

_________. *The architecture of markets*. An economic sociology of twenty-first-century capitalist societies. Princeton, Princeton University, 2001.

FONTAINE, Laurence. *Le marché*. Histoire et usages d'une conquête sociale. Paris, Gallimard, 2014.

FORGIONI, Paula Andrea. "Agências reguladoras, serviços públicos e disciplina da concorrência no Brasil: meios que justificam fins?". In: CAMARGO, Ricardo A. L. *Títulos de crédito, concorrência e Mercosul*: estudos em memória do Professor Werter R. Faria. Porto Alegre, Sérgio Fabris, 2008.

_________. "Análise econômica do Direito: paranoia ou mistificação?". *Revista de Direito Mercantil*, n. 139, São Paulo, Malheiros, 2005.

_________. *Direito concorrencial e restrições verticais*. São Paulo, Revista dos Tribunais, 2007.

_________. *A evolução do direito comercial brasileiro*: da mercancia ao mercado. São Paulo, Revista dos Tribunais, 2009.

_________. *Os fundamentos do antitruste*. 7. ed. São Paulo, Revista dos Tribunais, 2014.

_________. *Teoria Geral dos Contratos Empresariais*. São Paulo, Revista dos Tribunais, 2009.

FRANÇA, Erasmo Valladão Azevedo e Novaes. *Conflitos de interesse nas assembleias de S/A*. São Paulo, Malheiros, 1993.

FRANCIS, John. *The politics of regulation*. A comparative perspective. Oxford, Blackwell, 1993.

FRANCO, Gustavo H. B.; ROSMAN, Luiz Alberto. "A crise bancária norte-americana: algumas lições da experiência brasileira". In: GARCIA, Márcio; GIAMBIAGI, Fabio (orgs.). *Risco e regulação*. Rio de Janeiro, Elsevier, 2010.

FRAZÃO, Ana. *Função social da empresa*. Repercussões sobre a responsabilidade civil de controladores e administradores. Rio de Janeiro, Renovar, 2011.

FREEDMAN, Mark; AUBY, Jean-Bernard (eds.). *The public law/private law divide.* Une entente assez cordiale? Portland, Oxford University, 2006.

FREEMAN, Jody. "The private role in public governance". *New York University Law Review*, v. 75, p. 543-675, jun. 2000.

__________. "Private parties, public functions and the new administrative law". In: DYZENHAUS, David (ed.). *Recrafting the rule of law*: The limits of Legal Order 331. Toronto, Hart, 1999.

FRIEDMAN, Lawrence. "On regulation and legal process". In: NOLL, Roger G. (ed.). *Regulatory policy and the social sciences.* Berkeley, University of California, 1985.

FRISCHMANN, Brett M. *Infrastructure.* The social value of shared resources. New York, Oxford University, 2012.

FROMM, Gary (ed.). *Studies in public regulation.* Cambridge (EUA), MIT, 1983.

FUCITO, Felipe. *Sociologia del Derecho.* El orden jurídico y sus condicionantes sociales. Buenos Aires, Editorial Universidad, 1993.

FUNG, Archon; GRAHAM, Mary; WEIL, David. *Full disclosure.* The perils and promise of transparency. New York, Cambridge, 2007.

FURTADO, Celso. *Teoria e política do desenvolvimento econômico.* São Paulo, Paz e Terra, 2000.

FUS, Melvyn; WAVERMAN, Leonard. "Regulation and the multiproduct firm: The case of telecommunications in Canada". In: FROMM, Gary (ed.). *Studies in public regulation.* Cambridge (EUA), MIT, 1983.

GABEL, David. "Regulation of retail telecommunication". In: SMITHE, Edithe; SAMUELS, Warren (eds.). *An institutionalist approach to public utilities regulation.* Lansing, Michigan State University, 2002.

GABOR, Barbara. *Regulatory competition in the internal market.* Comparing models for corporate law, securities law and competition law. Cheltenham, Edward Elgar, 2013.

GALBRAITH, John Kenneth. *O novo Estado industrial.* São Paulo, Nova Cultural, 1985.

GALGANO, Francesco; GENGHINI, Riccardo. *Il nuovo diritto societario.* Trattato di diritto commerciale e di diritto pubblico dell'economia. 3. ed. Pádua, Cedam, 2006, v. 28.

GELTER, Martin. "The pension system and the rise of shareholder primacy". *Seton Hall Law Review*, v. 43, n. 3, 2013.

GERARDIN, Damien. *Remedies in network industries*: EC competition law *vs.* sector-specific regulation. Antuerpia, Intersentia, 2004.

GIORDANO, Domenico. *Le limitazioni all'autonomia privata nelle società di capitali.* Milão, Giuffrè, 2006.

GOLDSMITH, Stephen; EGGERS, William D. *Governing by network*. The new shape of the public sector. Washington, Brookings Institution, 2004.

GOMES, Orlando; VARELA, Antunes. *Direito econômico*. São Paulo, Saraiva, 1977.

GONÇALVES NETO, Alfredo de Assis. *Direito de empresa*: comentários aos artigos 966 a 1.195 do Código Civil. 2. ed. São Paulo, Revista dos Tribunais, 2008.

GONZALEZ, Manuel; ARRUÑADA, Benito; FERNANDEZ, Alberto. "Regulation as a cause of firm fragmentation: The case of the Spanish construction industry". *International Review of Law and Economics*, v. 18, p. 433-50, 1998.

GORGA, Érica. *Direito societário atual*. São Paulo, Elsevier, 2013.

__________; HALBERSTAM, Michael. "Knowledge inputs, legal institutions and firm structure: Towards a knowledge-based Theory of the Firm. *Northwestern University Law Review*, v. 101, n. 3, p. 1.123 e segs., 2007.

GRAHAM, Cosmo. "Socio-economic rights and essential services". In: OLIVER, Dawn; PROSSER, Tony; RAWLINGS, Richard. *The regulatory State*. Constitutional implications. Oxford, Oxford University, 2010.

GRAU, Eros Roberto. *A ordem econômica na Constituição de 1988*. 15. ed. São Paulo, Malheiros, 2012.

__________. *O Direito posto e o Direito pressuposto*. 7. ed. São Paulo, Malheiros, 2008.

GREENFIELD, Kent. *The failure of corporate law*. Fundamental flaws and progressive possibility. Chicago, University of Chicago, 2006.

GRIGOLEIT, Hans Christoph. *Gesellschafterhaftung für interne Einflussnahme im Recht der GmbH*. Dezentrale Gewinnverfolgung als Leitprinzip des Dynamischen Gläubigerschutzes. Munique, Beck, 2006.

GROOT, Cornelis de. *Corporate governance as a limited legal concept*. Alphen an den Rijn, Kluwer, 2009.

GUARINI, Cosimo Pietro. *Contributo allo studio della regolazione "independente" del mercato*. Bari, Cacucci, 2005.

GUNNINGHAM, Neil. "Enforcement and compliance strategies". In: BALDWIN, Robert et al. (eds.). *The Oxford handbook of regulation*. Oxford, Oxford University, 2012.

GYSIN, Arnold. *Rechtsphilosophie und Grundlagen des Privatsrechts*. Frankfurt am Main, Vittorio Klostermann, 1969.

HABERMAS, Jürgen. *A inclusão do outro*. Estudos de Teoria Política. São Paulo, Loyola, 2002.

HAHN, Robert W. *Designing smarter regulation with improved benefit*: Cost analysis. American Enterprise Institute, 2008.

HALL, P.; SOSKISE, D. *Varieties of capitalism*: The institutional foundations of comparative advantage. Oxford, Oxford University, 2001.

HANCHER, L.; MORAN, M. "Organizing regulatory space". In: BALDWIN, Robert; SCOTT, Colin; HOOD, Christopher. *A reader on regulation*. Oxford, Oxford University, 1998.

HANCKÉ, Bob. "Varieties of capitalism and business". In: COEN, David; GRANT, Wyn; WILSON, Graham (eds.). *Oxford handbook of business and government*. Oxford, Oxford University, 2011.

HANSMANN, Henry. *The ownership of enterprise*. Cambridge (EUA), The Belknap Press of Harvard University, 2000.

________; KRAAKMAN, Reinier. "The end of history for corporate law". *Georgetown Law Journal*, v. 89, p. 439, 2001.

________; ________. "The essential role of organizational law". *The Yale Law Journal*, v. 110, n. 3, p. 387 e segs., Dec. 2000.

HARDIN, Russell. "The morality of law and economics". In: ZERBE, Richard O. (ed.). *Efficiency in law and economics*. Cheltenham, Edward Elgar, 2014.

HART, Oliver. "An economist's perspective on Theory of the Firm". *Columbia Law Review*, v. 89, p. 1.749-74, 1989.

________. "Incomplete contracts and the Theory of the Firm". In: WILLIAMSON, Oliver; WINTER, Sidney (eds.). *The nature of the firm*. Origins, evolution and development. Oxford, Oxford University, 1993.

HAUGE, Janice; SAPPINGTON, David. "Pricing in network industries". In: BALDWIN, Robert et al. (eds.). *The Oxford handbook of regulation*. Oxford, Oxford University, 2012.

HAX, Herbert. *Unternehmen und Unternehmer in der Marktswirtschaft*. Göttingen, Vandenhoeck & Ruprecht, 2005.

HELM, Dieter; JENKINSON, Tim (eds.). *Competition in regulated industries*. Oxford, Oxford University, 1998.

HEYDEBRAND, Wolf. "Process rationality as legal governance". *International Sociology*, v. 18, n. 2, p. 325-49, 2003.

HIGH, Jack (ed.). *Regulation*: Economic Theory and history. Ann Arbour, The University of Michigan, 1991.

HOLCOMBE, Randall G. *The Austrian School of Economics*. Cheltenham, Edward Elgar, 2014.

HOUAISS, Antônio et al. *Dicionário Houaiss da língua portuguesa*. Rio de Janeiro, Objetiva, 2001.

HOWARTH, David. *Law as engineering*. Thinking about what lawyers do. Cheltenham, Edward Elgar, 2013.

HOWE, Mark De Wolfe (ed.). *Holmes – Laski Letters*: The correspondence of Mr. Justice Holmes and Harold J. Laski, 1916-1935. Cambridge (EUA), Harvard University, 1953.

IRTI, Natalino. *L'ordine giuridica del mercato*. Roma, Laterza, 1998.

JACOBS, Els M. *In pursuit of pepper and tea*: The story of the Dutch East India Company. Amsterdam, Walburg Pers, 1991.

JAEGER, Pier Giusto. *La nozione di impresa das codice allo statuto*. Quaderni di Giurisprudenza Commerciale. Milão, Giuffrè, 1985.

JENSEN, Michael. *A Theory of the Firm*. Governance, residual claims and organizational forms. Cambridge (EUA), Harvard University, 2000.

__________; MECKLING, William. "Theory of the Firm. Managerial behavior. Agency costs and ownership structure". *3 Journal of Financial Economics,* p. 305, 1976.

JONES, Alison; SUFRIN, Brenda. *EU competition law*. Text, cases, and materials. 5. ed. Oxford, Oxford University, 2014.

JORDANA, Jacint; LEVI-FAUR, David; FERNANDEZ-MARIN, Xavier. "The global diffusion of regulatory agencies: Channels of transfer and Stages of diffusion. *Comparative Political Studies*, v. 44, n. 10, p. 1.343-69, October 2011.

JOSKOW, Paul L. (ed.). *Economic regulation*. Cheltenham, Edward Elgar, 2000.

__________. "Asset specificity and the structure of vertical relationship". In: WILLIAMSON, Oliver; WINTER, Sidney (eds.). *The nature of the firm*. Origins, evolution and development. Oxford, Oxford University, 1993.

__________; NOLL, Roger C. "Regulation in theory and practice: An overview". In: FROMM, Gary (ed.). *Studies in public regulation*. Cambridge (EUA), MIT, 1983.

KAHN, Alfred A. *The economics of regulation*. Principles and institutions. Cambridge (EUA), The MIT, 1991.

__________. *Whom the Gods would destroy or how not to deregulate*. Washington, American Enterprise Institute, 2001.

JUSTEN FILHO, Marçal. *Curso de direito administrativo*. São Paulo, Saraiva, 2005.

__________ (org.). *Estatuto jurídico das empresas estatais*. São Paulo, Revista dos Tribunais, 2016.

KALANSKY, Daniel. *Incorporação de ações*. São Paulo, Saraiva, 2012.

KAPLOW, Louis; SHAVELL, Steven. *Fairness* versus *Welfare*. Cambridge, Harvard University, 2002.

KELLER, Morton. "The pluralist State: American economic regulation in comparative perspective, 1900-1930". In: McCRAW, Thomas (ed.). *Regulation in perspective.* Historical essays. Cambridge, Harvard University, 1981.

KIRZNER, Israel M. *Competition & entrepreunership*. Chicago, University of Chicago, 1973.

KLATT, Matthias; MEISTER, Moritz. *The constitutional structure of proportionality*. Oxford, Oxford University, 2012.

KNIEPS, Günter; BRUNEKREEFT, Gert (eds.). *Zwischen Regulierung und Wettbewerb*. Netzsektoren in Deutschland. 2. ed. Freiburg, Physica-Verlag, 2003.

KNIGHT, Frank H. *Risk, uncertainty and profit*. Mineola, Dover, 2006.

KOENIG, Mathias. "Global regulation". In: BALDWIN, Robert et al. (eds.). *The Oxford handbook of regulation*. Oxford, Oxford University, 2012.

KOPPEL, Jonathan. *Origins of shareholder advocacy*. New York, Palgrave, 2011.

KRAAKMAN, Rainier et al. *The anatomy of corporate law*. A comparative and functional approach. 2. ed. Oxford, Oxford University, 2009.

LAFFONT, Jean-Jacques. *Regulation and development*. Cambridge (Reino Unido), Cambridge University, 2005.

__________; TIROLE, Jean. *A Theory of Incentives in procurement and regulation*. Cambridge (EUA), The MIT, 1993.

LANDES, David S.; MOKYR, Joel; BAUMOL, William J. *A origem das corporações*. São Paulo, Elsevier, 2010.

LANDES, Elizabeth; POSNER, Richard. "The economics of the baby shortage". 7 *J. Legal Stud*. 323, University of Chicago, p. 323-48, 1978.

LANDIS, James. *The administrative process*. New Haven, Yale University, 1966.

LANE, Jan-Erik. *Public administration and public management*. The principal-agent perspective. London, Routledge, 2005.

LA PORTA, Rafael; LOPEZ-DE-SILANES, Florencio; SHLEIFER, Andrei; VISHNY, Robert. "Law and finance". *Journal of Political Economy*, v. 106, n. 6, p. 1.113-55, dez. 1998.

__________; __________; __________. "Corporate ownership around the world". *Journal of Finance*, v. 54, n. 2, p. 471-517, 1999.

LAZZARINI, Sérgio G. *Capitalismo de laços*. Os donos do Brasil e suas conexões. Rio de Janeiro, Elsevier, 2011.

LAZZARO, Giorgio. "Sistema giuridico". In: AZARA, Antonio; EULA, Ernesto (directores). *Novissimo digesto italiano*. 3. ed. Turim, UTET – Unione Tipografico Editrice Torinese, 1970, v. XVII.

LEANZA, Umberto. "Società (Diritto vigente): società straniera". In: AZARA, Antonio; EULA, Ernesto (directores). *Novissimo digesto italiano*. 3. ed. Turim, UTET – Unione Tipografico Editrice Torinese, 1970, v. XVII.

LEIBENSTEIN, Harvey. "Allocative efficiency *vs*. x-efficiency". *American Economic Review*, v. 56, p. 392-415, 1996.

LEMAN, Christopher K. "Direct government". In: SALAMON, Lester M. (ed.). *The tools of government*: A guide to the new governance. New York, Oxford University, 2002.

LEPSIUS, Oliver. „Regulierungsrecht in den USA: Vorläufer und Modell". In: FEHLING, Michael; RUFFERT, Matthias (orgs.). *Regulierungsrecht*. Tübingen, Mohr Siebeck, 2010.

__________. „Ziele der Regulierung". In: FEHLING, Michael; RUFFERT, Matthias (orgs.). *Regulierungsrecht*. Tübingen, Mohr Siebeck, 2010.

LESCHKE, Martin. „Regulierungstheorie aus ökonomischer Sicht". In: FEHLING, Michael; RUFFERT, Matthias (orgs.). *Regulierungsrecht*. Tübingen, Mohr Siebeck, 2010.

LEVIN, Richard C. "Regulation, barriers to exit, and the investment behavior of railroads". In: FROMM, Gary (ed.). *Studies in public regulation*. Cambridge (EUA), MIT, 1983.

LEVY, Paulo Mansur; GIAMBIAGI, Fabio. "Poupança e investimento: o caso brasileiro". In: VELOSO, Fernando et al. (orgs.). *Desenvolvimento econômico*: uma perspectiva brasileira. Rio de Janeiro, Campus, 2014.

LEYSSAC, Claude Lucas; PARLEANI, Gilbert. *Droit du marché*. Paris, Presses Universitaires de France, 2002.

LOBO, Jorge. *Grupos de sociedades*. Rio de Janeiro, Forense, 1978.

LODGE, Martin; STIRTON, Lindsay. "Accountability in the regulatory State". In: BALDWIN, Robert et al. (eds.). *The Oxford handbook of regulation*. Oxford, Oxford University, 2012.

LOMBARD, Martine (ed.). *Régulation économique et démocratie*. Paris, Dalloz, 2006.

LOMBARDI, Gabrio. "Diritto pubblico (diritto romano)". In: AZARA, Antonio; EULA, Ernesto (directores). *Novissimo digesto italiano*. 3. ed. Turim, UTET – Unione Tipografico Editrice Torinese, 1960, v. V.

LOUBE, Robert. "Public interest regulation, common costs, and universal service". In: SMITHE, Edithe; SAMUELS, Warren (eds.). *An institutionalist approach to public utilities regulation*. Lansing, Michigan State University, 2002.

LOUGHLIN, Martin. *The idea of public law*. Oxford, Oxford University, 2004.

LOUIS, Theodore J. "The State of politics". In: NOLL, Roger G. (ed.). *Regulatory policy and the social sciences*. Berkeley, University of California, 1985.

LUHMANN, Niklas. *Funktionen und Folgen formaler Organisation*. 5. ed. Berlim, Duncker & Humblot, 1999.

__________. *Legitimation durch Verfahren*. Berlim, Suhrkamp, 1983.

MACCORMICK, Neil. *Institutions of law*. An essay in Legal Theory. Oxford, Oxford University, 2009.

MACEY, Jonathan. "Commercial banking and democracy: The ilusive quest for deregulation". *Yale Journal on Regulation*, v. 23, p. 1-27, 2006.

MACHADO, Santiago Muñoz. "Fundamentos e instrumentos jurídicos de la regulación económica". In: MACHADO, Santiago Muñoz; PARDO, José Esteve (directores). *Fundamentos e instituciones de la regulación*. Madrid, Justel, 2009.

________. "La regulación de industrias y public utilities en los EEUU". In: MACHADO, Santiago Muñoz; PARDO, José Esteve (directores). *Fundamentos e instituciones de la regulación*. Madrid, Justel, 2009.

________. "Técnicas e instrumentos jurídicos de la regulación". In: MACHADO, Santiago Muñoz; PARDO, José Esteve (directores). *Fundamentos e instituciones de la regulación*. Madrid, Justel, 2009.

MAIER-RIGAUD, Frank. "On the normative foundations of competition". In: ZIMMER, Daniel (ed.). *The goals of competition law*. Cheltenham, Edward Elgar, 2012, p. 132-68.

MAJONE, Giandomenico. *Regulating Europe*. Londres, Routledge, 1996.

MALLIN, Christine A. *Corporate governance*. 4. ed. Oxford, Oxford University, 2013.

MALLOY, Robin Paul. *Law in a market context*. An introduction to market concepts in legal reasoning. Cambridge, Cambridge University, 2004.

________. *Law and market economy*. Reinterpreting the values of law and economics. Cambridge (Reino Unido), Cambridge University, 2000.

MANÓVIL, Rafael M. *Grupos de sociedades en el derecho comparado*. Buenos Aires, Abeledo-Perrot, 1998.

MARAIS, Bertrand du. *Droit public de la régulation économique*. Paris, Presses de Sciences Po, Dalloz, 2004.

MARCH, James; SIMON, Herbert. *Organizations*. 2. ed. Cambridge (EUA), Blackwell, 1993.

MARCOS, Rui Manuel de Figueiredo. *As companhias pombalinas*. Contributo para a história das sociedades por ações em Portugal. Coimbra, Almedina, 1997.

MARCOU, Gérard. "Régulation et service public. Les einsegnements du droit comparé". In: MARCOU, Gérard; MODERNE, Franck (eds.). *Droit de la régulation, service public et intégration régionale*. Paris, L'Harmattan, 2008.

MARQUES NETO, Floriano Peixoto de Azevedo. *Agências reguladoras independentes*: fundamentos e seu regime jurídico. Belo Horizonte, Fórum, 2005.

________. *Bens públicos*. Função social e exploração econômica. O regime jurídico das utilidades públicas. Belo Horizonte, Fórum, 2014.

________. *Concessões*. Belo Horizonte, Fórum, 2015.

__________. "Limites à abrangência e à intensidade da regulação estatal". *Revista de Direito Público da Economia. RDPE*. Belo Horizonte, ano 1, n. 1, p. 69-93, jan./mar. 2003.

__________. "Regulação estatal e auto-regulação na economia contemporânea". In: REALE, Miguel (coord.). *Experiências do Direito*. São Paulo, Millenium, 2004.

MASTEN, Scott. "A legal basis for the firm". In: WILLIAMSON, Oliver; WINTER, Sidney (eds.). *The nature of the firm*. Origins, evolution and development. Oxford, Oxford University, 1993.

MAUS, Ingeborg. *Rechtstheorie und Politische Theorie im Industrie Kapitalismus*. Munique, Wilhelm Fink Verlag, 1986.

MAY, Peter. "Social regulation". In: SALAMON, Lester M. (ed.). *The tools of government*: A guide to the new governance. New York, Oxford University, 2002.

MAYER, C. J. "Personalizing the impersonal: Corporations and the Bill of Rights". *Hastings Law Journal*, v. 41, p. 577-668, 1990.

MAZZUCATO, Mariana. *The entrepreneurial State*. Debunking public *vs*. private sector myths. New York, Anthem, 2013.

McBARNETT, D.; WHELAN, C. "The elusive spirit of the law: Formalism and the struggle for legal control". *Modern Law Review*, v. 54, n. 6, p. 848-73, 1991.

McCAHERY, Joseph; BRATTON, William W.; PICCIOTTO, Sol; SCOTT, Colin. (eds.). *International regulatory competition and coordination*: Perspectives on economic regulation in Europe and the United States. Oxford, Clarendon, 1996.

__________; MOERLAND, Piet; RAAJMAKERS, Theo; RENNEBOOG, Luc. *Corporate governance regimes*: Convergence and diversity. Oxford, Oxford University, 2002.

__________; PICCIOTTO, Sol; SCOTT, Colin (eds.). *Corporate control and accountability*. Changing structures and the dynamics of regulation. Oxford, Clarendon, 1994.

__________; VERMEULEN, Erik P. M. *Corporate governance of non-listed companies*. Oxford, Oxford University, 2010.

McCHESNEY, Fred. *Economics, law, and science in the corporate field*: A critique of eisenberg. *Columbia Law Review Contractual Freedom in Corporate Law*, v. 89, n. 7, p. 1.530-48, nov. 1989.

McCRAW, Thomas. *Prophets of regulation*. Charles Francis Adams, Louis D. Brandeis, James M. Landis, Alfred E. Kahn. Cambridge (EUA), The Belknap Press of Harvard University, 1984.

MELODY, W. H. "Designing utility regulation for twenty-first century markets". In: SMITHE, Edithe; SAMUELS, Warren (eds.). *An institutionalist approach to public utilities regulation*. Lansing, Michigan State University, 2002.

MÉNARD, Claude. "A new institutional approach to organization". In: MÉNARD, Claude; SHIRLEY, Mary M. (eds.). *Handbook of institutional economics*. Berlim, Springer, 2008.

MENEZES CORDEIRO, Antonio. *Direito europeu das sociedades*. Coimbra, Almedina, 2006.

MERCURO, Nicholas; MEDEMA, Steven G. *Economics and the Law*. From Posner to Post-Modernism and beyond. 2. ed. Princeton, Princeton University, 2006.

METTEN, Michael. *Corporate governance*. Eine aktienrechtliche und institutionenökonomische Analyse der Leistungsmaxime von Aktiengesellschaften. Wiesbaden, Gabler, 2010.

METZNER, Alfred. *Gesellschaftsrecht*. 11. ed. Neuwied, Luchterhand, 2000.

MICCÚ, Roberto. "Lo Stato regolatore e la nuova costituzione economica: paradigmi di fine secolo a confronto". In: CHIRULLI, Paola; MICCÚ, Roberto (eds.). *Il modello europeo di regolazione*. Atti della Giornata di Studio in Memoria di Salvatore Cattaneo. Nápoles, Jovene, 2011.

MIGNOLI, Alberto. "Idee e problemi nell'evoluzione della 'company' inglese". In: ASCARELLI, Tullio; MIGNOLI, Ariberto. *Letture per un corso di diritto commerciale comparato*. Milão, Giuffrè, 2007.

MOLONEY, Niamh. "Financial services and markets". In: BALDWIN, Robert et al. (eds.). *The Oxford handbook of regulation*. Oxford, Oxford University, 2012.

MONCADA, Luis S. Cabral de. *Direito económico*. 2. ed. Coimbra, Coimbra, 1988.

MOON, Jeremy; KANG, Nahee; GOND, Jean Pascal. "Corporate social responsibility and government". In: COEN, David; GRANT, Wyn; WILSON, Graham (eds.). *Oxford handbook of business and government*. Oxford, Oxford University, 2011.

MORAN, Michael. *The British regulatory State*: High modernism and hyper-innovation. Oxford, Oxford University, 2003.

__________. "The rise of the regulatory State". In: COEN, David; GRANT, Wyn; WILSON, Graham (eds.). *Oxford handbook of business and government*. Oxford, Oxford University, 2011.

MORCK, Randall. *A history of corporate governance around the world*. Chicago, Chicago University, 2007.

MOREIRA, Egon Bockmann. "Qual é o futuro do direito da regulação no Brasil?". In: SUNDFELD, Carlos Ari; ROSILHO, André. *Direito da regulação e políticas públicas*. São Paulo, Malheiros, 2014.

MORENO, Natalia de Almeida. "Análise de impacto regulatório: que percurso adotar?". *Revista dos Tribunais*, ano 104, v. 951, p. 19-48, jan. 2015.

MORGAN, Bronwen; YEUNG, Karen. *Introduction to law and regulation*. Text and materials. Cambridge, Cambridge University, 2007.

MÖSLEIN, Florian. *Dispositives Recht*. Tübingen, Mohr Siebeck, 2011.

MOSS, David. *When all else fails*: Government as the ultimate risk manager. Cambridge (EUA), Harvard University, 2002.

________; CISTERNINO, John (eds.). *New perspectives on regulation*. Cambridge (MA), The Tobin Project, 2009.

MOTTA, Massimo. *Competition policy*. Theory and practice. Nova York, Cambridge University , 2009.

MOUTHIEU, Épouse; NJANDEU, Monique Aimée. *L'intérêt social en droit des sociétés*. Paris, L'Harmattan, 2009.

MUNCH, Patricia; SMALLWOOD, Dennis. "Theory of Solvency Regulation in the property and casualty insurance industry". In: FROMM, Gary (ed.). *Studies in public regulation*. Cambridge (EUA), MIT, 1983.

MUNHOZ, Eduardo Secchi. *A aquisição de controle na sociedade anônima*. São Paulo, Saraiva, 2013.

________. *Empresa contemporânea e direito societário*. Poder de controle e grupos de sociedades. São Paulo, Juarez de Oliveira, 2002.

MURPHY, Dale D. *The structure of regulatory competition*: Corporations and public policies in a global economy. Oxford, Oxford University, 2010.

NADER, Laura; NADER, Claire. "A wide angle on regulation: An anthropological perspective". In: NOLL, Roger G. (ed.). *Regulatory policy and the social sciences*. Berkeley, University of California, 1985.

NEUMANN Manfred. *Wettbewerbspolitik*: Geschichte, Theorie und Praxis. Wiesbaden, Gabler, 2000.

NIHOUL, P; RODFORD, P. *EU Electronic Commmunications Law*: Competition and regulation in the European telecommunications markets. Oxford University, 2004.

NINO, Carlos Santiago. *Introducción al análisis del Derecho*. 2. ed. Buenos Aires, Astrea, 1984.

NOLL, Roger G. (ed.). *Regulatory policy and the social sciences*. Berkeley, University of California, 1985.

NOLL, Roger. "Government regulatory behaviour". In: NOLL, Roger G. (ed.). *Regulatory policy and the social sciences*. Berkeley, University of California, 1985.

NORTH, Douglass. "Institutions and performance of economies over time". In: MÉNARD, Claude; SHIRLEY, Mary M. (eds.). *Handbook of institutional economics*. Berlim, Springer, 2008.

________. *Structure and change in economic history*. New York, W. W. Norton & Company, 1981.

NOVAK, William. *The people's welfare*. Law & regulation in nineteenth century America. Chapel Hill, The University of South Carolina, 1996.

OGUS, Anthony. *Regulation*. Legal: Legal form and Economic Theory. Portland, Hart, 2004.

OLIVER, Dawn. *Common values and the public-private divide*. Cambridge, Cambridge University, 1999.

OPPO, Giorgio. *Diritto dell'impresa*. Scritti giuridici. Pádua, Cedam, 1992, v. I.

__________. *Diritto delle società*. Scritti giuridici. Pádua, Cedam, 1992, v. II.

__________. *Principi e problemi del diritto privato*. Scritti giuridici. Pádua, Cedam, 2000, v. VI.

PADGETT, John F. "Country as global market. Netherlands, calvinism and the joint-stock company". In: PADGETT, John F.; POWELL, Walter W. *The emergence of organizations and markets*. Princeton, Princeton University, 2012.

PAILLUSSEAU, Jean. *La société anonyme*. Technique d'organisation de l'entreprise. Paris, Sirey, 1967.

PANZAR, Willig. "Free entry and the sustaintability of natural monopoly". *Bell Journal of Economics*, v. 8, p. 1-22, 1977.

PARDINA, Martin Rodriguez; RAPTI, Richard Schlirf; GROOM, Eric. *Accounting for infrastructure regulation*. Washington, Banco Mundial, 2008.

PARDO, José Esteve. "El encuadre de la regulación de la economía en el derecho publico". In: MACHADO, Santiago Muñoz; PARDO, José Esteve (directores). *Fundamentos e instituciones de la regulación*. Madrid, Justel, 2009.

PARGENDLER, Mariana. *Evolução do direito societário*. Lições do Brasil. São Paulo, Saraiva, 2013.

PARKER, Christine. *The open corporation*. Effective self-regulation and democracy. Cambridge (Reino Unido), Cambridge University, 2002.

PELA, Juliana Krueger. *As* golden shares *no Direito brasileiro*. São Paulo, Quartier Latin, 2012.

PELTZMAN, Sam. *Political participation and government regulation*. Chicago, University of Chicago, 1998.

PENROSE, Edith. *The Theory of Growth of the Firm*. Oxford, Oxford University, 1995.

PENTEADO, Mauro Rodrigues. *Aumentos de capital das sociedades anônimas*. Atualizado por Alfredo Sérgio Lazzareschi Neto. 2. ed. São Paulo, Quartier Latin, 2012.

PEREIRA NETO, Caio Mario; ADAMI, Mateus Piva. "O desafio da universalização de telecomunicações: um balanço após 15 anos de LGT". In: GUERRA, Sérgio (org.). *Regulação no Brasil*: uma visão multidisciplinar. Rio de Janeiro, FGV, 2014.

PETERS, B. Guy. *Institutional Theory in political science*. The new institutionalism. 2. ed. Londres, Continuum, 2005.

PHILLIPS, JR., Charles F. *The regulation of public utilities*: Theory and practice. Arlington, Public Utilities Reports, 1985.

PICCARD, Etienne. *La notion de police administrative*. Paris, Librairie Generale de Droit et de Jurisprudence, 1984, 2 t.

PIGOU, Arthur Cecil. *The economics of welfare*. New Brunswick (EUA), Transaction, 2000.

PINTO JUNIOR, Mário Engler. *Empresa estatal*. Função econômica e dilemas societários. 2. ed. São Paulo, Atlas, 2013.

PITELIS, Christos. *Market and non-markets hierarchies*. Theory of Institutional Failure. Oxford, Blackwell, 1991.

PITTA, André Grünspun. *O regime de informação das companhias abertas*. São Paulo, Quartier Latin, 2013.

POLANYI, Karl. *A grande transformação*: as origens de nossa época. São Paulo, Campus, 2000.

POSNER, Richard A. "Taxation by regulation". *The Bell Journal of Economics and Management Science*, v. 2, n. 1, p. 22-50, 1971.

__________. "Theories of economic regulation". *The Bell Journal of Economics and Management Science*, v. 5, n. 2, p. 335-58, 1974.

PRADO, Viviane Müller. *Conflito de interesses nos grupos societários*. São Paulo, Quartier Latin, 2006.

PRATA, Ana. *A tutela constitucional da autonomia privada*. Coimbra, Almedina, 1982.

PROENÇA, José Marcelo Martins. *Insider trading*. Regime jurídico do uso de informações privilegiadas no mercado de capitais. São Paulo, Quartier Latin, 2005.

PROSSER, Tony. "Conclusion: Ten lessons". In: OLIVER, Dawn; PROSSER, Tony; RAWLINGS, Richard. *The regulatory State*. Constitutional implications. Oxford, Oxford University, 2010.

__________. *The limits of competition law*. Markets and public services. Oxford, Oxford University, 2005.

__________. "Models of economic and social regulation". In: OLIVER, Dawn; PROSSER, Tony; RAWLINGS, Richard. *The regulatory State*. Constitutional implications. Oxford, Oxford University, 2010.

__________. "Regulation and social solidarity". *Journal of Law and Society*, v. 33, p. 364-87, 2006.

RADAELLI, Claudio; DE FRANCESCO, Fabrizio. "Regulatory impact assessment". In: BALDWIN, Robert et al. (eds.). *The Oxford handbook of regulation*. Oxford, Oxford University, 2012.

RAGAZZO, Carlos Emmanuel Joppert. *Regulação jurídica, racionalidade econômica e saneamento básico*. Rio de Janeiro, Renovar, 2011.

RAWLINGS, Richard. "Introduction: Testing times". In: OLIVER, Dawn; PROSSER, Tony; RAWLINGS, Richard. *The regulatory State*. Constitutional implications. Oxford, Oxford University, 2010.

RAWLS, John. *A Theory of Justice*. Cambridge (EUA), The Belknap Press of Harvard University, 1971.

_________. *Regulatory capitalism*. How it works, ideas for making it work better. Cheltenham, Edward Elgar, 2008.

REICH, Norbert. *Mercado y Derecho*. Barcelona, Ariel, 1985.

RIEDER, Bernhard; HUEMER, Daniela. *Gesellschaftsrecht*. 4. ed. Viena, Facultas, 2016.

RIPERT, Georges. *Le déclin du Droit*. Paris, LGDJ, 1949.

_________. *Le régime démocratique et le droit civil moderne*. Paris, LGDJ, 1948.

_________. *Les aspects juridiques du capitalisme moderne* 2. ed. Paris, LGDJ, 1951.

ROBSON, Alex. *Law and markets*. New York, Palgrave MacMillan, 2012.

RODAS, João Grandino. *Sociedade comercial e Estado*. São Paulo, Saraiva, 1995.

ROE, Mark. "The institutions of corporate governance". In: MÉNARD, Claude; SHIRLEY, Mary M. (eds.). *Handbook of institutional economics*. Berlim, Springer, 2008.

_________. *The political determinants of corporate governance*. New York, Oxford University, 2003.

ROMANO-PAVONI, Giuseppe. *Teoria delle Società*. Tipi. Costituzione. Milão, Giuffré, 1953.

RONDINONE, Nicola. *L'attività nel Codice Civile*. Milão, Giuffrè, 2001.

ROTH, Günter H.; KINDLER, Peter. *The spirit of corporate law*. Core principles of corporate law in continental Europe. Munique, Beck, Hart e Nomos, 2013.

RUFFERT, Matthias. „Begriff". In: FEHLING, Michael; RUFFERT, Matthias (orgs.). *Regulierungsrecht*. Tübingen, Mohr Siebeck, 2010.

_________. „Europäisches Ausland". In: FEHLING, Michael; RUFFERT, Matthias (orgs.). *Regulierungsrecht*. Tübingen, Mohr Siebeck, 2010.

_________. „Völkerrechtliche Impulse und Rahmen des europäischen Verfassungsrechts". In: FEHLING, Michael; RUFFERT, Matthias (orgs.). *Regulierungsrecht*. Tübingen, Mohr Siebeck, 2010.

RUGGIE, John Gerard. "Reconstituting the global public domain: Issues, actors and practices". *European Journal of International Relations*, v. 10, p. 499-531, 2004.

RUNGE, Uwe. *Antinomien des Freiheitsbegriffs im Rechtsbild des Ordoliberalismus*. Tübingen, J. C. B. Mohr, 1971.

RUTHERFORD, Malcolm. *Institutions in economics*. The old and the new institutionalism. New York, Cambridge University, 1994.

SALAH, Mohamed Mahmoud Mohamed. "Les transformations de l'ordre public économique: vers un ordre public régulatoire?". In: AAVV. *Philosophie du Droit et Droit Économique*: quel dialogue? Mélanges en l'honneur de Gérard Farjat. Paris, Éditions Frison-Roche, 1999.

SALAMA, Bruno Meyerhof. *O fim da responsabilidade limitada no Brasil*. História, Direito e Economia. São Paulo, Malheiros, 2014.

SALAMON, Lester M. (ed.). *The tools of government*: A guide to the new governance. New York, Oxford University, 2002.

SALOMÃO FILHO, Calixto (coord.). *Regulação e desenvolvimento*. São Paulo, Malheiros, 2002.

_________ (coord.). *Regulação e desenvolvimento*: novos temas. São Paulo, Malheiros, 2012.

_________. *O novo direito societário*. 4. ed. São Paulo, Malheiros, 2011.

_________. *Regulação da atividade econômica*: princípios e fundamentos jurídicos. São Paulo, Malheiros, 2001.

_________. *Regulação e concorrência* (estudos e pareceres). São Paulo, Malheiros, 2002.

_________. "Sociedade anônima: interesse público e privado". *Interesse Público*, ano 5, n. 20, p. 72-87, jul./ago. 2003.

_________. *Teoria crítico-estruturalista do direito comercial*. São Paulo, Marcial Pons, 2015.

SANDEL, Michael J. *Liberalism and the limits of justice*. 2. ed. Cambridge (Reino Unido), Cambridge University, 1998.

_________. *What money can't buy*. The moral limits of markets. Nova York, Farrar, Straus and Giroux, 2012.

SANTOS, Antonio Carlos dos; GONÇALVES, Maria Eduarda; MARQUES, Maria Manuel Leitão. *Direito económico*. 6. ed. Coimbra, Almedina, 2011.

SAUTER, Wolf; SCHEPEL, Harm. *State and market in European Union law*: The public and private spheres of the internal market before EU courts. Cambridge (Reino Unido), Cambridge University, 2009.

SAVATIER, René. *Les métamorphoses économiques et sociales du droit civil d'aujourd'hui*. Paris, Librairie Dalloz, 1948.

SCAGLIONE, Francesco. *Il mercato e le regole della correttezza*. Pádua, Cedam, 2010.

SCHMIDT, Karsten. *Gesellschaftsrecht*. 4. ed. Colônia, Heymanns, 2002.

SCHMIDT, Reiner. „Staatliche Verantwortung für die Wirtschaft". In: ISENSEE, Josef; KIRCHHOF, Paul (hrsg.). *Handbuch des Staatsrechts*. 3. Aufl., Bd. IV, § 92, S. 885 f., 2006.

SCHREIBER, Kristina. „Zusammenspiel der Regulierungsinstrumente". In: *Den Netzwirtschaften Telekommunikation, Energie und Eisenbahnen*. Munique, Beck, 2009.

SCHUMPETER, Joseph A. *Capitalism, socialism and democracy*. New York, Harper Collins, 2008.

__________. *History of economic analysis*. New York, Oxford University, 1994.

SCHYMURA, Luiz Guilherme. "Regulação e aspectos institucionais brasileiros". In: GUERRA, Sérgio (org.). *Regulação no Brasil*: uma visão multidisciplinar. Rio de Janeiro, FGV, 2014.

SCOTT, Colin. "Regulatory governance and the challenge of constitutionalism". In: OLIVER, Dawn; PROSSER, Tony; RAWLINGS, Richard. *The regulatory State*. Constitutional implications. Oxford, Oxford University, 2010.

SEELAENDER, Airton Cerqueira Leite. "A polícia e as funções do Estado – notas sobre a polícia do antigo regime". *Revista da Faculdade de Direito* – UFPR, Curitiba, n. 49, p. 73-87, 2009.

SELZNICK, Philipp. "An approach to a Theory of Bureaucracy". *American Sociological Review*, v. 8, p. 47-59, 1943.

__________. "Focusing organizational research on regulation". In: NOLL, Roger G. (ed.). *Regulatory policy and the social sciences*. Berkeley, University of California, 1985.

SEN, Amartya. *Development as freedom*. Nova York, Knopf, 1999.

__________. *Sobre* ética *e economia*. São Paulo, Companhia das Letras, 1999.

SERICK, Rolf. *Aparencia y realidad en las sociedades mercantiles*. Barcelona, Ariel, 1958.

SHAFFER, Gregory. "Law and business". In: COEN, David; GRANT, Wyn; WILSON, Graham (eds.). *Oxford handbook of business and government*. Oxford, Oxford University, 2011.

SHELANSKI, Howard A. "Adjusting regulation to competition: Toward a new model for U.S. telecommunications policy. *Yale Journal on Regulation*, v. 24, n. 1, p. 56-106, 2007.

SHERMAN, Roger. *Market regulation*. New York, Addison Wesley, 2008.

SHILLER, Robert. "Democratizing and humanizing finance". In: KROZNER, Randall; SHILLER, Robert. *Reforming U.S. financial markets*. Cambridge (Mas.), MIT, 2011.

SIMON, William. "Contract *versus* politics in corporation doctrine. In: KAIRIS, David (ed.). *The politics of law*: A progressive critique. New York, Pantheon Books, 1990.

SINCLAIR, Timothy. "Credit rating agencies". In: COEN, David; GRANT, Wyn; WILSON, Graham (eds.). *Oxford handbook of business and government*. Oxford, Oxford University, 2011.

SLOVIC, Paul et al. "Regulation of risk". In: NOLL, Roger G. (ed.). *Regulatory policy and the social sciences.* Berkeley, University of California, 1985.

SMALL, Albion Woodbury. *The cameralists*: The pioneers of German social polity. New York, Burt Franklin, 1909.

SMITHE, Edithe; SAMUELS, Warren (eds.). *An institutionalist approach to public utilities regulation.* Lansing, Michigan State University, 2002.

SOKOL, Daniel; CHENG, Thomas; LIANOS, Ioannis (eds.). *Competition law and development.* Stanford, Stanford Law Books, 2013.

SOUZA, Nali de Jesus. *Desenvolvimento econômico.* 5. ed. São Paulo, Atlas, 2005.

SOUZA, Ruy de. *Direito das empresas*: atualização do direito comercial. Belo Horizonte, Bernardo Alvares, 1959.

SPULBER, Daniel F. *Regulation and markets.* Cambridge (EUA), MIT, 1989.

__________. *The Theory of the Firm.* Microeconomics with endogenous entrepreneurs, firms, markets and organizations. New York, Cambridge University, 2009.

STEPHEN, Frank; LOVE, James; RICKMAN, Neil. "Regulation of the legal profession". In: VAN DER BERGH, Roger J.; PACCES, Alessio M. (eds.). *Regulation and economics.* Cheltenham, Edward Elgar, 2012.

STERN, Jon. "The evaluation of regulatory agencies". In: BALDWIN, Robert et al. (eds.). *The Oxford handbook of regulation.* Oxford, Oxford University, 2012.

STEVENS, Douglas F. *Corporate autonomy and institutional control.* The crown corporation as a problem in organization Design. Montreal, McGill-Queens's University, 1993.

STIGLER, George. *The citizen and the State*: Essays on regulation. Chicago, Chicago University, 1975.

__________. "The Theory of Economic Regulation". *The Bell Journal of Economics and Management Science*, v. 2, n. 1, p. 3-21, 1971.

STIGLITZ, Joseph. "Regulation and failure". In: MOSS, David; CISTERNINO, John (eds.). *New perspectives on regulation.* Cambridge (MA), The Tobin Project, 2009.

SUEUR, Jean-Jacques. "Droit économique et méthodologie du Droit". In: AAVV. *Philosophie du Droit et Droit Économique*: quel dialogue? Mélanges en l'honneur de Gérard Farjat. Paris, Éditions Frison-Roche, 1999.

SUMMERHILL, William A. *Order against progress.* Government, foreign investment, and railroads in Brazil, 1854-1913. Stanford, Stanford University, 2003.

SUNDFELD, Carlos Ari. "A falta de causa como vício da regulação". In: SUNDFELD, Carlos Ari. *Pareceres.* Direito administrativo econômico. São Paulo, Revista dos Tribunais, 2013, v. 1.

__________. "A liberdade de organização societária como limite à regulação". In: SUNDFELD, Carlos Ari. *Pareceres*. Direito administrativo econômico. São Paulo, Revista dos Tribunais, 2013.

__________. "Direito à mínima intervenção regulatória". In: SUNDFELD, Carlos Ari. *Pareceres*. Direito administrativo econômico. São Paulo, Revista dos Tribunais, 2013, v. 1.

__________. *Direito administrativo para céticos*. São Paulo, Malheiros, 2012.

__________; ROSILHO, André. "Direito e políticas públicas: dois mundos?". In: SUNDFELD, Carlos Ari; ROSILHO, André. *Direito da regulação e políticas públicas*. São Paulo, Malheiros, 2014.

SUNSTEIN, Carl. *After the rights revolution*. Reconceiving the regulatory State. Cambridge, Harvard University, 1990.

__________. *Free markets and social justice*. New York, Oxford University, 1997.

__________. "On the expressive function of law". *University of Pennsylvania Law Review*, v. 144, p. 2.021-53, 1996.

TALBOT, Lorraine. *Company law*. Londres, Palgrave, 2014.

TAMANAHA, Brian Z. *Law as a means to an end*: Threats to the rule of law. New York, Cambridge University, 2006.

TEUBNER, Günther. *Direito, sistema e policontexturalidade*. Piracicaba, Unimep, 2005.

THOMPSON, James; McEWAN, Willem. "Organizational goals and environmental goal setting as an interaction process". *American Sociological Review*, v. 23, p. 23-31, 1958.

TOLEDO, Paulo Fernando Campos Salles de. *O conselho de administração*. São Paulo, Atlas, 1997.

TOWSE, Adrian; DANZON, Patricia. "The regulation of the pharmaceutical industry". In: BALDWIN, Robert et al. (ed.). *The Oxford handbook of regulation*. Oxford, Oxford University, 2012.

TREBILCOCK, Michael J.; PRADO, Mariana Mota. *Law and development*. Cheltenham, Edward Elgar, 2014.

TRICKER, Bob. *Corporate governance*. Principles, policies and practices. Oxford, Oxford University, 2012.

TRUBEK, David; SANTOS, Alvaro (eds.). *The new law and economic development*. A critical appraisal. New York, Cambridge University, 2008.

TRUMBULL, Gunnar. "Consumer policy". In: COEN, David; GRANT, Wyn; WILSON, Graham (eds.). *Oxford handbook of business and government*. Oxford, Oxford University, 2011.

TWINING, William; MIERS, David. *How to do things with rules*. 5. ed. Cambridge, Cambridge University, 2005.

VAHRINGER, Hans. *A filosofia do como se*. Chapecó, Argos - Unochapecó, 2011.

VALENTINI, Stelio. *Diritto e istituzioni della regolazione*. Milano, Giuffrè, 2005.

VAMPRÉ, Spencer. *Tratado elementar de direito comercial*. Rio de Janeiro, F. Briguiet & Cia, s/d.

VAN DER BERGH, Roger J.; PACCES, Alessio M. (eds.). *Regulation and economics*. Cheltenham, Edward Elgar, 2012.

VATIERO, Massimiliano. *The evolution of corporate governance species*: A note on the political origin and institutional complements. Paper apresentado na 31ª Conferência Anual da European Association of Law and Economics, na Universidade de Aix-en-Provence, 2014.

VELJANOVSKI, Cento. "Economic approaches to regulation". In: BALDWIN, Robert et al. (eds.). *The Oxford handbook of regulation*. Oxford, Oxford University, 2012.

__________. "Strategic use of regulation". In: BALDWIN, Robert et al. (eds.). *The Oxford handbook of regulation*. Oxford, Oxford University, 2012.

VENÂNCIO FILHO, Alberto. *A intervenção do Estado no domínio econômico*: o direito público econômico no Brasil. Rio de Janeiro, FGV, 1968.

VERMEULEN, Erik P. M. *The evolution of legal business forms in Europe and the United States*. Venture capital, joint venture and partnership structures. Haia, Kluwer Law International, 2003.

VOGEL, David. "Taming globalization? Civil regulation and corporate capitalism". In: COEN, David; GRANT, Wyn; WILSON, Graham (eds.). *Oxford handbook of business and government*. Oxford, Oxford University, 2011.

VON MISES, Ludwig. *Ação humana*: um tratado de economia. São Paulo, Instituto Ludwig Von Mises Brasil, 2010.

VON WRIGHT, Georg Henrik. *Norm and action*. A logical enquiry. New York, The Humanities, 1963.

WALLACH, Edgar. „Die Regulierung von Personengesellschaften im Kapitalanlagegesetzbuch". *Zeitschrift für Unternehmens - und Gesellschaftsrecht*, n. 43, 2/3, p. 290 e segs., jun. 2013.

WATSON, Allan. *Legal transplants*. An approach to comparative law. 2. ed. Athens (EUA), University of Georgia, 1993.

WEATHERILL, Stephen (ed.). *Better regulation*. Oxford, Hart, 2007.

WEBER, Max. *Economia e sociedade*. Brasília, UnB, 1999.

WELLS, Celia. *Corporation and criminal responsibility*. 2. ed. Oxford, Oxford University, 2001.

WIEDEMANN, Herbert. *Gesellschaftsrecht*: ein Lehrbuch des Unternehmens-und Verbandsrechts. Munique, Beck, 1980, v. I.

__________. *Das Unternehmen als dialektisches System*. Führung und Kommunikation einmal anders betrachtet. 2. ed. Wiesbaden, Springer, 2015.

WIELAND, Karl. *Handelsrecht*. Berlim, Duncker & Humblot, 1921.

WILLIAMS, Cynthia; ZUMBANSEN, Peer (eds.). *The embedded firm*: Corporate governance, labor and finance capitalism. Cambridge, Cambridge University, 2011.

WILLIAMSON, Oliver. *The economic institutions of capitalism*. New York, Free, 1985.

__________. "The logic of economic organization". In: WILLIAMSON, Oliver E.; WINTER, Sidney G. (eds.). *The nature of the firm*: Origins, evolution and development. New York, Oxford University, 1993.

__________. *Markets and hierarchies*. Analysis and antitrust implications. New York, The Free, 1983.

__________. *The mechanisms of governance*. New York, Oxford University, 1996.

WILLIAMSON, Oliver; WINTER, Sidney (eds.). *The nature of the firm*. Origins, evolution and development. Oxford, Oxford University, 1993.

WINDBICHLER, Christine. *Gesellschaftsrecht*. 22. ed. Munique, Beck, 2009.

WINTER, Gerd. "Rationing the use of common resources". In: OLIVER, Dawn; PROSSER, Tony; RAWLINGS, Richard. *The regulatory State*. Constitutional implications. Oxford, Oxford University, 2010.

WITTMAN, Donald. "The end of special interest theory". In: BALLEISEN, Edward J.; MOSS, David A. (ed.). *Governments and markets*: Towards a new Theory of Regulation. New York, Cambridge University, 2010.

WOLF JR., Charles. *Markets and governments*: Choosing between imperfect alternatives. 2. ed. Cambridge (EUA), The MIT, 1993.

YAZBEK, Otavio. *Regulação do mercado financeiro e de capitais*. 2. ed. São Paulo, Elsevier, 2008.

ZAK, Paul J. (ed.). *Moral markets*: The critical role of values in the economy. Princeton, Princeton University, 2008.

ZANOBINI, Guido. "Diritto pubblico (Diritto moderno)". In: AZARA, Antonio; EULA, Ernesto (dir.). *Novissimo digesto italiano*. 3. ed. Turim, UTET – Unione Tipografico Editrice Torinese, 1960, v. V.

ZERBE, Richard O. (ed.). *Efficiency in law and economics*. Cheltenham, Edward Elgar, 2014.

__________. "The legal foundations of cost-benefit analysis". In: ZERBE, Richard O. (ed.). *Efficiency in law and economics*. Cheltenham, Edward Elgar, 2014.

ZIMMER, Daniel (ed.). *The goals of competition law*. Cheltenham, Edward Elgar, 2012.

ZOPPINI, Andrea. "Funzioni del diritto privato e tecniche di regolazione del mercato". In: MAUGERI, Marisaria; ZOPPINI, Andrea. *Funzioni del diritto privato e tecniche di regolazione del mercato*. Bolonha, Il Mulino, 2009.

ÍNDICE REMISSIVO